威科法律译丛

以色列银行业监管
——审慎监管与消费者保护

〔以色列〕露丝·柏拉图-希纳尔 著

高华军 译

2019年·北京

By Ruth Plato-Shinar
BANKING REGULATION IN ISRAEL:
PRUDENTIAL REGULATION VERSUS CONSUMER PROTECTION

This is a translation of Banking Regulation in Israel:
Prudential Regulation versus Consumer Protection, by Ruth Plato-Shinar,
published and sold by The Commercial Press Ltd. ,
by permission of Kluwer Law International, Alphen aan den Rijn,
The Netherlands, the owner of all rights to publish and sell same.
本书根据 Kluwer Law International BV, The Netherlands 2016 年版译出

© 2016 Kluwer Law International BV, The Netherlands

中文版序言

本书是对以色列银行体系及其监管提供全面和最新概述的唯一的一本书。本书重点介绍了最新的全球银行监管问题,这些问题是以色列在实施银行监管中反映出来的问题。

作为中东地区的民主国家,以色列吸引了来自全世界的投资。她具有发达的银行体系,这一银行体系为大量国际交易提供服务。以色列在最近的一次全球金融危机中没有受到实质性影响,其经济并没有受到严重损害。过去20年来,以色列国家的国际经济快速增长——尤其在高科技、生物科技和能源部门,已经要求银行体系不仅不落人后,而且还要开发出创新型银行产品,以及提出革新性做法。

除此之外,外国投资者对以色列金融机构的兴趣与日俱增。这种趋势缘自政府加强金融市场竞争的若干举措,也缘自政府希望完成其在私人机构持股的私有化。

作为这一趋势的一部分,中国的投资公司正显示出对以色列金融市场的特别兴趣。例如,复星国际提出收购以色列凤凰金融控股公司;四家中国的公司(天安保险、新华联集团、XIO投资基金和民生保险)提出收购以色列外国保险公司,等等。另外,其他中国集团公司对其他以色列金融和银行机构也表现出了浓厚的兴趣。这本书对这些投资者及其从业人员来说是投资选择"必须"的读本。本书提供了关于以色列银行体系及其监管的广泛信息。而对那些对本领域感兴趣的人们来说,该书构成了一个重要而独特的信息来源。

本书除了是以色列银行法知识的独家来源以外,其他贡献更加显著。尽管它重点研究的是以色列银行体系及其监管,但对于影响到许多其他国家的一些更广泛问题的分析而言,以色列的情况只是作为一个测试案例。这些问题其中包括:审慎监管与商业行为监管之间的平衡,本书将致力于探讨的主要内容之一就是这个重要问题；银行的国有化和私有化；全能银行混业经营给银行体系带来的利益冲突；银行体系的集中与竞争力缺失问题；机构投资者的成长及其对传统银行业务的介入；银行倒闭时的恢复和解决机制；银行业监管的新模式（自律、共同监管、合同监管和私有化监管），等等。

  书中讨论的这些问题与许多其他司法管辖权相关，吸引了广泛的全球兴趣。因为这些问题目前也被中国政策制定者研究，所以这本书可能在中国也是极其重要的参考。

露丝·柏拉图-希纳尔
2017 年 2 月

纪念我亲爱的父亲，
乔纳森·柏拉图博士，
他是一位律师，也是鼓励我进入这个职业的人

目　　录

序言 …………………………………………………………… 1

前言 …………………………………………………………… 5

致谢 …………………………………………………………… 9

缩略语列表 …………………………………………………… 11

第一章　银行业监管 …………………………………… 1

第一节　监管概念介绍 ………………………………… 2

第二节　银行业监管的理据 …………………………… 4

一、银行在经济中的核心作用 ……………………… 5

二、对冲击的敏感性 ………………………………… 6

三、依赖公众信心 …………………………………… 8

四、信息不对称 ……………………………………… 10

五、冒险倾向 ………………………………………… 10

六、权力集中 ………………………………………… 12

第三节　银行业监管的领域 …………………………… 13

一、审慎监管 ………………………………………… 13

二、商业行为监管 …………………………………… 16

第四节　以色列银行业监管的范围和定义 …………… 17

一、银行业监管机构 ………………………………… 18

二、被监管机构 ……………………………………… 19

三、监管活动的主要职能 …………………………… 20

第二章　以色列银行体系及其监管 …………………… 24

第一节　以色列资本市场以及银行在其中的作用 …… 26

一、引言 …………………………………………………………… 26

　　二、2005年资本市场改革 ………………………………………… 26

　　三、企业债券市场 ………………………………………………… 28

　　四、企业贷款市场 ………………………………………………… 31

　　五、零售贷款市场 ………………………………………………… 33

　　六、证券化 ………………………………………………………… 34

第二节　以色列的银行体系 …………………………………………… 36

　　一、银行 …………………………………………………………… 36

　　二、信用卡公司 …………………………………………………… 39

　　三、电子支付卡清算公司 ………………………………………… 42

第三节　以色列的银行所有权：从国有化到私有化 ………………… 44

第四节　以色列的银行作为准公共机构 ……………………………… 48

第五节　集中与缺乏竞争 ……………………………………………… 54

　　一、面对新竞争者的进入壁垒 …………………………………… 54

　　二、转换壁垒 ……………………………………………………… 56

　　三、信息壁垒 ……………………………………………………… 58

　　四、缺乏价格竞争 ………………………………………………… 59

第六节　银行业务活动的利益冲突 …………………………………… 62

　　一、全能银行制度造成的利益冲突 ……………………………… 62

　　二、投资咨询方面的利益冲突 …………………………………… 65

　　三、对利益冲突的外部干预 ……………………………………… 68

第七节　银行业监管框架 ……………………………………………… 79

　　一、设置标准的权力 ……………………………………………… 79

　　二、颁发执照的权力 ……………………………………………… 81

　　三、监控的权力 …………………………………………………… 82

　　四、强制执行和处罚 ……………………………………………… 85

　　五、银行监管的新模式 …………………………………………… 88

　　六、合规职能 ……………………………………………………… 93

七、投诉处理 …………………………………………………… 94
第三章　审慎监管 ………………………………………………… 97
　第一节　稳定作为最终目标 …………………………………… 98
　　一、银行监管局局长的方法 ………………………………… 98
　　二、最高法院的方法 ………………………………………… 101
　第二节　全球金融危机及其给以色列银行体系带来的教训 … 105
　第三节　以色列的审慎监管 …………………………………… 107
　　一、采用巴塞尔协议 ………………………………………… 108
　　二、资本充足率 ……………………………………………… 109
　　三、流动性 …………………………………………………… 111
　　四、限制杠杆 ………………………………………………… 113
　　五、风险管理 ………………………………………………… 115
　　六、信用风险管理和对信贷供给的限制 …………………… 116
　　七、挪用资金的风险 ………………………………………… 122
　第四节　危机管理和银行救助（恢复和处置）………………… 126
　　一、一般原则 ………………………………………………… 126
　　二、早期干预 ………………………………………………… 128
　　三、处理银行倒闭 …………………………………………… 129
　　四、安全网 …………………………………………………… 136
第四章　商业行为监管 …………………………………………… 148
　第一节　商业行为监管的正当理由 …………………………… 149
　　一、能力不平等 ……………………………………………… 149
　　二、客户对银行的依赖 ……………………………………… 152
　　三、银行对客户事务的控制 ………………………………… 154
　　四、客户对银行的信心 ……………………………………… 156
　第二节　银行监管局关于消费者保护的权力和办法 ………… 157
　第三节　《银行（服务客户）法》……………………………… 162
　第四节　银行收费的监督 ……………………………………… 166

第五节　银行监管局局长关于消费者保护的指令……………… 171
　一、开立和管理活期账户的权利…………………………… 171
　二、转换办理业务的银行…………………………………… 173
　三、通过互联网开户………………………………………… 174
　四、"银行身份卡"（信用记录报告）……………………… 175
　五、公平债务催收程序……………………………………… 177
　六、限制信贷营销…………………………………………… 179
　七、投诉处理和赔偿………………………………………… 181
　八、促进借记卡的使用……………………………………… 183
　九、关于住房贷款的借款人保护…………………………… 186
　十、建筑贷款：对购房者的保护…………………………… 191
第六节　银行标准合同中的歧视性条款………………………… 193

第五章　审慎监管与商业行为监管：整合还是分离……………… 197
　第一节　目前审慎监管与商业行为监管之间的平衡………… 198
　第二节　可选的若干监管模式………………………………… 205
　第三节　达成目标的监管成效………………………………… 208
　　一、支持拆分权力的考虑因素……………………………… 209
　　二、支持合并权力的考虑因素……………………………… 211
　第四节　监管技能……………………………………………… 216
　　一、支持拆分权力的考虑因素……………………………… 216
　　二、支持合并权力的考虑因素……………………………… 217
　第五节　监管权力……………………………………………… 218
　　一、支持拆分权力的考虑因素……………………………… 218
　　二、支持合并权力的考虑因素……………………………… 219
　第六节　监管机制的运行效率………………………………… 221
　第七节　监管对被监管机构的影响…………………………… 223
　第八节　金融监管改革的若干分歧…………………………… 224
　第九节　以色列首选模式……………………………………… 226

一、以色列：监管目标的协同作用……227
　　二、以色列：矛盾目标之间的最佳平衡……229
　　三、以色列：高水平的专业知识……231
　　四、以色列：权力的优势……235
　　五、以色列：实施改革的意义……241

第六章　以色列银行监管：未来之路……245
　第一节　平衡审慎监管与商业行为监管……246
　第二节　加强消费者保护的操作建议……251
　　一、在《以色列银行法》中修改以色列银行的目标……251
　　二、银行监管局的结构变革……252
　　三、加强消费者（保护）执法……254
　　四、各金融监管机构在消费者问题上的合作……254
　　五、有义务与公众协商确定消费者条款……255
　第三节　主要挑战：发展银行业的有效竞争……256
　　一、将信用卡公司与银行分离……259
　　二、清算领域的竞争……261
　　三、机构投资者的零售贷款……264
　　四、允许非银行贷款机构发行债券……264
　　五、《公平信贷议案》……267
　　六、信用数据共享系统……269
　　七、结论……272

参考文献……274
案例表……308
监管工具一览表……314
制定法文件一览表……329
索引……341
译后记……356

序 言

自最近全球金融危机以来,银行业监管在世界范围内引起了广泛关注,而且在不久的将来仍然可能继续受到关注。这也适用于本书的主题——以色列的银行监管。

以色列相当好地经受住了这次全球金融危机的考验。在其他司法辖区,本次金融危机导致银行崩溃,而且其经济遭受重创。然而,在以色列,各家银行表现良好,基本未受伤害,而且没有任何一家银行倒闭或受到严重破坏。究其原因,那就是以色列金融体系的特性。以色列金融体系抱持一种保守的银行体系,这种银行体系受到严格而有效的控制。在危机爆发前的几年里,银行被要求适应以色列央行银行监管局(Bank of Israel's Banking Supervision Department)的监管要求,这加强了银行系统的稳定性,降低了它的脆弱性。然而,未来类似事件复发的风险,迫使银行监管机构继续严密监管,以确保以色列的银行体系持续稳健,富有韧性。

正如书名所示,本书不仅探讨审慎监管问题,而且同样重要的是,它也研究金融消费者保护问题。它是一部独特的、内容广泛的著作,它向读者提供了一幅视角宽广、内容最新的以色列金融监管各领域的图景,因而也能让读者得出与其他司法辖区相关的诸多结论。

本书关注的重大问题之一,与监督金融服务的监管结构有关,一般来说,它是和监督银行的监管结构有关,特别是审慎监管与消费者(保护)监督之间的关系。尽管自全球金融危机以来,世界很多国家金融监督的监管结构已经发生了许多变化,但问题是,是否将监督的这两个方面留给同一个监管机构,还是将它们划分为两个独立机构,就是一个机构负责稳定,而另一个机构负责消费者(保护)问题。这个问题还没有得到一个统一的答案。在以色列,这个重要议题也被列上公共议程,并在金融立法的变化时期得到高度重视,这可能在稳定、竞争和消费者保护诸多考虑因素之间加重冲突,或者相反,变得趋于一致。在这样一个时期,考虑到发生在金融体系的种种变化，打乱这些考量之间平衡的风险增加了。

作为包含银行监督职能的一家中央银行的负责人，我们对这个问题的看法是基于多年积累的经验。然而，从更加宽广的角度看，以色列银行监督体系也是很重要的：一个是全球角度，就是要考虑先进经济体监管当局结构上的发展变化，在全球金融危机之后，这种结构变化显著；另一个也要从当地角度看，就是要考虑以色列金融体系的独特个性。从这个角度看，这本书提供了很好的服务。

本书成书期间，以色列的总体金融体系，尤其是其银行业，正处于动荡变化的高峰。银行正在经历着巨大变化，这种巨大变化源于科技发展，涉及他们的运营及其与客户之间的联系。这些变化允许银行的服务范围更加宽广，而工作流程多方面升级，这在数年前都是不可想象的。伴随着这些发展变化，可以看到新的风险，例如，计算机和信息技术安全风险，而原有的各种风险也变得更强。监管机构应当支持变革，同时识别这些风险，并对管理这些风险提出响应措施，以便确保这些变革事实上形成这样一种体系，它更有效，提供高水准的服务，并对人们在如何消费银行服务方面的变化作出反应，同时保持这一体系的稳固和安全。

伴随着增加银行竞争压力的这些变革，我们也看到，在本书出版期间，推出各种举措，寻求在当地体系内的银行与来自外部体系的其他金融机构之间增加竞争。正如书中所解释的那样，这样的举措是受欢迎的。而且，如果这些举措被明智地付诸实施，并应对新兴的风险，那么，它们也将对金融服务于消费者的性质、成本和范围做出贡献。

关于以色列银行体系的合适模式，中央银行的银行监管局的规制和监督着眼于两方面，既注重稳定性，也注重消费者（保护）。这两个角度在该书中都得到了充分阐述。在两者中，消费者、银行客户的保护，处于最重要地位。在稳定性方面，银行监管局证实，以色列银行体系按照国际标准管理各种风险。在消费者方面，银行监管局将维护银行体系与消费者相联系的公平性看作其活动的主要目标。它致力于以很显著的资源份额，对广及整个银行系统的活动进行监督，保护银行客户的权利，处理公众查询，向银行发出关于对客户适当行为的指示和准则，发出向客户群体返还资金的命令，开展公众信息宣传活动，介入集体诉讼，等等。多年来，银行监管局在这一领域的紧锣密鼓行动，提升了银行消费者（保护）的意识，并最终提高了以色列银行体系在消费者保护上的公平性水准。银行监管局在消费者和稳定性这两方面的系列行动，结合了多年来积累的知识和专业素养，创建了有助于有效监管的协同效应，并且允许找到两方面恰当的平衡。

最后，人们常常认为，维护稳定和保护公平之间存在着冲突，而这种冲突的存在，要求分离审慎监管和消费者问题。我同意书中提出的观点，事实恰恰相反：如果由两家不同机构来执行两种角度的规制和监督，那么，考虑稳定和消费者问题之间的必要平衡就可能令人感到沮丧，因为其中每家机构都会有一个主要考虑的倾向。在这种情况下，这种平衡倾向于反映两家机构之间的权力平衡，而这种平衡可能会受到短期因素的影响，这些短期因素往往会主导公众舆论，并会对长期公共利益产生不利影响。一个监管机构只从狭窄的消费者角度看问题，易于执行并要求采取一些行动，这些行动可能不理智地加剧了一家银行的风险，而在极端情况下，甚至导致这家银行崩溃，并因此对其消费者和全国经济造成伤害。正因为如此，多家监管机构应当集中为一家机构，它会考察整体情况，并且它考虑采取的行动是根据必要的平衡，这种平衡是监管范围内诸多考虑因素的平衡。

本书以清晰而又很有趣的方式，成功地回顾和分析了上面提到的所有情况，彻底考察了以色列银行业监管的各个方面，也考察了不同功能的监管行动。本书向读者提供了该领域的全面情况。

总之，对国际金融界而言，本书是关于以色列银行体系及其监管情况的重要而独一无二的信息之源。本书用英语写成，它向全世界的读者提供了丰富信息。可以肯定地说，它丰富了专业知识的储备，并且，对于那些对该领域感兴趣的所有人士来说，它极有价值。

卡尔尼特·弗拉格博士
以色列银行行长

前　言

　　以色列，作为中东地区的民主国家，吸引了来自全世界的投资。她具有发达的银行体系，这一银行体系为大量国际交易提供服务。过去二十年来，以色列国际经济快速增长，尤其在高科技、生物科技和能源行业。这迫使银行体系不仅要跟上步伐，而且要开发出创新性金融产品，提出创新的实践做法。

　　在2008年全球金融危机中，以色列几乎毫发未损，没有一家银行崩溃或陷于严重混乱。之所以如此，是因为以色列银行体系的保守特性，这种特性就在于其银行体系受到严密而有效的监管。

　　本书的主题是以色列银行业监管。它向读者提供了关于以色列银行体系及其监管的广泛而全面的信息，而对该领域感兴趣的那些人们来说，它构成了一个重要而独一无二的信息之源。

　　除了作为以色列银行法律和法规的独有的知识资料来源之外，本书的贡献非常显著：其分析、结论和建议对很多其他国家都具有很强的适用性，应该会引起世界范围的广泛兴趣。

　　本书的主要话题是讨论审慎监管与消费者保护之间的关系。尽管在其他司法辖区，这两个监管领域被划分在两个不同的监管机构（"双峰模型"），但在以色列，银行监管局则对两者负责。正如前面提到的，以色列在最近全球金融危机中幸存下来，几乎完好无损，其银行体系也没有受到严重伤害。因此，在这方面，现有模型证明了它自己的成功。然而，银行监管局采取促进稳定的措施，不止一次，都是由于不断增强的竞争。此外，最近十年来，出现了因对消费者问题监管不满意而招致的公众批评。在2011年夏季发生的社会公众抗议活动中，这种倾向达到了高潮。抗议活动呼吁银行业加强竞争，并降低银行服务成本。同时，它提出怀疑，负责保持银行体系稳定的银行监管局，是否能够达成这些目标。

从这个意义上说,本书的目标是考察以色列的适宜监管模式:审慎监管与消费者保护,两者是否都保留在银行监管局的权限范围内,或者将它们分离到两家监管机构。

目前,在遭受全球金融危机创伤之后,许多国家都在重新审视它们的金融监管模式,这使得本书比以往任何时候都更为重要。

本书的内容结构如下:

第一章介绍一般银行业的监管。本章考察一般银行监管的范围,诠释其理据,并澄清两个监管领域——审慎监管和商业行为监管的分界。

第二章分析以色列银行体系的特殊属性。本章首先描述以色列金融业,以及银行在其中发挥的作用,特别是在近几年发生的若干改革与诸多进展。而后,深入研究银行体系本身,并讨论一些问题,比如:银行的私有化问题,这些银行在以前曾经被国有化;准公共机构的地位问题;集中与缺乏竞争力问题,这铭刻着以色列银行体系的特点;银行业务利益与按以色列法律处理银行业务方式的诸多冲突。本章最后一节致力于探讨银行与银行监管局之间的关系,提到监管局按"命令和控制"方法(the "command and control" approach)而行使的权力,以及新的治理方法,比如自律和合同监管。

第三章致力于研讨审慎监管。从最近金融危机学到的经验教训以及利用这些经验教训,微观审慎监管和宏观审慎监管,以及银行恢复和处置的重要问题。

第四章探讨消费者保护和商业行为监管的领域。应当特别注意的是,以色列银行法律制度的特点是一种相当社会化的方法,结果是颁布了几个具有深远影响的消费者保护法。议会干涉的理由其中有,银行监管局在这方面存在消极被动性。本章回顾了按以色列法对消费者提供的独特保护,并考察了该法对银行体系的冲击性影响。更为重要的是,本章意识到银行监管局在方法上的新近变化,这反映在对消费者的各种保护活动。这一研究结果将影响第六章的几点结论,而第六章所探讨的是关于以色列最适监管模式问题。

在全面回顾第三章审慎监管和第四章商业行为监管之后,第五章直面这两个领域,考察什么样的监管模式能够同时使两者得以擢升。本章考察各种监管模式使用了五个参数项:监管有效性、监管专业化、监管权力、操作效率、对被监管者的监管影响,以及金融监管改革的结果。结论是,两个领域——审慎监管和消费者保护——都应当保留在银行监管局的手中。

作为最后一章第六章,探讨未来之路。本章拓宽了这一结论,就是在银行监管局的权限内,巩固审慎监管和商业行为监管。本章考察这两个领域之间的适当平衡,还针对加强消费者保护问题,提出一些实施建议。最后一节,探讨了一些很新的倡议和立法草案,它们旨在加强金融业的竞争,还分析了这些倡议和立法草案对银行及其消费者的潜在影响。

从全世界看,银行监管都是一个极具活力的领域,而对以色列而言尤其如此。去年的特点是,如洪水一般涌现出一批立法提议和很多新的监管指令。这些立法提议和监管指令,有些是来自一位新任财政部长,其宣布的议事议程就是要加强银行竞争;有些是来自一位新任银行监管局局长,他努力回应公众对银行业缺乏竞争力的批评。本书向读者提供了最新的图景,资料时间截止于2016年1月。读者可以继续跟踪最新进展,这些新进展将通过实施本书中所包含的那些原则和工具而体现出来。

致　　谢

值此机会,我要感谢在本书写作过程中给予我帮助的那些人:

道格拉斯·阿纳(Douglas Arner)教授

罗斯·巴克利(Ross Buckley)教授

赛奈·多伊奇(Sinai Deutch)教授

伊扎克·加努尔(Itzhak Galnoor)教授

迈尔·赫思(Meir Heth)教授

多纳托·马希安达罗(Donato Masciandaro)教授

乔·诺顿(Joe Norton)教授

迈克尔·泰勒(Michael Taylor)博士

埃亚尔·特韦特(Eyal Tevet)博士

来自以色列银行:以色列银行行长卡尔尼特·弗拉格(Karnit Flug)博士;前银行监管局局长戴维·扎肯(David Zaken);银行监管局副局长奥德黛·佩雷斯(Odeda Perez)女士,律师;银行监管局副局长奥·索弗(Or Sofer)先生,特许金融分析师;副总法律顾问奥娜·瓦戈(Orna Vago)女士,律师;总法律顾问助理雪莉·阿夫纳(Shirley Avner)女士,律师。

技术人员:十分感激萨莎·伯曼(Sasha Birman)女士——内坦亚学院(Netanya Academic College)法律图书馆管理员;极其感激罗纳德·普罗斯(Ronald Proos)先生——出色的语言编辑。最后一点同样重要,对我亲爱的家人表达最深的感谢:我妈妈丽芙卡(Rivka),我丈夫多伦(Doron),以及我的女儿沙伊(Shai)和奥尔(Or)。没有他们的爱和支持,本书不可能写成。

缩略语列表

BCBS　Basel Committee on Banking Supervision　巴塞尔银行监管委员会
BIS　Bank of International Settlement　国际清算银行
CEO　Chief Executive Officer　首席执行官,总裁
EBITDA　Earnings before Interest, Taxes, Depreciation and Amortization　利息、税项、折旧及摊销前盈利,息税折旧摊销前利润
ECB　European Central Bank　欧洲中央银行,欧洲央行
ELA　Emergency Liquidity Assistance　紧急流动性支持工具
EMV　Europay, Mastercard, and Visa　欧陆卡、万事达卡、维萨卡
EU　European Union　欧洲联盟,欧盟
FATCA　Foreign Account Tax Compliance Act　《外国账户税收合规法》
FCA　Financial Conduct Authority, United Kingdom　英国金融市场行为监管局
FDIC　Federal Deposit Insurance Corporation, United States　美国联邦存款保险公司
FPC　Financial Policy Committee, United Kingdom　英国金融政策委员会
FRB　Federal Reserve Bank, United States　美国联邦储备银行
FSA　Financial Services Authority, United Kingdom　英国金融服务管理局
FSB　Financial Stability Board　金融稳定委员会
G20　Group of Twenty　二十国集团
G30　Group of Thirty　三十国集团
GDP　Gross Domestic Product　国内生产总值
HHI　Herfindahl-Hirschman Index　赫芬达尔-赫希曼指数

HQLA　High-Quality Liquid Assets　高流动性资产,优质流动资产
ILITA　Israeli Law, Information and technology Authority　以色列法律、信息和技术管理局
ILS　Israeli Shekel　以色列谢克尔
IMF　International Monetary Fund　国际货币基金组织
IRB　Internal Ratings-based (Approach)　内部评级法
LCR　Liquidity Coverage Ratio　流动性覆盖率
LOLR　lender of last resort　最后贷款人
LTV　Loan to Value　价值贷款,贷款房价比,房贷成数
NSFR　Net Stable Funding Ratio　净稳定资金比率
OECD　Organization for Economic Co-operation and Development　经济合作与发展组织,经合组织
PI　Payment to Income　支出收入比,还贷收入比
PRA　Prudential Regulation Authority, United Kingdom　英国审慎监管局
SCP　Structure Conduct Performance　结构-行为-绩效,行为决定绩效
SIFI　Systemically Important Financial Institution　系统重要性金融机构
The Global Financial Crisis　The Global Financial Crisis of 2007-2009 全球金融危机(2007—2009年全球金融危机)
The Knesset　The Israeli Parliament　以色列议会

* 本书引用的网址,最后查看日期是2016年7月1日。

** 以色列银行2016年7月1日发布的代表性转换汇率是1美元＝3.84以色列谢克尔。

第一章 银行业监管

本章目录

第一节　监管概念介绍

第二节　银行业监管的理据

　一、银行在经济中的核心作用

　二、对冲击的敏感性

　三、依赖公众信心

　四、信息不对称

　五、冒险倾向

　六、权力集中

第三节　银行业监管的领域

　一、审慎监管

　二、商业行为监管

第四节　以色列银行业监管的范围和定义

　一、银行业监管机构

　二、被监管机构

　三、监管活动的主要职能

第一节 监管概念介绍

监管是现代国家引导市场的主要方式。①

"监管"具有多种含义,因而就有多种定义。② 从狭义定义看,它是"公共机构对受到社会重视的活动行使持续而集中的控制。"③从广义定义看,它是"国家凭借任何手段,竭尽所能,控制和指导经济和社会。"④无论其定义可能是什么,监管突出了这样一种思想:国家通过运用不计其数的手段控制私人行为。

监管是一个复杂领域,因为它将来自公法领域的(国家机构的)权力与来自私法领域的(私有企业的)权利相捆绑,并且它要求在彼此冲突的价值观和利益之间取得平衡。⑤

监管涉及国家对私有企业的监督,特别是具有经济实力和社会重要性的大型公司,它们向公众提供物品和服务,包括基本物品和服务。在现代世界里,对于这种大型公司的发展存在着一些有利条件。这些大公司努力使其盈利最大化,这种盈利源自消费者。这些大公司的利益和消费者的利益互相冲突。如果这种竞赛是在契约自由的舞台上举行,并且舞台上只有这些大公司和消费者,那么,消费者不会有合理的成功机会,因为在消费者与

---

① 詹多梅尼科·马琼(Giandomenico Majone):"从积极到监管状态:治理模式变化的原因和后果",《公共政策杂志》第 17 期,第 139 页,1997 年。

② 戴维·列维-法尔(David Levi-Faur):"监管和监管治理",载于《监管政治学手册》(戴维·列维-法尔主编,爱德华·埃尔加出版社 2011 年),第 3、3—6 页;巴拉克·奥巴赫(Barak Orbach):"什么是监管?"《耶鲁大学在线监管期刊》第 30 期,第 1 页,2012 年;朱丽叶·布莱克(Julia Black):"关于监管的批判性反思",《澳大利亚法律哲学期刊》第 27 期,第 1 页,2002 年;沙伦·亚丁(Sharon Yadin):《监管合同时代的行政法》(希伯来文),第 21—26 页,布尔希出版社 2016 年。

③ 菲利普·塞尔兹尼克(Philip Selznick):"专注于监管的组织研究",《监管政策和社会科学》第 363 页,罗杰·G. 诺尔(Roger G. Noll)主编,加州大学伯克利分校出版社 1985 年。

④ 戴维·列维-法尔:前注 2,第 4 页。

⑤ 以色列保险估价师协会诉保险专员案[HCJ 7721/96 Association of Insurance Appraisers in Israel v. The Commissioner of Insurance, 55(3) PD 625, 630 (2001)]。

这些大公司之间存在着能力不平等。在这种情形下,契约自由经常是大公司对消费者指定条件(dictate terms)的自由,这是以牺牲消费者利益为代价使大公司获益。其结果是不仅对消费者作为个人受到损害,而且作为普通大众也受到损害:公众被迫去消费低于其理想标准的物品和服务,而且付出更高昂的价格。[6]

这一教训是从19世纪的宽容期学到的。在此时期,各国采取自由放任原则。[7]"宽容国家"准许在经济领域让供给者与消费者之间竞争,这种竞争基于一种非常广泛的契约自由,并且几乎没有国家干预。那时的这种理念是,市场力量,特别是供给与需求的力量,会恰当地调节供给者和消费者之间的关系,不需要国家方面出手干预。[8] 然而,这导致剥削、贫穷,财富分配悬殊,工人待遇苛刻,漠视消费者安全,并且垄断蔓延。结论是,宽容国家和几乎无限的契约自由原则已经失败了。[9]

因此,世界各国开始监督私营部门的活动。这类监督的最突出模式之一,现在被用于很多国家,就是"监管型国家"模式。这一模式的基础是使用监管作为治理手段,并基于利用专业机构监督私营部门的活动。这些监管机构的独特之处在于授予它们的高度独立性,相比之下,那些政府部门隶属于内阁部长们和议会。在法律上,这种高度的独立性是根深蒂固的。它是通过适当任免这些监管机构的负责人,独立的预算,以及灵活招募专业雇员这一系列安排来予以保证的。过去,监管机构对商品和服务的关税以及其

---

[6] 伊扎克·扎米尔(Yitzhak Zamir):"对私人活动的公共监督",《法律与商业》第2期,第67、75—77页(2005年,希伯来语),引用案例"以色列保险估价师协会诉保险专员案",前注5,同上。

[7] 雅各布·维纳(Jacob Viner):《自由放任思想史》,芝加哥大学法学院1961年;西德尼·法恩(Sidney Fine):《自由放任和一般福利国家:美国思想冲突研究》,密歇根大学出版社1964年;亚瑟·J.泰勒(Arthur J. Taylor):《19世纪英国的自由放任和国家干预》,麦克米伦出版社1972年。

[8] 前注6。

[9] 约翰·梅纳德·凯恩斯(John Maynard Keynes):《自由放任主义的终结》,最初发表在伦敦,霍加斯出版社1926年;哈罗德·安德伍德·福克纳(Harold Underwood Faulkner):《自由放任主义的衰落(1897—1917年)》,最初作为《美国经济史 第七卷》发表,1951年;艾伦·弗兰克尔·保罗(Ellen Frankel Paul):《道德革命与经济科学:19世纪英国政治经济学中的自由放任主义的消亡》,格林伍德出版社1979年。

质量进行了监控。然而,后来这些机构扩展了权力,重新设计了私营行业部门的结构,使之受到其监督。多年来,"监管型国家"为了实现其目标,开始越来越多地依赖各种监管政策和工具。这导致行政立法的数量显著增加,独立监管机构激增,监管机构权力扩张,同时监管手段也得到改进。[10]

"监管型国家"的这种现象提出了一个问题,就是在社会个体之间的关系中,国家通过监管机构干预到什么程度才是理想的?答案不仅主要取决于个人的世界观,而且也取决于所讨论的具体问题。一般说来,共识似乎是,在一个民主社会里,对私人活动进行公共监督是绝无道理的,除非是为了服务公众需要所必须。有时候,需要监管是因为资源有限;有时候,需要监管是因为风险牵涉到某项特定活动。在有些情况下,需要监管是为了克服市场失灵,而在另一些情况下,监管意图是为了确保基本服务供给的合适条件。[11] 在所有这些情况下,问题不仅是监管本身,而且也在于监管的强度,也就是说,在这些领域实施监督是理想的,并且在每个领域监管的程度是合适的。[12] 记住这一点,我们现在来考察银行业领域的监管问题。

第二节 银行业监管的理据

银行业监管是一个广泛领域,旨在规制经济体系中一个最有活力和最重要的部分——银行体系。

对于限制银行活动自由和对它们施加严格监管的理由,我们可以罗列

---

[10] 詹多梅尼科·马琼,前注 1;詹多梅尼科·马琼:"欧洲监管国家的兴起",《西欧政治》第 17 卷,第 77 页,1994 年;戴维·列维-法尔:"福利国家:监管者的观点",《公共行政》,第 92 卷,第 599 页,2014 年。

[11] 对于各种支持监管的理由,参见:罗伯特·鲍德温、马丁·凯夫和马丁·洛奇(Robert Baldwin, Martin Cave & Martin Lodge):《理解监管:理论、策略和实践》(第二版),第 15—24 页,牛津大学出版社 2012 年。

[12] 伊扎克·扎米尔:前注 6,第 75—77 页。

如下若干方面。[13]

一、银行在经济中的核心作用

由于银行在现代经济中发挥的关键作用，一家银行的倒闭，会引起对一个国家经济活动的严重损害。公众在银行的存款，构成了支付系统和国家货币供应的相当大一部分。银行在流动性的提供与再分配上是一个核心角色。[14] 银行向借款人提供流动性，允许他们将非流动性资产作为抵押，并以贷款资金形式将这些资产转换成现金。同时，银行通过给予存款人以活期存款而立即获得其资金的方式，向存款人提供流动性。[15]

除此之外，银行提供的信用为经济中商业和私人活动的融资提供服务，构成这类融资的重要部分。[16] 银行业也是货币政策的主要传递渠道，因为它充当政府贷款的转移管道，并充当中央银行操作的对手方。[17]

由于银行的重要作用，一家银行的倒闭，尤其是一家大银行的倒闭，将会破坏整个市场的基本服务和经济活动。[18] 设想是，严格的银行业监管可

---

[13] 关于对银行业监管的历史性考察，请参见：乔治·J. 本斯顿（George J. Benston）："政府对银行的监管是必要的吗？"《金融服务研究期刊》，第185、185—187页，2000年。

[14] 详细请参阅：菲利普·E. 斯特拉罕（Philip E. Strahan）："21世纪银行业的流动性产品"，《牛津银行手册》，第112页，艾伦·N. 伯杰、菲利普·莫利诺克斯和约翰·O. S. 威尔逊编（Allen N. Berger, Philip Molyneux & John O. S. Wilson eds.），牛津大学出版社2010年。

[15] 帕特里夏·A. 麦科伊（Patricia A. McCoy）："存款保险的道德风险影响：理论与证据"，《货币与金融法的发展现状》第5卷，第417页，2008年；道格拉斯·W. 戴蒙德和菲利普·H. 迪布维克（Douglas W. Diamond & Philip H. Dybvig）："银行挤兑、存款保险和流动性"，《政治经济杂志》第91期，第401、405页，1983年（"活期存款是银行履行其将非流动资产转化为流动资产的职责的工具"）。

[16] 迈尔·赫思（Meir Heth）：《回顾以色列资本市场》，第561页，耶路撒冷鲁宾·马斯（Rubin Mass）2012年，希伯来语。

[17] 托马索·帕多阿-斯基奥帕（Tommaso Padoa-Schioppa）：《监管金融：平衡自由与风险》，第46页，牛津大学出版社2004年。

[18] 比较：乔纳森·R. 梅西和杰弗里·P. 米勒（Jonathan R. Macey & Geoffrey P. Miller）："银行倒闭、风险监测和银行控制市场"，《哥伦比亚法律评论》第88卷，第1153、1154页，1988年（"银行破产尤其令人担忧，因为现行的银行业监管制度将银行破产的成本强加给公众。正是这种监管体系，而不是任何认为银行机构特别值得保护的概念，证明了对银行破产的特殊关注是合理的"）。

以减少发生这些情况的可能性。有趣的是,即使亚当·斯密,虽然他以支持市场不受任何干预和自由竞争而闻名,但他为监管银行而辩护,因为担心银行倒闭会引起对广大公众的损害。[19]

二、对冲击的敏感性

在经济社会,银行对可能危及其稳定性的冲击,比其他公司尤其敏感。这是由于两个因素:银行的狭窄股本基础(narrow equity base),以及银行对传染性风险的更大敞口(exposure)。

关于银行的狭窄股本基础:银行业务活动的特征之一是,银行是金融中介机构,即从存款客户接受资金,并将这些资金为借款客户所备用。[20]尽管其他金融媒介机构正日益进入银行业务领域,但银行仍然是从事接受存款并同时提供信贷的唯一金融媒介。这种特殊类型的金融媒介并不取决于银行股本的规模。这就意味着,银行主要业务活动并不要求广大资本基础(broad capital base),因此银行可以狭窄股本基础运营。[21] 银行股本越少,它就可能越容易不稳定。因此,面对一个冲击,虽然具有广大资本基础的大公司可以应付,但可能对狭窄股本基础的银行造成负面影响,并且它可能很快恶化成一种资不抵债的状态。

在这种情形中,我们应当补充一点,银行的一个显著特点是其资产大部分是非流动性的。[22] 正如上述,银行的主要功能之一是接受存款,并同时提

---

[19] 亚当·斯密(Adam Smith):《国家财富的性质和起因的研究》第 2 卷第 2 章,最初出版于纽约,现代图书馆,1776 年;参见:埃德温·G. 韦斯特(Edwin G. West),"亚当·斯密对货币和银行业监管的支持:一个不一致的例子",《货币、信贷和银行业期刊》第 29 卷,第 127 页,1997 年;马修·卡尔森(Mathieu Carlson):"亚当·斯密对货币和银行业监管的支持:一个不一致的例子?"《经济学历史评论》第 29 卷,第 1 页,1999 年,网上可查:http://www.hetsa.org.au/pdf-back/29-1.-pdf。

[20] 马赛厄斯·德瓦特里庞和让·梯若尔(Mathias Dewatripont & Jean Tirole):《银行审慎监管》,第 13—14 页,麻省理工学院出版社 1993 年。

[21] 阿纳特·阿德马蒂和马丁·赫威格(Anat Admati & Martin Hellwig):《银行家的新衣服:银行业有什么问题,该怎么做》,普林斯顿大学出版社 2013 年。

[22] 哈维尔·弗雷克斯等(Xavier Freixas et al.):"最后贷款人:对文献的回顾",《金融稳定评论》,第 151、152 页,1999 年。

供信贷。银行从公众手里接受流动性存款(比如短期存款,可以很容易地被取走),并将这些资金再投资于长期、非流动性贷款(对于这类贷款,传统上没有什么市场)。换句话说,银行将流动性负债转换成非流动性资产。[23] 结果,银行大部分资产都是非流动性资产。因此,如果一家银行遇到困难,那么,它很难变卖这些资产,以改善其处境。

  银行对冲击特别敏感的第二个原因是银行对传染现象的风险敞口,此点居于系统性风险概念的核心。关于这一点,"传染"是指在银行体系里,一家银行倒闭向其他银行蔓延。[24] 传染可以通过两种主要渠道发生。第一种渠道是"真实"或"敞口"渠道(real or exposure channel)。这一渠道涉及这种潜在可能性,通过真实、直接的敞口而发生"多米诺骨牌效应"。这种敞口起因于银行间市场内银行彼此之间的相互关联性(相互资金拆入、拆出),以及结算支付系统内银行之间的连锁关系。[25] 第二种渠道是"信息渠道"。这一渠道与存款人的传染性提取行为有关。这种情况是由不完全信息引起的,就是主观感知一家银行有倒闭的威胁。这种信息可能诱导存款人从其他银行提取存款,因而威胁到其他银行的稳定。[26]

---

  [23] 拉里萨·德拉戈米尔(Larisa Dragomir):《欧洲审慎银行监管和监督》第28页,劳特利奇(Routledge)出版社2010年;弗雷克斯等,前注22,同上;帕特里夏·A. 麦科伊:前注15,同上;乔纳森·R. 梅西和杰弗里·P. 米勒:前注18,第1156页;道格拉斯·W. 戴蒙和菲利普·H. 戴维勒:前注15,第402页("银行通过汇集提款风险,允许消费者将非流动性资产转换成流动负债,使银行能够投资于高收益的非流动性资产")。

  [24] 在其他情况下,它也可能在广义上提到整个金融体系的蔓延风险,以及从金融体系到实体经济的风险。拉里萨·德拉戈米尔:前注23,第30页;哈维尔·弗雷克斯:前注22,第154页;理查德·J. 赫林和罗伯特·E. 里坦(Richard J. Herring & Robert E. Litan):《全球经济金融监管》,第50页,布鲁金斯学会出版社1995年。

  [25] 拉里萨·德拉戈米尔:前注23,第30页;弗雷克斯等人,前注22,第155—156页,以及上面提到的参考文献;奥利维尔·德·班德、菲利普·哈特曼和乔斯·路易斯·佩德罗(Olivier de Bandt, Philipp Hartmann & Jose Luis Peydro):"银行业系统风险——最新资料",《牛津银行手册》,第633、643—650页,艾伦·N. 伯杰、菲利普·莫利诺克斯和约翰·O. S. 威尔逊(Allen N. Berger, Philip Molyneux & John O. S. Wilson)编,牛津大学出版社2010年;关于银行同业网络请参阅:罗斯·克兰斯顿(Ross Cranston):《银行法的原理》(第二版),第37—63页,牛津大学出版社2002年。

  [26] 奥利维尔·德·班德,前注25,第643页;道格拉斯·W. 戴蒙和菲利普·H. 戴维勒:前注15。

传染性风险的观点假设,一家银行倒闭对其他稳健银行施加负面的外部效应。换句话说,因为任何一家银行倒闭都威胁到所有其他银行,所以,任何一家银行倒闭都令人担忧。㉗ 银行向证券和其他非核心银行业务(像有些国家的保险业)的扩张,并不减缓传统性风险。相反,这种业务扩张增加了银行的复杂性,使得信用和市场风险之间的区分越来越模糊,因而使得风险管理更加复杂,并且更难于监控。㉘

对传染性风险的高度暴露,加上狭窄的资本基础,强化了严格干预和监管的必要性,以维护银行的偿付能力。

三、依赖公众信心

奉行在银行业领域进行监管干预合理的另一种观点是银行对公众信心的依赖。客户很大一部分钱存在银行里,这些钱按活期提取或短期内提取。关于某银行经营状况恶化的谣言,可能引起客户恐慌性取款,而该银行无法自己应付这种恐慌性取款。㉙

存款人恐慌可能引起一家银行倒闭,即使不存在银行垮掉的任何实际理由,甚至基于虚假的传闻,这种情形如同一个自我应验的预言。㉚ 在产生恐慌的那一刻,没有任何一个存款人想冒风险不取走他在银行的存款,或者想冒险作为一个最后取款人,同时假设该银行没有足够的资金偿还所有存款人。结果,即便在缺乏了解银行财务状况的情况下,存款人也宁愿取走其存款,从而触发了银行流动性储备的迅速枯竭。关于银行流动性问题的谣言引起了信心问题,并引起了存款人的协同行动,继而引起对该银行提取存

㉗ 乔纳森·R.梅西和杰弗里·P.米勒:前注18,第1156页。

㉘ 拉里萨·德拉戈米尔:前注23,第29页。

㉙ 例如,2007年发生在英国北岩银行(Northern Rock Bank)的案例。关于这个案例请参见:英国下议院财政委员会(House of Commons,Treasury Committee)《对北岩银行的挤兑》,2008年1月1日第1卷,网上可查:https://www.publications.parliament.uk/pa/cm200708/cmselect/cmtreasy/56/56ii.pdf。

㉚ 理查德·J.赫林和罗伯特·E.里坦:前注24,第150页。

款的挤兑，而抵挡不住同时挤提所有存款的事实，将最终导致该银行的崩溃。[31]

除此之外，如果一场挤兑发生在一家银行，那么，它也可能发生在整体的银行系统：如果一家银行的存款人看到另一家银行的存款人挤兑性提取其存款，并且特别是他们看到另外那家银行关门而不是在支付存款，那么，他们可能作出推断，他们自己的银行也遇到了同样的问题，也是脆弱不堪的银行。[32]

挤兑一家银行的现象可能引起一家银行的崩溃，即使它是有偿债能力的，因为，由于偿付存款人存在银行资金的即刻需求，银行可能被迫以低于实际价值的价格处置它的资产。[33]

很明显，对挤兑银行情景的解决方案是存款保险制度。[34]然而，即使在那些有这种保险的国家，它不一定完全覆盖得了存款数额。因此，银行业监管很重要：基于这种认识，有一个高级机构监管银行业务活动，这种监管可能减少公众的恐惧。认可严格监管，旨在确保银行的稳定性和可信度，加强公众对银行体系的信心，并鼓励公众信任银行，把钱存进银行。这种监管在例如以色列这样的国家尤其重要，因为以色列没有存款保险制度。[35]

---

[31] 道格拉斯·W. 戴蒙德和菲利普·H. 戴维勒：前注 15；另见乔纳森·R. 梅西和杰弗里·P. 米勒，前注 18，第 1157 页，他们运用经典的囚徒困境来分析这种现象。

[32] 乔纳森·R. 梅西和杰弗里·P. 米勒，同上。

[33] 戴维·T. 卢埃林（David T. Llewellyn）：《金融机构监管与监督》第 4 页，英国特许银行家协会，1986 年。另一种方法，在此情况下，这并不一定会伤害到银行，参见：乔治·G. 考夫曼（George G. Kaufman）："银行传染：对理论和证据的回顾"，《金融服务研究杂志》第 8 期，第 123、140 页，1994 年；乔治 J. 本斯顿（George J. Benston）："监管金融市场：一种批评和一些建议"，载《霍巴特报》（Hobart Paper），伦敦经济事务研究所，1998 年。

[34] 请参见第三章第四节"四""（三）"。

[35] 同上。

四、信息不对称

银行业监管正当性的另一个因素是信息不对称问题。[36] 使用银行系统服务的很多消费者,没有能力保护自己免于涉及一家银行倒闭的种种风险,原因是缺乏信息,并且很难提前发现它即将并发症状的迹象。要评估该银行的财务状况及其对存款人偿付债务的能力,需要获得大量信息,包括银行经营政策、银行资本,以及银行本身承担风险的类型和程度。银行资信评估涉及复杂的处理过程,不仅要诠释银行的财务报表,而且要说明银行每一项信贷安排随时间而变化的价值,以及银行资产投资组合的实际价值。[37]

此外,不仅在获得银行状况的相关和最新信息上存在真实困难,而且对消费者试图通过自己获得信息的成本也太昂贵。[38] 再者,即使消费者获得了这些信息,仍不确定他们知道如何恰当地分析和理解这些信息。这些分析活动或许涉及更高的成本。在这样一种情景里,银行是"信息专家",[39] 而消费者具有"有限理性"[40]的特点,这种情景使得干预具有正当理由,这种干预旨在减少信息不平等引起的种种风险。[41]

五、冒险倾向

银行业监管正当性的又一个因素是银行承担更高风险的趋势增强。这

---

[36] 爱德华·P. M. 加德纳(Edward P. M. Gardener):《英国银行监管:演化、实践和问题》第36页,伦敦艾伦与昂温出版公司(Allen & Unwin)1986年,将其描述为"银行监管的主要历史原理";另见彼得·卡特赖特(Peter Cartwright):《银行、消费者和监管》,第16页,哈特出版公司(Hart Publishing)2004年。

[37] 拉里萨·德拉戈米尔:前注23,第42页。

[38] 罗伯特·查尔斯·克拉克(Robert Charles Clark):"金融中介机构的稳健性",《耶鲁法律期刊》第1卷,第15—18页,1976年。

[39] 劳伦斯·J. 怀特(Lawrence J. White):"美国的银行业监管:了解上世纪80年代和90年代的教训",《日本和世界经济》第14期,第137、143页,2002年("具有特殊信息收集专长和监测能力的银行")。

[40] 赫伯特·A. 西蒙(Herbert A. Simon):《有限理性模型》(第三卷基于经验的经济理性),麻省理工学院出版社1997年。

[41] 拉里萨·德拉戈米尔:前注23,第42、306页。

种行为反映了一种被称为"隐蔽行为"的现象。[42] 隐蔽行为是指这样一种能力，即交易的一方在签约后，以一种投机方式改变其执行行为，为的是促进其自身利益，同时损害另一方的利益，在此过程中不让对方意识到这种行为。在银行业情景里，这种隐蔽行为可能反映在，银行日益嗜好冒险，旨在取得更高利润。这种经营政策就是让银行储户的钱来承担风险。

由于银行股东承担有限责任，银行采取这种策略比较容易。当银行盈利时，享有盈利者就是银行本身及其股东们（通过分红）。另一方面，在银行倒闭的情况下，银行遭受损失的上限是银行自己的资本，同时，银行股东们因独立法律实体原则而受到免责保护。银行遭受损失的其余部分则由银行债权人消化，首要的是由存款人消化，这些存款人不享有对其所有存款的足额存款保险。[43] 各种研究表明，当存款人由于信息不对称而没有得到适当的通知，银行股东们的确从增加风险中受益，由此产生了道德风险问题。[44] 金融安全网，比如"最后贷款人"和存款保险计划，构成了银行采用更高风险敞口的额外激励。[45]

银行选择提高风险水平的另一个原因，是银行同业之间信息不平等，以及银行与跟其竞争的其他金融机构之间的信息不平等。每个银行都担心其竞争对手采用增加短期利润的风险策略。为了不做这种竞争的失败者，每家银行也都宁愿提高其风险水平。[46] 这种被称为"僵局"[47]的现象，导致羊群一样的从众行为，并引起整个市场都采取危及存款人的风险策略。[48] 因此，

---

  [42] 英格·沃纳(Ingo Wörner)：《欧洲银行业监管的紧张关系与协调》，第68页，正如拉里萨·德拉戈米尔在前注23第42页所总结的那样。

  [43] 拉里萨·德拉戈米尔，同上。

  [44] 詹·德敏(Jean Dermine)："欧洲银行业整合，十年后"，《欧洲金融管理》第2期，第331、345页，1996年。

  [45] 请参阅第三章第四节"四"。

  [46] 拉里萨·德拉戈米尔，前注23，第44页。

  [47] 戴维·卢埃林(David Llewellyn)：《金融监管的经济原理》，英国金融服务管理局临时文件第27号，1999年4月。

  [48] 关于羊群行为是最近金融危机的催化剂之一的争论，请参见：阿维纳什·佩尔绍德(Avinash Persaud)："将羊群从悬崖边缘送出：羊群与市场敏感风险管理实践之间令人不安的互动"，国际金融研究所2000年。网上可查：http://www.bis.org/publ/bppdf/bispap02l.pdf。

监管干预是必要的，以便打破这种僵局，并迫使所有参与者采取适当的风险策略。

无论银行采取的风险策略出于何种原因，银行的债权人——特别是小债权人，很明显，没有能力阻止或改变它。因此，外部干预是必需的，必须要求银行随时采取合理的风险策略。

六、权力集中

上面提到的加强银行业监管的所有理由，都与强化银行体系并确保银行体系稳定的需要有关系。相比之下，可以提出加强银行业监管的一个非常不同的理由，并且这实际上担忧强化银行的权势，不论是就单个银行抑或是整个银行体系而言。[49] 根据这种方法，应当特别关注经济权力集中（concentration of economic power）的问题。让人担忧的是形成一些权力中心，他们运用其权力和市场力量，以牺牲零售客户等在经济实力方面被视为弱者的部门领域为代价。[50] 抑制银行权力的需要是让银行服从上述提到的监管的另一种正当理由，也就是说，监管旨在确保银行对待客户的适当与公平行为。[51] 此外，现今的公众预期不仅直接指向银行公平对待客户行为，而且也指向监管当局在干预和行使其权力时确保对银行方面的适当行为。[52]

因此，我们可以得出结论说，两个目标形成了银行业监管的基础：确保银行体系的稳定，以及保护银行客户免于银行不当行为的伤害。这两个目标，尤其是二者之间关系的问题，是本书的主要议题。

---

[49] 卡特·H.戈尔曼（Carter H. Golembe）："银行监管的长期趋势"，《金融服务研究杂志》第2辑，第171、173、174页，1989年9月；本斯顿，前注13，第188页。

[50] 露丝·柏拉图-希纳尔（Ruth Plato-Shinar）："以色列法律下的银行诚信责任：是否有必要将其从公平原则转变为法定职责?"，《普通法世界评论》第41期，第219、222页，2012年。

[51] 查尔斯·古德哈特等（Charles Goodhart et al.）：《金融监管：为什么、如何，以及现在何去何从》，第4—5页，伦敦劳特利奇出版社1998年；彼得·卡特赖特，前注36，第34页；相反的方法，反对银行监管合理的上述观点，请参见：乔治·J.本斯顿，前注33。

[52] 彼得·卡特赖特，前注36，第2页。

第三节　银行业监管的领域

我们已经看到,银行业监管有两个主要目标:保持银行体系稳定,同时银行对待客户公平及行为适当。为追求这两个目标,通常将银行业监管划分为两个领域:审慎监管——重点保持银行业稳定;商业行为监管——重点在银行与客户关系中确保银行行为公平。

一、审慎监管

审慎监管的目标是保持银行体系稳定,并防止发生倒闭或危机。因此,审慎监管的主要焦点是关于单个银行以及整个银行体系的偿付能力、安全和稳健;审慎监管的主要工具是预防性工具,这些工具旨在预见倒闭,并确保金融稳定。审慎监管包括的问题,比如资本要求,对银行风险敞口和杠杆的限制,银行信息披露要求,以及银行公司治理规则。所有这些规则,都是旨在确保银行合规运营,保持稳定。㉝

审慎监管在两个层面上执行,微观层面即"微观审慎"(microprudential)和宏观层面即"宏观审慎"(macroprudential)。在微观层面上,它解决单个银行的偿付能力和可靠性问题,并寻求基于单个银行的安全和稳健;在宏观层面上,它关注整个银行体系的稳定。㉞

宏观审慎和微观审慎政策具有不同的目标,并且因而具有不同的视角。微观审慎方法的目标,是限制个别机构引发财务危机事件的风险,不考虑这些事件对整体经济的影响。相反,宏观审慎方法的目标,是限制对整体经济

㉝ 参见拉里萨·德拉戈米尔;前注 23,第 54、55 页。请注意,"审慎"的概念是高度模棱两可的,并没有共同的理解。

㉞ 拉里萨·德拉戈米尔,同上。

具有重大损失的财务危机事件的风险。㊺ 换句话说,微观审慎方法的目标是最合理地保护消费者(存款人或投资者);而宏观审慎方法的目标完全属于宏观经济的传统范围。㊻

从微观审慎角度看,风险被看作是外生的,因为它的基本假设是,产生金融危机的任何潜在冲击,它的起源都超出了这家金融机构的行为。另一方面,宏观审慎方法认可的是,风险因素应被看作是内生的,是作为一个系统性现象。因此,宏观审慎政策处理个体金融机构与市场的相互关系,以及它们对经济风险因素的共同敞口。㊼

微观审慎监管是必要的,因为存在着如上所说的银行与消费者之间的信息不对称,还因为,由于存在安全网安排,银行具有采取冒险行为的倾向。因此,应当采取措施,以保持风险承担在合理限度,并维护消费者信心。㊽ 另一方面,宏观审慎监管回应一些担忧,这些担忧是由整个金融体系的外溢性方面和信息不足引起的。㊾

与银行稳定性有关的另一个领域,或者更精确地说,与银行不稳定有关的另一个领域,是银行恢复和处置领域。该领域设置干预框架、救援政策,以及提供处置方法,尤其是一旦危机迫在眉睫时,恢复和处置措施必不可少。在这些情况下,所提供的工具各不相同,包括从对该银行重组到对其进行破产清算。安全网安排,比如最后贷款人便利和存款保险,也都包括在内。这种事后干预,虽然通常极其昂贵,但是正当合理,因为有必要抑制危机蔓延,防止危机向整个金融系统扩展,甚至向整体经济扩散。㊿

有些学者认为,银行监管的这一领域独立于审慎监管,并且给予它一个

㊺ 克劳迪奥·博里奥(Claudio Borio):"朝向金融监督和监管的宏观审慎框架",国际清算银行工作文件第128号,第2页,2003年。网上可查 http://www.bis.org/publ/work128.pdf。
㊻ 马赛厄斯·德瓦特里庞和让·梯若尔,前注20。
㊼ 克劳迪奥·博里奥,前注55,第3页。
㊽ 大卫·卢埃林,前注47,第10页;彼得·卡特赖特,前注36,第6页;查尔斯·古德哈特等,前注51,第5页。
㊾ 参见拉里萨·德拉戈米尔:前注23,第54页。
㊿ 同上。

独特的术语:"保护性监管"。[51] 这种方法的潜在基础是这种假设,审慎监管涉及的是事前预防措施;而保护性监管涉及的是在倒闭危机已经发生之后,或者在发现倒闭的极大可能性的苗头后,处理审慎性破产事宜,是事后干预措施。按照这种建议,因为存在这两种情境之间的差异,其独特目标和要求之间的差异,其各自采取措施之间的差异,很明显,将它们各自都作为一个独立的监管领域对待,也都很合理。

是否有必要将这些监管领域分离开来是一个复杂问题,对此并不存在毫无含糊的答案。应当根据要讨论的具体问题进行仔细考察。就本书目的而言,它探讨审慎监管领域和商业行为领域之间的关系,我相信,将银行恢复和处置问题包括在审慎监管范围内是适当的。[52] 上面提到的审慎监管与保护性监管之间的区别,是基于监管干预的时间(危机爆发之前或之后),或者更精确地说,是基于危机的存在或不存在(审慎监管——是在危机还未来到视野之内的情况下;保护性监管——是在危机已经存在或危机有临近的迹象的情况下)。这种区分是有问题的,而在很多情况下难于实施。实践中,当银行财务状况出现问题时,已经不可能去决定这是否仅仅是一个偶然事件(在此情况下,有必要采取事前措施预防危机),或者是开始了一场真正的危机(这需要动用事后恢复和处置工具)。除此之外,这种基于监管干预时间的区分是人为的区分,因为在危机已经发生时(事后)所采取的那些措施,经常是基于预先建立的一种结构,这种结构是在危机全然发生之前预先(事前)被决定的。一家破产银行的恢复或处置,以及审慎监管的宽广领域,两者都与银行稳定的理念相关,两者的目标都是保护存款人和投资者。另外,在许多国家,涉及处理银行危机的监管机构,通常也是有权处理审慎监管领域的监管机构。因为这些理由,并考虑到这两个领域的互联性,本书将银行恢复和处置问题纳入审慎监管的范围。

---

[51] 参见拉里萨·德拉戈米尔:前注 23,第 54—55 页。
[52] 这也是克兰斯顿的方法,见前注 25,第 82 页,他认为,保护性监管是审慎监管技术的一项。

二、商业行为监管

银行业监管的第二个领域是商业行为监管,又经常称为消费者保护。本领域的目标是约束银行对其客户行为适当,经营活动适当,而其客户也包括与其打交道的某些第三方(比如保证人)。这类监管涉及强制性披露,确保银行及其雇员诚信的条件,公平开展经营活动,提供服务中对利益冲突的限制,等等。[63]

有必要阐明,商业行为领域适用于银行与其所有客户之间的关系。它不仅适用于零售部门也适用于企业客户。然而,基于客户与银行之间的权力和信息更大不平等的这种假设,有可能在某些问题上,当涉及消费者客户时,这种监管干预的力度更大,并因此向客户提供保护的范围更广。[64]

也可能与银体系有关的另一个监管领域是竞争监管。很明显,本质上这一监管领域独立于银行业监管。通常,它由独立的监管机构(跨市场竞争机构)实施,而不是由银行业监管机构自身实施。[65] 然而,我觉得有必要提及,这一领域是作为银行业监管领域概念讨论的一部分,因为在以色列,自世纪之交起,就有越来越多的呼吁,要求银行监管局也干预和处理这一领域。[66] 既然银行业的竞争监管被视为银行业监管的另一个领域,因此期望银行监管局也应当涉及这一领域。其假设是,一个更有竞争性的体系将不仅提高银行的效率,而且也将导致降低价格,并改善服务,这些是目前公众关注的焦点问题。考虑到这些目标,竞争监管补充了商业行为监管,并可以被划为消费者保护广泛领域的一部分。

审慎监管与商业行为监管(或消费者保护)之间的关系并不简单。从表

---

[63] 戴维·卢埃林:"介绍:监管机构的制度结构",《国家如何监管其银行、保险公司和证券市场》,第11页,N.柯蒂斯主编,伦敦中央银行出版公司1999年;查尔斯·古德哈特等,前注51,第6页。

[64] 参见第四章第一节。

[65] 阿迪·阿亚拉:"反反监管:以竞争机构取代行业监管机构,以及反垄断的结果如何",载于约瑟夫·德雷克舍和菲比安娜·迪波尔图主编(Josef Drexl & Fabiana Di Porto eds.)的《竞争法规制》,第27,35页,爱德华·埃加出版社(Edward Elgar)2015年。

[66] 参见第五章第一节。

面上看，两个领域互相补充，互为对方做出贡献。保持银行稳定对存款人的利益有用，因为它确保他们在银行的存款得到保护。同时，银行商业行为监管，确保了银行服务的合适水准，而对银行方面也最为公平，它强化了公众对银行的信心。它鼓励客户通过银行来管理他们的财务活动，并将他们的钱存进银行，因而有助于银行的盈利和稳定。

另一方面，尽管上述领域一般存在互相补充的作用，但在某些情况下，事实上它们可能互相冲突，因此，银行监管局同时采用两者可能很困难。这种冲突的一个例子是，当一家银行遇到财务困难时的情况。出于对稳定的考虑，应支持对公众隐瞒银行的困难，以防止恐慌和对该银行的挤兑。不过，出于公平商业惯例的考虑，应要求充分披露，以便消费者对他们存在该银行的钱款做出知情决策。

在这种竞争情况下，还发生另一种冲突。在银行体系中引进新的竞争参与者，以牺牲大的参与者为代价而加强小的参与者，鼓励非银行机构进入银行业务的传统领域，消除更换银行和获取信息的障碍，都可能影响现有银行的盈利能力，并破坏其稳定性。另一方面，如果这样做是为了引起竞争，而竞争会导致价格降低和服务水准提升，那么，采取这些措施就是必要的。

因此，问题在于，将审慎监管和商业行为监管两个领域留下来是否正确，决定权在银行监管局手里；或者，将这两个领域划分在不同的监管机构，或许更好。这个问题是更广泛的问题——金融监管架构的一部分。金融监管的架构，将在第五章讨论。

第四节 以色列银行业监管的范围和定义

以色列银行业监管是一个广阔领域，需要我们一开始就界定其边界。在此情况下必须要澄清的主要问题是：谁是银行业监管者？哪些机构须服从银行业监管？银行业监管的主要职能是什么？

一、银行业监管机构

在以色列,银行受到严格监管。

负责银行业体系的主要监管者是在以色列银行(Bank of Israel)里的银行监管局局长(Supervisor of Banks)。以色列银行是以色列国家的最高货币管理机构和中央银行。⑰ 以色列银行内设部门之一是银行监管局(Banking Supervision Department)。银行监管局的首脑是银行监管局局长,由以色列银行行长(Governor of the Bank of Israel)任命。⑱

两个委员会与银行监管局局长一起共事:(1)执照委员会(Licensing Committee),负责向行长和局长就颁发银行业经营许可执照事宜提供咨询;⑲(2)顾问委员会(Advisory Committee),负责向局长就有关银行业务事宜提供咨询。⑳

在很多情况下,监管权力归属于以色列银行行长。㉑ 另外,行长有权将任何权力授予局长。㉒

在特定领域,银行还要服从其他几个监管机构的监管:以色列证券管理局(Israel Securities Authority)——投资咨询领域(此外,作为上市公司的银行由于这种地位而受到该局的监管);财政部的资本市场、保险及储蓄专员(Commissioner of the Capital Market, Insurance and Savings)——退休金咨询领域,自 2005 年起授权银行从事退休金咨询业务;反垄断管理局(Antitrust Authority)——该局致力于促进经济竞争,包括促进金融业竞争;以色列法律、信息与技术管理局(Israeli Law, Information and Technology

---

⑰ 关于以色列银行详细介绍,参阅:丹尼尔·马曼和泽埃夫·罗森赫克(Daniel Maman & Zeev Rosenhek):《以色列中央银行:政治经济、全球逻辑和本地行动者》,劳特利奇出版社 2011 年。

⑱ 银行监管局局长对银行的监管权力将在第二章第七节讨论。

⑲ 《银行(执照)法》第 5 条(Banking Licensing Law, section 5)。

⑳ 参阅《银行(执照)法》第 1 条的"顾问委员会"一词的定义,该条涉及《银行业条例》第 6 条。

㉑ 例如,在银行破产的情况下(见第三章第四节);关于银行收费的监督(见第三章第四节);还有更多。

㉒ 《银行业条例》第 5(d)款。

Authority，ILITA)，其职责是保护个人信息隐私,包括监督数据库;等等。

此外,还有几家机构对银行施加了大量的报告职责,[73]例如以色列禁止洗钱与恐怖融资管理局(Israel Money Laundering and Terror Financing Prohibition Authority);甚至还有一些海外机构,比如美国的税务管理机构(通过以色列税务局)。[74]

在所有业务领域,银行都要遵守数量众多的法律,次级立法(secondary legislation),以及各种监管机构的有法律约束力的指令。另外,尽管不是很精确地满足"监管"术语的定义,但我们也应当提及法庭裁断(court rulings)。在以色列,法庭采取一种积极态度。他们不仅严格依照法律条款办案,甚至还对银行赋予额外职责,而这些职责并尚未体现于立法中。[75]

本书并不打算回顾每家监管机构施行的广泛监管,这种回顾将会是填满若干卷本的工程。本书聚焦于由银行监管局局长(以及,如适用的话,还有以色列银行行长)推行的监管,银行监管局局长是作为负责银行业系统的主要监管者。在具体语境里,前面列出的其他监管者的活动也将予以讨论。

二、被监管机构

银行业系统的监管重点是其中的主要角色——银行。银行是本书的焦点。

有关银行的立法并不定义什么是"银行"。相反,它描述银行可以从事

---

[73] 露丝·柏拉图-希纳尔:"以色列的银行保密",《国际商业比较年鉴》第29期,第269页,2007年。

[74] 露丝·柏拉图-希纳尔:"跨境银行:重新构建银行保密制度",《重新思考全球金融及其监管》第236页(罗斯·P.巴克利、埃米里奥斯·阿福古力亚斯和道格拉斯·W.阿纳主编,剑桥大学出版社2016年)。

[75] 最好的例子是强制执行一项极其广泛的受托责任。参见:露丝·柏拉图-希纳尔:《银行的受托责任——忠诚的义务》(特拉维夫以色列律师协会2010年,希伯来语);"银行合同是一种特殊的合同——以色列模式"(《杜鲁法律评论》第29期,第721页,2013年;前注50;和罗尔夫·韦伯合著:"银行信托责任的三种模式"(《法律与金融市场评论》第2期,第422页,2008年);"一个叫'银行'的天使:银行的信托责任以色列银行法的基本理论"(《普通法世界评论》第36期,第27页,2007年);"银行的受托责任:加拿大-以色列的比较",(《银行和金融法评论》第22期,第1页,2006年)。

的业务活动范围：接受货币存款；管理活期账户；管理支付系统，包括收款、转账和兑换；买卖外汇；提供信贷；租用保险箱；买卖证券交易与代理；银行业务范围内的货币与财务咨询；投资咨询；养老金咨询；等等。⑯

在这种情况下，注释说明就是必要的：以色列的银行业监管适用于"银行法人或银行公司"（banking corporation）。这个术语包括各种金融机构：银行、外国银行、抵押贷款银行、投资金融银行（investment finance banks）、助业银行（business promotion bank）、财务机构（financial institutions）、联合服务公司（joint service companies）。⑰ 在过去，这样的银行公司确实在以色列经营。不过，现在，几乎所有的银行公司都是"银行"。因此，本书使用的术语"银行公司"指的就是它们这些公司。

除了"银行公司"之外，银行业监管也适用于信用卡公司，⑱以及参与清算借记卡和信用卡支付交易的公司。⑲ 本书也将讨论这些公司。

三、监管活动的主要职能

习惯上，研究监管问题的学者们公认，监管活动有三大主要职能：⑳

（一）制定规则或设置标准（Rule-making or standard-setting）：创建约束被监管者的规范（norms）。这一职能一般在二级或三级立法（secondary or tertiary legislation）层级上实现：法令（Dcrees）、规则（rules）、通告（circulars）、裁断（rulings）、指引（guidelines）、解释

---

⑯ 《银行（执照）法》第10条。
⑰ 同上，第1条。
⑱ 正如《银行（执照）法》第1条所定义的，信用卡公司被认为是"辅助公司"。
⑲ 《银行（执照）法》第D2章。
⑳ 戴维·列维-法尔，前注2，第6页；莎伦·亚丁，前注2，第27—28、48页；布朗温·摩根（Bronwen Morgan）和卡伦·杨（Karen Yeung）：《法律与规例简介：文本与资料》，剑桥大学出版社2007年；罗尔夫·H. 韦伯（Rolf H. Weber）："国际金融监管的计划与建构——一种理论方法"，《欧洲商法评论》第20期，第651、652页，2009年；菲利普·罗林斯（Philip Rawlings）、安德洛玛琪·乔治欧索利（Andromachi Georgosouli）和科斯坦萨·拉索（Costanza Russo）："金融服务的监管：目标和方法"，《玛丽女王大学CCLS》，第4页，2014年，网上可查：http://www.ccls.qmul.ac.uk/docs/research/138683.pdf。

(clarifications)、意见书(position paper)、宣告(declarations)、问答举例(examples of questions and answers),等等。制定规则职能包括实施职责、义务和禁条。它规定违反约束规范(binding norms)的处罚,而另一方面,它也可能包括对遵守约束规范的激励。另外,它决定被监管者与监管者打交道的程序。制定规则的过程可能涉及监管技术,这基于与被监管机构的合作,比如在强制性自律(mandatory self-regulation)的情形里。[31]

(二)监控(Monitoring):运行一套行政监督和控制系统,确保遵守约束规范,并检测出需要关注的违反规则的情况。处理公众投诉也可以包括在这一功能里,因为这成为发现不合常规情况的另一个来源。在某些情况下,尽管刑事司法程序本身由法律强制机关执行,但也授权银行监管局执行刑事和准刑事调查。

(三)强制执行(Enforcement):强制执行一般涉及处罚,也就是说,在违反约束规范的情况下,由主管机构予以制裁。银行监管局的强制执行工具主要是行政民事工具(administrative civil tools),比如,实施经济处罚或民事罚金,撤销或暂时吊销许可证,让某一职位人停职。银行监管局也可以使用合同性工具(contractual tools),这涉及解决方案,解决方案一般通过监管当局与被监管机构之间签订合约协议(contractual agreement)而实现。[32]除了惩罚性目标之外,强制执行也可能包括补救性措施。它还可以包括这种权力,命令向客户支付赔偿金,以及发出采取纠正措施的指示。强制执行也可能包括采取旨在谴责和羞辱(denouncing and shaming)违

---

[31] 请参阅第二章第七节"五""(三)"。

[32] 请参阅第二章第七节"五""(四)"。在这方面,参见:伊恩·艾尔斯(Ian Ayres)和约翰·布雷斯韦特(John Braithwaite)的"强制执行金字塔",载于《响应性监管——超越放松管制的辩论》,第35页(牛津大学出版社1992年)。他们的强制执行金字塔包括这些处罚,从最轻的到最严厉的依次是:说服,警告信,民事处罚,刑事处罚,执照中止,最后撤销执照。根据作者的观点,大多数的监管执行应该在基于说服基础上执行,而其余的制裁则应该越来越少用,像是爬上金字塔,直到撤销执照。然而,作者指出,金字塔并不适用于"银行或平权行为(affirmative action)监管"。

规者的措施,比如银行监管局关于某被监管机构违反情况的公布和宣告(publications and declarations)。㉝

至少在银行业情况下,我们应当增加监管活动的另一项基本职能,这就是颁发牌照的职能。㉞ 在我看来,尽管这一功能的某些部分或许可能已被包括在三大功能之中,但颁发牌照职能是独立的,并应分离于上述三大功能。

由此举例来说,被监管机构因不当行为而被撤销牌照/许可证*,可能归于第三项强制执行职能的范围,该项职能包括施加制裁和处罚。㉟ 确保牌照持有者或许可证持有者合法行为,并遵守牌照/许可证条款,这些可能归入第二项监控职能的范围。至于获得牌照/许可证的必需条件,以及规管颁发过程的规则,这些事情通常由议会立法和行政立法决定,不归入银行监管局的权力范围。然而,如果在某种程度上,它们的某些方面是由监管局局长本人决定的,那么,它们可以被包括在第一项制定规则职能的范围。㊱

尽管如此,在授予牌照或许可证的特定阶段,包括审查牌照申请人是否

㉝ 戴维•A. 斯基尔(David A. Skeel),"《公司法》蒙羞",《宾夕法尼亚大学法律评论》第149期,第1811页,2001年。

㉞ 关于执照被认为是监管机构和执照持有人之间的监管合同的方法,参见:亚丁,前注2,第96页。

* 从作者行文来看,"licence"和"permit"通用,故译文酌情使用"执照""牌照"和"许可证"。——译者注

㉟ 与以色列最高法院的做法相比,吊销执照完全不是一项惩罚性的制裁。其目的是保护公众,从市场中除去违反其职责的执照持有人,并阻止他继续向公众提供服务。参阅:以色列国家-保险事务专员诉库斯库西案[CA 9300/05 The State of Israel-The Commissioner of Insurance v. Kuskusi, paragraph G(3) (Nevo Database, 2007)]。

㊱ 例如,在以色列,关于建立互联网(虚拟)银行和信用合作社的规定,是由银行监管局局长颁布的章程决定的。参见:银行监管局,《提高银行系统竞争力调查报告》附件2——《以色列设立虚拟银行的许可程序》附件C(2013年3月),希伯来语网上可查:http://www.boi.org.il/he/NewsAndPublications/PressReleases/Pages/19032012e.aspx. 英文摘要报告网上可查:http://www.boi.org.il/en/BankingSupervision/Survey/Pages/competition.aspx;银行监管局,《以色列设立信用合作社大纲》(2015年5月5日),希伯来语网上可查:http://www.boi.org.il/he/NewsAndPublications/PressReleases/Pages/050515-reditUnion.aspx. 英语新闻公报网上可查:http://www.boi.org.il/en/NewsAndPublications/PressReleases/Pages/050515-CreditUnion.aspx.

确实满足了获得牌照的标准条件,也包括有权设置取得牌照的条件或限制。[87] 对我来说,这是监管局的单独权力,并不包括在上述三大职能的范围内。不用说,授予牌照并不限于技术性审查一套封闭条件列表(a closed list of conditions)。它涉及广泛的自由裁量权,[88] 而且是授予监管局局长的一项重要特权。

由于不符合其条款与条件而撤销一个牌照或一个许可证时,同样适用(与之相对,被监管机构开展业务的行为不当,正如上述所解释,这可能被认为是强制执行或制裁职能的一部分)。

很明显,所有上述监管职能不一定线性地履行。在某些情况下,它们是互不相干的;而在某些其他情况下,它们可能是重叠的。而且,它们之间存在有规律的相互作用。由此举例来说,拓宽监督程序可能导致更多违反情况的暴露。违反情况的更多暴露,可能导致监管规则发生改变。[89]

以下各章的讨论,适用银行监管局局长(以及以色列银行行长)负责的银行业监管,涉及上述概括的四项职能。

---

[87] 《银行(执照)法》第 2 条确定:"依照本法规定,有权颁发执照、许可证或证书的单位,可以根据本法规定的考虑因素确定条件和限制"。

[88] 例如,请看《银行(执照)法》第 6、29 和 31 条,都提到了政府的经济政策和公共福利,其中包括银行监管局局长应考虑的各种事项。

[89] 亚丁,前注 2,第 49 页。

第二章　以色列银行体系及其监管

本章目录

第一节　以色列资本市场以及银行在其中的作用

　　一、引言

　　二、2005 年资本市场改革

　　三、企业债券市场

　　四、企业贷款市场

　　五、零售贷款市场

　　六、证券化

第二节　以色列的银行体系

　　一、银行

　　二、信用卡公司

　　三、电子支付卡清算公司

第三节　以色列的银行所有权：从国有化到私有化

第四节　以色列的银行作为准公共机构

第五节　集中与缺乏竞争

　　一、面对新竞争者的进入壁垒

　　二、转换壁垒

　　三、信息壁垒

　　四、缺乏价格竞争

第六节　银行业务活动的利益冲突

　　一、全能银行制度造成的利益冲突

　　二、投资咨询方面的利益冲突

　　三、对利益冲突的外部干预

第七节 银行业监管框架
一、设置标准的权力
二、颁发执照的权力
三、监控的权力
四、强制执行和处罚
五、银行监管的新模式
六、合规职能
七、投诉处理

第一节　以色列资本市场以及银行在其中的作用

一、引言

以色列是一个自由经济国家,属于发达国家之一,并且自 2010 年以来就是经济合作与发展组织(OECD)的成员国。在 2007—2009 年的全球金融危机中,以色列成功幸免于难,其经济与金融体系都没有受到严重损害。以色列的金融机构包括银行显示出弹性,保持了稳定,没有机构倒下。以色列经济经受了危机,相比于其他发达国家,所受损害相对轻微。[①]

在以色列,金融体系包括满足各种市场需要的金融中介机构,类似于其他发达国家的金融体系。在金融中介机构中,占优势的是银行体系,而银行体系是金融业中的关键角色,并充当以色列经济发展的主要动力。除了银行之外,还有其他金融中介机构在金融市场经营,比如养老基金、公积金(provident funds)、保险公司,以及共同基金("机构投资者")。过去几十年中,这其中的有些机构在以色列资本市场中快速成长,一定程度上,在某些领域,它们威胁着银行的传统霸权。在本章,我们将讨论导致这种状况的新近发展。

二、2005 年资本市场改革

以牺牲银行为代价,导致机构投资者力量增强的最显著的行动之一是 2005 年的资本市场改革。这场改革的实施,是以色列资本市场改革部际小

[①] 以色列银行:《以色列与 2007—2009 年全球金融危机》,2011 年 9 月,网上可查:http://www.bankisrael.gov.il/deptdata/mehkar/crisis/crisis_2007_2009_eng.pdf。

组即"巴卡尔委员会"(Bachar Committee)报告导致的结果。② 该小组指出，银行体系的集中度很高，并且在银行业务活动中明显存在利益冲突，这种现象损害了资本市场的发展，也妨碍建立竞争。特别是有针对性的批评认为，银行在公积金和共同基金行业上的控制，是延误非银行金融市场发展的主要因素。公积金和共同基金不是与银行在向工商业提供信贷上开展竞争（通过购买企业债券），反而是这些基金被银行拥有和控制，而银行宁愿保持在经济中作为主要信贷供给者的地位，并因此阻碍了任何竞争性的业务活动。

鉴于这一点，该小组建议，禁止银行持有或管理公积金和共同基金。该小组的建议，立即被立法机构采纳,③迫使银行出售它们控制的公积金和共同基金。这些出售交易被很快执行。购买者大部分是以色列的保险公司。保险公司的这些购置项目明显增加了它们在经济上的力量，并把它们变成了银行的重要竞争者。

资本市场改革有一些副作用。首先，集中和利益冲突的问题并没有解决，而集中和利益冲突体现了公积金和共同基金的市场特点。它们只不过是从银行业转到保险业。另一个副作用是显著增加了储户支付的管理费。此外，很明显，对于保险和资本市场的监管，并没有怎么对这种快速发展做好准备。由于这次改革侧重于消费者竞争方面，因此各种风险管理问题仍然没有得到监管。④ 不过，这场改革导致了银行在长期储蓄方面霸权地位的衰落。

---

② 《关于资本市场改革部际小组报告》,2004 年 9 月。希伯来语网上可查：http://ozar.mof.gov.il/bachar/asp/home_he.asp。该报告的英文摘要网上可查：http://ozar.mof.gov.il/bachar/asp/bachar_EnglishPdf.asp。

③ 《以色列资本市场鼓励竞争、减少集中和利益冲突法（立法修正案）》[Law to Encourage Competition and Reduce Concentration and Conflicts of Interest in Israel's Capital Market (Legislative Amendments), 5765-2005]。

④ 《以色列银行年报——2008 年》,2009 年 4 月，第 145 页。网上可查：http://www.boi.org.il/en/NewsAndPublications/RegularPublications/Pages/eng_doch08e.aspx。

三、企业债券市场

在 2007—2009 年全球金融危机之前的繁荣岁月里,机构投资者采用的重要策略是,通过日益增加购买企业债券,大规模进入非银行信贷领域。⑤对于工商业来说,企业债券显示了对银行贷款的一种重要替代性选择。对投资者而言,企业债券显示了对政府债券的一种重要替代性选择。由于减少政府在资本市场干预的政策,政府债券的供给已经减少了。

在 2009 年 9 月,机构投资者在非政府性企业债券的投资数量达到 1,350 亿新谢克尔*,这构成了机构投资者资产总额的大约 30%。这与 2004 年底的 450 亿新谢克尔相比,仅占其总资产的大约 12%。在 2000 年初,银行系统供给了大约 77% 的工商业贷款,而非银行机构仅供给了大约 23%。然而,在 2009 年 9 月,银行系统的份额降到 55%,而非银行来源提供了这种信贷的 45%。⑥ 其投资数量的明显增加,已经将机构投资者转变成企业债券市场的最主要因素:在 2009 年 9 月,它们持有在证券交易所上市交易债券的大约 64%,以及未上市交易债券的绝大多数。⑦

企业债券的快速收购,不容许机构投资者发展出一套管理到位的、专业的和有操作性的基础设施,而这样的基础设施是与前面所述的业务活动相配的;也不容许他们建立适当的控制与监督机制。这些收购活动固有的风险既不被市场理解也没有被适当评估。这个问题被全球金融危机加剧了,这场危机在 2008 年袭击了全球资本市场。在危机期间,几次严重冲击波都被这个市场感受到了,这些冲击使得这个问题成为以色列金融体系的风险重点。⑧

---

⑤ 《审议机构投资者通过购买非政府债券提供信贷确定参数委员会报告》,第 13 页,2010 年 2 月。希伯来语网上可查:http://www.tavor.biz/files/final_conclusions_hodak_committee.pdf。

* 以色列货币曾名以色列镑;1969 年 6 月 4 日,以色列议会决定使用希伯来的货币名称"谢克尔"代替以色列镑;鉴于急剧的通货膨胀,1985 年 9 月 4 日,以色列银行发行了调高币值的"新谢克尔",以 1∶1000 的比率收回旧谢克尔,货币代码为 ILS,中文称为新谢克尔或谢克尔。——译者注

⑥ 同上,第 7,14—15 页。

⑦ 同上,第 7 页。

⑧ 以色列银行:《年度报告——2008 年》,前注 4,第 174—176 页。

正如在第三章第二节所作的解释,以色列金融体系几乎没有因为全球金融危机而受到影响。不过,这场危机的确对购买企业债券的机构投资者有所影响。在2008年下半年,经济开始滑向衰退,这影响了工商业。有影响的大公司,由于通过债券而过度地杠杆化,遇到了困难,不能向债券持有者偿还债务,而债券持有者基本上都是机构投资者。结果,对很多债务实施了重组安排:在2008年到2014年期间,141个债务安排已在资本市场完成,总量达390亿新谢克尔。⑨ 在这期间,有120家公司进行了债务重组,其中一些公司的债务重组安排不止一次。其中,签订债务安排的大约一半公司和一半债务余额,属于房地产业,因为在2008年当东欧的房地产危机爆发时,以色列的房地产公司已经在那里非常活跃。⑩

作为这些债务重组安排的结果,机构投资者被迫吸收了惨重损失,并放弃了相当部分的债务权利——这种现象被称为"折价"(haircuts)。因为是用储户的资金购买债券,所以实际承担损失的人是储户自身。

对公众养老金储蓄造成的沉重打击,导致建立了机构投资者通过购买非政府债券提供信贷的报酬参数确定委员会,又称为"霍达克委员会"(Hodak Committee)。这个委员会的报告,发表于2010年2月,概述了非政府债券市场的失败,这种失败对公众养老金储蓄可能产生了不利影响。该报告建议,要迫使机构投资者完善收购流程(例如,在参与发行之前进行彻底的独立分析),以提高所购债券的质量(尤其包括在债券中订明财务契约条款),并且贯穿在整个债务期间都要改进管理风险的能力。⑪ 资本市场、保险和储蓄专员采纳了该委员会的建议,正如该委员会的报告,他对金

---

⑨ 财政部:《以色列债务重组事务调查委员会报告》第35页,2014年11月,希伯来语网上可查:http://mof. gov. il/Committes/DebtRegularizationCommitte/DebtRegularizationCommitte_Makanot_Report. pdf.

⑩ 以色列银行:《金融稳定报告》第14页,2014年12月,网上可查:http://www. bankisrael. gov. il//en/NewsAndPublications/RegularPublications/Research%20Department%20 Publications/Financial1%20Stability%20Report/Financial1%20Stability%20Report%202e. pdf.

⑪ 《审议机构投资者通过购买非政府债券提供信贷的报酬参数确定委员会报告》,前注5。

融机构施加了一系列义务和限制。⑫

除了重点针对机构投资者行为的上述监管以外,监管债务重组安排程序本身也很有必要。很明显,在相当短的一段时间之后,开始债务重组安排的大量公司,为了继续运行,需要一个额外的安排。结论是,在有些情况下,债务安排并不能复兴这些公司,或者改善这些公司的财务境况,只不过将处理问题推迟到晚期阶段而已。⑬

结果,对《公司法》作出了两个重要修正案。第一个修正案规定了特别规则,以改进对公众发行债券公司的公司治理。⑭ 第二个修正案决定,一个债务重组安排,要在法院的密切监督下进行,从公司与债券持有人之间最初阶段的谈判直到制定安排协议,整个过程都受监督。法院的监督通过委任一名专家来完成,专家要陪同处理程序的所有阶段。⑮

然而,由于理解上述立法修正案不会提供一个对各种问题的完整的解决方案,而这些问题的产生,又是债务安排与折价多种事件的结果,因此,决定成立以色列债务重组事务调查委员会,又称"安多恩委员会"(Andorn Committee)。该委员会的报告于2014年11月发布。⑯ 报告建议,制定一个两阶段的大纲,以处理偿付债务有困难的公司。第一个阶段,要处理的公司是正在经历财务困难,但仍然履行其对债券持有人的义务。在这一阶段,委任一名特别代表代表债券持有人。这名代表将坐镇董事会作为观察员,并确保该公司的解决方案不与债券持有人的利益相冲突。债券持有人代表

---

⑫ 以色列财政部资本市场、保险和储蓄局:《机构投资者通告》第2010-9-3号,关于"非政府债券的机构投资",2010年7月14日,参见希伯来语网站 http://mof.gov.il/hon/documents/%D7%94%D7%A1%D7%93%D7%A8%D7%94-%D7%95 %D7%97%D7%A7 %D7%99%D7%A7 %D7%94/mosdiym/memos/2010-9-3.pdf;另见以色列财政部资本市场、保险和储蓄局:《机构投资者通告》第2011-9-4号,关于"非政府债券的机构投资——说明",2011年3月23日,希伯来语网站可查: http://mof.gov.il/hon/documents//%D7%94%D7%A1%D7%93%D7%A8%D7%94-%D7%95 %D7%97%D7%A7 %D7%99%D7%A7 %D7%94/mosdiym/memos/2011-9-04.pdf。

⑬ 以色列银行:《金融稳定报告》,前注10,同上,2008—2014年要点,33%已经债务重组安排的公司,不久之后需要一次额外安排。

⑭ 《公司法(第17修正案)》。

⑮ 《公司法(第18修正案)》。

⑯ 《以色列债务重组事务调查委员会报告》,前注9。

也将采取措施，以形成一个与公司一致同意的债务重组安排。另一方面，如果该公司不能履行财务支付义务，而且自本来应该支付之日起的 45 天已经过去，将实施第二阶段的措施：该公司将被定为资不抵债，债券持有人的受托人会提出对该公司实施破产清算的一项请求，并且，向该公司委派一名代表法院的管理人。这一程序旨在创立在该公司及其债权人关于拖欠结果方面的确定性，并增加在该公司与债权人之间早期对话的机会。除了上述提及的两阶段大纲之外，该委员会还提出建议，涉及信贷分配及其定价，改善信贷管理程序的规则，以及处理债务重组安排程序的规则。[17] 以色列政府和议会是否确实采纳这些建议，这还有待于观察。

同时，银行监管局局长与资本市场、保险和储蓄专员发布指令，实施安多恩委员会建议中涉及他们主管领域的那些建议。这些指令，约束银行和机构投资者，对杠杆贷款的提供和管理施加限制；在向其控股的公司提供信贷之前，规定有责任接收和考虑有关控股股东的信息；确定报告义务，向监管机构报告有关银行或机构投资者参与的债务重组安排；对银团贷款进行限制；等等。[18]

四、企业贷款市场

近年来，自全球金融危机至今，资本市场的变化还对企业贷款领域的金融机构业务活动产生了冲击。自 2009 年以来，以色列的银行已被要求实施巴塞尔 Ⅱ 和巴塞尔 Ⅲ 协议，这已经导致银行减少了信贷供应。同时，显著增

---

[17] 《以色列债务重组事务调查委员会报告》，第 7 章。
[18] 财政部新闻公报：《资本市场、保险和储蓄委员会采纳了安多恩委员会关于债务解决方案的建议》(2015 年 5 月 10 日)，希伯来语网上可查：http://mof.gov.il/Releases/Pages/Vaadat_Anduren.aspx；以色列银行新闻公报：《银行监管局根据以色列债务重组事务调查委员会的建议发布新准则》(2015 年 5 月 3 日)，网上可查：http://www.boi.org.il/en/NewsAndPublications/PressReleases/Pages/2 9-04-2015-NewDebtGuidelines.aspx；银行监管局：《通告》第 C-2461-06 号，关于"对信贷风险的指示"，2015 年 4 月 28 日，希伯来语网上可查：http://www.boi.org.il/he/BankingSupervision/LettersAndCirculars SuperviSor OfBanks/HozSup/h2461.pdf；银行监管局：《通告》第 C-2463-06 号，关于"债务重组报告（季报）"(2015 年 4 月 28 日)。希伯来语网上可查：http://www.boi.org.il/he/BankingSupervision/LettersAndCirCularsSupervisorOfBanks/HozSup/h2463.pdf。

加了机构投资者的管理资产数量。发生这种情况的一个理由是2008年颁布《强制性养老金令》(Mandatory Pension Order),要求以色列的每个雇主都要为其雇员安排养老金储蓄存款。[19] 在2014年,机构投资者持有的基金数额增长到大约1.5万亿新谢克尔。[20]

资产价值的持续增长,以及投资于能够与机构投资者所期望的组合构成相匹配的长期资产的愿望,使得后者寻求其他投资机会,以使储蓄者的投资组合多样化。机构投资者对新投资渠道的巨大需求,与寻求非银行融资来源的大型商业公司对信贷的巨大需求相符。这导致对大型工商企业提供量身定制贷款的实践。[21] 这种实践得以发展的另一个原因可能是上面提到的监管介入,即对公司债券的机构投资施加限制。[22] 相比之下,通过直接贷款而提供工商信贷的领域还没有受到监管,这使得机构投资者在这一领域有了行动自由。

因此,机构投资者开始以越来越快的速度对该国的大型工商企业提供直接贷款。在2004年至2014年1月期间,机构投资者提供的私人贷款数量激增到九倍,从50亿新谢克尔到450亿新谢克尔。经过这10年,机构投资者在提供给该国经济的非银行融资性贷款总额*中的份额从9%上升到19%。[23] 在所有银行和非银行融资渠道之外,机构投资者的直接贷款渠道

---

[19] 《根据〈集体协议法〉扩大以色列经济体综合养老保险令(整合版)》[Extension Order (Consolidated Version) for Comprehensive Pension Insurance in the Economy pursuant to the Collective Agreements Act,5717-1957 (January 1,2008)]。该命令被转换为《根据〈集体协议法〉扩大强制养老金令(整合版)》[the Extension Order (Consolidated Version) for Mandatory Pension pursuant to the Collective Agreements Act,5717-1957 (September 27,2011)]。

[20] 以色列银行:《2014年年报》(2015年3月),第88页,希伯来语网上可查:http://www.boi.org.il/he/NewsAndPublications/RegularPublications/Pages/DochBankIsrael2014.aspx。

[21] 《机构投资定制贷款审查委员会最后报告》,第12页,2014年4月。

[22] 参见第二章第一节"三"。

* 原文"the total nonfinancial bank credit"可能有误,结合上下文语境看,应该是"the total non-bank financial credit",故译为非银行融资性贷款总额。——译者注

[23] 以色列银行:《2014年上半年金融稳定报告》,第50页,2014年6月。网上可查:http://www.bankisrael.gov.il/en/NewsAndPublications/RegularPublications/Research%20Department%20Publications/Financial%20Stability%20Report/financial%20stability%20report2014.pdf。

是在2014年唯一有增长的一个渠道,并且它以13%的速度增长。[24]

这种由机构投资者对工商业贷款的快速增长引发了担忧。这种发展之所以令人担忧,是因为这类贷款得不到监管,也是不透明的。鉴于这一点,成立了另一个委员会:机构投资定制贷款审查委员会,又称"戈尔德施密特委员会"(Goldschmidt Committee),它于2014年4月发布了报告。该委员会的建议呼吁增加对这一领域的监管与监督,针对这类贷款的提供制定规则,规定义务,并对机构投资者参与银团和财团交易(syndication and consortium transactions)规定条件。该委员会还提出建议,机构投资者应当增加其透明度,应当将他们对借款人的风险敞口设置限额,并实施新的风险管理规则。[25] 该委员会提出的建议被财政部采纳。[26]

五、零售贷款市场

到目前为止,我们讨论了关于对大型工商企业贷款的机构信贷市场的发展。我们看到最近几年的变化,这些变化对银行体系对大型借款人的贷款形成了日益增长的竞争威胁。另一方面,在家庭和小企业零售贷款领域,银行体系仍然是主导角色。

虽然如此,机构投资者近来也对这一领域显示出兴趣,这一领域被当作他们多样化投资组合的又一个载体。零售信贷是具有适合公众养老金储蓄组合特点的一项投资,因为这种投资具有离散性、合理回报、低风险和长期现金流的特征。

2013年,这一想法得到了提高银行体系竞争力调查组的支持。调查组建议,建立让机构投资者能够从其管理的养老金储蓄对零售部门分配信贷

---

[24] 《以色列银行2014年年报》,前注20,第104页。
[25] 机构投资定制贷款审查委员会:前注21。
[26] 财政部资本市场、保险与储蓄局:《机构投资者通告》第2015-9-20号,关于"投资资产管理:机构投资者提供信贷规则",2015年5月10日。希伯来语网上可查:http://mof.gov.il/hon/documents/%D7%94%D7%A1%D7%93%D7%A8%D7%94-%D7%95%D7%97%D7%A 7%D7%99%D7%A7%D7%94/mosdiym/memos/h_2015-9-20.pdf。

的机制。㉗ 然而,建立一种零售信贷体系需要采取特别措施。它涉及很高的运营成本和相当的管理投入:必须建立营销体系,必须建立信用担保程序,并必须建立用于处理收款的营运体系。从这一角度看,人们可以想到机构投资者提供信贷的几种可能机制:从机构资产组合中分配贷款,并由该机构自身运营;从机构资产组合中分配贷款,并外包其运营;分配贷款的形式是向一家不相关的公司(比如一家银行)发放一笔贷款,这家公司将提供信贷并打理运营;基于一种现金流而购买债券,而现金流来自已知的信贷组合(证券化);一家机构与一家小银行的合作机制(辛迪加),由此,该机构为贷款提供资金,而这家银行负责运营。

遵循提高银行体系竞争力调查组的上述建议,财政部资本市场、保险与储蓄局(Capital Market, Insurance and Savings Department)于 2013 年设立了一个零售信贷小组,目的是检查和规范这一问题。㉘ 不过,这个小组还没有发布任何官方文件或提出什么建议。关于这个问题的唯一规定是在一个通告里的一个条款,该通告涉及适用于机构投资者的投资规则。㉙ 该条款提到贷款授予储蓄者,其贷款抵押品是在该金融机构的储蓄,并由此规定了贷款条件。

六、证券化

以上描述的一些发展,突出了机构投资者在提供信贷领域的强化,以及银行在该领域霸权地位的不断增长的威胁,而该领域在以前被认为是银行的传统领地。不管怎样,让银行和机构投资者在一定的范围里——在证券

㉗ 银行监管局局长:《提高银行体系竞争力调查组报告》,第 71—74 页,2013 年 3 月,希伯来语网上可查:http://www.boi.org.il/he/NewsAnd Publications/PressReleases/Pages/19032012e.aspx. A summary report is available in English at http://www.boi.org.il/en/BankingSupervision/Survey/Pages/competition.aspx.

㉘ 同上,第 18、74 页。

㉙ 财政部资本市场、保险与储蓄局:《机构投资者通告》第 2013-9-13 号,关于"适用于机构投资者的投资规则",2013 年 8 月 14 日,第 8D 款。希伯来语网上可查:http://www.mof.gov.il/hon/documents/%D7%94 %D7%A1%D7%93%D7%A8%D7%94-%D7%95%D7%97%D7%A7%D7%99%D7%A7%D7 %94/mosdiym/memos/2013-9-13.pdf。

化领域合作是有可能的。

证券化在发达经济体是常见的,因为它扩展了工商业的融资来源,增加竞争,并支持在资本市场的各个参与者之间分散风险。然而,在以色列,证券化市场是几乎不存在的。按照世界经济论坛2012年的排名,在59个国家当中,以色列证券化市场的规模为第55名。[30] 以色列开展的屈指可数的证券化交易,集中在租赁行业和产生收入的房地产行业。这些证券化交易的开展,均基于特定的法律意见(specific legal opinions),并没有一个全面的框架。[31]

然而,因为促进证券化小组的报告已经于2015年11月发布,这种状况可能得以改变。该报告建议发展以色列证券化市场,相信这一工具能够向实体经济注入资金。[32] 该报告为各种资产的证券化奠定了基础,适合证券化的这些资产比如对中小企业信贷、零售贷款,以及产生收入的房地产贷款。

证券化可以给予银行系统一个重要的好处。银行系统在提供新贷款的能力是有限的,但在贷款承销和它们的日常管理方面具有优势。虽然,如前文所述,机构投资者的储蓄数量正日益增长,但这些机构几乎没有对很多类型的借款人开展承销和提供贷款的任何专长。证券化能够使得银行体系向资本市场转移其部分负债和风险。这将释放资金来源,这些资金可能被用于向需要贷款的行业提供新的贷款。同时,对于各类企业,尤其是对几乎被

---

[30] 世界经济论坛:《2012年金融发展报告》,第29页,网上可查http://www 3.weforum.org/docs/WEF_FinancialDevelopmentReport_2012.pdf。

[31] 《以色列银行2014年年度报告》,前注20,第105—109页。英文摘要:以色列银行新闻稿:《"以色列银行2014年年度报告"摘要即将出版:证券化市场的发展》,2015年3月24日,网上可查:http://www.boi.org.il/en/NewsAndPublications/PressReleases/Pages/24-03-2015-securitization.aspx。

[32] 《促进以色列证券化联合调查组最终报告》,2015年11月,希伯来语网上可查:http://www.boi.org.il/he/NewsAndPublications/PressReleases/Pages/11-11-2015SecuritizationReport.aspx。英语摘要请看:以色列银行新闻稿:《以色列促进证券化联合小组公布其最终报告》,2015年11月12日,网上可查:http://www.bankisrael.gov.il/en/NewsAndPublications/PressReleases/Pages/1111-2015-SecuritizationReport.aspx。

银行排除在融资大门之外的中小企业而言,它将提高资金来源的可及性。[33]

银行监管局局长打算允许各种类型贷款的证券化,包括对中小企业的贷款,以便增加对这一行业部门的贷款供给。虽然如此,他还是打算保留那些禁止复杂交易(比如复合担保债务凭证 CDO2s)的规定。目的是阻止复杂工具的发行,促使对隐含在基础资产的风险进行更准确的评估。[34]

在考察了银行在以色列整体资本市场中发挥的作用之后,现在我们将聚焦于银行体系本身,及其具有特点的一些问题。

第二节 以色列的银行体系

一、银行

以色列的银行体系主要由五大银行集团*组成[35]。这五大银行集团控制了以色列商业银行资产的大约 94%。另外,还有三个小的独立银行。[36]

除了以色列的银行之外,还有四家外国银行在以色列运营*,其中每家

---

[33] 前注 31。

[34] 同上。

* 以色列五大银行集团的中文译名,请参见我国驻以色列大使馆经济商务参赞处"以色列银行系统简介",网页可查 http://il.mofcom.gov.cn/article/jmjg/zwjrjg/201506/20150601004386.shtml。——译者注

[35] 这些集团分别是工人银行集团(Hapoalim),以工人银行有限公司(Bank Hapoalim Ltd.)为首;国民银行集团(Leumi),以以色列国民银行有限公司(Bank Leumi Le-Israel Ltd.)为首;以色列贴现银行集团(Discount),以以色列贴现银行有限公司(Israel Discount Bank Ltd.)为首;联合东方银行集团(Mizrahi Tefahot),以米拉特和银行有限公司(Mizrahi Tefahot Bank Ltd.)为首;以及以色列第一国际银行集团(First International),以以色列第一国际银行有限公司(The First International Bank of Israel Ltd.)为首。

[36] 这些银行是联合银行有限公司(Union Bank Ltd.)、耶路撒冷银行有限公司(Bank of Jerusalem Ltd.)和以色列德克夏银行有限公司(Dexia Israel Bank Ltd.)。

* 此处疑有误,以色列有五家外国银行,请见前注,我国大使馆网页。——译者注

都在以色列有一个分行。㊲ 然而,外国银行在信贷领域的业务活动极为有限,无论按绝对价值计算(大约占整个体系业务总值的0.4%),还是相对于其资产总值(大约占21%)而言。在存款领域,它们的业务更活跃,在整个体系中的业务占比大约为1.6%。㊳

除了外国银行的分行之外,外国金融机构的代表处也在以色列运转。不过,它们不被认为是银行体系的一部分,因为它们既不提供贷款也不接受存款。

这些银行公司提供广泛的金融服务,包括企业、商业和零售银行业务,房屋贷款和信用卡交易。此外,它们还提供投资咨询,经纪服务,以及年金服务。㊴《银行(执照)法》第13条,授予银行和外国银行运营活期存款账户的一项特别职权,这项职权没有授予其他金融机构。按该法第21条赋予银行公司一项额外的特别职权㊵,即同时办理接受存款和提供贷款的业务。这项职权被以色列最高法院描述为一项"凭借法律授予银行的准垄断权",并且要求有合法保证,限制银行滥用它的能力。㊶

在保险领域,由于本法的限制,以色列的银行开展业务是受到限制的。它们通过专门的子公司营销财产保险和人寿保险,作为提供房屋贷款的附带服务。㊷ 其他业务,由于法律的限制,也由各子公司完成。这些业务是承销和投资组合管理。㊸ 按《银行(执照)法》第10条,虽然银行被允许提供信

㊲ 这些银行是花旗银行(Citibank N. A.)、汇丰银行(HSBC Bank plc)、巴克莱银行(Barclays Bank plc)和印度国家银行(State Bank of India)。

㊳ 银行监管局:《以色列银行体系——2014年年度调查》,第7页脚注4,2015年6月,网上可查:http://www.bankisrael.gov.il/en/NewsAndPublications/RegularPublications/Pages/skira14.aspx。

㊴ 银行的可允许业务范围由《银行(执照)法》[the Banking (Licensing) Law, 5741-1981]第10条决定。

㊵ "银行公司"一词的定义见第一章第四节"三"。

㊶ 以色列特和抵押银行有限公司诉利帕特案[CA 1304/91 Tefahot Israel Mortgage Bank Ltd. v. Liepart, 47(3) PD 309, 323 (1993)]。

㊷ 《银行(执照)法》第11(b)条。

㊸ 同上,第11(a)(3a)和11(a)(3b)条。《证券(承销)条例》[Securities Regulations (Underwriting) 5767-2007]第2(b)条。

托服务,但实际上,这些服务也由银行的子公司提供。作为 2005 年资本市场改革的结果,银行被禁止从事公积金或共同基金业务,并禁止控股持有这种基金公司。㊹

以色列的大型银行也通过分支机构和子公司而活跃于国外,特别是美国、英国和瑞士。来自以色列国外业务的资产总额占银行系统资产总额的大约 10%。然而,尽管他们努力并作出了引人注目的投资,但这项业务在银行创造有意义的和稳定的利润中心方面还不成功。海外机构的资产在银行系统资产总额中的占比已经逐渐下降。㊺

银行业务规模相对于经济活动水平,在以色列与欧盟之间的对比考察表明,欧盟的银行系统资产与国内生产总值的比率高于以色列,分别是 191% 和 124%。以色列的银行业务规模类似于欧盟的发展中国家的水平,而不是欧盟的发达经济体的水平。一个更高的比率可能是银行金融中介活动深度的一个指标。另一方面,一个过高的比率可能使国内经济面临风险,在即使发生需要援助的情况下,政府当局也不能对银行和银行系统提供援助;也就是说,这种风险就是银行"太大救不了"(too big to save)。㊻

将以色列的银行与经合组织成员国的银行加以比较,最引人注目的数字之一是,以色列的银行运营效率相当低。这种情况的发生原因基本是由于高工资支出,而高工资支出源于就业人数的快速增长;银行裁减员工的灵活性差;学术员工(academic workers)的数量上升;以及定期更新工资、支付奖金和津贴。尽管以色列的五大银行的运营效率比率(operating efficiency ratio)在 2014 年达到大约 71.8%,但经合组织成员国的平均运营效率比率是大约 62%。尽管经合组织成员国的总支出中的工资支出在 2013 年是 46%,但在以色列它达到约 59.4%。㊼ 从这些数据看来,改善以色列

㊹ 请参阅第二章第一节"二"。
㊺ 银行监管局:《以色列银行体系——2014 年年度调查》,前注 38,第 8 页。
㊻ 同上,第 8、12 页。
㊼ 银行监管局:《以色列银行体系——2013 年年度调查》(2014 年 7 月),第 63 页,网上可查 http://www.boi.org.il/en/NewsAndPublications/RegularPublications/Pages/skira13.aspx。

的银行公司运营效率是以色列银行体系面对的主要挑战之一。

在 2016 年 1 月,银行监管局第一次向银行公司发出一封信,要求银行采取重大步骤和制订长期计划,以提高效率。⑱ 根据这封信,银行要建立并向银行监管局提交一个提高效率的多年度计划,计划包括定义明确的中期目标。银行的董事会必须监测和监督该计划的执行,并且银行必须定期向银行监管局报告这个问题。银行监管局将采取措施,支持提高效率的计划,包括放松资本充足率要求和放宽会计规则(accounting rules),这仅适用于那些界定重大长期提效计划的银行。

另外,就"关闭分支机构和减少柜员——向各类客户提供解决方案"问题,银行监管局局长在 2015 年 12 月向银行公司发出一封信。⑲ 这封信阐明,银行监管局局长支持运用技术手段提供银行服务。然而,银行被要求提供必要的投入,以确保此举完成,但要对难以适应新技术手段的那些顾客,比如老年人群,提供合适的解决方案。此信要求银行建立并向银行监管局提交关于这方面的一个合适的政策。此信是银行监管局新方法的另一个迹象,它鼓励银行使用技术提高银行系统的效率。

二、信用卡公司

人们谈到银行体系,不能不提及信用卡公司,它们也是以色列银行行长

---

⑱ 银行监管局:关于"以色列银行系统的运营效率"致银行公司的信,2016 年 1 月 22 日。希伯来语网上可查:http://www.boi.org.il/he/BankingSupervision/LettersAndCircularsSupervisorOfBanks/LettersOfTheBankingSupervisionDepartment/201602.pdf。英语新闻公报请参阅:以色列银行新闻公报:《银行监管局局长指示银行向银行监管局提交一项提高运营效率的多年计划》,2015 年 12 月 28 日,网上可查:http://www.bankisrael.gov.il/en/NewsAndPublications/PressReleases/Pages/28-12-2015-EfficiencyBanking.aspx。

⑲ 银行监管局:关于"关闭分行和减少银行出纳员——为客户的多样性提供解决方案"致银行公司的信,2015 年 12 月 6 日。希伯来语网上可查:http://www.boi.org.il/he/BankingSupervision/LettersAndCircularsSupervisorOfBanks/LettersOfTheBankingSupervisionDepartment/201525.pdf。

和银行监管局局长的话题。(50) 以色列的信用卡市场包括三个信用卡公司，它们由主要银行所有。(51)

近年来，使用信用卡作为支付手段快速扩展，包括信用卡数量，发生交易的数量和交易金额。(52) 可以预知，在未来几年里，通过这些公司发行的信用卡支付的数量将会增加更多。其中一个原因是以色列经济减少现金使用调查委员会即“洛克委员会”(Locker Committee)的建议书，该建议书发表于 2014 年 10 月，(53)并立即被政府采纳。(54) 为了预防偷税漏税、洗钱和其他
35 金融犯罪，该委员会建议，禁止超过一定金额的现金交易(取决于交易的类型和当事人的身份)；限制一张支票多次兑付(negotiating a check more than once)的可能性；以及促进使用电子支付工具。希望这些措施增加使用电子支付卡比如信用卡的成交量，而且尤其是希望增加对借记卡市场的渗透，但目前在以色列借记卡几乎不怎么用。

---

(50) 信用卡公司被认为是“辅助公司”，正如《银行(执照)法》第 1 条所定义的那样。辅助公司也受银行监管局局长和以色列银行行长监管。有关示例，请参见：《银行业条例》第 15 c(a)条；《银行服务客户法》第 1 条关于“银行公司”的定义。银行监管局长和以色列银行行长也负责监管从事信用卡清算和借记卡支付交易的公司。请参见《银行(执照)法》第 D2 章；《银行业条例》第 15C(b)条；《银行服务客户法》第 1 条关于“银行公司”的定义。

(51) 这些公司是以色列卡有限公司(Isracard Ltd)，属于工人银行集团；以色列国民卡有限公司(Leumi Card Ltd)，属于国民银行集团；卡尔-以色列信用卡有限公司(Cal-Israel Credit Cards Ltd)，属于与第一国际银行集团合作的贴现银行集团。

(52) 以色列议会研究与信息中心：《信用卡市场的描述和对信用卡公司和银行之间接口的分析》，第 7 页，2014 年 2 月，希伯来语网上可查：http://www. knesset. gov. il/MMM/data/pdf/m03356. pdf；《以色列经济减少现金使用调查委员会报告》，2014 年 7 月，希伯来语网上可查：http://www. boi. org. il/he/PaymentSystem/Documents. 该报告主要部分的翻译网上可查：http://www. boi. org. il/en/PaymentSystem/Documents/The%20Committee%20to%20Examine%20 Reducing%20the%20Use%20of%20Cash%20in%20Israel%E2%80%99s%20Economy. pdf；以色列银行：《2014 年以色列的支付和结算系统》(“红皮书”)，第 30 页，2015 年 11 月，希伯来语网上可查：http://www. bankisrael. gov. il/he/PaymentSystem/Reports/Documents /redb2014h. pdf。

(53) 《以色列经济减少现金使用调查委员会报告》，前注 52。

(54) 政府决定第 2215 号，关于“采纳以色列经济减少现金使用调查委员会的建议”，2014 年 10 月 22 日，希伯来语网上可查：http://www. pmo. gov. il/Secretary/GovDecisions/2014/Pages/govdec2115. aspx；另见：《减少现金使用草案》(Draft Bill to Reduce the Use of Cash, 5775-2015)，希伯来语网上可查：https://shituf. gov. il/discussion/837。

在以色列，信用卡公司的业务活动最初集中在向客户发行信用卡，以及因信用卡支付而产生的清算费用。然而，信用卡公司已经开始通过滚动信用卡(rolling credit cards)和贷款开始扩展业务，向家庭部门(household sector)提供贷款。在2009年至2012年，由信用卡公司向家庭提供的卡的交易量上升了41.2%。在2012年，信用卡公司提供了国家经济中消费信贷总额的8.4%，而银行提供了85.9%，还有机构投资者提供了5.7%。[55]根据另一来源，在2014年，银行系统提供的消费信贷的8%是由信用卡公司提供的。仅在2014年，信用卡公司的份额就上升了18%。[56]

因为，正如上面说到的，信用卡公司由主要银行所有，而主要银行是本国消费信贷的主要供应者，所以，信用卡公司提供消费信贷就与银行的利益产生了内在冲突。结果是，信用卡公司不与银行竞争。它们向公众收取高利率，其利率几乎两倍于银行类似贷款收取的利率，而且，其利率接近于灰色市场(grey market)所收取的利率。[57]

随着信用卡公司业务领域与范围的扩张，其收入也相应地增加了。[58]在2012年，信用卡公司调整后的平均股本回报率达到约20%，而银行调整后的平均股本回报率达到8.9%。[59]在这一年，信用卡公司创造了银行收费收入的36.7%。[60]

在最近几年里，迫使银行出售其信用卡公司的这种想法已经偶尔被提出，以利于在金融领域展开竞争，特别是关于贷款方面。[61] 在就这一问题收

---

[55] 信用卡市场的描述，前注52，第14页。
[56] 《以色列银行体系——2014年年度调查》，前注38，第41页。
[57] 信用卡市场的描述，前注52，第16页。
[58] 同上，第7—10页。
[59] 同上，第1页。
[60] 同上，第20页。
[61] 同上，第21—23页。

到提交的几个草案之后,[52]以色列国会于 2014 年初就这一问题举行了讨论,当时银行监管局局长表达了强烈反对。[53]相比之下,普通银行与金融服务加强竞争委员会,又称"斯特鲁姆委员会"(Strum Committee),于 2015 年 12 月发布了其中期报告,建议两家最大的银行自己剥离它们拥有的信用卡公司。[54] 这个问题未来如何发展,还有待观察。

三、电子支付卡清算公司

很显然,2011 年开放竞争的一个领域是电子支付卡交易的清算业务(主要是信用卡)。这个领域也是受到银行监管局局长和以色列银行行长监督的。[55]

多年以来,信用卡公司一直是处理信用卡交易清算的公司。然而,在 2011 年,为了降低信用卡公司收取的高额清算费用,也为了展开清算市场的竞争,对《银行(执照)法》作出了一项重要修正,该修正案能够让新的参与者进入这一行当。第一次确定,从事电子支付卡交易清算需要许可证。该

---

[52] 比如参见:《加强信贷领域竞争的议案(信用卡公司与银行的所有权分离)》[P/19/2180 Enhancing Competition in the field of Credit (Separating the Ownership of Credit Card Companies from the Banks) Bill, 5774-2014],2014 年 2 月 10 日提交议会,希伯来语网上可查:https://www.knesset.gov.il/privatelaw/data/19/2180.rtf;《银行(执照)议案(控股信用卡发行人修正案)》[P/19/1066 Banking (Licensing) (Amendment-Holdings in Credit Card Issuers) Bill, 5773-2013],2013 年 4 月 22 日提交议会,希伯来语网上可查:https://www.knesset.gov.il/privatelaw/data/19/1066.rtf。

[53] 以色列议会经济事务委员会:议定书第 199 号,2014 年 2 月 5 日,希伯来语网上可查:http://webcache.googleusercontent.com/search?q=cache:RdTNF9bqaEMJ:www.knesset.gov.il/protocols/data/rtf/kalkala/2014-02-05.rtf+&cd=1&hl=en&ct=clnk&gl=il&lr=lang_en%7Clang_iw。

[54] 普通银行与金融服务加强竞争委员会:《中期报告》,第 3—4 页,2015 年 12 月,希伯来语网上可查:http://www.mof.gov.il/Committees/competitivenessCommittee2015/MidReport.pdf;另见第六章第三节"一"。

[55] 根据《银行(执照)法》第 D2 章。

修正案允许试图进入支付卡清算领域的公司,向以色列银行行长申请开展支付卡清算业务许可证。[66]*

相应地,银行监管局局长对要求进入该领域的新申请人界定监管要求,[67]确定得到许可证的程序。[68] 清算许可证的要求有:股本1000万新谢克尔,资本充足率(一级资本普通股本比率)15%,以及关于数据安全的严格要求。[69] 这是除了严格的资本要求之外对申请人的控股股东提出的要求。[70] 这些规定要求,加上其他一些规定,已经导致了对其效果的批评,认为以色列银行并非对开放市场、促进竞争感兴趣。据称,尽管清算业务跟一般银行业务相比风险程度更低,但这些规定要求过于严厉。[71] 尽管银行监管局愿意对处理相当少量清算的小公司免于必须获得许可证,[72]但批评仍然存在。

在2015年底,银行监管局局长发布文件初稿,意图大大减轻对支付卡清算许可证的要求。[73] 此举是否导致新的参与者进入,并确实加强这一行当的竞争,还有待观察。

---

[66] 《银行(执照)法》第36J条和第36K条。

* 中国于2015年4月9日发布《国务院关于实施银行卡清算机构准入管理的决定》,要求境内从事银行卡清算业务的,必须依法取得银行卡清算业务许可证。——译者注

[67] 以色列央行银行监管局:《对控制并持有控股权实体要求清算许可证的标准和一般条款》,2013年12月31日,希伯来语网上可查:http://www.boi.org.il/he/BankingSupervision/SupervisorMethod/Documents/pdf。

[68] 以色列银行:《获得清算许可证的程序》,2013年12月31日,希伯来语网上可查:http://www.boi.org.il/he/BankingSupervision/SupervisorMethod/Documents/pdf。

[69] 同上,第3条。

[70] 《对控制并持有控股权实体要求清算许可证的标准和一般条款》,前注67,第4条。

[71] 艾里特·阿维萨(Irit Avisar):"以色列银行将允许机构投资者获得信用卡清算许可证",《环球报》2014年1月1日,希伯来语网上可查:http://www.globes.co.il/news/article.aspx?did=1000906276。

[72] 《获得清算许可证的程序》,前注68,第1条。

[73] 请参阅第六章第三节"二"。

第三节　以色列的银行所有权：从国有化到私有化

领导五大银行集团的银行都是上市公司，它们的股份都在特拉维夫证券交易所交易。其中三家银行是控股股东，而另外两家银行不存在控股权益。

在以色列，一个即使不算是最重要也算得是相当重要的事件，是关于引起银行所有权结构的革命性变化，它就是1983年的"股票操纵事件"（Share Manipulation Affair）。作为这个事件的结果，四家主要银行被国家国有化。这四家主要银行是工人银行有限公司（Bank Hapoalim Ltd）、以色列国民银行有限公司（Bank Leumi Le-Israel Ltd）、以色列贴现银行有限公司（Israel Discount Bank Ltd）和联合密兹拉银行有限公司（United Mizrahi Bank Ltd）。后来，联合密兹拉银行有限公司与其他银行合并，演变成米拉特和银行有限公司（Mizrahi Tefahot Bank Ltd）。*

此事发生于20世纪70年代和80年代，七家主要银行非法操作，通过人为创造对其股份的需求和供应，操纵其在股票交易所股票的价格。通常，这种活动是通过与这些银行有关的外国公司和本土公司进行的。于是，即便在投资者对此股票没有多余需求的时期，这些银行的股价也稳步攀升。这些股票产生了极高的实际收益。除了高收益之外，这些银行股票拥有了其他特性，那就是在公众眼里，它们提高了大众吸引力：它们是这样一种流动性资产，在任何时候赎回都不会发生损失；它们被认为是一种无风险资

---

* 中国工商银行前董事长姜建清先生在《以色列银行体系中的"工农中建"》一文中介绍了米拉特和银行的发展演变；另，关于前文脚注41中提到的"特和抵押银行"，即Tefahot Israel Mortgage Bank Ltd. 的译名，参考了姜建清在该文中的介绍。请参见http://mp.weixin.qq.com/s/8yKRU3HdfS_SDBSrmmhlSg。——译者注

产,类似于政府投资工具。因此,这些银行股票变成公众极受欢迎和最常见的投资。

在1983年的下半年,由于以色列货币的汇率下跌,加上消费价格指数上升,以及其他一些因素,公众金融投资结构发生了变化:他们开始卖出证券,包括银行股票,并转而去购买外汇。在1983年10月,卖出银行股票的趋势加剧,而这些银行被迫尽量收购大量股票。这种买进股票的囤积,要求银行注入巨额资金。当银行资源耗尽时,这一事件发生了"爆炸"。这在整个资本市场造成了一次严重危机,其结果是证券交易所关闭了18天。[74]

在此期间,一个银行股份协议达成,并得以执行。由此,国家承担深远的长期义务,涉及约70亿美元的巨额资金,按证券交易所关闭前夕的股票价格,赎买公众持有的股份。[75] 这几家银行,曾经作为坚实和稳定的机构而开始操纵事件,结果却以巨额损失而告终。在此情况下,这些银行的稳定性处于危险之中,并且它们需要大量的政府帮助。[76] 按照被载入立法的这一协议,这四家主要银行的股份转让给国家,这一举动实际上是国有化这些银行。不过,法律保证,不会有政府或政治参与管理这些银行的业务。[77]

在20世纪90年代,国家通过向民营实体出售那些控股银行的股份,对

---

[74] 《关于银行股份操纵质询委员会的报告》,第2—3、14—54页,1986年4月。对于那些参与其中的高级银行家的定罪,请看:加诺诉总检察长案[HCJ 935/89 Ganor v. The Attorney General, 44(2) PD 485 (1990)];耶费特诉以色列国案[CA 2910/94 Yefet v. The State of Israel, 50(2) PD 221 (1996)]。

[75] 根据财政部总会计师2005年的调查,由股票操纵事件对国家造成的直接损失为410亿新谢克尔,而间接损失估计为1亿新谢克尔。请参见:斯特拉·科林-利伯(Stela Korin-Lieber):"对国家造成直接损失:410亿新谢克尔",《环球报》2005年11月13日,希伯来语网上可查:http://www.globes.co.il/news/docview.aspx?did=1000028459。

[76] 《关于银行股份操纵质询委员会的报告》,前注74,第226页。

[77] 《银行股份安排(暂行规定)法》[The Bank Shares in the Arrangement (Temporary Provision) Law, 5754-1993]。

那些被国有化的银行开始私有化的过程。剩余的股份逐渐出售给一般大众。[78] 私有化银行的过程漫长得没完没了,而事实上迄今仍没有完全完成:国家仍持有其中一家银行(以色列国民银行有限公司)6％的股份,[79]并且还在考虑卖出它们的方式。

控股权向私人手里转让创造了希望,这种希望是控股股东对其资本产生可观回报的希望,而转让会改善上述银行经营的低效率。然而,新的所有者没有实现这些预期。虽然有了非政府控制,但缺乏效率的问题仍然是以色列银行体系的特征。[80]

另外,回顾以色列的中小型银行的业务经营,从20世纪60年代直到1983年的银行股票操纵事件,它们都是作为私人企业。这一回顾也表明,银行的私人所有并不保证它们具有适当而高效的业绩。相反,所说回顾突显了私人拥有银行的各种失败——包括业务混乱、管理不当,以及甚至有时发生的欺诈——最终导致银行崩溃。[81]

在银行私有化之后备受打击的另一个期望是,控制人会向银行注入私人股本,以加强其资本基础,也有助于加强其财务实力。[82] 各个银行的控股

---

[78] 亚罗恩·齐利卡和祖-奈伯格·阿耶莱特(Yaron Zelika & Tzur-Neiberg Ayelet):"银行股份危机——从国有化直到完成私有化"(2007年),希伯来语网上可查:http://www.ag.mof.gov.il/AccountantGeneral/AccountantGeneral/Publications/Publications_2007/MashberMenayot.htm;乔纳斯·普拉格(Jonas Prager):"1983—1994年以色列的银行私有化:政治经济学的案例研究",《BNL季度评论》第197期,第209页,1996年。以色列政府更倾向于以一种集中的方式出售其在银行的股份,以控制股东,而不是以分散的方式向普通大众出售,因为这一途径为银行监管局提供了对银行的非正式控制,请参阅:阿萨夫·哈姆达尼和埃胡德·卡马尔(Assaf Hamdani & Ehud Kamar):"隐藏的政府对私有化银行的影响",《法律理论探索》第13期,第567页,2012年。

[79] 根据特拉维夫证券交易所2016年7月1日的数据。

[80] 请参阅第二章第二节第一部分中标注脚注47附近的文本。为了比较国有银行和非政府银行的经营效率,请参阅:伊曼纽尔·巴尼亚(Emanual Barnea):"政府所有权对以色列银行业的风险、效率和绩效的影响",范利尔(Van Leer)耶路撒冷研究所——经济与社会项目,《政策研究》第16期,第53—58页,2014年。

[81] 迈尔·赫思(Meir Heth):《以色列银行业:第二部分——结构、业务和危机》,第297—298、316—317页,耶路撒冷以色列研究所1994年,希伯来语。

[82] 耶胡达·沙罗尼(Yehuda Sharoni):"银行的钱袋在哪里?",《晚报》(Maariv),2009年6月30日。希伯来语网上可查:http://www.nrg.co.il/online/16/ART1/910/082.html。

股东不仅没有做到这一点,反而他们甚至鼓励大额股利分配。㊳对控股股东向银行注入资本适用的监管压力,没有带来理想的结果。相反,这引起有些控股股东卖掉他们在银行的所持股份,由此让他们从监管者要求的负担中解脱自己。㊴

在银行私有化之后发现的上述问题,突显了保持银行稳定的重要性。现在,没有国家对银行的控制权,消费者的命运就托付给了控股股东们,而他们的首要目标是利润最大化。在银行业情境下,这种利润最大化的渴望是特别成问题的,这有两个原因:首先,更大盈利机会的投资也带来更大损失的风险,如果实现了,那么这可能损害了银行的稳定性,而且甚至引发其倒闭。第二,当谈到银行业机构时,维护稳健管理的规则至关重要。考虑股东利润优先于这些规则,这是不可取的。银行业机构的长期盈利性(相对于短期利润水平)与其管理的责任水平之间存在明显的联系。这种联系反映在遵守银行适当行为规则,谨慎提供信贷,以及避免进入有巨大风险的企业和地区。㊵银行业监管旨在保证,即使所有权结构没有政府介入,这些原则也受到银行守护。

由于颁布《促进竞争与减少集中法》,银行所有权结构可能经受了其他变化。该法颁布于 2013 年 12 月。根据促进以色列经济竞争委员会建议,㊶该法要求分离"重要金融公司"和"重要非金融公司"。"重要金融公

㊳ 例如,在以色列贴现银行,控股股东在 2008 年全球金融危机爆发时,鼓励发放了 2.5 亿美元的股息,并拒绝向银行注资,以增强其资本充足率。请参见:迈克尔·罗奇沃杰(Michael Rochwerger):"布朗夫曼(Bronfman)找到了成功的秘诀:零售企业而不是银行业",《标记》(The Marker),2011 年 10 月 30 日,希伯来语网上可查:http://www.themarker.com/markets/1.1535456。

㊴ 就像布朗夫曼-沙兰(Bronfman-Sharan)集团一样,他们从政府手中收购了贴现银行的控制权。参见:耶胡达·沙罗尼:"布朗夫曼寻找一个贴现银行的投资者",《晚报》,2010 年 6 月 30 日,希伯来语网上可查:http://www.nrg.co.il/online/16/ART1/910/079.html。

㊵ 迈尔·赫思,前注 81,第 316 页;关于希望银行放弃"超额利润"源于不道德的行为,请参见:阿维娃·格瓦(Aviva Geva)和露丝·柏拉图-希纳尔:"道德准则——它能给银行业监管增加什么?",《巴伊兰法律研究》(Bar-Ilan Law Studies)第 27 期,第 261 页,2011 年,希伯来语,英语摘要网上可查:ssrn.com/abstract=2481521。

㊶ 促进经济竞争委员会:《最终建议及对中期报告的补充》,2012 年 3 月,网上可查:http://www.financeisrael.mof.gov.il/FinanceIsrael/Pages/en/Publications/mof.aspx。

司"包括共同基金、保险公司、银行公司等,资产超过 400 亿新谢克尔。"重要非金融公司"包括建筑公司、连锁超市、通信公司,以及各种制造公司,销售额 60 亿新谢克尔或以上,或在垄断情况下 20 亿新谢克尔。重要金融公司和重要非金融公司的名单由减少集中委员会(Committee to Reduce Concentration)拟定。以色列反垄断管理局局长领导减少集中委员会。在该法颁布之前,如果一家公司既控制一家重要非金融公司又控制一家重要金融公司,那么,允许保持这种控制最长时间是四至六年,之后,要求卖掉其中之一。这可能导致仍有控股权的三家最大银行出售控制权。

第四节 以色列的银行作为准公共机构

在以色列,银行是按私法规则(《公司法》)组成的法人实体,并依商业原则经营公司。作为上述私有化过程的结果,银行不再由政府拥有(除了国家还持有以色列国民银行有限公司的少量股份外,而且即使这一点所持股份也在了结过程中)。[87] 尽管数据如此,但以色列法院认为,银行是准公共机构。[88]

以色列最高法院(其他法院也遵循)反复解释,银行履行许多公共职能,它们是执行政府政策的代理人,而且它们构成政府贷款转移到公众的渠道。还有一点已被指出,银行业务具有至关重要的公共服务特性。已提到的又一条理由是,在银行崩溃的情况下,国家对银行提供了援助:因为以色列没有存款保险制度,[89] 正是国家对储户的存款损失提供了补偿。在其他情况

---

[87] 请参阅第二章第三节。

[88] 这也是一些以色列学者的研究方法:迈克尔·鲁宾斯坦(Michal Rubinstein)和博阿兹·奥康(Boaz Okon):"银行是一个社会机构",《沙姆加书——文章第三部分》(Shamgar Book-Articles Part C)第 819、831 页,阿哈隆·巴拉克(Aharon Barak)编辑,以色列律师协会 2003 年,希伯来语;阿瓦拉罕·温罗思(Avraham Weinroth),"在市场崩溃情况下银行对客户的责任",《法律和商业》第 11 期,第 357 页,2009 年,希伯来语。

[89] 请参阅第三章第四节"四""(三)"。

下,也已经提到,公众将银行视为准公共机构,而相应地,对银行给予高度信任和信心。这些理由导致法院断定,银行是准公共机构。[30]

确认银行作为准公共机构,就有可能对银行从公法领域对它们施加义务(obligations),比如:平等、理性、尊重人的尊严和罚当其罪(proportionality)。[31]特别是,法院适用了银行作为准公共机构的推理,目的是向银行施加其对所有客户,甚至对第三方一个全面的受托责任(fiduciary duty)。[32]财政部长甚至提出了一项立法议案,要宣布银行是准公共机构,希望这一动议允许他对银行高级官员的工资施加限制。[33]

---

[30] 比如参见:曼茨厄诉以色列国家案[CA122/84Mantzurv. The State of Israel,38(4)PD94,100-102(1984)],其中一名银行雇员被判公职人员受贿罪(the offence of public servant bribery);先进驾驶教练系统有限公司诉以色列国民银行有限公司案(ACA 9374/04 E. & G. Advanced Systems for Driving Instructors Ltd. v. Bank Leumi Le-Israel Ltd.)第6(b)段(Nevo数据库2004年);另见:联合东方银行诉齐格勒案[CA 1570/92 Mizrachi United Bank v. Zigler, 49(1) PD 369, 384 (1995)];特和抵押银行有限公司诉扎巴赫案[CA5893/91Tefahot Israel Mortgage Bank Ltd. v. Tzabach,48(2)PD573,585(1994)];阿亚朗保险有限公司诉奥珀尔加房地产经理案[CA 8068/01 Ayalon Insurance Company Ltd. v. Opalgar's Estate Manager,49(2)PD349,369(2004)]。同样,美国也有裁定,银行执行"至关重要的公共服务,对公共福利产生重大影响"。请参阅:商业棉花有限公司诉加州联合银行案[Commercial Cotton Co. v. United California Bank, 163 Cal. App. 3d 511, 516 (1985)];另见:肯尼思·W. 柯蒂斯(Kenneth W. Curtis):"信托争议:将信托原则注入银行存款人和银行-借款人关系",《洛杉矶洛约拉法律评论》第20期,第795、816—818页,1986—1987年(批评这种方法);比较:塞西尔·亨特(Cecil J. Hunt),"信任的代价:对受托责任和贷款人-借款人关系的审查",《威克森林法律评论》第29期,第719、776—776页,1994年(支持这一方法)。

[31] 有关类似方法请参见:肖诉联合银行与信托公司案[Shaw v. Union Bank and Trust, 640 P. 2d 953, 957 (1981)]。在本案中,奥帕拉(Opala)法官把重点放在了银行与公众的特殊关系上,并认识到银行的特殊义务,不是因为合同或侵权法,而是因为银行作为一个准公共机构的地位。然而,法官并没有解释这种特殊义务的确切内容,也没有解释它的边界。在这方面,请参阅:阿尔文·C. 哈勒尔(Alvin C. Harrell):"银行客户关系:现代形式的进化?",《俄克拉荷马城市大学法律评论》(1986年)。

[32] 露丝·柏拉图-希纳尔:《银行的受托责任——忠诚的义务》,第143—148页,特拉维夫以色列律师协会2010年,希伯来语(批评这种方法);请比较:卡普兰斯基诉梅诺拉保险公司案[CA 4849/06 Kaplanski v. Menora Insurance Company Ltd. 17 (Nevo Database, 2008)],最高法院认受保险公司拒绝支付一笔夸大的律师费用。它裁定,一家保险公司是一个准公共机构,因为其主要资金来源是公众。因此,保险公司是公众的受托人,因此需要对这些资金心尽职。

[33] 艾里特·阿维斯(Irit Avisr)和斯特拉·科林-利伯(Stela korin-lieber):"财政部审查:宣布金融机构为'公共机构'",《环球报》2014年6月22日,希伯来语网上可查:http://www.globes.co.il/news/article.aspx? did=1000948156。

何时将非政府实体列为准公共机构的问题,不是一个简单问题。在缺乏对此事作出明确裁断的情况下,以色列的法院适用各种无定论的标准。他们审查所说实体的性质,其职权的来源,其资金来源,其公共形象,它与政府的关系,它提供服务或产品的本质(essentialness),以及可能有助于解决问题的其他测试。

作为一项规则,公司的"公共性"(public nature)可以体现在两个层面。第一个层面,涉及公司与政府的关系或联结(nexus)。在这一层面,比如政府实际参与公司的日常活动,它的资金,以及它的管理这样一些问题,都受到检查。介入程度越大,认为该公司是准公共机构的倾向就越大。第二个层面,涉及公司活动的性质,以及它发挥的作用。当公司履行的一项职能是一项政府或公共职能时,就认为它是一个准公共机构的倾向性增加。[94] 很明显,应用每一个测试都不是一个简单事情,而是应当根据各样事务的情况予以考察。

对应用上述两种方法测试银行,将它们作为准公共机构的分类提出了质疑。

关于银行与政府的联结关系:以色列的银行独立地管理其日常业务活动,并没有政府介入。由于它们活动的特殊性质,在它们与政府之间自然地存在一种特殊联结关系。然而,这种联结并不与政府产生这样一种密切联系,以至于要求将银行分为准公共机构。

由于银行在经济和金融中的核心作用,它们充当国家贯彻政府政策的一种有效、方便和廉价的方式。然而,银行不参与决定政府政策。实际上,它们对政策内容和贯彻政策的方式都没有裁量权,而且它们按照对它们施

---

[94] 达芙妮·巴拉克-埃雷兹(Daphne Barak-Erez),《行政法第3卷——经济行政法》,第492—494页,特拉维夫以色列律师协会2013年,希伯来语;另见:达芙妮·巴拉克-埃雷兹:"私有化时代的国家行动纲领",《雪城法律评论》第45卷,第1169、1175、1178页,1995年。当一个私人实体被视为准公共机构时,这似乎也是以色列判例法的做法。参阅例子:米克罗达芙诉以色列电力公司案[HCJ 731/86 Microdaf v. Israel Electricity Company Ltd., 41(2) PD 449 (1987)];凯斯坦鲍姆诉耶路撒冷社区埋葬协会案[CA 294/91 Kestenbaum v. Jerusalem Community Burial Society, 46(2) PD 464 (1992)]。

加的监管不得不执行政策。仅仅是遵循强制性的指示来执行政府政策,不应使银行成为"政府"或公共体系的一部分,也不应导致它们被归类为准公共机构。

同样地,政府在危机时期向银行提供支持,并不与政府形成足够的密切联系,以至于让银行有理由被归类为准公共机构。难以想象,由于各种政策考虑(比如在周边区的一家工厂,雇佣当地居民),国家选择拯救的每家私人公司免于崩溃,将因此变成准公共机构。国家作为银行体系安全网的职能,不是银行日常业务活动的一部分,而且,这是一个例外事件。不用说,国家没有法律义务援救银行,而是否援救银行取决于政府的决断,是基于事件的是非曲直而定。在这些情况下,必要的联结关系并不表明与政府的一种密切联系。

有趣的是,将银行划入准公共机构的裁断,几乎不依赖银行是国有的论据。[95] 我们已经看到,在 1983 年银行股票操纵事件之后,主要银行的所有权让渡给政府。[96] 当银行的所有权在政府手里时,基于所有权的联结关系,它们可能已经被认为是准公共机构。不管怎样,在银行私有化之后,这一论据损失了其效力。

关于银行业务的性质:以色列的判例法反复强调,银行提供至关重要的公共服务。有人解释,银行介入国家每个人的金融生活是如此之深,以至于人们不能想象没有银行来管理人们金融事务的可能性。人人都以一种或另一种方式需要银行的服务。那些不需要企业财务或复杂交易服务的人,需要抵押贷款、银行担保、小额储蓄投资建议或按定期支付指令(standing orders)付款。同样地,某人金融活动如果仅限于接收作为雇员的工资或接受国家保险协会(National Insurance Institute)的津贴,那他也需要一个银行

---

[95] 这样的论证给出在:斯蒂勒诉以色列国民银行有限公司案[CF (Tel Aviv Magistrate Court) 786/93 Stiller v. Bank Leumi Le-Israel Ltd.],第 51—52 段,Nevo 数据库 1996 年。

[96] 参见第二章第三节。

账户,因为通常不可能收到现金支付。[97] 因此,它还被裁定,银行——由于其本身性质,旨在为市民提供有价值的服务。[98]

然而,即便银行服务是向一般公众提供基本服务,需要考察的问题也是那种基本服务的性质:所说服务是一种公众-政府性质(public-government nature)? 这是国家应该提供的一种服务? 这个问题变得严重,主要是鉴于这一事实,甚至关于其他基本服务提供者,比如公共交通、新闻界、传媒公司或食品营销链,判例法发现难于明确裁定,这些都算是准公共机构。[99]

总之,彻底考察法院给出的各种理由可以表明,银行是否构成准公共机构的结论并不清楚。[100] 不容否认,对这个问题的决定是一个道德性抉择,反映了关于外部干预理想水平的一种个人世界观。当涉及银行时,以色列法院认识到银行的巨大权力,并且担心这种权力可能会被滥用。[101] 因此,法院采取措施,通过对银行行为施加严格义务,来遏制银行的权力。这就解释了以色列判例法将银行划为准公共机构的问题。

针对银行作为准公共机构地位的辩论提出了进一步的问题。例如,某银行作为准公共机构的地位应该在各个方面体现银行的特征吗? 或者,应该就某一具体事项仔细地考察它? 为此目的,一个具体的问题可能就是正在被讨论的特定问题;或者该银行的一个特定的业务活动(比如银行的业务

---

[97] 莫舍·贝杰斯凯(Moshe Bejsky):"银行与客户之间的信托关系",《兰多书第三卷——文章第二部分》(Landau Book, Vol. 3—Articles, Part 2)第1095、1096—1097页,阿哈隆·巴拉克(Aharon Barak)编辑,布尔希(Bursi)出版社2003年,希伯来语。

[98] 曼茨厄诉以色列国家案(Mantzur v. the State of Israel),前注90,如前所述。

[99] 达芙妮·巴拉克-埃雷兹:《行政法》,前注94,第489—491页;阿萨夫·哈雷尔(Assaf Harel):"双重实体——行政法中的私人实体",载于《行政法》第101—106页,特拉维夫以色列律师协会2008年,希伯来语。

[100] 比较:亚罗恩·伊莱亚斯(Yaron Elias):"公法原则适用于保险公司",《以色列律师协会期刊》(Hapraklit)第45期,第315、331页,2001年,希伯来语(将保险公司视为准公共机构)。

[101] 关于银行与客户的权力差距参见第四章第一节"一"。

活动,相对于它与雇员的关系);或者一个特定的业务领域。⑩

　　严格裁定可能存在着合理性。在少量业务活动中,银行确实充当政府的长臂,而仅对这些少量业务活动而言,该银行应当被认为是一种准公共机构。⑩ 例如,银行向有资格从住房部(the Ministry of Housing)获得贷款的人发放国家贷款;或者,按照过去的习惯,作为交通运输部(the Ministry of Transport)的长臂,银行处理车辆的所有权转让;⑩或者,该银行代表以色列银行为进口钻石充当资金的提供者。⑯ 在银行作为政府机构运作的情况下,有可能将其视为准公共机构,但仅与那家政府机构有关。

　　此外,即使银行确实是准公共机构,还出现那些公法义务应当适用银行及其何种程度的问题。这是基于一种假设,即与一个"真正"的公共机构相比,对一个准公共机构施加的公共规范应当在有限范围内。⑯ 很明显,目前适用于公共机构的某些问题,对银行来说根本不合适。举例来说,举行招标的义务,服从国家审计署(State Controller)的审计,服从高等法院(High Court of Justice)的管辖权,等等。对银行更适当的公法规范是如下一些原则:公平、平等、理性、诚实、尊重人的尊严、罚当其罪,乃至受托责任。即使没有银行被认为是准公共机构,这些原则的大部分都已经依靠普通法而适用于银行了,因而,这种认可也就完全没有必要。

　　总结:权势组织(Powerful organizations),比如银行,确实应当受到政

---

⑩　关狭窄的方法请参见:达芙妮・巴拉克-埃雷兹,前注 94,第 501—503 页;阿萨夫・哈雷尔,前注 99,第 172 页;埃雅尔・本韦尼斯蒂(Eyal Benvenisti):"行政法适用于私人机构",《以色列法律与政府》(Mishpat Umimshal—Law and Government in Israel)第 2 期,第 11,33 页,1994 年;露丝・柏拉图-希纳尔:前注 92,第 65 页。

⑩　参见举例:阿亚朗保险有限公司诉奥珀尔加房地产经理案[Ayalon Insurance Company v. Opalgar],前注 90,同前。

⑩　萨哈尔诉以色列贴现银行有限公司案[CA5379/95 Sahar v. Israel Discount Bank Ltd., 51(4)PD464,474-475(1997)],其中裁断,当银行提供车辆所有权转让服务时,它执行了一个政府职能,并充当了 DMV 的长臂。

⑯　这样的职能在下面的案子中涉及:以色列联合银行诉拉・库迪尔案[CA 168/86 Union Bank of Israel La Kudiar, 42(3) PD 77, 82 (1988)]。

⑯　安诉钻石交易所企业(1965)有限公司案[CA 3414/93 On v. The Diamond Exchange Enterprises (1965) Ltd., 49(3) PD 196, 207 (1995)]。

府的严格监管。然而,将银行定义为准公共机构,不是严格监管银行的正道。引起的诸多问题应当是通过专门规定来解决,而不是通过这种模糊的宣告来解决,因为模糊宣告的含义不够清楚。

第五节　集中与缺乏竞争

以色列银行体系由五大银行集团组成,其资产价值达到整个银行体系资产总值的94％。这些资产约58％由两家最大的银行集团(国民银行和工人银行)持有。[107] 这种集中式结构构成了寡头垄断(或者更准确地说——两强垄断),在这种结构里,少数公司控制了其行业业务活动的绝大部分。

以色列的银行集中度(concentration)相当高。在2014年,以赫芬达尔-赫希曼指数(HHI Index)来衡量以色列的银行系统整体的集中度,按照银行资产总额计算,该指数为0.20。以集中度比率(Concentration Ratio,CR_2)来衡量两家最大银行在银行体系资产总额中所占的市场份额,该比率达到0.57。国际比较表明,以色列银行系统的集中度明显高于欧盟的平均值。[108]

以色列银行业集中度高,我们可以列出如下几个原因:

一、面对新竞争者的进入壁垒

以色列的银行监管,对希望进入该系统的新参与者设置了很高的进入壁垒。希望在以色列作为银行公司经营的一家实体,必须向以色列银行申请获得一个许可证。[109] 然而,近年来的经验表明,不仅以色列银行没有试图阻止集中的趋向,反而它甚至试图鼓励集中,因为相信集中和力量将有助于

---

[107] 《以色列银行体系2014年年度调查》,前注38,第7、10页。
[108] 同上,第12页。
[109] 《银行(执照)法》,第3—7条。

众多银行的稳定。⑩ 根据《银行(执照)法》,并与上述政策一致,希望在以色列设立一家银行的人,需要符合一长串条件,包括股本达到一亿美元。⑪ 试图以在以色列尚不存在的新模式,比如互联网(虚拟)银行和信用社,来设立银行的企业家声称,关于决定它们所需的许可条件,银行监管局方面表现僵化。⑫

其实,仅在2013年,银行监管局就首次发布了设立网上银行的章程,这一文件要求股本一亿美元,而在前五年业务活动中,资本充足率为15%—20%。⑬

仅在2015年,又发布了设立信用社的章程。⑭ 按照这一章程,要求一家信用社的初始股本是7,500万新谢克尔,并且它必须保持10%的资本充足率。企业家们争论,这些条件消除了在以色列创办信用社的可行性。⑮

---

⑩ 议会关于银行收费调查委员会:《最终报告》第22页,2007年6月,以及其中提到的消息来源,网上可查:http://www.knesset.gov.il/committees/heb/docs/bank_inq.pdf;奥韦德·尤沙、沙伦·布莱和耶谢伊·亚费(Oved Yosha, Sharon Blei & Yishay Yafeh):"从历史角度看以色列的银行体系:多样化与竞争",载于尼桑·利维亚坦和哈伊姆·巴卡伊(Nissan Liviatan & Haim Barkai)主编《以色列央行关于以色列货币政策选题》,第2卷,第171页,牛津大学出版社2007年;赫思,前注81,第21页。

⑪ 法律的第一个附录规定了1000万新谢克尔的数量。然而,实际上,以色列银行的政策是要求1亿美元。比如参见:银行监管局:《章程——以色列设立虚拟银行的许可程序》,附件C,第4条,希伯来语网上可查:http://www.bankisrael.gov.il/he/BankingSupervision/SupervisorMethod/Documents/Charter.pdf;另见:银行监管局局长:《一方要求控制和持有银行法人控制权的许可标准和一般条款》,2013年7月11日,希伯来语网上可查:http://www.boi.org.il/he/BankingSupervision/SupervisorMethod/Documents/r1310106.pdf。

⑫ 埃利兹潘·罗森堡(Elitzpan Rosenberg):"价格和服务:我们什么时候能看到网上银行",《新消息报网站》(Ynet),2013年6月7日,希伯来语网上可查:http://www.ynet.co.il/articles/0,7340,L-4389573,00.html。

⑬ 《章程——以色列设立虚拟银行的许可程序》,前注111,附件C。

⑭ 银行监管局:《以色列建立信用合作社的许可程序》,附件C,2015年5月5日,希伯来语网上可查:http://www.boi.org.il/he/NewsAndPublications/PressReleases/Pages/050515-CreditUnion.aspx。一份英语新闻稿,网上可查:http://www.boi.org.il/en/NewsAndPublications/PressReleases/Pages/05 0515-CreditUnion.aspx。

⑮ 参见举例:奥菲克(Ofek)资本合作协会:《关于"以色列建立信用合作社的许可程序"草案的立场文件》,2014年7月,希伯来语网上可查:https://www.ofek.coop/news/ofek-response;希拉努(Shelanu)合作社:《对"以色列建立信用合作社的许可程序"草案的意见》,2014年8月,希伯来语网上可查:http://shelanoo.co.il/reply-bank-of-israel。

比较来看，在美国，信用社不要求有最低股本（初始净值），以便创办。他们允许通过留存收益和接受可能的捐赠逐渐积累资本。[116] 此外，在其开业的头 10 年里，或者直到它们具有多于 1,000 万美元的总资产之前，两者以时间早者为准，信用社获得关于资本充足率的让步。而在这个期间结束后，要求它们"资本充足"，并达到净资产比率不低于 6%。[117] 尽管以色列银行监管局基于美国信用社模式，但其中规定的条件远比美国规定的条件更加严格，而这些条件构成了创办这种机构的进入壁垒。

二、转换壁垒

有利于以色列银行业高水平集中度，尤其是两寡头垄断的另一个障碍是在转换银行上存在的一些阻碍。即使不同银行之间存在明显的价格差异，但客户避免离开他们的银行而换到提供更好条件的一家银行，原因是这样的举动涉及若干困难。[118]

希望转换银行的客户，无论是在接收有关其账户状态的信息，还是在执行诸如直接借记转账指令和未决收费等交易，都依赖于其银行的合作。然而，除非该银行在此中具有利益，否则传统上各家银行都会制造困难，以使该客户最终放弃转换银行，并将其业务留下来。立法者洞悉这些困难，早在 2007 年就建立了一种机制，以处理这些困难：《银行（服务客户）法》（Banking (Service to Customer) Law, 5741-1981）第 5B 条规定，客户可以授权新的银行代表他来处理与此转换银行有关的整个过程。这包括转移给予原来银行的直接借记指令（定期支付指令），以及对客户信用卡的未来收费。不

---

[116] 《联邦信用社法》(1934 年)，《美国法典》第 12 主题，第 1790d (b)(2)(B)(ii) 款。[Federal Credit Union Act of 1934, 12 U.S.C. §1790d (b)(2)(B)(ii)]

[117] 同上，第 1790d (b)(2)(B)(iii) 款。

[118] 澳大利亚也存在类似的情况。请参见：德博拉·希利和罗布·尼科尔斯（Deborah Healey & Rob Nicholls）："澳大利亚零售银行业对竞争与稳定的平衡"，《CIFR 研究工作论文系列》，2015 年 11 月，工作论文编号 076/2015，项目编号 T020，第 15—18 页。关于转换成本问题请参阅：经济合作与发展组织："零售银行的竞争与监管"，《经济合作与发展组织期刊：竞争法与政策》第 11 期，2011 年。网上可查：http://www.oecd-ilibrary.org/governance/competition-and-regulation-in-retail-banking_clp-11-5kg9q0zk2wq2。

过,尽管存在这一条款,以及银行监管局对此问题的补充指令,[19]但实际上,这个问题尚未解决。

阻碍客户在不同银行之间转换的另一个困难是,客户为了开立新账户,需要签署一些必要文件,因而有义务要亲自到新银行进行办理。这个程序是必要的,尤其因为《禁止洗钱法》(Prohibition on Money Laundering)的立法,规定在开立新的客户账户时,要求"面对面的识别"。[120] 另一方面,这一程序存在一个重大障碍,特别是对于银行体系中的小银行而言,其分支机构布局有限。这同样适用于那些计划设立有限机构,或者完全没有任何分支机构(虚拟银行)的新银行。不言而喻,如果人们希望在银行系统中创建竞争机制,那么实际上,应当帮助小银行和新银行,而不是相反。

正如将在后面第四章第五节所见,在2014年,这方面出现的一些进展,对转换壁垒问题,可能提供了一个解决方案。首先,对银行监管局关于客户转换银行问题的上述指令做出了一项重大修正。[121] 该指令,以修正后的新形式,允许客户通过技术手段完成从银行到银行转移的整个手续,包括关闭在原来银行的账户。这个指令对原来的银行规定了若干明确义务,并为遵守它们设置了一个时间框架,以确保客户转换一家新银行的请求尽快地实际完成。另外,银行监管局的一项新指令允许通过互联网开立账户,并消除

---

[19] 银行监管局:《正确开展银行业务指令》第432号令,关于"转移业务和关闭客户账户"。网上可查:http://www.boi.org.il/en/BankingSupervision/SupervisorsDirectives/ProperConductOfBankingBusinessRegulations/432_et.pdf。

[120] 《禁止洗钱令(银行公司要求为防止洗钱和恐怖主义融资而进行的身份识别、报告和记录保存)》第6条[Prohibition on Money Laundering (The Banking Corporations' Requirements Regarding Identification, Reporting, and Record-Keeping for the Prevention of Money Laundering and the Financing of Terrorism) Order, 5761-2001, section 6],网上可查:http://www.boi.org.il/en/BankingSupervision/AntiMoneyLaunderingAndTerrorFundingProhibition/Documents/money_laundering_Feb%202015.pdf。

[121] 第432号令关于"转移业务和关闭客户账户",前注119,2014年7月修订。另见:第四章第五节"二"。

亲自到新银行网点办理的要求。[12]

三、信息壁垒

对放款人在考虑对借款人提供信贷来说，潜在借款人的信用历史信息是一个重要工具。这种信息能够让放款人评估借款人的偿还能力，并确定代表这笔贷款内在风险的利率。信用历史信息也在竞争力方面发挥了重要的作用：相比于潜在借款人目前在其银行得到的贷款而言，该借款人的正面信息能够让某放款人向其提供优惠条件的贷款，因而引诱该借款人转换其贷款提供者，并从这个放款人那里得到服务。另一方面，一个不熟悉借款人信用历史的放款人，将迫使以不够好的贷款条件向借款人提供贷款，因而可能没有足够吸引力让借款人迁移到新银行。

对于分享个人、家庭或小企业的信用信息，以色列缺乏一个有效机制。由于一项保护隐私政策，现有法律——《信贷数据服务法》不允许分享客户有意义的信息或建立客户信用评级。因此，在以色列信用市场，在熟悉借款人信用历史的放款人与不熟悉借款人信用历史的放款人之间，存在信息差距。由于以色列零售信贷市场被五大银行集团控制，更特别地是由双寡头垄断的两家最大银行控制，在经济上大部分客户的信息掌握在它们手里。在大银行与非银行放款人之间的巨大信息差距，加上缺乏开发信用评级系统，造成了信息壁垒，能够让大银行保持甚至强化现有的集中度。[13]

---

[12] 银行监管局:《正确开展银行业务指令》第418号令,关于"通过互联网开设银行账户"。网上可查: http://www.boi.org.il/en/BankingSupervision/SupervisorsDirectives/ProperConductOfBankingBusinessRegulations/418_et.pdf；另请参阅第四章第五节"三"。

[13] 《提高银行体系竞争力调查组报告》，前注27,第16、95—96页。为建立一个信用数据共享系统的一项新举措，参见第六章第三节"五"。

四、缺乏价格竞争

以色列银行业存在的集中导致了低水平竞争。[124] 像实践所展示的一样,理论也表明,在一个集中化体系和一个寡头垄断性结构里,价格竞争无法开展。价格是由占主导地位的玩家设定,而其他参与者倾向于效仿跟进已建立的价格。[125]

这种"价格结盟"的政策在银行收费上得到反映。多年来,不同银行在对零售客户、家庭和小企业收取费用方面几乎完全一致。而且,当一家银行上调收费时,其他银行很快就以类似费率更新收费。这种现象成为反垄断管理局进行长时间调查的基础因素。这项调查揭示出,从20世纪90年代初直到2004年,五大银行在它们收取费用方面进行内部信息交换。基于它们之间传递的信息,实施"价格结盟"政策。[126] 反垄断管理局发现,这种行为构成了一种限制性安排。它对这几家银行提出了一项"合意令"(order by consent)的诉讼程序,这些银行会据此支付2.9亿新谢克尔,而针对它们的案子将会结束;然而,这些银行拒绝了。[127] 在2009年5月,反垄断管理局长裁断,上述银行的行为构成了一种限制性安排,这被认为是一种刑事犯

---

[124] 《提高银行体系竞争力调查组报告》,同上,第51页,以及其中提到的引用;《以色列银行体系——2014年年度调查》,前注38,第12页。以色列银行和银行监管局局长根据结构行为绩效(Structure Conduct Performance,SCP)范式得出结论。根据这一范式,市场的结构与其行为和绩效之间存在着联系。银行体系的集中度越高,银行的市场力量就越大。其他方法声称这种连接并不一定存在。关于银行业的SCP范式请参阅:蒂莫西·H. 汉南(Timothy H. Hannan):"银行结构-行为-绩效范式的基础",《货币、信贷和银行杂志》第23期,第68页,1991年;道格拉斯·D. 伊万诺夫和黛安娜·福捷(Douglas D. Evanoff & Diana L. Fortier):"重新评价银行业的结构-行为-绩效范式",《金融服务研究期刊》第1期,第277页,1988年。

[125] 摩西·本·霍林(Moshe Ben Horin):《资本市场和证券》,第161页,切利科夫(Cherikover)出版社1996年,希伯来语。

[126] 以色列反垄断管理局:《关于以色列银行间银行收费信息传递限制性安排的裁断》,2009年4月26日。希伯来语网上可查:http://www.antitrust.gov.il/subject/120/item/25879.aspx。

[127] 哈达斯·梅根(Hadas Magen):"在银行收费串通案件中卡恩向银行要求2.9亿谢克尔",《环球报》2009年1月13日,希伯来语网上可查:http://www.globes.co.il/news/article.aspx?did=1000416374。

罪。⑫ 基于这一裁断,所涉银行被提起了若干集体诉讼。⑫ 可是到头来,在2014年,在银行向反垄断法庭(Antitrust Tribunal)提起上诉,反对反垄断管理局长的裁决之后,这个案件得以和解,而针对这些银行的那个裁断予以撤销。作为回报,这些银行须向反垄断管理局支付7,000万新谢克尔(这笔钱不被定义为罚金或经济处罚)。关于这件事,这些银行被允许分割这笔金额的一半,并将这一半金额用于支付和解,而他们所达成的这个和解是若干针对他们的集体诉讼的和解结果。⑬

"价格结盟"的现象也反映在利率方面。在2008年,核准了一起针对三家主要银行的集体诉讼,该诉讼声称一个限制性安排涉及对商业信贷收取固定利率。多年来,不同银行收取的利率都几乎完全相同。一旦一家银行提高了利率,其他银行很快追随而相应提高其利率。地区法院裁断,价格的一致性本身就足以证明价格操纵,这构成了一种限制性安排。⑬

这三家银行上诉最高法院辩称,在一个像以色列银行业这样的小寡头垄断市场里,价格相同本身并不足够说明价格操纵。他们辩称,需要一个额外因素(一个"另加因素")才能裁定确实存在价格操纵。总检察长(Attorney General)提交给最高法院的意见支持这种方法。然而,按照总检察长的方法,上述反垄断管理局长关于银行收费问题上的裁断(那时,这一裁断

---

⑫ 以色列反垄断管理局:《关于以色列银行间银行收费信息传递限制性安排的裁断》,前注126。

⑬ 比如:利瓦伊诉米拉特和银行有限公司案[MCA(Tel Aviv District Court)6472/08Levi v. Mizrahi Tefahot Bank Ltd. (still pending, NevoDatabase)];伊沙皮诉以色列第一国际银行有限公司案[MCA 6473/08 (Tel Aviv District Court) Yishpe v. The First International Bank of Israel Ltd. (still pending,NevoDatabase)];科斯特英斯基诉以色列国民银行有限公司案[MCA(TelAviv-DistrictCourt)8700/09 Kosterinsky v. Bank Leumi Le-Israel Ltd. (still pending, Nevo Database)]。

⑬ 工人银行有限公司诉以色列反垄断管理局局长案[AT (Antitrust Tribunal Jerusalem) 43129-03-10 Hapoalim Bank Ltd. v. The Director General of the Israel Antitrust Authority (Nevo Database, 2014)];陈·马尼特(Chen Maanit)和艾里特·阿维萨(Irit Avisar):"银行因为收费串通将向公众支付3,500万谢尔",《环球报》2014年11月16日,希伯来语网上可查:http://www.globes.co.il/news/article.aspx? did=1000986537。

⑬ 以色列国民银行有限公司诉特拉维夫沙诺瓦电脑机器有限公司案[C (Tel Aviv District Court) 2133/06 Sharnoa Computerized Machines Tel Aviv Ltd. v. Hapoalim Bank Ltd. (Nevo Database, 2008)]。

还没有撤销)构成了这样的一个另加因素。⑫最高法院选择不去裁决这件事本身。它将卷宗发还地区法院,根据反垄断管理局长的裁断和对其提起上诉的结果,举行一次听证会。⑬ 不过,由于这一事实,即,在所说的裁断作为上述提到的和解的一部分而被撤销的同时,值得怀疑的是,关于这次利率问题的听证会是否将继续下去。

银行体系的集中和缺乏竞争问题导致政府干预。由于2011年夏季的社会抗议,以及需要处理以色列生活成本高企的问题,政府设立了社会经济变革委员会,又叫特拉亨伯格委员会(Trachtenberg Committee)。该委员会考察影响以色列生活成本的不同因素。为此目的,该委员会对以色列经济的几个关键领域进行了分析,在这些领域存在竞争上的明显失败和重大障碍,包括银行业。该委员会发现,银行体系的高度集中,引起了人们对竞争力程度削弱,以及在各个活动领域的高价格收费的关注。从这一角度着眼,该委员会建议,设立一个小组,努力提高以色列银行体系的竞争力。⑭

2012年,财政部长和以色列银行行长任命了由银行监管局局长领导的提高银行体系竞争力检查组(the Team to Examine Increasing Competitiveness in the Banking System)。授权检查组重点关注零售银行业——家庭和小企业,并提议采取措施,促进零售银行业的竞争。在2013年3月,检查组发布了报告,⑮报告包含若干重要建议。⑯有些建议被银行监管局局长立即采纳实施。然而,截至本书写作时,他们在提升银行业竞争力水平方面

---

⑫ 以色列国民银行有限公司诉特拉维夫沙诺瓦电脑机器有限公司案[ACA 3313/08 Bank Leumi Le-Israel Ltd. v. Sharnoa Computerized Machines Tel Aviv Ltd, Opinion of the Attorney General (December 30, 2012)]。

⑬ 特拉维夫沙诺瓦电脑机器有限公司诉工人银行有限公司案[CA 3259/08 Sharnoa Computerized Machines Tel Aviv Ltd. v. Hapoalim Bank Ltd. (Nevo Database, 2013)]。

⑭ 《社会经济变革委员会报告》,第188页,2011年9月,希伯来语网上可查:ttp://hidavrut. gov. il/sites/default/files/% 20D7% A1% D7% 95% D7% A4% D7 % 99. pdf? bcsi_scan_99FE300B8A2E1F36=1. 英语的非正式翻译网上可查: http://www. bjpa. org/Publications/details. cfm? PublicationID=13862。

⑮ 《提高银行体系竞争力调查组报告》,前注27。

⑯ 关于这些建议,请参阅第四章第二节,在脚注41附近的文本内容。

还没有带来实质性的改进。

第六节　银行业务活动的利益冲突

一、全能银行制度造成的利益冲突

在以色列,银行业务活动领域很广,而且超出了存款和贷款的这些核心领域。几十年前银行转向的主要领域是证券市场,在这个领域,现有银行的人力和实体基础设施都是适合的。于是,考虑到他们的顾客需要,银行开始从事证券交易,并为客户提供证券投资建议。此外,他们还从事管理共同基金和公积金,从事承销,以及一定程度上也(通过其子公司)从事投资组合管理。在那时,以色列资本市场的有限规模,没有激发出动力去发展专门从事证券业务的非银行机构,而非银行机构可能构成与银行的真正竞争。多年来,这种状况能够让银行利用其已建立起来的发达的咨询与营销服务,去扩展资本市场业务,并成为资本市场的关键角色。

多年来,除了证券领域的业务,银行还通过设立专业性银行(比如按揭银行)和特殊目的子公司(比如投资公司),来扩展业务。银行集团也创立了控股公司。通过控股公司,它们管理在其他经济部门的积极投资政策,比如保险、房地产和工业。[12] 作为这些措施的结果,主要银行集团演变成商业和金融集团,同时经营银行业、证券业和保险业,以及非金融市场的一些行业。

银行活动领域的扩张,增加了利益冲突的机会。可以举出很多例子来说明这个问题:[13]

● 银行一方面充当公积金和共同基金的所有者和管理者,另一方面又

---

[12] 赫思,前注 81,第 151—174 页。
[13] 关于资本市场改革的部际小组报告,前注 2,第 15、25—27 页;《银行控股非金融公司审查委员会报告》第 54—55、57 页,1995 年 12 月,希伯来语,《关于银行股份操纵质询委员会的报告》,前注 74,第 148—152 页。

充当投资顾问,在此情况下,银行就有明确的动机,劝告他们的客户投资在这些机构的金融产品,而银行作为所有者从这些机构获得红利,又作为管理服务提供商收取费用。

- 银行一方面充当公积金和共同基金的所有者和管理者,而另一方面又(通过其承销公司)充当承销商,在此情况下,这就产生了激励他们向这些基金出售证券的动机,因为他们已经给予了承销承诺,而向这些基金出售证券从而减轻了承诺的负担。
- 银行一方面充当公积金和共同基金的所有者和管理者,另一方面又充当信贷提供者,在此情况下,这就促使银行将这些资金直接投资给那些欠银行钱的公司,因而减轻了他们对银行的债务压力。
- 银行一方面充当公积金和共同基金的所有者和管理者,另一方面又充当银行服务提供者,在此情况下,他们为自己的基金提供所需的银行服务,而不允许基金去了解市场,或进行讨价还价以降低服务成本。
- 在银行拥有非金融公司的情况下,他们向这些公司分配信贷,包括在公司正遭受困难且存在怀疑其偿还能力的期间。
- 银行对国家经济中不同公司的控制,导致他们在向客户提供投资建议时,以及在确定他们控制的公积金和共同基金的投资策略时,宁愿推荐这些公司的证券。
- 在银行(通过子公司)参与承销业务,而同时又是这些发行公司所需信贷的主要提供者之一的情况下,他们有动机承销这些借钱的公司所发行的证券,以便这些公司可以使用发行的股本资本偿还银行的贷款。在审查对这些公司的承销时,这种激励动机可能会使判断和所需要的客观定性测试变得模糊,因此损害投资者的利益。投资者担心的是,发行应该以合理的价格进行,并保持足够的谨慎。
- 银行投资咨询业务与其参与承销业务之间存在利益冲突。银行一方面(通过其承销公司)作为承销商,而另一方面作为投资咨询者,他们有动机鼓励客户购买银行有承销承诺的证券,从而减少上述承诺的程度。

53 ● 银行一方面作为信贷提供者,另一方面作为金融产品的提供者,有利益激励客户购买该银行的金融产品,并为此目的提供信贷。

多年以来,已经对银行的持股和业务领域实行了限制。原来,与证券有关的业务由银行自己完成。然而,在20世纪90年代,一些立法修正案和银行监管局的若干指令,迫使银行将他们大多数资本市场业务转让给银行集团的其他公司,这些公司在管理方面与银行本身分离。[139]

另一个重要修正案是《〈银行(执照)法〉(第11修正案)》,该修正案1996年颁布,它要求银行显著减少在非金融公司的持股。[140] 这一修正案得以通过,是由于银行控股非金融公司调查委员会即布罗德特委员会(Brodett Committee)的报告。该委员会提到银行集团(Banking conglomerates)的巨大力量,以及由此产生的在工商业领域的高度集中。该委员会断定,这种集团不仅急剧增加了对利益冲突的担忧,而且他们甚至对经济、社会和政治层面上的市场正常运转造成了风险。[141]

限制银行业务范围所采取的又一项主要措施是2005年资本市场改革,它迫使银行出售其公积金和共同基金。[142] 以色列资本市场改革部际小组,或称"巴卡尔委员会"(Bachar Committee),其报告发起了这一改革,它强调了银行的利益冲突问题。[143]

此外,还通过立法规定了各种限制,这些限制旨在减少金融集团各种业

---

[139] 请参阅:《银行(执照)法》第10条和第11条的修正案,由《投资咨询、投资营销和投资组合监管法》(Regulation of Investment Advice, Investment Marketing and Investment Portfolio Management Law, 5755-1995)第43条所规定;银行监管局:《正确开展银行业务指令》第322号令,关于"银行系统的资本市场活动",第4(a)条,网上可查:http://www.boi.org.il/en/BankingSupervision/SupervisorsDirectives/ProperConductOfBank ingBusinessRegulations/322_et.pdf. 类似条款也见于《证券(承销)条例》[Securities (Underwriting) Regulations, 5767-2007]第2(b)条。

[140] 请参阅:《银行(执照)法》第23A、24A、24B条,通过《〈银行(执照)法〉(第11修订案)》[Banking (Licensing) (Amendment no. 11) Law, 5756-1996]修订。

[141] 《银行控股非金融公司审查委员会报告》,前注138,第5—6、54—55、57页。

[142] 《关于资本市场改革的部际小组报告》,前注2。

[143] 同上,第14、15、25—29页;另见第二章第一节"二"。

务活动之间发生利益冲突的可能性。⑭

然而,即使在采取了这些措施之后,银行利益冲突的问题还是没有解决。银行自己或通过相关公司仍有资格从事广泛的业务活动,包括敏感的投资咨询领域。

除此之外,其他考虑因素甚至可能导致银行业务活动领域的扩大。这方面有一个例子,在 2005 年,作为资本市场改革的一部分,允许银行进入养老金行业,提供养老金咨询,执行与销售养老金计划有关的交易。⑮ 相对于限制银行业务活动领域的这一目标,还有其他目标:增加养老金行业的竞争,鼓励公众进行长期储蓄,并利用银行发达的分销和营销体系,扩大公众对这一投资渠道的接触。⑯

利益冲突的内在危险强化了,一定程度上,市场中的集中和缺乏竞争增加了。在竞争性行业,滥用潜在利益冲突的担忧减少了,因为消费者能够离开服务提供商,并转到一个竞争者那里。然而,在以色列银行业,它严重缺乏竞争,其特征是高壁垒限制转换银行,消费者没有真正的选择权,利用自由市场工具对利益冲突作出反应。另外,因为利益冲突问题是整个银行体系的特征,所以,变换到另一家银行并不解决问题。⑰

二、投资咨询方面的利益冲突

利益冲突问题最引人注目的领域之一是在投资咨询领域。在银行就某一产品存在个人利益的情况下,存在的担忧是,银行不会给予客户定制需要的客观建议,而宁愿推荐银行具有既定利益的产品。早在 1985 年,银行股

---

⑭ 比如:《证券(承销)条例》[Securities (Underwriting) Regulations, 5767-2007],对与银行有关联或与银行有联系的承销商施加限制。有关提名董事的问题,请参阅第 7(a)条;第 7(c)和(d)条是关于高级职员和雇员的提名;第 10 条限制承保经营范围;以及第 12 和第 16 条是关于报告的责任。

⑮ 《银行(执照)法》第 10(11a)条,是 2005 年添加到本法的。

⑯ 《关于资本市场改革的部际小组报告》,前注 2,第 54 页。巴卡尔委员会建议银行进入养老金领域的假设是,如果银行的作用仅限于咨询,尽管银行收到来自第三方的佣金是有限的,那么利益冲突的真正风险就不会存在。参见同上,第 51—53 页。

⑰ 同上,第 25 页。

票操纵调查委员会,又称"贝杰斯凯委员会"(Bejsky Committee),它作出断定,多年来,银行常常给予客户不客观的建议。这样做并不是由于差错或疏忽,而是出于故意,目的是最大化银行的利润。[⑭]

在银行本身或银行集团内的一家公司是某产品发行人或管理人的情况下,银行在建议客户投资特定投资产品方面,具有明确的利益。这种情况在以色列银行业现实世界存在了许多年。在过去,银行常常建议客户购买银行自己的股份,这种现象在银行股票操纵事件于 1983 年爆发时达到顶峰。[⑮] 其后若干年,银行又建议客户将钱投在属于银行集团的共同基金或公积金。这种现象在 2005 年推广资本市场改革时才得以停止,改革迫使银行出售其持有的股份,并使自己与这些基金分离。[⑯] 在这次改革之后,银行开始建议客户将资金投资于通货性存款(monetary deposits)。通货性存款由银行管理,它为银行产生了有吸引力的收益,通货性存款取代了共同基金。现在,共同基金由其他机构管理,银行从这些机构挣得相对较低的佣金。[⑰]

这种从外部机构收取佣金和好处的做法也构成了利益冲突的一个源头。当一家银行从一家发行或管理某一投资产品的外部机构收取好处的时候,在银行客户之间分销这种产品,这引起了真实担忧,害怕银行不对客户提供量身定制的客观投资建议,反而推荐的投资产品取决于银行从推荐中得到的好处。[⑱] 有鉴于此,法律禁止投资顾问从第三方收取好处,而此第三

[⑭] 《关于银行股份操纵质询委员会的报告》,前注 74,第 146 页。
[⑮] 关于银行股份操纵事件请参阅第二章第三节。
[⑯] 关于资本市场改革,参见第二章第一节"二"。
[⑰] 罗伊·伯格曼(Roy Bergman):"关于短期存款的斗争(PKM)",《环球报》2008 年 1 月 15 日,希伯来语网上可查:http://www.globes.co.il/news/article.aspx？did=1000298495;罗伊·伯格曼:"短期存款(PKM)与货币市场基金",《环球报》2008 年 1 月 17 日,希伯来语网上可查:http://www.globes.co.il/news/article.aspx？did=1000298886＆fid=585。
[⑱] 迈尔·赫思:"银行的证券业务——处理利益冲突的问题",《银行季度评论》第 98 卷,第 11 页,1987 年,希伯来语;以色列银行协会诉以色列证券管理局案[OM (Tel Aviv District Court) 431/01 The Association of Banks in Israel v. Israel Securities Authority, 5762（2）PM 529, 548 (2002)]。

方与投资顾问给予客户的投资建议有关,法律允许的少数几种例外情况除外。[133] 一种例外是,分销费设定为一种固定比率的标准收费,目的是保证投资顾问的客观性。[134]

作为金融产品经理争取银行投资顾问努力的一部分,以便于后者会推荐这些经理的金融产品,这些经理常常给予银行投资顾问个人好处,比如私人礼品、演出票、在餐厅吃饭,以及在专业研讨会和讲习班的幌子下在以色列和国外旅游。有鉴于此,证券管理局签发指令,禁止这些活动。[135]

投资咨询方面的利益冲突,也会由于银行的参与,通过子公司,以及在承销情况下而发生。作为承销人,银行有既定利益去说服客户购买发行公司的证券,因而减少发行失败的风险,并限定其包销承诺的负担。为了减少对利益冲突的担忧,对那些与银行相关或有关的承销人实行了各种限制。[136]

这些例子说明了银行中投资顾问的双重忠诚。一方面,他们对客户负有忠诚的义务,并有责任向客户提供独立性建议。另一方面,他们必须始终服从由其监管层级发出的指令和设定的程序。后者的指示可以决定银行提供的建议内容,并促进对银行有自己既定利益的投资产品的需求。[137] 因此,

---

[133] 《投资咨询、投资营销和投资组合监管法》第 17(a)条。类似的条款也适用于退休金咨询:《金融服务(养老金咨询、营销和结算)监管法》第 19(a)条。

[134] 关于共同基金:《投资咨询、投资营销和投资组合监管法》第 17(b)(4)条;《联合投资信托法》第 82(c)条[Joint Investment Trust Law, 5754-1994, section 82(c)];《联合投资信托(分销费)条例》[Joint Investment Trust (Distribution Fee) Regulations, 5766-2006]。关于教育基金:《投资咨询、投资营销和投资组合监管法》第 17(b)(5)条;《金融服务(公积金)监管法》第 32(e)条[Supervision on Financial Services (Provident Funds) Law, section 32(e)];《金融服务(公积金)(分销费)监管条例》[Supervision on Financial Services (Provident Funds) (Distribution Fees) Regulations, 5766-2006]。类似的条款也适用于退休金咨询:《金融服务(养老金咨询、营销和结算)监管法》第 28(c)条;《金融服务(公积金)(分销费)监管条例》[Supervision on Financial Services (Provident Funds) (Distribution Fees) Regulations, 5766-2006]。

[135] 以色列证券管理局:《关于投资顾问和投资组合经理参加金融资产经理会议和接受广告产品的指示》(新版本 2013),希伯来语网上可查:http://www.isa.gov.il/Download/IsaFile_7790.pdf。

[136] 前注 144。

[137] 以色列银行协会诉以色列证券管理局案[The Association of Banks in Israel v. Israel Securities Authority],前注 152,第 548—552 页。

在"伊费特诉以色列国家"(Yeffet v. The State of Israel)案子中,认定如下:

> 我们不应当置银行顾问于不可能的情景之下,一方面,他是一个顾问,对客户和投资者都是中立的,因为这涉及资本市场的业务活动,而另一方面,他觉得,他的雇主已经命令他,要求他去推销银行的股票,即使在资本市场的其他投资更好、更可靠、更有吸引力的时候。这是很明显的利益冲突——一种以损害他对客户投资建议的质量为代价,来取悦雇主的消极倾向。⑱

在1995年,《投资咨询、投资营销和投资组合管理监管法》颁布。该法对投资顾问实施了一份长长的、详细的职责和限制清单,旨在确保向客户提供客观建议。⑲ 然而,该法由于缺乏强制实施,没有实现其目标。⑳ 只要银行有投资产品或金融工具的个人利益,那么,由于问题附加于投资咨询,利益冲突问题是否可能完全解决,令人怀疑。

三、对利益冲突的外部干预

有各种措施对付银行业的利益冲突问题。这些措施分为两类:有些措施旨在阻止冲突的产生,至少,限制冲突发生的风险;而有些措施旨在解决存在的冲突,这些冲突事先不可能阻止。阻止性措施包括:强制出售从事特定业务领域的子公司;禁止银行或与其相关公司从事某些领域的业务活动;用"中国墙"(Chinese Walls)进行组织分离。在旨在对付一种不可避免的冲突的诸多措施中,最普通的工具是"知情同意"(informed consent),也就

---

⑱ 耶费特诉以色列国家案,前注74,第426页。

⑲ 《投资咨询、投资营销和投资组合监管法》第C章[The Regulation of Investment Advice, Investment Marketing and Investment Portfolio Management Law, Chapter C]。

⑳ 迈尔·赫思:"金融集团的利益冲突",《以色列律师协会期刊》第48期,第401、412页,2006年,希伯来语。

是，对客户披露这种冲突，以得到其同意为前提条件，履行这一污点行为（tainted act）。下面，我们逐一讨论这些措施。

（一）极端解决方案——强制出售子公司和禁止某些领域的业务

强制出售特定领域业务的子公司，以及禁止银行或与其相关公司从事特定范围的业务，这种极端解决方案已经被以色列各银行业调查委员会数次建议过。

格贝委员会（Gabai Committee），它负责调查资本市场的成文法安排，早在1985年就提出建议，禁止银行从事投资咨询业务。[160]

同样，贝杰斯凯委员会（Bejsky Committee），它负责调查银行股票操纵事件，在1986年就断定，阻止潜在利益冲突发生的最好办法是在业务领域之间创建分离，而业务领域的混合可能造成这种冲突。有鉴于此，该委员会建议，禁止银行充当投资顾问和证券经纪人；禁止银行直接或间接地为他们自己的账户从事股票交易；禁止银行直接或间接地充当参与股票交易的共同基金或公积金的管理人。[162] 这些建议的一个初步条件是建立一个可供选择的咨询和经纪系统，独立自主，不会受到当时存在的系统缺陷的影响。然而，贝杰斯凯委员会很清楚，资本市场，就像当时（1986年）的情况一样，并不会调整结构，作出这些变革。[163]

正如上述，20世纪90年代颁布的一项立法修正案，迫使银行向子公司转让一些他们的资本市场业务（比如承销和投资组合管理）。[164] 此外，银行监管局的一项指令——关于资本市场的主题——限制那些允许银行或其子公司履行的投资领域业务。[165]

在2005年，巴卡尔委员会采用了综合解决方案，即强制出售子公司和禁止某些领域的业务，作为处理利益冲突的适当方式。该委员会建议，强迫

---

[160] 《资本市场法定安排建议委员会报告》，1985年8月。
[162] 《关于银行股份操纵质询委员会的报告》，前注74，第363页。
[163] 同上。
[164] 前注139。
[165] 《正确开展银行业务指令》第322号令，关于"银行系统的资本市场活动"，前注139，第4条。

银行出售公积金和共同基金,并禁止银行(包括银行业集团一部分的其他公司)从事这些基金的管理。⑯ 该委员会还调查了部分解决方案,比如,这些基金的所有权留在银行手里,但禁止他们管理这些基金的资产;或者,另一方面,要求银行出售他们的基金,但允许他们继续管理这些基金,作为向收购这些基金的外部机构提供的服务。然而,该委员会相信,这种职责和权限的人为分离不会持久,并将随着时间丧失其实践意义。另外,只要在公积金和共同基金方面的经济利益留在银行手里,利益冲突的问题就不会得到解决。⑰

巴卡尔委员会还审查了这种观点,银行应当禁止从事投资组合管理,即使通过子公司也不可。它拒绝了这一观点,理由是,在投资组合管理领域,存在合理程度的竞争。⑱ 利益冲突问题没有被列为裁定其他问题的一种考虑因素。

巴卡尔委员会建议禁止的另一个业务领域是投资营销。该委员会在投资咨询模式与投资营销模式之间作了区分。投资顾问的含义是向客户提供公正的建议,只以客户的最佳利益为目标行事,并且所建议的金融产品是在市场上可以买到的最好产品,也最适合于他。与之相比,投资营销员在必须考虑顾客最佳利益的同时,代表了他从事营销协议和产品市场的机构,并向顾客推荐这些产品。巴卡尔委员会建议,禁止银行从事投资营销,而只允许他们从事投资咨询,这些活动应该是没有任何利益冲突的。⑲

巴卡尔委员会的这些建议,得到《以色列资本市场鼓励竞争、减少集中和利益冲突法》(立法修正案)立法者的采纳。

禁止业务和强制出售子公司的解决方案是监管潜在利益冲突情况的最极端方式。不容否认,这些方案的确彻底阻止了利益冲突。然而,有必要在

---

⑯ 《以色列资本市场改革部际小组报告》,前注 2,第 33—34 页。
⑰ 同上,第 34 页。
⑱ 然而,委员会建议,作为银行集团成员的投资组合经理不得管理机构投资者(保险公司、养老基金、公积金和共同基金)的资产。同上,第 35—36 页。
⑲ 同上,第 49 页。

不同的层面上检查它们的后果并知道它们的缺点。[110]

首先，有时业务分离并没有消除利益冲突，而只是将它们转移到其他当事人。2005年资本市场改革的负面批评之一[111]是，共同基金和公积金从银行的分离没有消除利益冲突，而只是将它们转移给了收购这些基金的机构（主要是保险公司）。[112]这同样适用于集中问题，它是从银行业转移到机构投资者的行业。

第二，有必要检查这些机构的身份，这些机构是打算转让业务的对象。接受转让业务的实体，并不像银行那样受到透明规则（rules of transparency）的约束，它们不受制于对银行施加的众多职责（相对于客户以及监管者），并且它们也不像银行一样受到严格控制，这可能导致这些机构滥用权力，以及行为与其客户利益相反。[113]

第三，有时试图阻止利益冲突，实际上可能加剧这种冲突。例如，禁止银行管理公积金和共同基金，限制银行具有个人利益的产品组合（basket of products）。这可能造成银行对其客户推荐的产品仍在他们的管理之下，这些产品更为有限，而且不一定适合客户的需求。

第四，人们应当考虑一些不同因素，这些因素可能是在新的条件下产生的，这些新的条件是由于资本市场改革而在市场中形成的，比如，可能在收购银行业务的机构之间发展起来的激烈竞争。2005年资本市场改革已经表明，这种竞争可能刺激收购业务的机构以牺牲客户为代价来进行投资冒险。[114]同时，尽管有上述竞争，但养老金和公积金的管理费只会增加。

---

[110] 沙伦·汉内斯亚德林·奥姆瑞(Sharon Hannes & Omry Yadlin)："论以中国墙处理利益冲突的弊端——从贝杰斯凯委员会到巴卡尔的改革"，《丹尼尔之书——丹尼尔·弗里德曼教授学术研究》，第961页，尼利·科恩和奥费尔·格罗斯科普夫主编，内沃数据库(Nevo)2008年，希伯来语。

[111] 参见第二章第一节"二"。

[112] 请参阅《以色列银行年报——2008年》，前注4，第145、154—156页。该报告突出强调了非银行中介机构的利益冲突，这些机构同时作为承销商、信贷提供者和公共储蓄的管理者。

[113] 同上，第145页，建议加强对非银行金融机构的监管。

[114] 同上，第142页。阿萨夫·哈姆达尼(Assaf Hamdani)："全球危机、机构投资者和以色列资本市场：中期后果"，《希伯来大学法律评论》(Mishpatim-the Hebrew University Law Review)第40期，第309页，2011年。

第五，金融业务的分离可能会对客户方便的业务模式产生负面影响：客户再也无法在一个网点购买他需要的所有金融服务。因此，不仅引起客户不方便，而且"购买"(shopping)花费大。此外，不再有一个专业的机构把客户的所有投资看作是一幅完整的图画，对客户的投资组合的整体管理负责。

最后，我们应当考察银行由于丧失这一收入来源而遭受的利润损失。正如 2005 年资本市场改革所证明的那样，实际上，银行向其他机构出售共同基金和公积金而得益。[⑮] 然而，如果事实证明可能造成实际损失，那么，应当考虑关切银行的稳定。

总而言之，禁止业务和出售子公司的解决方案是极端的。在应用它们之前，相对于为了避免利益冲突而造成的损害而言，我们必须确定保护公众的利益，证明采取这些措施所涉及的各种结果是合理的。

(二)"中国墙"

与禁止业务和强制出售相关公司相比，一种较为温和的解决方案是不同业务之间的组织分离。如果不同业务在一个组织框架内运营，那可能导致利益冲突。这样的一个解决方案被叫作"中国墙"。"中国墙"的意图是分隔银行的不同业务领域（银行的不同业务领域可能构成潜在的利益冲突），并且单独管理，单独绩效考核。"中国墙"包括采纳一些程序和政策，旨在在银行不同部门之间创建一种清晰的组织分离，或如有必要，在金融集团的不同公司之间创建清晰的组织分离。尽管"中国墙"当初的目的是为了防止利用内部信息，以及阻止泄露银行不同部门的客户信息，但是目前它也被用作冲突管理的一种工具。

银行监管局局长关于"银行系统的资本市场业务"指令，[⑯]责成银行"以'中国墙'建立具有资本市场业务的组织结构"。"中国墙"应当防止参与某家银行交易的个人或团体的信息隐私到达参与该银行或其一家相关公司其他交易的另一个人或团体。[⑰]

[⑮] 请参阅以色列银行 2006 年和 2007 年年度报告，关于从不同寻常的交易中获利。
[⑯] 《正确开展银行业务指令》第 322 号令，关于"银行系统的资本市场活动"，前注 139。
[⑰] 同上，第 2(b)条。

根据该指令,"中国墙"机制应当包括三个主题的分离:组织分离、专业分离和业务分离。

在组织层次上,银行应当在总部层次建立组织分离,这种组织分离是在其咨询身份方面的业务和其他业务之间的分离。这种组织分离应当以这种方式表述,咨询业务将被安排在银行的一个总部独立单元架构(一个分支机构或一个部门)之内,咨询单元的所有员工和经理们只在给定时间从事这一领域工作。咨询单元的经理在管理层级中应隶属于银行管理层的一个成员,他不负责银行的信贷或投资业务(存放同业)。

在专业层次上,这种分离适用于员工整合、分析或传递信息,并且根据经济分析,也要向投资顾问提供关于各个领域的具体投资建议。这些员工应该单独处理数据的分析和传递。向投资顾问提供的数据、分析、信息和建议不应基于内部信息。

在业务层次上,银行应采取行动,防止在不同部门和从事咨询的雇员中进行投资的内部信息的转移。银行不得向从事咨询的人员传递通过银行其他业务了解的信息,而这些信息是不常见的知识或基于非公共领域的数据资料。从事咨询工作的人员不得查阅银行其他部门的数据资料,尤其是有关银行客户及银行本身的信贷和投资方面的数据资料。尽管如此,一位获得客户书面同意的投资顾问,如果客户不是一家证券在证券交易所交易的公司,就可以获得这位客户的上述数据资料。⑱

在实践上,"中国墙"的使命失败了,没有在以色列银行体系中与资本市场有关的业务上防止利益冲突。尽管存在"中国墙",但进行投资咨询的银行直接指向投资,银行在投资中有直接或间接的利益。在该领域受到批评之后,国家审计署断定,中国墙"没有足够的力量去克服利益冲突"。⑲ 同样,巴卡尔委员会,其中涉及找出解决以色列资本市场中利益冲突的办法,

---

⑱ 《正确开展银行业务指令》第 322 号令,前注 139,第 10 条。
⑲ 国家审计署:《2003 年年度报告 54B》,第 240 页,希伯来语网上可查:http://old.mevaker.gov.il/serve/contentTree.asp?bookid=404&id=0&contentid=7469&paren tcid=undefined&bctype=7466&sw=1366&hw=698。

它断定中国墙"对减少潜在利益冲突略有帮助,但没有达到令人满意的程度。已经积累的经验导致这样的结论,这些机制没有为这一问题提供解决方案。"[⑩]

为了让"中国墙"成功地解决银行业利益冲突的问题,必须采取更严格的程序,就是比现行按照银行监管局指令生效的程序还要严格的程序。[⑪] 不同专家所建议采取的各种措施包括部门的物理分离,并限制进入他们的办公室;防止不同部门的人员联络接触;编制被禁止进入部门办公室的人员名单;分离不同部门的电脑和档案系统,不允许进入部门以外的当事方;严格不同部门人员交流的程序;等等。[⑫] 一个"中国墙"的有效体系,除了银行授权高级职员规定一系列内部程序和商业行为规则之外,还要求银行董事会决定分离的政策清晰而毫不含糊。[⑬] 人员教育和培训非常重要,以确保要求履行的特别程序的实施,尤其是关于防止信息泄露方面。在控制方面,必须建立起一套制度,要由银行的合规官领导,监测和监督中国墙的有效性。最后,必须建立起强制执行制度,并在发生违反规则的情况下,必须确

[⑩] 《关于资本市场改革的部际小组报告》,前注2,第15、28页。

[⑪] 银行监管局局长的指令是以一般原则的方式表达的,并没有详细说明为分离目的而需要采取的技术手段。2006年8月10日,欧盟指令2006/73/EC号的第22(3)条也使用了类似的技术,执行欧洲议会和理事会第2004/39/EC指令,关于投资公司的组织要求和经营条件,并为该指令的目的定义了条款,OJL 241。

[⑫] 另一种技术是"基于团队的任务",即被挑选来处理某个特殊项目而与部门其他人员脱离的小团队。参见彼得·C.巴克和克丽丝塔·R.鲍文(Peter C. Buck & Krista R. Bowen):"银行内部利益冲突",《北卡罗来纳州银行业协会》第3期,第31、49页,1999年;另见:哈里·麦克维(Harry McVea):《金融集团和"中国墙"》(Financial Conglomerates and the Chinese Wall),第122—134页,克拉伦登出版社(Clarendon Press)1993年。

[⑬] 彼得·C.巴克和克丽丝塔·R.鲍文给出了银行业务程序的若干例子,同上,第50—52页。为了加强"中国墙",有些学者提倡"不推荐政策"或"限制清单政策",禁止银行向客户推荐有价证券,因为银行有处理其他客户事务而获得的机密信息。参见:马丁·利普顿和罗伯特·B.梅热(Martin Lipton & Robert B. Mazur):"'中国墙'解决证券公司的冲突问题",《纽约大学法律评论》第50期,第459页,1975年;伦纳德·查曾(Leonard Chazen):"强化'中国墙':一种回应",《纽约大学法律评论》第51期,第552页,1976年;马丁·利普顿和罗伯特·B.梅热:"中国墙:对查曾的回应",《纽约大学法律评论》第51期,第578页,1976年。

立重大的纪律处分。[184]"中国墙"必须建立在永久基础上,是作为银行组织结构的一部分,但它们不能为了一个特殊案件而建立在一次性基础上。[185]在金融集团的银行和另一个公司之间建立起"中国墙"的情况下,有必要保证该公司自由裁量权的独立性,以及其经营业务方式的独立性,尤其在决定其董事会的组成,其投资委员会及审计委员会的组成,以及亡雇佣不是该银行雇员的外部人员。[186]

为了使"中国墙"有效,我们不能依赖该机构本身所采取的措施,尽管它们可能是有效的。在现代竞争中,伦理道德并不构成足够坚实的一道屏障,来阻挡利润最大化的诱惑,避免牺牲顾客的利益。因此,监管干预是必要的,要通过详细的正式指令巩固上述程序,还要严格地强制实施这些指令。"中国墙"作为消除潜在利益冲突的一种工具,其主要缺点与它的强制实施有关,包括内部和外部两方面。如果银行知道,银行监管局将检查这些规则的执行情况,并在违反情况下予以严厉惩处,那么,有可能改进内部实施。[187]

结论:就算是"中国墙"作为一种工具,成功地防止以色列银行体系中发生利益冲突,那也要取决于采用最严厉的上述程序,连同银行监管部门的规章制定、监督和不妥协的执行结合在一起。

(三) 信息披露与同意

上面我概述的那些措施,作为对利益冲突问题的解决方案(禁止业务,强制出售子公司,以及"中国墙"),旨在防止利益冲突的情形发生,或至少使利益冲突最小化。对比之下,披露与同意这一工具是以不同的方式处理利益冲突。这一工具的意图不是防止利益冲突,而是允许它们存在。这一工

---

[184] 琼·沃兹利和格雷厄姆·佩恩(Joan Wadsley & Graham Penn):《与国内银行有关的法律》,第111页,斯威特和麦克斯维尔出版社(Sweet & Maxwell)2000年。

[185] 杰弗瑞·博尔基亚亲王诉毕马威案[Prince Jefri Bolkiah v. KPMG(1999)1 All E. R. 517,530],与会计师事务所打交道。对本案的关键分析请参阅:乔治·O.巴布提斯(George O. Barboutis):"杰弗瑞·博尔基亚亲王诉毕马威案:拒绝'不充分'的中国墙",《公司律师》第20(9)卷,第286页,1999年。

[186] 赫思,前注160,第429—430页。

[187] 同上,第422—423页。

具适用的情形是,银行不仅处于潜在利益冲突的情境之中,而且依靠利益冲突去执行一项因银行个人利益而有污点的行为。为了保护自身因为违反诚信义务而受到可能的客户诉讼,银行被要求取得客户同意后,才能履行这种有污点的行为。如果客户同意银行代表他采取行动,同时银行又为维护自身利益而行动,那么,这种同意就是使得这种瑕疵合法化,并且允许该银行行为,就不被认为它对该客户违反了受托责任。[18]

现代方法认识到,银行和金融机构不能完全阻止利益冲突的发生。因此,世界各地的不同监管机构允许银行和金融机构在利益冲突情景中行为。这些情景不要求完全阻止利益冲突,而只是要求采取措施,以使这种冲突最小化,并公平对待其客户。[19]

此外,可能存在这种情况,就是在利益冲突情况下,履行一种行为不仅没有损害客户,反而甚至可能使客户受益。比如这种情况,客户希望投资由

---

[18] 根据银行的受托责任和银行的义务,银行应更倾向客户的利益而非自身的利益,请参见:露丝·柏拉图-希纳尔,前注 92,第 72—73 页;露丝·柏拉图-希纳尔:"银行合同是一种特殊的合同——以色列模式",《图罗法律评论》(Touro Law Review)第 29 期,第 721、728—730 页,2013 年;露丝·柏拉图-希纳尔:"银行在以色列法律下的受托责任:是否有必要将其从公平原则转变为法定职责?",《普通法世界评论》第 41 期,第 219,220—221 页,2012 年;露丝·柏拉图-希纳尔和罗尔夫·韦伯:"银行受托责任的三种模式",《法律与金融市场评论》第 2 期,第 422、422 页,2008 年;露丝·柏拉图-希纳尔:"一个叫'银行'的天使:银行的受托责任是以色列银行法的基本理论",《普通法世界评论》第 36 期,第 27、29—30 页,2007 年;露丝·柏拉图-希纳尔:"银行的受托责任:以色列-加拿大的比较",《银行和金融法评论》第 22 期,第 1、2—4 页,2006 年。

[19] 马克·科鲁伊所夫(Marc Kruithof):"机构资产管理的利益冲突:欧盟的监管方式是否足够?",《利益冲突、公司治理和金融市场》,第 277、320 页,卢克·泰夫努兹和拉希德·巴哈尔主编(Luc Thevenoz & Rashid Bahar eds.),荷兰威科出版集团 2007 年。一个很好的例子是欧洲议会和理事会 2004 年 4 月 21 日关于金融工具市场的指示,修订理事会指令 85/611/EEC 和 93/6/EEC,以及欧洲议会和理事会 2000/12/EC 指令,并废除理事会第 93/22/EEC,OJL 145(MiFID)(欧盟金融工具市场指令)。该指令适用于投资服务,包括投资咨询。该指令要求银行(以及它所适用的其他金融机构)在四个层面上采取行动。第一阶段,银行必须采取有效的组织和行政措施,以防止可能会对客户产生负面影响的利益冲突[第 13(3)条]。在第二阶段,尽管在第一个阶段采取了措施,但银行必须识别并定位所产生的利益冲突[第 18(1)条]。在第三阶段,在公司组织或行政安排并不足以合理的信心保证,可以预防损害客户利益的风险的情况下,公司应当在以他的名义开展业务之前,向顾客明确披露利益冲突的一般性质和/或来源[第 18(2)条]。最后,一般来说,该指令要求银行诚实、公平和以客户的最佳利益行事[第 19(1)条]。另见:2006 年 8 月 10 日委员会指令第 2006/73/EC 号,执行欧洲议会和理事会 2004/39/EC 指令,关于投资公司的组织要求和经营条件,并为该指令的目的定义了条款,前注 181,第 21—25 条。

某银行管理的某一特定金融产品,或由某银行发行的某一特定金融工具。如果该银行被禁止提供的服务与这些投资有关,那么,该客户会吃亏。[190]

从这个角度看,披露与同意的解决方案已在世界各国得以发展,作为完全禁止利益冲突的一种实际替代方案。[191] 以色列的立法机关也承认这种方案,作为规制银行业务中发生的不可避免的利益冲突的一种有效方法:在银行从事投资咨询活动的情况下,它受到《投资咨询、投资营销和投资组合管理监管法》第15条的约束,该条款对银行在提供投资建议时适用。本条款规定,如果银行认识到,在向客户提供服务方面——无论是一般服务还是一个特定交易,它和客户之间存在利益冲突,那么,银行有义务告知客户存在这种利益冲突,并避免履行这项交易,除非客户同意这种冲突,才能履行这项交易。[192] 一个类似条款出现在《金融服务(养老金咨询、市场营销和清算系统)监管法》第17条,该条款对银行在提供养老金咨询建议时适用。

客户的同意,只有在知情同意的情况下才有效;也就是,客户认识到这种利益冲突。为此目的,对银行施加对客户做出披露的义务。银行不仅被要求对客户披露存在利益冲突,也必须解释其性质。[193] 客户同意的合法有效,以对客户充分披露所有有关重大信息为条件。一个存在利益冲突的一般性说明是不够的。没有充分遵守披露义务,客户的同意将是无效的,而利

---

[190] 关于一种承认利益冲突情况下固有优势的方法,请参阅:沙伦·汉内斯亚德林·奥姆瑞,前注170,第983—988页。

[191] 克劳斯·霍普(Klaus J. Hopt):"企业、银行和代理法中的托管制度与利益冲突:现代服务型社会中介机构的一般法律原则",《欧洲公司和并购法律改革》,第67、71页,吉多·费拉里尼(Guido Ferrarini)等主编,牛津大学出版社2004年。

[192] 同样,《银行(客户服务)(投资咨询)规则》[the Banking (Service to Customer) (Investment Advice) Rules, 5746-1986]第3条规定,当银行向客户推荐投资于一种证券,而银行有个人利益时,银行应将此事提请客户注意,并得到其书面同意。

[193] 欧洲议会和理事会指令第2004/39/EC号的第18(2)条[Article 18(2) of Directive 2004/39/EC of the European Parliament and of the Council]通过了一种不同的办法,此办法认为,一般披露利益冲突就足够了,前注189。请参阅:卢克·恩里克斯(Luca Enriques):"投资服务的利益冲突:MiFID监管框架的价格和不确定性影响",《欧洲投资者保护:公司法律制定、欧盟金融工具市场指令(MiFID)及其他》第321、325—326页,吉多·费拉里尼和埃迪·威米尔希(Eddy Wymeersch)主编,牛津大学出版社2007年。

益冲突的问题依然存在。

　　银行必须主动履行披露义务,即使没有被要求那么做,也要在执行因利益冲突而有污点的行为之前(事前)履行其披露义务。[134] 披露的目的是克服银行与客户之间的信息鸿沟。适当的披露揭示了隐藏的利益和隐蔽的好处,因此确保了银行服务的透明度。尽管存在利益冲突,但是否与银行进行合作,披露使客户能够做出知情决策。如果客户对银行有真正的议价能力,那么,客户甚至能够说服银行采取措施,以一种似乎对客户更有效的方式处理利益冲突。[135] 披露的另一种功能是威慑:披露影响了银行经营的方式。当银行知道信息披露可能导致公众批评,或者披露可能引起怀疑其公信力时,它将避免采取不公平的行动。[136]

　　鉴于信息披露的重要性,这经常被认为好像是披露本身构成了解决利益冲突的工具;但是,这是不准确的。工具是客户的同意,而披露只是同意有效的前提条件。不用说,如果没有得到客户关于利益冲突的知情同意,银行将必须完全停止实施该行为。由于同意原则的重要性,这种同意必须是清楚明白的,而一般同意不应当予以认可。[137]

　　总而言之,由于不同银行的不同需求以及可能产生的冲突的范围,在选

---

[134] 另一种方法是事后披露,即,在采取行动后向客户披露利益冲突。请参阅克劳斯·霍普,前注 191 第 68 页。在他看来,这样的披露仍然有效,因为它能够让受害的客户对银行采取法律行动,以补偿他的损失。不用说,在现实中,很难想象一家银行在没有法律强加义务的情况下,会同意这样一种自愿的披露。关于披露工具(instrument of disclosure)的发展情况,参见:L. S. 西利(L. S. Sealy):"信托义务的一些原则",《剑桥法律期刊》,第 119、125—127 页,1963 年。

[135] 拉希德·巴哈尔和卢克·泰夫努兹(Rashid Bahar & Luc Thevenoz):"利益冲突:信息披露、激励和市场",《利益冲突、公司治理和金融市场》,第 1、19 页,卢克·泰夫努兹和拉希德·巴哈尔主编,荷兰威科出版集团 2007 年。关于信息披露作为处理利益冲突工具的缺点:戴利安·M. 凯恩、乔治·洛温斯坦和唐·A. 穆尔(Daylian M. Cain, George Loewenstein & Don A. Moore):"来清除污垢:揭露利益冲突的反常影响",《法律研究杂志》第 34 期,第 1 页,2005 年;马克·科鲁伊所夫,前注 189,第 326—331 页。

[136] 埃迪·威米尔希(Eddy Wymeersch):"利益冲突——尤其是在资产管理方面",《利益冲突、公司治理和金融市场》,第 261、267 页,卢克·泰夫努兹和拉希德·巴哈尔主编,荷兰威科出版集团 2007 年。

[137] 另一种不同的方法,可以识别隐含的同意,请参阅:戴维·沃恩和尼古拉斯·埃利奥特(David Warne & Nicholas Elliott)主编:《银行诉讼》(第二版),斯威特和麦克斯维尔出版社 2005 年。

择解决冲突的适当方法时,灵活性是必要的。由于这个原因,很显然,通过自律让银行有一些回旋余地是值得的。[198] 然而,如果利益冲突未妥善解决,就可能从一个金融机构的"微观"问题发展为一个金融部门的"宏观"问题,其原因是整个金融体系的公信力可能受到了影响。[199] 在一个非竞争市场,比如以色列的银行业,我们不能依靠市场力量解决这一问题;因此,需要对银行施加外部约束。虽然如此,我们必须保证,外部约束不得超过问题状况所需要的程度。

第七节 银行业监管框架

以色列的银行受到严格的监管。负责银行体系的主要监管机构是以色列银行的银行监管局。银行监管领域的某些权力是以色列银行行长授予的。另外,以色列银行行长有权行使归于银行监管局局长的任何权力。[200]

银行监管局局长和以色列银行行长的权力可以分为四类:设置标准的权力;颁发许可证的权力;监控的权力;以及强制执行的权力。[201] 我们对各项权力分别讨论如下。

一、设置标准的权力

《银行业条例》授权银行监管局颁布有关银行公司经营与管理、银行职员和任何雇员的指令,为的是确保银行公司得到稳健管理,并保护其客户的利益,以及避免其无法偿付其负债的情况。[202]

---

[198] 拉希德·巴哈尔和卢克·泰夫努兹,前注 195,第 17 页。
[199] 埃迪·威米尔希,前注 196,第 268 页;拉希德·巴哈尔和卢克·泰夫努兹,前注 195,第 4 页。
[200] 另参见第一章第四节"一"。
[201] 另参见第一章第四节"三"。
[202] 《银行业条例》第 5(c1) 款。

凭借这些权力,银行监管局发布了《正确开展银行业务指令》。[203] 该指令涉及很多问题,包括:资本要求、银行业务活动的管理与控制、风险管理、信用活动、投资与证券业务、客户账户、预防洗钱和恐怖融资,以及银行-客户关系等等。这些指令涉及审慎监管以及消费者保护的方方面面。不遵守这些指令,构成银行适当行为的一个瑕疵。该指令授权银行监管局不仅要求改正这种瑕疵行为,[204]而且也要就此事对其进行经济处罚。[205]

应当指出的是,除了《正确开展银行业务指令》之外,银行监管局还发布若干《致银行公司函》。[206] 这些信函也构成了有约束力的规范。不过,《正确开展银行业务指令》通常是要确定新的规范,而《致银行公司函》主要是对现有指令的解释或澄清,并且这些信函经常处理一些有限的情形。另一个阐释性工具是银行监管局经常发布的《提问与解答》,目的是就如何实施局长签发的指令来阐明他的立场。

此外,银行监管局发布了其他两个系列指令:一个是《向公众报告指令》,它说明关于银行财务报告的要求;[207]另一个是《向银行监管局报告指令》,它规定了关于银行向银行监管局提交报告的详细要求。[208]

任何新指令或对一个现有指令的修订,都通过发布通告(circular)来实现。

立法权力也授予以色列银行行长,他凭借授权的各种法律决定关于特别事项的规则和法令(rules and decrees)。举个例子,《禁止洗钱法》授权央

---

[203] 《正确开展银行业务指令》,网上可查:http://www.bankisrael.gov.il/en/BankingSupervision/SupervisorsDirectives/Pages/nihultakin.aspx。

[204] 《银行业条例》第8A(a)条。

[205] 同上,第14H(a)(1)条。

[206] 银行监管局局长的信函,网上可查:http://www.bankisrael.gov.il/en/BankingSupervision/LettersAndCircularsSupervisorOfBanks/Pages/Default.aspx (in Hebrew)。有些信函是由银行监管局正式发布的,而不是由银行监管局局长本人亲自发布的。

[207] 《向公众报告指令》(Reporting to the Public Directives),网上可查:http://www.bankisrael.gov.il/en/Banking Supervision/SupervisorsDirectives/Pages/divuah.aspx (mostly in Hebrew)。

[208] 《向银行监管局报告指令》(Reporting to the Banking Supervision Department Directives),网上可查:http://www.bankisrael.gov.il/en/BankingSupervision/SupervisorsDirectives/Pages/divuahpikuah.aspx (in Hebrew)。

行行长通过法令对银行施加识别、报告和记录的职责,这些职责旨在防止洗钱。⑳ 另一个例子是《银行(服务客户)法》,该法授权央行行长通过规则决定银行允许收取的收费标准。⑳

二、颁发执照的权力

颁发执照的权力主要是授予以色列银行行长。这一权力包括批准各种执照和许可证,比如创立一家银行的执照;⑳许可控制或持有一家银行控制手段的许可证;⑳许可一家银行持股一家外国银行的许可证;⑳或者支付卡清算执照。⑳ 银行监管局局长有权授予开设分支机构的许可证。⑳ 要经过银行监管局的彻底审查,并向执照委员会咨询之后,才授予执照和许可证。颁发执照的权力还包括,设置执照或许可证条件的权力,以及限制执照或许可证的权力,⑳并可根据违反条款和条件的情况吊销执照或许可证。⑳

设立新银行的执照和许可证制度,旨在保证银行有经营能力,并阻止不合适的实体——既包括财务实力又包括诚信方面——进入银行体系。正如我们在前面的第二章第五节所见,以色列银行对授予这样的执照已经采取了严格的政策。以色列银行对希望进入其银行体系的新参与者设置了高进入壁垒,这种情形促成了以色列银行业很有特点的集中。

---

⑳ 《禁止洗钱法》第 7(a)条[Prohibition on Money Laundering Law 5760-2000, section 7(a)]。《禁止洗钱令(银行公司要求为防止洗钱和恐怖主义融资而进行的身份识别、报告和记录保存)》[Prohibition on Money Laundering (The Banking Corporations' Requirements Regarding Identification, Reporting, and Record-Keeping for the Prevention of Money Laundering and the Financing of Terrorism) Order, 5761-2001]。

⑳ 《银行(服务客户)(收费)规则》[Banking (Service to Customer) (Fees) Rules, 5768-2008]。对银行收费的监督,在第四章第四节讨论。

⑳ 《银行(执照)法》第 B 章(Chapter B)。
⑳ 同上,第 34 条。
⑳ 同上,第 31 条。
⑳ 同上,第 36K 条。参见第二章第二节"三";第六章第三节"二"。
⑳ 同上,第 28 条。
⑳ 同上,第 2 条。
⑳ 同上,第 8、30、33、34A、36k(c)条。

三、监控的权力

银行监管局局长最重要的职责之一是监督银行的行为,目的是保证银行不偏离银行的适当行为之道。在实践上,银行监管局定期对银行进行审计和机构评估。此外,它还解决出现的一些具体的临时问题。为履行其监督职能,已向银行监管局局长及其代表授予了若干特别监管工具。这些工具包括要求释放信息和文件的权力,[218]以及在警察部长(Minister of Police)授权下进行警方调查的权力。[219]

如果银行监管局局长认为一家银行的业务不当,可能会要求银行纠正其不足之处。不同意银行监管局局长要求的银行,可以提出反对意见。要对反对意见作出裁决的人是银行监管局局长本人,银行有义务服从他的裁断。[220]如果一家银行不同意局长的裁定,那么可以向高等法院提出申诉。然而,银行从未采取过这样的步骤。

对于银行监管局局长来说,了解银行行为缺陷的一个重要手段是公众的投诉。《银行(服务客户)法》授权银行监管局局长处理公众有关银行业务的查询,并且在调查发现有正当理由的情况下,要求银行纠正问题。[221]根据局长的记录,每年都有相当多的投诉经调查发现是合理的,并且已经被解决了。[222]处理投诉的机制通常会揭示系统性失灵,在这种情况下,有问题的银行需要在整个组织中解决这些问题,而不仅仅是与投诉的特定客户联系在一起。[223]

---

[218] 《银行业条例》第5(a)条。

[219] 同上。第5(c)条。

[220] 同上。第8A(a)和(b)条。

[221] 《银行(服务客户)法》第16条。

[222] 2014年,合理投诉的比例为15.8%。参见《以色列银行系统年度调查》(2014年),第120页,前注28。

[223] 然而,在2015年4月发布了一项新的指令,要求客户首先向银行提交自己的投诉。参见第二章第七节"七"。

有一个案子,高等法院对负责处理客户投诉的银行监管局局长进行了调查,此案涉及一家大型建筑公司的倒闭,以及某家银行在这一事件中的介入。向高等法院递交的一份申诉请愿书,要求银行监管局局长对银行的行为进行调查。法院驳回了这一要求,并就银行监管局局长的职权制定了指导方针。它规定,并不是银行和客户之间每一个事实争议(factual dispute),都具有银行监管局局长进行系统性检查的必要性和合理性。此外,它还规定,一个问题演变为复杂的事实澄清问题,因此适用于司法审判聆讯(judicial trial hearing)来进行审查,不应由银行监管局局长来处理。高等法院也认识到,由于工作繁重,银行监管局局长可能会设定处理投诉的优先级,并可能优先考虑一些事项,从整体上看,确保银行体系适当的系统性管理更为重要。[29]

银行监管局局长对银行对客户造成损害的责任问题,在不同的背景下出现。经常出现的问题是,银行监管局局长是否知道或应该及时知道银行的不正当行为,以及他是否能够在损害客户之前阻止银行的行为。通常情况下,只有当被证明对客户造成的损害至少部分是由银行监管局局长的疏漏或疏忽造成的,同时在银行监管局局长的行为和造成的损害之间显示了一种因果联系,才有可能将责任强加给银行监管局局长。不用说,这不是一个简单的任务。

在极少数情况下,在问题提交法院受理之前,一般来说,如果一种有限的方法已被采用,那么可以免除银行监管局局长的责任。例如,在20世纪90年代的金融泡沫事件中,许多银行习惯于说服客户贷款购买证券,同时误导他们,认为此类交易不存在任何风险。这一事件结束时,任命了一个特别委员会,该委员会的审议结果导致客户从债务中解脱出来,并得到了一大

---

[29] 以利沙约维诉银行监管局局长案[HCJ 2472/09 Elishayov v. The Supervisor of Banks (Nevo database, 2009)];参见类似案例:格赞泰特诉以色列银行-银行监管局局长案[HCJ 10788/06 Gezuntheit v. Bank of Israel-The Supervisor of Banks (Nevo Database, 2007)];阿贝尔诉以色列银行-银行监管局局长案[HCJ 5048/07 Arbel v. Bank of Israel-The Supervisor of Banks (Nevo Database, 2007)]。

笔补偿金,数额达数千万以色列新谢克尔。㉕ 一名客户对银行监管局局长提起的诉讼被驳回。客户声称银行监管局局长未能履行他的职责,没有阻止这种现象的出现。法院裁定,银行监管局局长的职能由法律规定,仅适用于公共领域,不在银行监管局局长和客户之间的关系上建立任何规范,特别是当它指向的一个角色涉及了银行监管局局长的自由裁量权。它进一步裁定,该客户的投诉为针对银行本身采取法律行动确立了一个案由,而银行监管局局长没有责任。㉖

这一裁决认为,将责任强加于监管机构,将破坏银行自身责任的基本规范原则,毕竟,银行是应该为其行为承担责任的主要实体。㉗ 根据这种方法,银行的主要责任不应受到监管措施的影响,这些措施构成外部监控手段,在发生银行倒闭的情况下,并不意味着改变风险的分布。㉘

2002 年,在商业银行的巨额盗用公款案中,银行倒闭,随后对银行监管局局长提出了两起诉讼。其中一起诉讼因程序原因被驳回,㉙而第二起诉讼是友好地撤回了。㉚ 然而,国家审计署对负责揭露盗用公款的银行监管局局长进行了审查。国家审计署采取了一种限制性的方法。他断定,银行监管局局长的职责是主要监控可能危及银行稳定的主要风险,即信用风险、挂钩和利率风险(linkage and interest risks),以及市场风险;而对盗用公款风险的监督,基本上应该由银行自己进行。同样,对于这家银行的具体挪用

㉕ 柏拉图-希纳尔,前注 92,第 382—383 页。

㉖ 以色列国家诉拉比尼恩案〔MCA (Tel Aviv District Court) 20211/01 The State of Israel v. Rabinian (2003)〕。类似的案例中,对保险监管局局长提出诉讼被驳回的情况,是以色列国家诉利维案〔CA 915/91 The State of Israel v. Levy, 48(3) PD 45 (1994)〕。越来越多的银行客户起诉银行监管局局长。参见:米歇尔·蒂森(Michel Tison)"不要攻击监管机构! 彼得·保罗之后的银行监管责任",《共同市场法律评论》第 42 卷,第 639、639—640 页,2005 年。

㉗ 拉里萨·德拉戈米尔(Larisa Dragomir):《欧洲审慎银行监管和监督》第 314 页,劳特利奇出版社 2010 年。

㉘ 米歇尔·蒂森:"挑战谨慎的监管机构:责任与(监管)豁免",《金融法律学会工作论文》第 2003-04 号,第 4—5 页,2003 年。

㉙ 凯塞尔曼 & 凯塞尔曼诉官方破产管理人案〔ACA 3443/06 Kesselman & Kesselman v. The Official Receiver〕,Nevo 数据库 2006 年。

㉚ 齐格诉韦伯案〔CA 10927/02 Zeig v. Weber (Nevo Database, 2007)〕。

公款,国家审计署没有发现银行监管局局长的行为存在瑕疵,这些行为与挪用公款的行为不产生因果联系。尽管如此,国家审计署指出,银行监管局局长并没有将过去在各个银行盗用公款的经验教训用于强制所有银行建立程序,以加强他们防范贪污风险的手段。[20]

银行监管局局长的责任问题出现在了以色列国民银行案中,美国税务机构指控该银行帮助美国客户在世界各地,特别是在瑞士逃税。该案于2014年底结束,此前该银行与美国当局签署了一项和解协议,支付巨额罚金4亿美元。结果,以色列国家审计署启动了一项调查,调查对象是银行监管局局长处理此事的方式,他们显然更愿意耐心地等待,直到美国当局完成调查,而全然不介入此事。[22] 最终,银行监管局局长写了一份审计报告,批评该银行及其高层,并要求采取各种纠正措施。[23]

四、强制执行和处罚

当银行监管局局长要求银行纠正其缺陷,但银行未能做到这一点时,局长可以采取几项措施。比方说,局长可以指示银行限制某些业务活动;禁止向银行股东发放红利或向其董事和经理们发放奖金;暂停或限制董事、经理或签字人的权力,甚至解除他们的职务。[24]

在特殊情况下,以色列银行行长可能会进行干预。例如,他认为某银行不能履行其义务;或者因为它开展业务的方式偏离稳健的银行实践,它无法

---

[20] 参见国家审计署:《2002年年报第53B号及2001财年账目》,第四章——银行监管机构对银行的监督,第959页及以下,希伯来语网站可查:http://old.mevaker.gov.il/serve/contentTree.asp?bookid=376&id=161&contentid=&parentcid=undefined&sw=1366&hw=698;另见以色列议会研究和信息中心:《关于讨论以色列银行在商业银行崩溃方面发挥机能的背景文件》(2002年5月),希伯来语网站可查:http://www.knesset.gov.il/mmm/data/pdf/m00257.pdf。

[22] 艾里特·阿维萨:"国家审计署将审查以色列银行在国民银行事件中的运作情况",《环球报》2015年1月5日,希伯来语网站可查:http://www.globes.co.il/news/article.aspx?did=1000998396。

[23] 以色列银行银行监管局:《银行监管局审计报告中关于跨境银行业务风险敞口的摘录》(2015年8月26日)。希伯来语网站可查:http://www.leumi.co.il/static-files/10/LeumiHebrew/Press_Releases/27.8.2015.pdf?lang=he。

[24] 《银行业条例》,第8C条。

归还委托给它的一项资产；或者它的任何董事或经理的行事方式可能损害银行的适当行为。在所有这些情况下，以色列银行行长有权采取上述措施，这包括在银行监管局局长的权限之内可采取的措施。此外，以色列银行行长有权任命一名特别审查员来监督某银行的管理工作，或者任命一名管理员管理该银行，以及一个管理委员会向该管理员提供建议。㉕

不遵守银行监管局局长或以色列银行行长的指示，正如上面所述，可能会导致对银行、其管理层和高级雇员实施刑事处罚。㉖

对银行监管局局长来说，最重要的强制执行工具之一是民事-行政性经济处罚。经济处罚包括向国库支付一笔款项，金额可能高达数百万以色列谢克尔。银行监管机构有权就一长串违规行为对银行实施经济处罚。㉗ 可以对银行实施处罚的一些情形是：违反银行监管局局长发布的《正确开展银行业务指令》；银行不按照银行监管局局长的指示改正不足之处；违反了以色列银行行长颁布的指令、规则或法令，或违反了某些法律条款的规定。在实施制裁之前，银行有机会表达自己的观点；然而，银行监管局局长是最终决定此事的人。对银行监管局局长实施经济处罚的决定，可以申诉到治安法院(Magistrates Court)。然而，就我们所能确定的而言，这种上诉从未被提起过。

在不止一个场合实施经济处罚的领域之一是禁止洗钱。在这里，处罚是由银行监管局局长领导的银行处罚委员会实施，它是关于实施禁止洗钱

㉕ 《银行业条例》，第 8D 条。这一规定也适用于银行公司由于财务困难不能履行其义务的情况。这个问题将在第三章第四节"三"中讨论。

㉖ 同上，第 8E 条。

㉗ 同上，第 14H 条；《银行（服务客户）法》第 11A 条；《销售（公寓）（购买公寓投资担保）法》[Sale (Apartments) (Assurance of Investments of Purchasers of Apartments) Law, 5735-1974]第 4B(b)条，适用于建筑贷款。应该注意的是，其他监管机构也可以在他们的监管范围内，对银行实施经济处罚。其中一个例子是以色列反垄断管理局，它的依据是《限制性贸易惯例法》(Restrictive Trade Practices Law)第 G1 条的规定。另一个例子是以色列证券管理局，依照《证券法》(Securities Law)第 H3 章的规定，或者根据《投资咨询、投资营销和投资组合管理法》，第 G1 章或第 38H 条的规定。

和恐怖融资规定的一个委员会机构。[38]

在违反《以色列银行法》的情况下，实施经济处罚的权力属于以色列央行行长。[39] 除了对银行本身施加经济处罚之外，以色列银行行长有权对一家银行的首席执行官实施经济处罚，因为首席执行官没有监测或采取所有合理的措施来防止违约。[40]

此外，银行监管局局长有权实施民事罚款（civil fine）。[41] 从实际看，经济处罚和民事罚款之间没有差别。两种情况均涉及向国库支付一笔相当金额的钱款，但没有刑事定罪。最初的意图是，"经济处罚"一词将被用于违反不构成刑事犯罪的条款。"民事罚款"一词将被用于违犯行为（violations），也构成刑事犯罪。[42] 因此，规定支付民事罚款不会减损一个人对违法行为的刑事责任。[43] 尽管如此，这些术语的使用还是有些混乱。

根据《银行（服务客户）法》，在一家银行已经触犯刑事法律的情况下，银行监管局局长将被给予附加的权力。经总检察长批准，银行监管局局长可以取得银行书面承诺，银行将避免构成犯罪的某些行为（acts）或不作为（omissions），赔偿顾客，取消作为犯罪主体的交易，甚至对此事予以公开发布。对作出这样一项承诺的银行不会提起刑事起诉；而且要服从总检察长的决定——这样的诉讼不会针对银行的一名官员或雇员提起。[44]

---

[38] 《禁止洗钱法》(Prohibition on Money Laundering Law)第 E 章;《禁止恐怖融资法》[Prohibition on Terror Financing Law，5765-2005]，第 48(e)条。关于处罚委员会的活动，请参见 http://www.boi.org.il/en/BankingSupervision/AntiMoneyLaunderingAndTerrorFundingProhibition/Pages/Default.aspx。

[39] 《以色列银行法》，第 58 条。

[40] 同上，第 70 条。

[41] 《银行（执照）法》，第 50B 条。

[42] 参见《以色列资本市场鼓励竞争和减少集中与利益冲突议案（立法修正案）》[Bill to Encourage Competition and to Reduce Concentration and Conflicts of Interest in Israel's Capital Market (Legislative Amendments) 5765-2005]的第 2(12)条的解释性说明，议案第 572、697 号（Bills 572, 697）。

[43] 《银行（执照）法》，第 50B(e)条。

[44] 《银行（服务客户）法》第 12 条。

五、银行监管的新模式

(一) 监管合作

以色列普遍采用的监管方法,特别是在银行业领域,是传统的"命令和控制"监管。这种监管的实质是通过发布有约束力的指令,对被监管机构的活动施加严格的限制,除此之外,还有对违反种种规则情况适用各种制裁处罚的威胁。[25]

这种监管最常见的原因是缺乏信任,而缺乏信任是公众、监管者和被监管机构之间关系的特点。公众不信任监管机构,怀疑他们更偏向被监管机构的利益而不是公众的利益("囚徒监管")(captive regulation)。[26] 监管机构不相信受其控制的被监管机构。此外,被监管机构不相信监管机构的诚实意图,无论在其专业精神方面还是其一致性方面。[27]

不信任的氛围往往会导致以破坏性的程序来决定新的监管规定,导致过度重视细节的条款,以及导致实施广泛的禁令和限制。这削弱了监管者的绩效,因为他必须投入巨大的精力来确定具体的规则,并采取重大措施确保其实施。这反过来又会给被监管机构造成巨大的成本,这些成本是在遵守特定的监管规则和报告实施情况时产生的。此外,商业部门对监管机构的不信任,对未来投资的动机产生了负面影响,因为他们担心未来的监管会前后不一致或矛盾。

在这种情况下,在确定和实施监管规定的过程中,金融监管部门与被监管机构不配合,这是可以理解的。这样的合作为监管机构带来两个担忧:公

---

[25] 罗伯特·鲍德温、马丁·凯夫和马丁·洛奇(Robert Baldwin, Martin Cave & Martin Lodge):《理解监管:理论、战略与实践》(第二版),第106—107页,牛津大学出版社2012年。关于这个体系的弱点,请参阅:克里斯汀·帕克(Christine Parker):《开放公司:有效的自律和民主》,第8—12页,剑桥大学出版社2002年。罗伯特·鲍德温、马丁·凯夫和马丁·洛奇,前文注,第107—111页。

[26] 关于监管俘获(regulatory capture),参见第五章第五节"一"。

[27] 阿瑟夫·科恩等(Assaf Cohen et al.):"监管:扩大监管工具箱:信任与联合监管的关系",《以色列民主学会会刊》,第5、7页,2014年,希伯来语。

众可能将这样的合作看作监管机构的无能;被监管机构将会违反对他们的信任而不履行监管规定的目标。[248]

然而,与被监管机构分享监管过程也有其好处。它可以作为一个重要的手段来精简监管过程和提高政府的履职能力。它可以改善监管机构、被监管机构和其他利益方之间的信任关系,同时在他们矛盾的利益之间建立一个最优平衡。与监管机构通过命令和控制系统决定的措施不同,监管合作使人们更熟悉该行业,并为实现目标采取更为准确的措施。此外,被监管机构往往比监管机构有更好的资源,并且他们可以在相当短的时间内建立有效的监管。监管合作有助于减少监督措施,从而使监管机构能够将其资源转移到其他重要事项上。[249]

鉴于这些考虑因素,近年来,世界各地都在开发更灵活的监管模式。[250] 我们现在讨论在以色列银行业领域实施的新监管模式。

(二) 志愿性自律

志愿自律是基于被监管机构的善意和没有监管机构的干预或监督(虽然它往往通过监管机构的协调或鼓励而实现)。在志愿自律之下,被监管机构自愿履行某些监管职能。被监管机构完全控制规则的真实存在、内容的设计及其执行。[251]

然而,在不同的国家,自律是通过银行业协会来实现的,银行业协会制

---

[248] 阿瑟夫·科恩等(Assaf Cohen et al.):"监管:扩大监管工具箱:信任与联合监管的关系",《以色列民主学会会刊》,第5、7页,2014年,希伯来语。

[249] 安东尼·奥格斯(Anthony Ogus):"反思自律",《牛津法律研究期刊》第15期,第97、97—98页(1995年);伊恩·巴特尔和皮特·瓦斯(Ian Bartle & Peter Vass):"自律和监管状态:政策与实践的调查",研究报告第17号,第35—37页,巴斯大学管理学院管制产业研究中心,2005年;伊恩·艾尔斯和约翰·布雷思韦特(Ian Ayres & John Braithwaite):《响应性监管:超越放松管制辩论》,第110—116页,牛津大学出版社1992年;鲍德温、凯夫和洛奇,前注245,第139—146页。

[250] 关于自律的概念,请参阅琳达·森登(Linda Senden):"欧洲法中的软法、自律和共调:他们在哪里相遇?",《比较法电子期刊》第1期,第9页,2005年。关于各种自律模式,请参阅伊恩·巴特尔和皮特·瓦斯:前注249,第19—30页。

[251] 伊恩·巴特尔和皮特·瓦斯:同上,第19页("完全自律")。

定其成员银行的监管条款,[29]在以色列,情况是不同的。以色列银行协会(The Association of Banks in Israel)主要充当银行和监管机构之间在各种事项上的中间人。该协会代表银行与政府和公众打交道。以色列银行协会不为其成员制定规则,也不以其他国家可以接受的方式进行自律。因此,当我们谈到以色列的自律时,通常是指银行本身的自律,银行各自决定适用于他们的规则。以色列银行业自律的一个典型例子是各家银行为自己制定道德准则。[30]

志愿自律的另一个例子是内部强制执行计划(Internal Enforcement Programs),这来自以色列证券管理局的倡议。[31]按照这一倡议,受证券法律约束的公司,包括作为上市公司的银行,可就这些法律采取内部强制执行计划。其想法是,公司将会采用一种自愿机制并定期应用,目的是发现和防止违规行为和违法行为,并确保公司及其个人遵守证券法律。

根据证券管理局的强制执行政策,有效实施内部强制执行计划,可以协助公司及其官员在违反证券法律的情况下,避免承担刑事或行政责任,因为这能够让他们证明,他们已尽最大努力,履行了防止违反法律的义务。

2011年,以色列证券管理局公布了证券业《内部强制执行计划识别标准》。[32]该标准主要由八个基准组成,其中列出了当证券管理局审查公司是否采用了有效强制执行计划时将要考虑的原则。这些标准是:(1)董事会和管理层对制定、通过和实施强制执行计划的责任;(2)在审查其业务活动,以

---

[29] 请参阅:比如,瑞士银行家协会发布准则、建议和协议的活动。网站可查:http://www.swissbanking.org/en/home/standp unktelink/regulierung-richtlinien.htm。在澳大利亚,澳大利亚银行家协会制定了行业规范和标准:http://www.bankers.asn.au/Consumers/IndustryStandards。这也是茱莉娅·布莱克(Julia Black)的方法,"法制化自律",《现代法学评论》第59期,第24、27页,1996年(说明"自我"一词是用来描述一个集体)。

[30] 加瓦和柏拉图-希纳尔,前注85。关于混合监管法规,参见:米尔詹·欧德·弗里林可·科尔·范·蒙特福特和梅克·博克霍斯特(Mirjan Oude Vrielink, Cor van Montfort & Meike Bokhorst):"混合监管法规",《监管政治学手册》,第486页,戴维·列维-福尔(David Levi-Faur)主编,爱德华·埃尔加(Edward Elgar)出版社2011年。

[31] 《证券业内部强制执行计划识别标准》(2011年8月)。希伯来语网站可查:http://www.isa.gov.il/Download/IsaFile_6054.pdf。

[32] 同上。

及在证券法律领域执行合规审查之后,该计划对公司的适用性及其独特情况;(3)确定处理事务的程序和安排;(4)将该程序应用到公司内部的各个层次;(5)任命一名内部强制执行干事;(6)该程序在所有层级的适当吸收同化;(7)监督和更新;(8)正确处理失败和违规行为,并从中得出结论。

该文件强调,只有在违反或失败之前,在公司里有一种合规和服从证券法律的文化,一个有效的强制执行计划才能得到认可。只有书面的程序规则是不够的,而实际执行和结构处理程序的存在必须由负责官员来确保。[㉘]

在上述标准公布后,以色列所有银行都采用了内部强制执行计划。

(三)强制性自律

另一种将自律与传统监管相结合的方法是强制性的自律。这是由监管者对被监管机构实施,并服从监管者监督的自律。[㉙] 在以色列银行业,强制性自律是最常见的自律模式。银行按照银行监管局的指示并在其监督下履行这种强制性自律。的确,银行监管局通常会决定一般的监管框架或监管目标;指导被监管机构按照自己的自由裁量权执行(或者,有时受到几个基本限制);并监督其执行。这种模式的特点是,银行监管局局长发布一系列正确开展银行业务的指令,它们涉及不同的领域。[㉚] 不同的指令要求每个银行自己决定一个"行动框架""政策""内部程序""书面文件",等等,指令中规定的基本要求与银行监管局局长的基本要求相一致。

(四)合同性监管

近年来发展的第三种模式是合同性监管,也就是在监管机构和被监管机构之间达成单独协议,规定适用于被监管机构的监管条款和条件及其执行方式。监管协议的概念并不新鲜。有几个法律在特定情况下都允许这类

[㉘]《证券业内部强制执行计划识别标准》(2011年8月)。希伯来语网站可查:http://www.isa.gov.il/Download/IsaFile_6054.pdf,第5页。

[㉙] 沙伦·亚丁:"以色列银行业的自律",《银行业评论季刊》第168期,第19、22页,希伯来语2010年。强制性自律,有时根据其他名称可认出,比如参见伊恩·艾尔斯和约翰·布雷思韦特,前注249,第四章,他发明了"强制性自律"(enforced self-regulation)这个词。其他学者将其包括在共同监管(co-regulation)的范畴。比如参见伊恩·巴特尔和皮特·瓦斯:前注249;阿瑟夫·科恩等:前注247;琳达·森登:前注250。

[㉚] 关于这些指令,请参阅第二章第七节"一"。

协定。㉙然而,在其他情况下,监管协议还没有任何明确的法律授权。

与强制执行有关的监管合同,通常包括在适用监管处罚方面让步,作为被监管机构要承诺停止不正当活动、采取制度性行动,但要支付一定数额的罚金。各机构采取的行动范围很广,通常包括执行合规方案,实施风险管理计划,并承诺更换高级官员。

在 2009 年的丹克纳事件(Dankner affair)中,可以发现银行业执法领域的监管合同的一个显著例子。这是由于以色列银行对以色列工人银行——以色列最大银行违规行为的调查。根据以色列银行与该银行达成的协议,银行监管局没有对该银行或其高级职员采取强制执行措施,取而代之的是更换该银行的董事会主席,因为按银行监管局局长的意见看来,他是对该银行活动严重缺陷的主要负责人。根据公开发行的出版物,以色列银行也承诺,如果董事会主席辞职,银行监管局不公布导致他任期结束的案件的细节。㉚当公众发现存在这样的协议时,关于以色列银行采取行动的方式上缺乏透明度问题,招致了很多批评,并且有人要求以色列银行行长披露该银行及其有嫌疑的董事长的违规行为。㉛尽管如此,央行行长还是坚持不透露细节,他认为,由于当时该问题银行的规模和当时正在发生的全球金融危机,最好是谨慎地结束这个案子,避免对银行及其客户的稳定性造成损害。㉜最终,随着该银行董事会主席的刑事定罪,㉝公众已经知道了全部的

㉙ 比如参阅:《银行(服务客户)法》第 12 条;《证券法》第 II 节;《限制性贸易惯例法》第 50B 条。

㉚ 加德·利奥(Gad Lior),"丹克纳任期终止的另一个原因:从其他银行贷款",《经济学家报》2010 年 3 月 5 日。希伯来语网上可查:http://www.calcalist.co.il/articles/1,7340,L-3394626,00.html。

㉛ 请参阅致(当时)以色列银行行长关于以色列信息自由运动的信:以色列信息自由运动:"公布工人银行董事长丹克纳的解雇理由",2009 年 7 月 19 日。希伯来语网上可查:http://www.meida.org.il/? p=315。

㉜ (匿名)"斯坦利费希尔(Stanley Fisher)关于工人银行主席的解雇:'如果我们犯了错误,我们将会威胁到公众'",《经济学家报》2010 年 3 月 25 日,希伯来语网上可查:http://www.calcalist.co.il/local/articles/0,7340,L-3399860,00.html。另见 2009 年 5 月 6 日以色列银行行长在国会财政委员会上的演讲,希伯来语网上可查:http://knesset.gov.il/protocols/data/rtf/ksafim/2009-05-06.rtf。

㉝ 以色列国家诉丹克纳案[CF (Tel Aviv District Court) 47038-10-12 The State of Israel v. Dankner]。

事实,对以色列银行行长的批评也被遗忘了。

更有趣的是,银行和监管机构就其许可条件达成了协议。2005年,当以色列的银行首次被允许从事养老金的咨询业务时,须得到负责养老金的监管机构即资本市场、保险和储蓄专员的正规执照。获得许可是根据许多正式的监管要求而建立的。银行与监管机构就新的银行业务活动适用的新监管条件进行谈判,从而制定适用于它们的条款和条件。此外,作为获得养老金咨询许可证的过程的一部分,每家银行都与监管机构就各自的许可条件进行了单独的谈判。因此,根据每个银行的规模、技术和其他能力、客户数量、银行性质等,为每一家银行量身定制了一套监管制度。不用说,整个过程都是在不透明的情况下进行的,而且没有向公众披露文件。㉘

六、合规职能

银行监管局局长发布了针对合规官的正确开展银行业务指令,要求每家银行任命一名合规官并制定一套合规方案。㉙ 该指令的重点是遵守消费者保护领域规定,以及反洗钱和反恐融资领域的规定。㉚ 尽管该指令还对董事会和银行的经理们施加了责任,但它主要关注合规官的地位、职能和权力。

㉘ 沙伦·亚丁:"以色列金融市场的监管合同",《特拉维夫大学法律评论》(Iyunei Mishpat-Tel Aviv University Law Review)第35期,第447、460—462页(希伯来语2012年)。

㉙ 银行监管局局长:《正确开展银行业务指令》:指令第308号,关于"合规官",该指令直到2015年6月才生效。

㉚ 根据《禁止洗钱法》第8条,一名单独的银行官员是"负责履行《预防洗钱法》规定义务的官员"。关于这一职能,请参阅:银行监管局局长:《正确开展银行业务指令》第411号令,关于"预防洗钱和恐怖主义融资,以及客户识别"第7条。网上可查:http://www.boi.org.il/en/BankingSupervision/Super visors-Directives/ProperConductOfBankingBusinessRegulations/411_et.pdf. 另一名职能官员是负责执行《海外账户纳税合规法》(FATCA)条款的官员,请参阅:银行监管局:《为"实施FATCA条款的准备工作"致银行公司的信》(2014年4月6日),第4条。希伯来语网上可查 http://www.boi.org.il/he/BankingSupervision/LettersAndCircularsSupervisorOfBanks/LettersOfTheBankingSupervisionDepartment/201403.pdf. 世界各地银行为FATCA的规定和类似行动的准备情况,请参阅:露丝·柏拉图-希纳尔的"跨境银行:重新构建银行保密制度",载于《重新定义全球金融及其监管》,第236页,罗斯·巴克利、埃米里奥斯·阿夫古力亚斯和道格拉斯·W. 阿纳编(Ross P. Buckley, Emilios Avgouleas & Douglas W. Arner eds.),剑桥大学出版社2016年。

然而,总的来说,风险管理领域有一些重要的进展,尤其是在合规风险管理方面,如巴塞尔银行监管委员会(BCBS)关于银行合规及合规职能的工作框架。[267] 因此,2005年,银行监管局局长更新了上述指令,更新后的指令标题为《银行公司的合规及合规职能》。[268] 新的指令表达了对合规看法的根本变化。

根据新指令,合规是由三道防线组成:在第一道防线,有董事会和高级管理人员,他们主要负责合规风险管理。第二道防线是"合规职能"部门,由合规官领导。该指令详细地规定了该职能部门的特征、它的职责和权力。第三道防线是内部审计的功能。正如在最初的指令中所确定的那样,合规不限于消费者保护领域或禁止洗钱的规定。新指令要求遵守所有的"法律、法规、监管规定(在这方面,包括银行监管局局长在处理公众质询时所确立的立场)、内部程序和道德守则,所有这些都适用于银行公司的所有银行业务活动。"

新指令放弃术语"合规方案",并将它替换为更为重要和广泛的术语——"合规政策",这由管理层书面决定并经董事会批准。由于全球化的影响,该指令还涉及在海外运营的子公司和分支机构,并让他们遵守银行的合规政策。

合规功能以强制性自律的形式发挥作用。[269]

七、投诉处理

直到最近,以色列的银行已经习惯了使用一种内部机制来处理公众的申诉,而没有任何法律义务这样做。此外,有一个处理公众查询的单位,并

---

[267] 国际清算银行-巴塞尔银行监管委员会(BIS-BCBS):《银行合规及合规职能》(2005年4月),网上可查 http://www.bis.org/press/p050429.htm;国际清算银行-巴塞尔银行监管委员会:《执行合规性原则的一项调查》(2008年8月),网上可查:http://www.bis.org/publ/bcbs142.htm。

[268] 《正确开展银行业务指令》:指令第308号关于"银行企业的合规及合规职能",网上可查:http://www.bankisrael.gov.il/en/BankingSupervision/SupervisorsDirectives/ProperConductOfBankingBusinessRegulations/308_et.pdf。

[269] 请参阅第二章第七节"五""(三)"。

作为银行监管局的一部分进行运作。其权力和义务——处理公众的查询，是由法律明确规定的。[270] 许多客户过去直接与该单位联系，而不首先与银行本身联系来调查他们的投诉。

在 2015 年 4 月，一个关于"处理公众投诉"的新的《正确开展银行业务指令》生效。[271] 该指令是基于《二十国集团金融消费者保护高级原则》的第 9 条原则。[272] 该指令的主要创新是银行自身首先提出投诉审查的义务。如果银行在 45 天内不能对投诉作出答复，人们可能只能向银行监管局局长寻求意见，或者作为对银行的答复提出上诉。

为了银行对客户投诉的处理公平而有效，银行被要求建立一个处理公众投诉的专门职能部门，并任命一位公众投诉专员领导该部门。银行需要提供适当的和独立的地位，对这一专门职能给予合适的权力和足够的资源，并使它只关注处理投诉。在投诉经调查后，公众投诉专员应有权为申诉人提供经济或其他救济。在处理投诉后，如果专员认为银行的行为导致了一个重大的缺陷，他必须将此问题向上级（首席执行官或一位银行管理层成员）和银行的合规官报告，并且要求他就如何处理这件事提出建议。

另外，该指令将责任强加于董事会和银行的高级管理人员。尤其是，他们被要求制定和批准银行关于处理公众投诉的政策，以及银行的"服务宪章"。"服务宪章"一词在该指令中没有定义，可能指的是一份详细描述投诉处理流程的文档，而且它应该是对公众开放的。[273]

除了是强制性自律的一个很好的例子，[274] 这项指令实质上是由法律赋

---

[270] 《银行（服务客户）法》第 16 条。

[271] 银行监管局局长：《正确开展银行业务指令》第 308A 号令，关于"处理公众投诉"。网上可查：http://www.bankisrael.gov.il/en/BankingSupervision/SupervisorsDirectives/ProperConduct-OfBankingBusinessRegulations/308A_et.pdf。关于这个指令，请参见第四章第五节"七"。

[272] 《二十国集团金融消费者保护高级原则》(2011 年 10 月)，网上可查：关于金融行业的争端解决机制，请参阅：露丝·柏拉图-希纳尔和罗尔夫·H. 韦伯(Rolf H. Weber)：《全球金融危机时代的软法消费者保护》，载于《全球金融治理格局的变化以及软法律的作用》，第 233、240—246 页，弗里德尔·韦斯和阿明·卡梅尔编(Friedl Weiss & Armin J. Kammel eds.)，博睿出版社 2015 年。

[273] 指令第 308A 号，关于"处理公众查询"，前注 271，第 13 条。

[274] 请参阅第二章第七节"五""（三）"。

予银行监管局局长的监管权力私有化(至少一部分)。"私有化"这个词并不限于将政府资产和国有企业出售给私有企业。它还包括各种各样的技术,这些技术使私人方在经济和社会职能中发挥核心作用;建立政府和私人部门之间的密切合作;为私人方提供强大的影响公共领域的能力。[25]

---

[25] 达芙妮·巴拉克-埃雷兹:"私人监狱的争议和私有化连续体",《法律和人权道德》第5期,第137、141页,2011年;沙伦·亚丁:《监管:监管合同时代的行政法》,第34—35页,特拉维夫布尔希出版社2016年。

第三章 审慎监管

本章目录

第一节 稳定作为最终目标
　一、银行监管局局长的方法
　二、最高法院的方法
第二节 全球金融危机及其给以色列银行体系带来的教训
第三节 以色列的审慎监管
　一、采用巴塞尔协议
　二、资本充足率
　三、流动性
　四、限制杠杆
　五、风险管理
　六、信用风险管理和对信贷供给的限制
　七、挪用资金的风险
第四节 危机管理和银行救助（恢复和处置）
　一、一般原则
　二、早期干预
　三、处理银行倒闭
　四、安全网

第一节　稳定作为最终目标

一、银行监管局局长的方法

在以色列,保持银行稳定的角色在银行监管局局长的业务活动中一直占有垄断性的主导地位。一家银行倒闭或遇到困难,不仅影响到客户和投资者,而且也影响到整个经济的金融实力。因此,在整个时代,以色列的银行监管局局长在这个问题上显示出高度重视。

自千禧年开始,由于两个因素,审慎监管的重要性日益重大。

首先是巴塞尔协议(Basel Accords),它是由巴塞尔银行监管委员会(BCBS)在瑞士巴塞尔的国际清算银行(BIS)建立的。这些协议要求全世界的银行监管机构建立一种系统化和制度化的操作系统来管理风险,并对受其监督的银行的资本充足率及其稳定程度实施严格控制。[1] 以色列的银行,作为国际清算银行的成员,为实施巴塞尔协议,对银行颁布了一长串的约束指令。[2]

第二个因素,当然是2007—2009年的全球金融危机,它引起了世界范围内许多银行的倒闭。尽管以色列的银行从此次危机中所受损失相对较小,[3]但未来类似事件再发生的危险仍然存在,迫使以色列银行监管机构重点关注这个问题。[4]

---

[1] 关于巴塞尔协议。请参阅第三章第三节"一"。
[2] 请参阅第三章第三节。
[3] 请参阅第三章第二节。
[4] 对于这个优先级问题的其他解释,请参阅第五章第一节。

银行监管局局长认为,确保银行稳定的这一目标成为他的主要职能,⑤他在他发布的各种报告中明确地阐述了这一点。⑥ 同样,在议会银行收费调查委员会的报告中,人们注意到:

今天,以色列银行的银行监管局局长认为,自己第一位的和首要的责任是负责银行稳定。调查委员会发现,近几十年来,银行监管局局长夸大了稳定的利益,而消费者方面只是部分地解决了问题。⑦

偏好稳定目标而非消费者目标,实际上源于立法者的立场,并反映在《以色列银行法》里。这项法律包括以色列银行的一个目标:"支持金融体系的稳定和有序运行。"⑧ 相比之下,法律并没有提到保护银行客户的目标。

在 2011 年,银行监管局长的方法引人注目,他倾向于支持审慎的利益,作为修订《限制性贸易惯例法》立法程序的一部分,然后加上了一个关于集中集团(concentration group)的新章节。一个集中集团是一组有限的人做生意,同时拥有超过 50%的市场力量,这种力量与资产的供给或收购有关,或与提供或获取的服务有关。⑨ 鉴于以色列两大银行的高度集中和双头垄

---

⑤ 参阅银行监管局局长于 2010 年 11 月 23 日在国会财政委员会的保险小组委员会会议发言,关于"审视全球模式下以色列政府所期望的监管结构",《议定书》第 3 页,希伯来语网上可查:www.knesset.gov.il/protocols/data/rtf/ksafim/2010-11-23.rtf。关于银行监管局长的声誉,在这方面请参阅:沙伦·吉拉德、摩西·毛尔和帕齐特·本-纳恩·布卢姆(Sharon Gilad, Moshe Maor & Pazit Ben-Nun Bloom):"组织声誉、公众指控的内容和监管沟通",《公共管理研究和理论学报》25 期,第 451、460 页,2015 年。

⑥ 例如:以色列银行:《2011 年以色列的银行系统年度调查》,第 65 页,2012 年 10 月。网上可查:http://www.bankisrael.gov.il/en/NewsAndPublications/RegularPublications/Banking%20Supervision/BankingSystemAnnualReport/Skira2011eChC.pdf。以色列银行:《2012 年以色列的银行系统年度调查》,第 63 页,2013 年 7 月。网上可查:http://www.bankisrael.gov.il/en/NewsAndPublications/RegularPublications/Banking%20Supervision/BankingSystemAnnualReport/Skira2012/chapter2.pdf。

⑦ 《议会关于银行收费调查委员会最终报告》,第 12 页,2007 年 6 月,希伯来语网上可查:http://www.knesset.gov.il/committees/heb/docs/bank_inq.pdf。

⑧ 《以色列银行法》第三条。

⑨ 《限制性贸易惯例法》,第 31B(a)条。

断,这个定义适用于以色列的银行系统。⑩

为了解决以色列经济中各个行业部门的集中集团现象,以及鼓励竞争以促进消费者的利益,有人建议修订《限制性贸易惯例法》,并授予反垄断管理局局长对于集中集团的广泛权力:既有权宣布一个集团是一个"集中集团",也有权对集团成员发布指令,要求他们必须采取步骤措施,以增加各集团成员之间或相关行业的竞争。⑪

以色列银行强烈反对将这项法律修正案应用于银行系统。⑫ 鉴于此,该修正案最终被接受,并规定银行有一个例外。它赋权以色列银行行长和银行监管局局长,如果他们认为反垄断管理局局长的指示可能使一家银行或者整个银行系统的稳定性处于危险之中,那么他们对反垄断管理局局长的指示行使否决权。⑬ 此外,该法律规定,如果反垄断管理局局长因以色列央行行长或银行监管局局长的否决通知而不发布指示,那么他必须在不提供理由的情况下公布接受该通知的事实,并在六个月后公布其理由。然而,根据央行行长或监管局局长与反垄断管理局局长的共识,即如果这样的发布可能损害银行的稳定性,那么这种发布可能推迟到双方商定的一个日期。⑭

支持审慎考虑的倾向也反映在《集体诉讼法》中。根据该法,一起集体诉讼的特征是有两个阶段:在第一阶段,原告向法院请求批准作为一个集体

---

⑩ 请参阅第二章第五节。
⑪ 《限制性贸易惯例法》,第 31B 及 31C 条。
⑫ 兹韦·兹拉哈亚(Zvi Zrahiya):"行长推动——经济事务委员会将重新审议《集中集团法》",《国土报》2011 年 3 月 2 日。希伯来语网上可查:http://www.haaretz.co.il/misc/1.1164787。
⑬ 《限制性贸易惯例法》(Restrictive Trade Practices Law),第 31B (a)条。一个类似的方法,它批评为鼓励竞争不断增加监管而损害分类监管的现象,请参阅埃迪·阿亚尔(Adi Ayal):"反反管制:以竞争管理机构取代行业监管机构,以及反垄断如何受到影响",载于《作为监管规制的竞争法》,约瑟夫·德雷克舍和法比亚娜·狄·波尔图(Josef Drexl & Fabiana Di Porto)主编,爱德华·埃尔加出版社 2015 年。
⑭ 《限制性贸易惯例法》,第 31D (c)条。应该注意的是,银行监管机构的这项特别职权,作为暂行规定颁布,直到 2014 年 1 月 1 日。该法律授权财政部长每两年延长这一规定的期限,请参见:《限制性贸易惯例(第 12 号修订案)法》[Restrictive Trade Practices (Amendment no. 12) Law, 5771-2011]第 9 条。然而,这样的延期还没有做过。

诉讼提起索赔。只有当法院批准这一请求时,索赔才会转移到第二阶段,即根据是非曲直对索赔进行聆讯和裁判。

该法对批准集体诉讼规定了一套条件。但是,当涉及银行时,法院被赋予了特别的自由裁量权:如果法院相信,将正在提起的诉讼作为集体诉讼,与通过以这种方式处理对集体诉讼团组成员和公众的预期利益相比,由于破坏了该银行的财务稳定,预计将会对需要这家银行服务的公众或一般公众造成严重的损害,而通过修改这一请求来阻止损害是不可能的,那么,法院在决定是否批准这一索赔作为集体诉讼时可能会考虑这一点。[15]

在审理索赔后,在它决定接受索赔请求并命令被告银行支付赔偿金的情况下,一个类似的自由裁量权也授予法院。该法规定,当作出关于赔偿金额和支付赔偿金方法的决定时,与集体诉讼团组成员或公众的预期利益相比,法院也可能考虑到可能造成的这种损害。这种损害,对于需要这家银行服务的公众而言,是由于银行支付赔偿金;或者对一般公众而言,是由于损害了这家银行的财务稳定。[16]

二、最高法院的方法

最高法院的裁决也提到了保持银行稳定的重要性。在银行与其客户或第三方(比如保证人)之间的纠纷中,最高法院一般采用社会方法(social approach)和消费者保护政策。尽管扩大银行的责任意味着增加银行的开支并对其盈利能力产生不利影响,但几个判例已经扩大了对银行施加的责任范围。[17]然而,在不同情况下,可以找到各种陈述,都强调保持银行稳定

---

[15]《集体诉讼法》,第8(b)(2)条。对本条款的批判性分析,请参阅露丝·柏拉图-希纳尔:"根据以色列新集体诉讼法对银行的集体诉讼",《银行与金融法年度评论》第26期,第255、279—280页,2007年。

[16]《集体诉讼法》,第20(d)(2)条。

[17] 比如:萨尔坦尼诉以色列国民银行有限公司案[CA 8564/06 Sultani v. Bank Leumi Le-Isreal Ltd. (Nevo Database, 2008)];西姆乔尼诉工人银行有限公司案[CA 11120/07 Simchoni v. Hapoalim Bank Ltd. (Nevo Database, 2009)];工人银行有限公司诉马丁案[CA 8611/06 Hapoalim Bank Ltd. v. Martin, paragraphs (Nevo Database, 2011)];阿尔特诉国民抵押贷款银行有限公司案[ACA 7096/12Alt v. Bank Leumi Mortgage Bank Ltd. (Nevo Database, 2012)]。

的重要性。[18]

因此,举例来说,"E&G 驾驶教练高级系统有限责任公司诉国民银行案",[19]涉及活期账户信用额度超限的先前惯例。[20] 银行和客户之间争执的主题是 14 张支票,这些支票由于不敷支付而被退回。客户认为,它和银行之间存在一种隐含的协议来接受信用额度的偏差,况且,其担保的金额超过信用额度的金额。最高法院解释说,以色列支票不敷支付(Checks without cover)问题有一场全国性的瘟疫,有必要采取行动对抗这种疾病。它进一步裁定,在任何时候,当然尤其在经济出现困难的时候,弄清其客户没有超过他们的信用额度是银行的职责。银行的这一职责符合公众的利益:

> 这样一来,不仅贷款的大门就不再被锁住了,而且公众的钱包——这经常被要求支付因信用混乱而引起的失控赤字——也受到了保护。……不受控制的信用可能不利于银行的稳定,对整个系统都有广泛的影响。[21]

根据这件事的是非曲直,因为在这种情况下客户及其会计师被银行告知了账户的偏差,并且顾客被警告不要继续这种做法,法院裁定,客户没有理由对银行采取法律行动。

---

[18] 作为对比,在保险领域,最高法院优先考虑消费者保护而不考虑稳定性问题,请参阅:以色列保险评估师协会诉保险专员案[HCJ 7721/96 Association of Insurance Appraisers in Israel v. The Commissioner of Insurance, 55(3) PD 625, 652, 653 (2001)]。

[19] E&G 驾驶教练高级系统有限责任公司诉以色列国民银行有限责任公司案[ACA 9374/04 E. & G. Advanced Systems for a Driving Instructor Ltd v. Bank Leumi Le-Israel Ltd. (Nevo Database, 2004)]。

[20] 关于活期账户的信用便利问题,请参阅第三章第三节"五""(六)"。

[21] E. & G. 驾驶教练高级系统有限责任公司诉以色列国民银行有限公司案,前注 19,第 6(e) 部分段落。

维护银行稳定的重要性,也在"以色列国民银行有限公司诉总检察长案"[22]中提到。本案涉及的是对标准合同法庭(Standard Contract Tribunal)一个裁断的上诉。标准合同法庭认定,在银行的开户合同(该合同是标准合同)中,有许多条款损害了客户的利益。在检查合同条款之前,最高法院在一开始就提到了关于这一问题的政策考虑。裁定认为,银行和客户之间存在着巨大的能力不平等(inequality of power),这就需要对银行施加高标准的行为要求。然而,

> 银行和公众直接关心的首要问题是维护银行的财务稳定,同时确保客户债务的回收,避免出现流动性危机。……在审查标准银行合同的各种情况下,这种银行和公众的利益构成了一个重要的考虑因素。

另一个案例是"以色列抵押贷款银行有限公司诉利帕特案",这涉及向保证人披露责任的程度,这是强加给银行的。最高法院指出,一方面,我们的目标是在银行客户关系中逐渐灌输公平的准则并保护客户。然而,另一方面,也有困难,这可能伴随着一种过于宽泛而银行又无法满足的责任。应当考虑这些困难:

> 有必要考虑公众在维护银行体系稳定性和确定性中的利益,而银行体系在国家经济活动中扮演着重要的角色,为了使这种利益没有被不必要地破坏,适用第三条条款。[23]

---

[22] 以色列国民银行有限公司诉总检察长案[CA 6916/04 Bank Leumi Le-Israel Ltd. v. The Attorney General],第 4 段,Nevo 数据库 2010 年。

[23] 以色列特和抵押银行有限公司诉利帕特案[CA 1304/91 Tefahot Israel Mortgage Bank Ltd. v. Liepart, 47(3) PD 309, 328 (1993)]。

最后，我们应该提到"联合银行有限公司诉阿苏莱案"。[24] 其中出现的问题是，以色列银行对联合银行的审计报告是否是有特权的，或法院是否有权命令按照银行客户的要求予以披露。所声称的特权是基于《银行业条例》第15A条。根据《银行业条例》或根据《银行（执照）法》，禁止一个人披露已经提交给他的信息或者已经提交给他的文件。原则上，这一保密条款的目的是鼓励被审计的银行和监管层之间的合作，并消除银行向监管机构提供的信息将会到达私人途径并被用来对付该银行所带来的恐惧。然而，最高法院提到，这个目标仅仅是这个条款的次要目标。最高法院称，本条款的"首要和主要"目标是确保银行体系存在有效监管，这是为了维护银行的稳定、可靠性和公众的利益，由此，确保检查期间获得的信息保密：

> 规范银行监管的……《银行业条例》的目的，是为了确保银行的稳定，并保护公众的资金。其意图是防止一种"假警报"可能无理地吓跑储户……银行是经济的主要参与者。破坏银行的稳定可能会影响到国家经济的稳定……银行倒闭的风险可能会落到公众的肩上……在这种背景下，立法机构一方面对银行监管人员的权力有严格的规定，另一方面对他的保密职责也有严格的规定。监督是广泛的，并规定银行提供信息的全面义务……监督权力的范围很广……如果它不保证信息的机密性，那么这种监督将无法实现其目标。[25]

由此看来，该案裁定，这个审计报告是保密的，该法院不允许披露这一信息。

---

[24] 联合银行有限公司诉 阿苏莱案［CA 6546/94 Union Bank Ltd. v. Azulay, 49(4) PD 54 (1995)］。银行监管局执行的审计报告的保密问题，也出现在：工人银行有限公司诉哈帕兹案［ACA 8410/14 Hapoalim Bank Ltd. v. Harpaz (Nevo Database, 2015)］，在此案，最高法院基于程序和现实原因，拒绝允许该文件的披露。

[25] 联合银行有限公司诉 阿苏莱案，同上，第66页。

第二节　全球金融危机及其给以色列银行体系带来的教训

以色列金融体系很好地应对了 2007 年年底爆发的全球金融危机。其经济从危机中的恢复速度,在发达国家中是最快的。公共债务在此过程中并没有显著增长。非银行信贷市场感受到主要冲击,成为当地整个金融体系的风险重点。㉖ 然而,在很短的时间内,以色列的金融市场开始恢复,并减轻了人们对金融体系正常运作的担忧。总体上,以色列的金融体系经受住了震动,相对于危机的强度而言,包括银行在内的金融机构表现出了抵抗力,其稳定性得以保持,也没有任何一家机构倒闭。经济遭受了一次重要但短期的衰退,而与其他发达国家相比,影响是温和的。㉗

有几个原因可以解释,为什么以色列的金融系统和银行系统没有因为全球危机而遭受重创。第一个原因是危机的时机。危机发生在以色列经济的五年快速增长之后,奠定了以色列经济相对强大的基础。然而,更重要的是经济和金融体系的特点,包括一个受到严格控制的保守银行体系、一个保守的抵押贷款市场,以及几乎完全没有复杂资产。这些都得益于这一事实,在危机前的几年里,以色列没有过度的杠杆和房地产泡沫。在危机爆发前的繁荣时期,银行被要求适应银行监管局局长的要求,其监管设计旨在加强系统的稳定性,并使其脆弱性最小化。银行体系的弹性和业绩有了改善,导致较高的盈利能力、良好的资本充足率,并减少了信用风险。这些特点在金融危机期间有利于整个金融系统和整个经济。㉘

在危机期间,以色列的政策制定者的工作主要是维护金融体系和金融

㉖ 请参阅第二章第一节"三"。
㉗ 以色列银行:《以色列与 2007—2009 年全球危机》(2011 年 9 月)。网上可查:http://www.bankisrael.gov.il/deptdata/mehkar/crisis/crisis_2007_2009_eng.pdf。
㉘ 同上,第 13 页。

机构的稳定,以及缓解流动性和信贷方面的问题。政策的回应是积极的,并有助于缓和危机对经济和金融体系的影响,也有助于相对快速地恢复。货币政策在这方面发挥了重要作用:以色列央行在危机期间采取的货币扩张政策是前所未有的,并且一些不寻常的工具被用于量化宽松政策,其中包括购买政府债券及外汇。在危机期间,政策制定者多次发言——关于他们对金融体系恢复能力的信心以及他们愿意采取进一步措施——这让市场平静下来。[29]

整个危机期间,银行监管局着重加强银行系统的资本充足率和风险管理,还有危机之前采取的长期措施。事实上,早在 2007 年年初,以色列已开始执行巴塞尔协议 II 框架的过程,银行在 2009 年 12 月 31 日之前必须遵守这些规定。这个过程升级了风险管理系统、银行的公司治理和内部控制。此外,根据在 2007 年年初就已经提出的银行监管局局长的立场,银行采用了更为严格的资本充足率规定,在 2009 年年末至少达到 12% 的比例,并加强银行体系由于金融危机而造成的意外变化的承受能力。在整个危机期间,银行监管局局长密切监测银行对以色列和海外发展的敞口,以及对金融危机根本原因的资产支持金融工具、外国金融机构、外国国家、以色列主要借款人等的敞口。进一步采取的措施是加强对银行的日常监管,增加控制,提高报告级别,确保财务报表的适当披露和透明度,并在必要时进行临时干预。[30]

危机的结果是,在金融和银行业领域,我们学到了一些经验教训。这些经验教训可以分为两个主要方面:

(a) 涉及早期检测和创建基础设施预防未来危机的经验教训。这些都不仅强调了制定一个微观审慎政策的必要性,而且还要采用宏观审慎政策,这是基于金融体系及其各部分之间连接的整体观点。学到的其他教训是高度重视资本充足率,需要提高所有金融机构

---

[29] 以色列银行:《以色列与 2007—2009 年全球危机》(2011 年 9 月)。网上可查:http://www.bankisrael.gov.il/deptdata/mehkar/crisis/crisis_2007_2009_eng.pdf,第 98—111 页。

[30] 同上,第 117—130 页。

的风险管理,并需要严格监督所有金融机构。特别是,人们越来越意识到,监管对非银行机构、金融工具和市场的重要性。[31]

(b) 涉及危机爆发后的危机管理的经验教训:这些经验表明,需要采取迅速而有力的行动,以稳定具有系统重要性的金融机构——包括非银行机构,并向金融体系注入流动性,向相关机构注入流动性。货币政策制定者需要迅速而广泛的回应,甚至借助于定量工具,这也得到了证明。[32]

正如本章下面所作的解释,以色列银行和银行监管局已经采取了措施来吸取上述的经验教训。

第三节 以色列的审慎监管

维护银行稳定的角色,在以色列银行监管局局长的活动中始终处于核心地位,而这一点自 2007—2009 年的这一次全球金融危机以来尤为明显。在本章,我将回顾以色列银行在这一领域所采取的主要措施。首先应当指出,这是一个非常基本的概述,它只包含一些最突出的举措。再者,深入研究每一项举措的细节方面没有任何意义,这些举措本质上是技术性的。下面的描述,只打算给读者在以色列实施的审慎监管领域的一个概述,并介绍其富有特点的一些基本原则。

正如在第一章第三节第一部分所解释的那样,审慎监管在两个层面实施:在微观层面,每一家银行分别被单独审查(微观审慎监管);在宏观层面,整个系统及其对经济的影响(宏观审慎监管)。两个层面之间的区别并不总是很清楚,在很多情况下,它们是交织在一起的。下面考察的大多数规定都

---

[31] 以色列银行:《以色列与 2007—2009 年全球危机》(2011 年 9 月)。网上可查:http://www.bankisrael.gov.il/deptdata/mehkar/crisis/crisis_2007_2009_eng.pdf,第 162—176 页。

[32] 同上,第 176—181 页。

集中在微观层面;然而,很清楚,它们在宏观层面对整个系统都有影响。尽管如此,有一些规定,系统性的性质更加明显。例如,对住房贷款实施限制的指令,其目标之一是影响以色列的住宅市场。㉝ 另一个例子是限制向市场上的大借款人提供信贷的指令,这不仅影响到银行提供信贷,也影响到经济中的大公司。㉞

一、采用巴塞尔协议

众所周知,巴塞尔协议是由巴塞尔银行监管委员会在瑞士巴塞尔的国际清算银行规定的建议。巴塞尔银行监管委员会由主要金融中心的银行监管机构组成,既没有正式的法律地位也没有权力。然而,它的建议极具影响力,全世界的银行业监管机构也紧随其后。㉟

巴塞尔协议建议,世界各国的央行建立一个有条不紊的、制度化的管理风险的操作系统,并密切监视那些受监督银行的资本充足率和稳定性水平。

第一套建议即巴塞尔协议 I(Basel I)早在 1988 就出版了。㊱ 它为银行建立了一套最低资本要求,主要集中在信用风险和适当的资产风险权重方面。

2004 年,第二套建议即巴塞尔协议 II(Basel II)发布,它更加全面。㊲ 巴塞尔协议 II 使用了"三个支柱"的概念。第一支柱集中在最低资本要求。它涉及监管资本的维护,计算三大风险的组成部分:信用风险、操作风险和市场风险。第二支柱涉及监管审查,并为监管机构提供了比以前更好的工具。它也为银行可能面对的附加风险管理提供了一个框架,比如战略风险、

㉝ 请参阅第三章第三节"五""(七)"。
㉞ 请参阅第三章第三节"五""(二)"。
㉟ 克里斯·布鲁默(Chris Brummer):《软法和全球金融体系:21 世纪的规则制定》,第 63—64 页,剑桥大学出版社 2012 年。
㊱ 国际清算银行巴塞尔委员会:《资本计量与资本标准的国际趋同》(1988 年 7 月)。网上可查:http://www.bis.org/publ/bcbs04a.pdf.
㊲ 国际清算银行巴塞尔委员会:《资本计量与资本标准的国际趋同》(2004 年 6 月,2006 年 6 月修订)。网上可查:http://www.bis.org/publ/bcbs128.pdf(下文中的"Basel II")。

声誉风险、流动性风险和法律风险，这些风险都被结合在剩余风险的标题之下。第三支柱关注信息披露。这个支柱的目的是补充最低资本要求和监督审查过程，通过开发一套信息披露要求，这将允许市场参与者评估一个机构的资本充足率（"市场纪律"）。

由于2007—2009年全球金融危机，第三套建议即巴塞尔协议III（Basel III）于2010年发布，预定将逐步实施到2019年。[38] 巴塞尔协议III主要关注银行挤兑的风险，要求不同形式的银行存款和其他借款的准备金不同。巴塞尔协议III应该通过增加银行流动性和降低银行杠杆来加强银行资本金要求。巴塞尔协议III框架是一个动态框架，不时发布最新更新和附录。[39]

以色列银行一直致力于采用巴塞尔协议。《银行业条例》第5（c1）条款授权银行监管局局长"公布与银行公司的经营管理方法有关的指令……确保其稳健管理和维护其客户利益，避免损害其履行债务的能力。"凭借这一权力，银行监管局局长发布了一长串"正确开展银行业务指令"，旨在实施巴塞尔协议。[40] 2014年1月1日，以色列的银行公司开始实施的规定，采纳了巴塞尔协议III框架的内容。

二、资本充足率

巴塞尔协议III框架寻求加强银行资本的质量和数量。为此目的，它

---

[38] 国际清算银行巴塞尔委员会：巴塞尔协议III：《为更有弹性的银行和银行系统提供全球监管框架》(2010年12月，2011年6月修订)。网上可查：http://www.bis.org/publ/bcbs189.pdf (hereinafter-"Basel III")。

[39] 虽然全面实施巴塞尔协议III的最后期限还没有到，最近银行业市场的发展表明，更严格的规则应该在以后的框架中应用。请参阅：《对信用风险标准化方法的标准修订》，第二份咨询文件（2015年12月）。网上可查：http://www.bis.org/bcbs/publ/d347.htm。

[40] 银行监管局局长：正确开展银行业务指令，指令第201—299号。网上可查：http://www.boi.org.il/en/BankingSupervision/SupervisorsDirectives/Pages/nihultakin.aspx。

建议银行在其资本的各个组成部分[41]与其"风险加权资产"[42]之间达到一定的最低比率。

因此,以色列银行监管局要求银行保持最低资本要求如下:[43]

(1) 普通股一级资本风险权重资产的资本比率必须不低于9%。然而,银行公司总资产负债表的并表资产等于或超过银行系统总资产负债表资产的20%,(两家最大的银行),在2017年1月1日之前,将保持不低于10%的比率。

(2) 风险加权资产的总资本比率不得低于12.5%。然而,银行公司总资产负债表的并表资产等于或超过银行系统总资产负债表资产的20%,(还是那两家最大的银行),在2017年1月1日之前,将保持不低于13.5%的比率。

尽管有这些条款,但银行监管局局长可以对一些特别银行公司确定一个更高的最低资本比率。

2015年,最大五家银行集团的普通股一级资本达到9.5%,而最大五家银行集团的总资本比率是13.9%。[44]

国际比较表明,与其他经合组织国家的银行体系相比,以色列的银行普通股一级资本比率水平较低。然而,值得注意的是,以色列的银行确定信用

---

[41] 巴塞尔协议III框架将资本分为两类:第一类是一级资本(持续经营资本)。一级资本的主要形式是普通股和留存收益(普通股一级资本)。一级资本基础的其余部分由次级工具组成,具有完全自由支配的非累计股息或息票,既没有到期日,也没有赎回的动机(附属一级资本)。第二类是二级资本(破产清算资本),它代表了"补充资本"。对于上面的每一个类别,都有一组标准,各种工具在被纳入相关类别之前必须满足这些标准。请参阅巴塞尔协议III,前注38,第一章。

[42] "风险加权资产"是银行的资产或表外风险敞口,根据风险加权。请参阅巴塞尔协议II,前注37,第44条。

[43] 银行监管局局长:正确开展银行业务指令,指令第201号,关于"测量和资本充足率——介绍,应用范围和需求计算",第40条。网上可查:http://www.boi.org.il/en/BankingSupervision/SupervisorsDirectives/ProperConductOfBankingBusinessRegulations/201_et.pdf。

[44] 银行监管局:《2015年上半年以色列银行体系:2015年前6个月的银行体系发展》,第14、16页,2015年10月。希伯来语网上可查:ttp://www.boi.org.il/he/NewsAndPublications/RegularPublications/Pages/SkiraHalf2015.aspx。

风险的资本分配基于保守的标准化方法,以一种标准的方式衡量信用风险,这是由外部信用评估所支持的。[45] 与不太保守的内部评级(IRB)方法相反,内部评级方法将允许银行公司使用他们的内部评级系统来应对信用风险。[46] 方法的差异影响风险资产的权重,并在风险资产与总资产的比率中造成银行系统之间的差异。因为标准化方法一般比高级方法给予信用风险资产更高的权重,所以它降低了普通股一级资本比率。在不考虑风险资产权重的情况下,对资产负债表资产的权益进行审查,揭示出以色列银行体系资产负债表中的权益水平,类似于经合组织国家中的可接受水平。[47]

在采用巴塞尔协议 III 框架和确定其执行的最后期限上,由于以色列经济的唯一特性和以色列的银行具有相同重要性,所以,以色列银行监管局长采用了比巴塞尔协议 III 推荐的政策更加保守,也更加严厉的政策。[48]

三、流动性

一个与银行的稳定性以及他们履行对存款人财务义务能力有关的重要问题是银行公司的"流动性"。流动性指的是变现资产的能力,而且是为该资产的所有者在适当的时候将其转化为现金而没有任何损失的能力。提供流动性是为了保证银行有可用的流动资金来源立即使用——为履行其对客户的义务——如果银行面临储户意外提取资金的话。[49] 流动资产包括银行

---

[45] 银行监管局局长:正确开展银行业务指令,指令第 203 号。关于"测量和资本充足率——信用风险——标准方法"。网上可查:http://www.boi.org.il/en/BankingSupervision/SupervisorsDirectives/ProperConductOfBankingBusinessRegulations/203_et.pdf。

[46] 银行监管局局长:正确开展银行业务指令,指令第 204 号。关于"测量和资本充足率——信用风险的内部评级方法"。网上可查:http://www.boi.org.il/en/BankingSupervision/SupervisorsDirectives/ProperConductOfBanking BusinessRegulations/204_et.pdf。

[47] 银行监管局:《2013 年以色列银行体系年度调查》,第 51 页,2014 年 7 月。网上可查:http://www.boi.org.il/en/NewsAndPublications/RegularPublications/Pages/skira13.aspx。
银行监管局:《2014 年以色列银行体系年度调查》,第 57 页,2015 年 6 月。网上可查:http://www.boi.org.il/en/NewsAndPublications/RegularPublications/Pages/skira14.aspx。

[48] 《2013 年度以色列银行体系调查》,同上。

[49] 梅尔·赫斯:《以色列的银行业》,第二部分:结构、业务和危机,第 74—83 页(耶路撒冷以色列研究中心 1994 年,希伯来语)。

持有的现金和以色列银行持有的银行的现金余额。

由于这个问题的重要性,它是由一级立法规定的:《以色列银行法》授权以色列银行行长指导银行公司持有流动资产,他确定流动资产的数量及其构成。[50] 因此,以色列银行行长发表了"流动性指令",根据不同类型的存款,指示银行持有流动资产的比率,这被确定为占银行存款债务总额的一个百分比。[51]

如果一家银行不能按照《流动性指令》持有流动资产,这家银行应按照指令确定的利率,根据需要持有的流动资产的总金额和它实际持有的流动资产的总金额之差,在任何存在这样差异的时期,都要向以色列银行支付利息。[52] 此外,央行行长对没有遵守《流动性指令》的一家银行,可以限制或禁止其提供信贷,进行投资,或对其股东分发红利。[53]

以色列银行系统具有流动性水平高的特点,原因是其高流动性资产(HQLA)的构成,并且其来源结构主要是公众存款这一稳定核心,以及短期批发融资的一小部分。除了以色列银行在这方面进行的常规检查之外,2013年它还研究了一种可能的压力情形,即立即赎回10%的公众存款,期限为1个月。结果表明,整个系统对冲击有很强的适应性。[54]

流动性问题,作为巴塞尔协议III框架的一部分,近年来已经得到了特别关注。巴塞尔协议III框架的主要改革之一是发展了流动性的最低标准,这包含两个完全新的要求:流动性覆盖比率(LCR)和净稳定资金比率(NSFR)。

LCR提高了银行流动性风险状况的短期弹性。它通过确保一家银行拥有充足的不受限制的HQLA储备来实现这一点,这可以在私人市场上轻松地转换为现金,以满足其在一个30天的流动性压力情景下的流动性需

---

[50] 《以色列银行法》,第38条。
[51] 《以色列银行(流动资产)指令》[Bank of Israel (Liquid Assets) Directives, 5731-1971]。
[52] 《以色列银行法》,第38(g)款。《以色列银行(流动性赤字的利息)指令》[Bank of Israel (Interest on Liquidity Deficits) Directives, 5740-1980]。
[53] 同上,第38(h)款。
[54] 《2014年以色列银行体系年度调查》,前注47,第48页。

求。换句话说,在 30 天的时间内,银行被要求持有等于或大于净现金流出量的 HQLA 储备(至少有 100% 的覆盖率)。LCR 旨在提高银行业吸收金融和经济压力的冲击的能力,这样就可以减少金融部门对实体经济的溢出风险。㊵

NSFR 要求银行保持与他们的资产组合和资产负债表外活动相关的稳定的资金状况。换句话说,银行被要求持有稳定的可用资金,等于或大于他们所要求的稳定资金数额(至少有 100% 的覆盖率)。一个可持续的筹资结构是为了降低中断银行日常资金来源的可能性,而这种中断将侵蚀其流动性状况,从而增加其破产的风险,并可能导致更广泛的系统性压力。NSFR 限制了对短期批发融资的过度依赖,鼓励更好地评估所有表内、表外项目的融资风险,并促进资金的稳定性。㊶

2014 年 9 月,银行监管局局长关于"流动性覆盖比率"问题发表了正确开展银行业务的指令,㊷指令采用了巴塞尔协议关于 LCR 比率的建议。该指令决定了流动性的最低水平。该指令要求,如果没有财务压力的情况,那么该比率在 2017 年 1 月不应低于 100%。银行监管局局长得到授权,如若他认为 LCR 不能充分反映某银行面临的流动性风险,那么他要求这家银行要有更高的比率水平。

截至本书撰写的日期,NSFR 在以色列尚未被采用。

四、限制杠杆

金融危机的一个潜在特征是银行体系中资产负债表内、表外的杠杆过度累积。这次危机表明,高度的杠杆作用增加了银行对市场和经济状况的

㊵ 国际清算银行-巴塞尔委员会:《巴塞尔协议 III:流动性覆盖比率和流动性风险监测工具》,2013 年 1 月。网上可查:http://www.bis.org/publ/bcbs238.htm。

㊶ 国际清算银行-巴塞尔委员会:《巴塞尔协议 III:净稳定资金比率》,第 1 页,2014 年 10 月。网上可查:http://www.bis.org/bcbs/publ/d295.pdf。

㊷ 银行监管局局长:《正确开展银行业务指令》第 221 号令,关于"流动性覆盖比率"。网上可查:http://www.boi.org.il/en/BankingSupervision/SupervisorsDirectives/ProperConductOfBankingBusinessRegulations/221_et.pdf。

敏感性,并可能破坏银行的稳定性,尽管基于风险的资本充足率很高。

包括在巴塞尔协议 III 框架内的改革之一是,引入一个简单的、透明的、无风险基准的杠杆率,这将作为对基于风险的资本要求的一个可靠补充措施。杠杆率的定义是一级资本测量值与银行总敞口测量值之间的比率。银行总敞口测量值,既包括表内也包括表外的项目。杠杆率的作用旨在限制银行业的杠杆积累;避免不稳定的去杠杆化过程可能会损害更广泛的金融体系和经济;并且通过一个简单的、非基于风险的"支持"措施来加强基于风险的要求。㊳

此外,2014 年 1 月,BCBS 公布了《巴塞尔协议 III 杠杆比率框架和披露要求》。该文件包括对巴塞尔协议 III 框架中所规定的建议予以更新,其中另一项建议是,规定银行有义务向公众公布其杠杆比率及其构成部分。㊴

在 2015 年 4 月,银行监管局局长发布了关于"杠杆率"问题的一项正确开展银行业务指令。㊵ 该指令采用了上述 BCBS 的新建议,并为银行公司建立了最低杠杆率要求。按照该指令,所有银行必须到 2018 年 1 月达到并表基础上不低于 5% 的杠杆率。然而,一家银行公司资产负债表的总资产等于或超过银行系统(两家最大的银行)资产负债表总资产的 20%,在上面提到的日期,必须达到至少 6% 的杠杆率。㊶

类似于关于资本充足率要求和 LCR 的实践,如果银行监管局局长认为杠杆率没有充分反映出公司的杠杆水平,那么他很可能要求对某些银行公

㊳ 《巴塞尔协议 III》:前注 38,第 61—63 页。

㊴ 国际清算银行巴塞尔委员会:《巴塞尔协议 III 杠杆比率框架和披露要求》(2014 年 1 月)。网上可查:http://www.bis.org/publ/bcbs270.pdf。

㊵ 银行监管局局长:《正确开展银行业务指令》第 218 号令,关于"杠杆率"。希伯来语网上可查:http://www.boi.org.il/he/BankingSupervision/SupervisorsDirectives/DocLib/218.pdf。必须向公众报告的内容包括在:银行监管局局长《对公众报告指令》第 651 号令,关于"巴塞尔协议第三支柱中包含的披露要求和关于风险的更多信息",希伯来语网上可查:http://www.boi.org.il/he/BankingSupervision/SupervisorsDirectives/2015/651.pdf。

㊶ 第 218 号令,关于"杠杆率",前注 60,第 7 条。

司提高杠杆率要求。㉒

截止到 2015 年 6 月,所有五家银行集团都达到了所要求的比率,并且有些银行甚至还达到了更高的水平。㉓

五、风险管理

近年来,尤其是 2007—2009 年金融危机之后,有序的企业风险管理,作为银行系统的一个重要组成部分,能够让银行系统发现并应对出现的风险,这种需求变得更加迫切。在此背景之下,银行监管局局长发布了关于"风险管理"问题的一项正确开展银行业务的指令。㉔ 该指令基本基于巴塞尔风险管理的原则,这方面反映在 2009 年 7 月的巴塞尔协议 II 修改版的框架中,㉕也基于 2010 年 10 月的关于加强公司治理的原则。㉖

根据该指令,风险管理治理由三条防线组成。第一条防线是"业务条线管理";也就是,管理业务单元活动产生的风险。这种管理对管理风险和在单元活动中实现适当的控制环境负有完全的责任。第二条防线包括风险管理职能部门,由银行的首席风险官领导。第三条防线是内部审计职能部门,它隶属于董事会,它的目的是检查风险管理程序(主要是回顾性的),并揭露内部审计的缺陷。

该指令还对董事会和银行高级管理层规定了责任和义务。董事会必须

㉒ 银行监管局:《通告》(第 C-2460-06 号),关于"杠杆率",第 4 条,2015 年 4 月 28 日。希伯来语网上可查: http://www.boi.org.il/he/BankingSupervision/LettersAndircularsSupervisorOfBanks/HozSup/h2460.pdf.

㉓ 《2015 年上半年以色列银行体系:2015 年前 6 个月的银行体系发展》,前注 44,第 15 页。

㉔ 银行监管局局长:正确开展银行业务指令,指令第 310 号,关于"风险管理"。网上可查:http://www.boi.org.il/en/BankingSupervision/SupervisorsDirectives/ProperConductOfBankingBusinessRegulations/310_et.pdf.

㉕ 国际清算银行巴塞尔委员会:《改进巴塞尔协议 II 框架》(2009 年 7 月)。网上可查:http://www.bis.org/publ/bcbs157.pdf.

㉖ 国际清算银行巴塞尔委员会:《加强公司治理的原则》(2010 年 10 月)。网上可查:http://www.bis.org/publ/bcbs176.pdf. 修改版发布于 2015 年,请参阅国际清算银行巴塞尔委员会:指南——银行加强公司治理的原则(2015 年 7 月)。网上可查:http://www.bis.org/bcbs/publ/d328.htm.

提供银行总体风险战略和风险偏好的概要,批准风险管理框架,并监控银行的风险状况。高管层负责管理当前风险,建立风险管理职能部门,并委任首席风险官作为其领导。首席风险官将是银行管理层的成员。为了保持其独立性,他必须避免从事其他银行业务,并且他直接隶属首席执行官。然而,他也要对董事会负责,他被要求直接和定期地与这些机构会面。

该指令继续定义了对风险管理职能、职责范围、地位和独立性的职责。此外,该指令要求银行以书面文件确定该银行的风险偏好,及其风险管理架构。它制定了检测、测量和评估风险的方法,并要求银行使用模型和压力测试。

六、信用风险管理和对信贷供给的限制

(一) 信用风险管理

正如上面所说,巴塞尔协议处理的主要风险之一是信用风险,这有充分理由。多年经验表明,严重银行业问题的主要原因仍然是直接关系到信贷提供流程不当,信贷组合风险管理不佳,缺乏关注经济的变化或其他情况,这些情况可能导致银行有敞口的缔约方信用状况恶化。[67]

有鉴于此,银行监管局局长关于"信用风险管理"问题,给出了一个内容很长而详细的正确开展银行业务的指令。该指令概述了信用风险管理的若干原则,同时对银行董事会和高管层规定了责任和义务。[68]

在该指令中,"信用风险"被广义地定义为"银行的借款人或对手方无法按照约定的条款履行其义务的可能性。"[69] 贷款是银行最大和最明显的信用

---

[67] 银行监管局局长:《正确开展银行业指令》第 311 号令,关于"信用风险管理",引言第 1 条。网上可查:http://www.boi.org.il/en/BankingSupervision/SupervisorsDirectives/ProperConductOfBankingBusinessRegulations/31 1_et.pdf。

[68] 同上,也请参阅:银行监管局局长:《正确开展银行业指令》第 314 号令,关于"稳健信用风险评估与贷款估值"。网上可查:http://www.boi.org.il/en/BankingSupervision/SupervisorsDirectives/ProperConductOfBankingBusinessRegulations/314_et.pdf。该指令基于国际清算银行巴塞尔委员会:《稳健信用风险评估与贷款估值》(2006 年 6 月)。网上可查:http://www.bis.org/publ/bcbs126.htm。

[69] 第 311 号令,关于"信用风险管理",前注 67,引言第 2 条。

风险之源。然而,除了贷款以外,银行还越来越多地面临各种金融工具的信用风险,包括银行间交易、贸易融资、外汇交易、金融期货、互换、债券、股票和期权。信用风险还涉及承诺和保证的延伸,以及交易的结算。⑩

2015年5月,以色列债务重组事务调查委员会调查以色列经济中大型企业债务重组安排的普遍现象,这也与银行作为信贷提供者的活动有关,根据该委员会建议,⑪更新了上述指令,并在几个重要问题上添加了参考资料。⑫

关于银团贷款交易:关于银行参与辛迪加组织的准则已经制定出来了。作为组织者和作为信贷提供者都算是参与辛迪加组织。⑬

关于重大贷款:当向一个公司提供大量的信贷(超过5000万新谢克尔)时,银行将被要求获得并考虑借款公司的控股股东的信息,比如他获得的信贷购买了公司的控股股份,以及他过去的财务行为。⑭

债务的豁免:银行将被要求决定关于冲销客户债务流程和注意事项的程序。该程序应包括一项作出适当定量计算的要求,同时也要检查许多其他安排,这将为银行在考虑实施债务冲销之前建立基础。⑮ 此外,由于需要监控以色列银行系统所达成的债务重组协议的规模,银行公司将被要求向银行监管部门提交一份详细的季度报告,就陷入困境的债务重组的实施情况进行分析。⑯

2015年5月更新的另一个主题是杠杆贷款问题,这一问题将在后面单

---

⑩ 第311号令,关于"信用风险管理",前注67,第3条。
⑪ 请参阅第二章第一节"三"。
⑫ 以色列银行新闻公告:《银行监管局根据以色列债务重组事务调查委员会的建议发布新准则》(2015年5月3日)。网上可查:http://www.boi.org.il/en/NewsAndPublications/PressReleases/Pages/2 9-04-2015-NewDebtGuidelines.aspx。
⑬ 指令第311号,关于"信用风险管理",前注67,第15r、29、67a条。
⑭ 同上,第27a条。
⑮ 同上,第83a条。
⑯ 银行监管局局长,《向银行监管局报告指令》第811号令,关于"问题债务重组的报告(季报)"。希伯来语网上可查:http://www.boi.org.il/he/BankingSupervision/SupervisorsDirectives/Lists/BoiRegulation ReportOrders/811.pdf。

独讨论。

(二) 对一个借款人和一组借款人的债务限制

信贷投资组合的集中是银行信用风险的来源之一。因此,对一家银行公司和其报表并入该银行公司报表的其他公司来说,对一个借款人和一组借款人的负债数额是有限制的。[77] 这些限制成为最低要求。此外,银行必须讨论并建立对最大信用风险敞口的内部限额。在设置这些限额上,银行必须权衡其特点等因素、其风险敞口的特点、信用评级水平,以及包括在一组借款人之中的借款人与银行及银行集团的信贷集中总体水平之间的关联程度。敞口的质量越低,以及其成分之间的相关性越高,关于所说敞口的限制将会越严格。[78] 如果背离这种限制是由于经济环境的变化而产生的,比如货币汇率的显著变化,或者股本收益的重大变化,那么,银行监管局局长可以认可在他确定的一段时间内对他的限制有所背离。[79]

(三) 与关联方业务

《正确开展银行业务指令》第 312 号令,涉及银行与关联方的业务。[80]

该指令的目的是减少银行与关联方进行交易时所产生的风险,这可能不符合银行的最佳利益。

该指令限制关联方对银行的债务程度。此外,它还要求,银行和关联方之间的交易要在公平交易基础上进行,根据商业条款,银行与关联方的交易不优先于与非关联方的类似交易。

(四) 杠杆贷款

在第二章第一节第三部分中,我们已有涉及,作为全球金融危机的后

---

[77] 银行监管局局长:《正确开展银行业务指令》第 313 号令,关于"对一个借款人和一组借款人的债务限制"。网上可查: http://www. boi. org. il/en/BankingSupervision/SupervisorsDirectives/ProperConductOfBan kingBusinessRegulations/313_et. pdf。

[78] 同上,第 1 条。

[79] 同上,第 11 条。

[80] 银行监管局局长:《正确开展银行业务指令》第 312 号令,关于"银行公司与关联方的业务"。网上可查: http://www. boi. org. il/en/BankingSupervision/SupervisorsDirectives/ProperConductOfBankingBusinessRegulations/312 _et. pdf。

果,以色列经济中出现了多重债务重组安排的现象。这种现象导致了设立以色列债务重组事务调查委员会。该委员会的报告,发布于 2014 年 11 月,其中包括,鉴于这些贷款的高风险情况,提出了关于银行发放杠杆贷款(Leveraged Lending)的建议。[81]

银行监管局局长采纳了该委员会的建议,并在 2015 年 5 月关于杠杆贷款问题他发布了《正确开展银行业务指令》第 327 号令。[82] 该指令规定了银行监管局局长对银行关于这些贷款的适当和谨慎的风险管理的最低期望。该指令对提供信贷的阶段,以及管理和监测信贷的阶段提出了详细指示。该指令就信贷政策、董事会定期讨论、承销和评估程序、报告和定量分析、杠杆贷款的分类、信用分析、信贷控制等确立了标准。[83]

有趣的是,指令本身并没有定义什么是杠杆贷款,但它允许每个银行自己去作出什么是杠杆贷款的定义,假若确定了明确的目标和标准。银行监管局局长的期望是一个包括下列标准的定义:(a)这笔贷款是用于资本交易,比如回购借款公司的发行股本,借款公司对另一家公司的收购,或在借款公司分配资本,这些交易超过由银行确定的重要性阈值或融资利率;(b)借款人的债务与其 EBITDA(息税折旧摊销前利润)的比率超过由银行决定的利率,同时考虑到行业或特定行业中可接受的比率;(c)借款人的特征是高负债与资产净值比率;(d)融资后借款人的杠杆水平,以杠杆比率计量(比如资产负债率、负债与所有者权益比率、债务现金流比率或其他类似的指标在某些行业或部门中是常见的),这一数字远远高于行业中的惯例或历史水平。[84]

---

[81] 财政部:《以色列债务重组事务调查委员会报告》(2014 年 11 月),希伯来语网上可查:http://mof.gov.il/Committees/DebtRegularizationCommittee/DebtRegularizationCommittee_Makanot_Report.pdf.

[82] 银行监管局局长:《正确开展银行业务指令》第 327 号令,关于"杠杆贷款管理"。网上可查:http://www.bankisrael.gov.il/en/BankingSupervision/SupervisorsDirectives/ProperConductOfBankingBusinessRegulations/327_et.pdf.

[83] 也请参阅:第 311 号令,关于"信用风险管理",前注 67,涉及有关杠杆贷款的信贷风险管理,第 62 页,第 15(e)、15(e1)条。

[84] 第 327 号令,关于"杠杆贷款"前注 82,第 3 条。

(五)对融资资本交易的限制

《正确开展银行业务指令》第 323 号令,涉及三种类型的融资资本交易:回购公司发行的股本,通过借款公司收购另一家公司,以及在借款公司发行股本。[85]

融资资本交易如购买公司的控制权,其特点是巨额融资或高融资利率,偿还贷款的能力主要是基于购买的公司,并且借款人有时没有追索权。此外,借款人没有追索权的信贷通常涉及所有权风险和对股价通胀的担忧。由于融资资本收购所涉及的复杂性质和风险水平,银行被要求对这类信贷特别谨慎,在承销阶段和提供信贷之后都要小心。该指令对信贷额度设置了数量限制,而这项业务的其他方面由 327 号令规定,这方面上面已作讨论。[86]

(六)活期账户信用便利

直到 2007 年,与以色列活期账户有关的一种常见做法——在零售和商业领域,是超过了银行为客户批准的信用额度。许多账户超过定期信贷限额,但两方之间没有正式安排。以这种方式,客户享受更多的信贷,而银行通过收取惩罚利率而获益,惩罚利率显著高于在约定便利限额内贷款收取的利率。

然而,这些安排产生了一些问题。从银行角度看,这意味着风险敞口的大量暴露,因为超过限额的信贷没有担保。此外,鉴于这种做法的流行,它给银行系统带来了巨大的风险。而从客户的角度来看,这种安排并没有在正式的书面协议中确立,但却受制于银行的仁慈。在很多情况下,若银行决定不再无视客户超过信贷限额的事实,并且拒绝接受客户的支票,通常也不会提前通知客户,这时客户就受到了损失。如果客户提起诉讼,声称他们信

---

[85] 银行监管局局长:《正确开展银行业务指令》第 323 号令,关于"对融资资本交易的限制"。网上可查: http://www.bankisrael.gov.il/en/BankingSupervision/SupervisorsDirectives/ProperConductOfBankingBusinessRegulations/32 3_et.pdf.

[86] 请见第三章第三节"四""(四)"。

赖双方之间出现的非正式惯常做法,那么法院大多拒绝。[87]

2005年,银行监管局局长决定干预这个问题,禁止偏离信贷额度,少数例外情况除外。[88] 应该注意的是,这一指令的目的并非纯粹是谨慎的,而是审慎监管和商业行为监管的结合。因为它的目的不仅是保护银行和银行系统,而且保护客户本身(一种家长式的保护)。我们将在第五章第九节第一部分重新讨论这个组合问题,这部分要解决将审慎监管和消费者监管分开是否正确的问题,或者二者是否都应当留在银行监管局局长手中的问题。

(七) 对提供房屋贷款的限制

近年来,在以色列,公寓的价格有大幅度增加。从2008年年初到2014年,名义房价上升了90%。[89] 仅在2014年,房屋价格就上涨了4.5%。[90] 由于高昂的价格,许多家庭在没有从银行获得资金的情况下很难购买房产。同时,抵押贷款的实际加权利率已经下降,在2014年达到了1%。[91] 这种情况造成了房屋贷款需求的显著增加。于是,在2007—2013年,住房信贷的增长速度平均每年达到12%,2014年为7%。[92]

根据这些数据,为了降低房价,政府采取了几项措施,比如增加公寓供应,并针对目标人群降低房价等。[93] 此外,银行监管局局长对银行住房信贷方面采取了一系列宏观审慎措施,旨在抑制价格的快速上涨,防止价格泡沫

---

[87] 比如:E&G驾驶教练高级系统有限责任公司诉以色列国民银行有限责任公司案,前注19。请比较:电子仓库有限公司(停业清算中)诉联合密兹拉银行有限公司案[CF 1320/99 Electrical Warehouses Ltd. (in Liquidation) v. United Mizrahi Bank Ltd. (Nevo Database, 2009)](对银行强加了责任的孤立案例之一)。

[88] 银行监管局局长:《正确开展银行业务指令》第325号令,关于"对活期账户信用便利的管理"。网上可查:http://www.boi.org.il/en/BankingSupervision/SupervisorsDirectives/ProperConductOfBankingBusinessRegulations/325 _et.pdf。

[89] 以色列银行:《2014年年度报告》(2015年3月),第3页,希伯来语网上可查:http://www.boi.org.il/he/NewsAndPublications/RegularPublications/Pages/DochBankIsrael2014.aspx。

[90] 同上,第70页。

[91] 同上。

[92] 《以色列银行体系——2014年年度调查》,前注47,第29页。

[93] 《以色列银行——2014年年报》,前注89,第180—188页。

的产生,并减少因银行在该领域提供资金而对银行系统带来的风险。[94] 这是通过《正确开展银行业务指令》第 329 号令来完成的,该指令的内容就是关于提供住房贷款的限制。[95]

该指令包括对住房贷款的一长串限制,比如:将贷款资金限制在房产价值的一定比例(LTV 比率);将每月的偿还额限制在借款人每月收入的一定百分比(PI 比率);对以可变利率提供的融资比例的限制,利率可能在未来增加,使借款人难以偿还贷款;对贷款期限的限制。此外,该指令还包括资本充足率方面的各种规定,比如,根据银行住房贷款的未偿余额,提高银行一级资本的股本目标;[96]对可变利率贷款的风险增加提高权重;以及对来自住房贷款中的信贷损失提供拨备。

七、挪用资金的风险

一家银行的金融稳定性面临的风险之一是存在挪用资金(Embezzlement)的风险。挪用资金可以与银行的资产,以及它所持有的资产或由它管理的资产有关。[97]

多年来,以色列发生了多起事件,挪用资金导致了一家银行的崩溃。其中包括 1974 年以色列-英国银行(the Israel-British Bank)的挪用资金事件,[98]1985 年北美银行(the North American Bank)的挪用资金事件,[99]2002 年商业银行(the Bank of Commerce)的挪用资金事件。[100] 所有这些案子都

---

[94] 《以色列银行系统 2014 年年度调查》,前注 47,第 30 页。
[95] 银行监管局局长:《正确开展银行业务指令》第 329 号令,关于"对发放住房贷款的限制"。网上可查:http://www.bankisrael.gov.il/en/BankingSupervision/SupervisorsDirectives/ProperConductOfBankingBusinessRegulations/3 29_et.pdf. 这一举措确实导致了住房信贷风险水平的降低,请参阅《以色列银行体系——2014 年年度调查》,前注 47,第 29 页。
[96] 关于这个术语,请参阅前注 41。
[97] 《银行业条例》,第 8D1(c)条。
[98] 以色列国家诉本-蔡恩案 [CA 173/75 The State of Israel v. Ben-Zion, 30(1) PD 119 (1975)]。
[99] 巴泽尔诉以色列国家案 [CA 752/90 Barzel v. The State of Israel, 46(2) PD 539 (1992)]。
[100] 阿龙诉以色列国家案 [CA 7075/03 Alon v. The State of Israel (Nevo Database, 2006)]。

涉及小银行,而在其中的两家银行,挪用资金的程度超过了这两家银行的整个股本,从而导致了此两家银行的清盘。特别惊人的是这家商业银行的案例,一名职员设法从顾客账户中偷取了2.5亿以色列新谢克尔,四倍于这家银行的权益,而这家银行的权益仅有大约5,100万新谢克尔。[101] 在商业银行盗用公款事件之后,我们学到了一些重要的经验教训,这是通过立法修正案和银行监管局局长的指令来实现的,目的是防止或减少将来其他挪用资金案件发生的可能性。

首先,以法定形式决定,确立关于银行官员挪用资金和欺诈的报告义务。多年来,银行系统的挪用资金程度一直是个谜。此外,许多指控认为,是银行系统掩盖了这种现象的严重程度。有鉴于此,修订了《银行业条例》,并对银行规定了报告责任。[102] 在任何情况下,如果有挪用资金的合理嫌疑,在以色列境内数额超过15,000新谢克尔或在国外超过15,000美元,那么银行被要求向银行内部审计员和银行监管局报告。报告必须在发现挪用资金之日起7天内完成。但是,如果挪用资金构成了一起"重大事件",比如数额超过了1,000万新谢克尔,或者是银行资本的2%,或者是嫌疑人持有高级职务,那么就必须立即进行报告。[103] 有趣的是,在该法案的措辞中,也提到了向警方报告。但是,这个责任在该条的最后版本中被删除了。[104]

违反报告义务构成银行方的刑事犯罪。此外,《银行业条例》对银行首

---

[101] 国家审计署:《2002年年报第53B号及2001财年账目》,第四章——银行监管局对商业银行的监督,希伯来语网上可查:http://old.mevaker.gov.il/serve/contentTree.asp?bookid=376&id=161&contentid=&parentcid=undefined&sw=1366&hw=698。

[102] 《银行业条例》,第8D1条。

[103] 银行监管局长:《正确开展银行业务指令》第351号令,关于"银行雇员和职务人员欺诈和挪用资金"。网上可查:http://www.bankisrael.gov.il/en/BankingSupervision/SupervisorsDirectives/ProperConductOfBankingBusinessRegulations/351_et.pdf。银行监管局局长:《向银行监管局报告指令》第808号令,关于"雇员和官员挪用资金情况"希伯来语网上可查:http://www.bankisrael.gov.il/en/BankingSupervision/SupervisorsDirectives/Lists/BoIRegulationReportOrders/808.pdf。

[104] 《〈银行业条例〉修订议案(第22号)(关于银行挪用公款行为的报告)》[Bill to Amend the Banking Ordinance (No. 22) (Reporting on an Embezzlement in a Banking Corporation), 5764-2004, Bills 66]。

席执行官规定了个人责任。它明确规定,银行首席执行官必须"监督并尽最大努力"提交一份关于挪用资金的报告。首席执行官违反这项职责的行为将被视为他本人的刑事犯罪。条例甚至规定,除非银行公司的首席执行官证明他已经尽他所能履行了其职责,否则推定他违反了其上述职责。[105]

为了确保对盗用公款的公开透明,《银行业条例》规定银行监管局局长每年应向以色列议会财务委员会提交一份报告,提供有关他已报告的挪用资金数量的详细信息。关于银行监管局局长已经处理完毕的挪用资金案件,他被要求提供有关他如何处理这些案件的细节,以及调查结果,不包括获取信息的方式。[106] 此外,银行监管局局长会以一种他所选择的方式将这些信息带给关注的公众,包括将其发布在以色列银行网站上。[107]

通过对2012年至2014年银行监管局发布的数据进行分析,可以得出以下结论:[108]

- 并不是所有的案例都对银行的客户产生不利影响,在一些案例中,挪用的资金是银行自己的钱。
- 在所有已完结的案例中,银行完全补偿了受到影响的客户。
- 在所有已完结的案例中,挪用资金行为导致了挪用者工作的终止。
- 在大多数案例中,但并非全部,银行就挪用资金向警方提出了投诉。
- 在上述三年,有75例资金是被银行系统雇员挪用的。因此,从统计上看,以色列的大多数银行至少有一次被挪用资金,如果不是更多的话。
- 数目相对较少的挪用资金行为,是造成大部分损失的原因。
- 没有明显发现对客户造成普遍损害,或存在对银行稳定构成威胁的

---

⑤ 《银行业条例》,第8 E1条。
⑥ 同上,第8D2条。
⑦ 同上。
⑧ 比如:《2014年报告:根据〈银行业条例〉第8D2款对挪用资金情况的报告》(2015年2月10日)。希伯来语网上可查:http://www.boi.org.il/he/BankingSupervision/LettersAndCircularsSupervisorOfBanks/LettersOfTheBankingSupervisionDepartment/201506.pdf。

重大缺陷。也没有任何发现表明,银行系统存在广泛的问题。

银行监管局局长的另一项指令涉及银行员工的轮换和不间断休假。[108] 这一指令也是在上述商业银行发生挪用资金案之后颁布的。很明显,这个挪用资金是有便利条件的,尤其是基于这一事实,这些年来,挪用资金的人一直在同一岗位工作,她确保永远不会缺勤,她从不允许另一个员工进入她使用的银行的电脑。因此得出结论,管理者和员工之间的轮换政策,以及强制员工休假的政策,构成一个银行公司内部审计的重要组成部分。此外,这些措施使挪用资金和欺诈行为变得更加困难,并导致了对其行为的早期发现。

该指令要求董事会制定一项关于管理者和雇员的敏感职位轮换政策。此外,每一位员工和每一位经理都必须连续几天不间断休假。同时,在敏感岗位工作的,休假至少要十天。在休假期间,禁止该员工或该经理出现在银行,另一位员工需要接替他的位置。休假雇员的权力和他对自己职位行使职务行为的可能性将被封锁。在可能的情况下,替换者应该是不属于同一分支机构或单元的雇员。

那家商业银行的挪用资金案导致了该银行的倒闭,并继而被受到挪用资金影响的客户和投资者投诉。在此案中,国家审计署审查了银行监管局局长处理该案件的方式。[109]

国家审计署确定,以色列银行的银行监管局的作用主要是监测可能危及一家银行甚至银行体系稳定的主要风险,也就是:信用风险、挂钩和利率风险(linkage and interest risks),以及市场风险。然而,该部门没有理由将有限的资源分配到对挪用资金风险的直接监管上。总的来说,挪用资金不涉及巨额资金;银行的管理层自身有很大的利益防止或至少尽快揭露这些挪用资金行为;而且无论如何,银行有控制制度和内部审计,其职能尤其包

---

[108] 银行监管局局长:《正确开展银行业务指令》第 360 号令,关于"轮换与不间断休假"。网上可查: http://www.bankisrael.gov.il/en/BankingSupervision/SupervisorsDirectives/ProperConductOfBankingBusinessRegulations/3 60_et.pdf。

[109] 国家审计署:《年报第 53B 号》,前注 101。

括涉及监测和预防挪用资金行为。同样,关于这家商业银行挪用资金的具体案例,没有发现银行监管局局长行为的任何缺陷,表明其行为与挪用资金之间存在直接的因果关系。

尽管如此,关于银行监管局针对银行对挪用资金风险采取措施的间接监管,国家审计长还是提出了评论和建议。他认为,该部门并不总是运用从已被发现的挪用资金行为中吸取教训,以迫使银行系统中的所有银行建立程序,以加强保护手段,防范此类挪用资金的行为。

第四节 危机管理和银行救助(恢复和处置)

一、一般原则

正如在第一章第三节"一"中解释的,有些学者认为,危机管理和银行救助的主题是与审慎监管主题分离的,它甚至被赋予了"保护性监管"的不同名称。[111] 这种方法是基于这一区别,审慎监管涉及旨在防止银行破产的措施,而保护性监管涉及在已经检测到银行倒闭后对银行倒闭进行处理的问题。这两个监管领域是否分开更理想,这是一个复杂问题,没有明确的答案,而且必须根据讨论的具体问题进行研究。为了本书的目的,以及就第一章第三节"一"中解释的原因而言,我已决定将银行倒闭的主题纳入审慎监管的广泛领域,并在这里将它作为本章的一部分。

银行倒闭并不是新现象。在过去,以色列发生了几起银行破产的案例。所有这些都与小银行有关,它们都是由欺诈或挪用资金行为引起的。[112] 相比之下,2007—2009年全球金融危机,虽然导致了全球银行的崩溃,但以色列银行体系相对平和地渡过了危机,并没有引起以色列任何银行的崩溃或

---

[111] 拉里萨·德拉戈米尔:《欧洲审慎银行监管与监督》,第54页,劳特利奇出版社2010年。
[112] 请参阅第三章第三节"八"。

严重的破坏。

在公司遇到严重财务困难的情况下,以色列的公司法认可三项行动:第一项是公司的清算;[113]第二项是公司的恢复;[114]第三项是债务结构安排或与债权人达成和解,而且不在恢复程序的框架内。[115]公司法律规定每一项行动的具体安排,包括债权人的权利以及所有其他利益相关者的权利。[116]

这三种安排,同样适用于那些发现处于破产境地的银行公司。然而,由于银行公司的特殊性质,银行法为其建立了一种特殊的安排。这确实是一种合适的方法。由于银行在现代经济中扮演的重要角色,一家银行的倒闭可能会对该国的经济活动造成严重破坏。存入银行的公共资金是支付机制和市场货币供应的重要组成部分。银行提供的信贷是商业和私人活动资金的重要组成部分。银行是提供和重新分配流动性的核心参与者。此外,银行充当执行政府政策的工具,并作为转移国家基金(State funds)的渠道。鉴于这些事实,一家银行尤其一家大型银行的倒闭,可能会对至关重要的服务和整个经济体系造成损害;因此,需要为一家陷入困境的银行建立一种特殊的安排。[117]虽然如此,但必须承认,在一些问题上,通用公司的法律与特殊的银行法之间的关系并不十分明确。

以色列现有的关于如何处理危机中的银行立法——即《银行业条例》——不是新的。它的起源可追溯到1969年,多年来,经过数次修订。《银行业条例》赋予银行监管局局长和以色列银行行长广泛的权力。从开始采用监管措施,旨在防止仍处于初级阶段的危机升级;通过向遇到困难的银行法人提供援助——以使其能够恢复并继续照常做生意;直到清算银行法

---

[113] 《公司条例》[新版],第244条及以下。
[114] 《公司法》,第350条及以下。
[115] 《公司法》,第350条(一般清算)和第350Q款及以下(公司债券的清算)。
[116] 齐普拉·科恩和利亚·帕泽曼-约泽福韦(Zipora Cohen & Lea Paserman-Yozefov):"清算、重组、债权人清理——职员在各种诉讼中责任的研究",《公司与商法研究全书》(希伯来语),第291页,阿哈伦·巴拉克、伊扎克·扎米尔和戴维·利贝主编,内沃(Nevo)数据库2015年。
[117] 斯坦利·拉加列夫斯基和萨拉·理查迪(Stanley V. Ragalevsky & Sarah J. Ricardi):"银行破产的剖析",《银行法律杂志》第126期,第867、868页,2009年。

人的业务。在最初阶段的权力,当需要采取预防措施时,通常会授予银行监管局局长。在更复杂的情况下,真正的危机迫在眉睫,甚至已经爆发,权力通常被授予央行行长。

以色列银行目前正在对《银行业条例》进行广泛的修改。与此同时,现有的条款仍然具有约束力,将在下文讨论。

二、早期干预

在发现缺陷的初始阶段,可能会损害银行履行其义务的能力,权力授予银行监管局局长。这种权力本质上是预防性的,它的目的是为了在出现担忧的初始阶段防止倒闭。

如果银行监管局局长认为某家银行以某种方式交易业务可能会损害其履行义务的能力,他将要求该银行对这些缺陷进行矫正。对于上述要求,这家银行有权向银行监管局局长提出异议。然而,审查这种反对意见并作出决定的人,是银行监管局局长本人。[118] 对银行监管局局长的裁定不服的,可以向高等法院提出诉愿。不过,出于显而易见的原因,银行还从来没有这么做过。

如果银行监管局局长认为银行未能按照要求纠正缺陷,或者,银行监管局局长认为应采取措施防止银行无法履行其义务,或者防止银行对顾客或者对权利所有者造成伤害,那么,他可以向银行发出各种指示,比如:禁止银行从事特定的业务活动;禁止分配股息;禁止向董事、经理或授权签署人发放福利;暂停或限制董事、经理或授权签署人的权力,或将其予以撤职。在给银行适当的机会提交其论点并与执照委员会协商后,银行监管局局长可以发出这种指示。任何受银行监管局局长指示影响而被撤职的人,可以就这一指示向央行行长提出上诉。[119] 不遵守上述监管局局长任何一项指示,都可能被视为银行方的刑事犯罪,并在多种情况下,甚至银行官员也被视为刑事犯罪。[120]

---

[118] 《银行业条例》,第 8A 条。
[119] 同上,第 8C(a) 条。
[120] 同上,第 8E 条。

三、处理银行倒闭

(一) 以色列银行行长的权力

问题造成真正影响稳定,在这种更严重的情况下,授予以色列央行行长的权力,自然包含了一套更强大的工具。

因此,如果央行行长与银行监管局局长协商后,认为某家银行无法履行其职责,或者它不能返还委托给它的资产,那么,央行行长可以向银行发出上述监管局局长权限范围内指令中的任何一种指令。[121]

除上述措施外,央行行长还可能采取更严厉的措施,并向银行委派一名特别审查员或管理人。最初,《银行业条例》规定,这些重大任命需要得到政府的批准。[122] 然而,因为获得这样的批准需要时间,还可能涉及政治上的考虑因素,所以该条例被修改了,不是得到政府的批准,而是以色列银行的货币委员会必须予以确认。

类似于银行监管局局长的权威,在给予银行适当的机会提交其论证并与执照委员会协商之后,行长也可能采取上述步骤。但是,如果央行行长认为事情和公共利益的情况需要立即采取行动,那么,一旦他采取上述行动,他就尽快满足这些条件,他可能会在没有咨询的情况下行动,也不会让银行发表意见。[123] 赋予央行行长这一特殊权力是基于这样一种假设,即央行行长干预的情况面对真正的稳定问题,可能需要紧急行动。

不符合央行行长的指示,可能被视为银行方的刑事犯罪行为,在某些情况下甚至是该银行官员的犯罪行为。[124] 该银行的所有官员和雇员被要求——根据央行行长、管理人、特别审查员或任何被他们授权的人的请求——按提出要求的人的意见,提供任何文件和信息,并能够确保他工作履

---

[121] 《银行业条例》,第 8 D (a)条。银行监管局局长这方面的权力详见第三章第四节"二"。
[122] 《以色列银行草案》(Bank of Israel Bill, 5770-2010),第 89 (2)条。
[123] 《银行业条例》,第 8 d (c)条。
[124] 同上,第 8 E 条。

职或使其更容易执行。不按规定提供信息也构成刑事犯罪行为。[125]

我们将详细介绍上述的每一位官员及其职权。

(二) 特别审查员

在银行有可能继续经营,其目的是恢复和复兴其业务的情况下,将委派特别审查员。如果特别审查员得到了央行行长的授权并给出这样的指示,那么根据他从央行行长或银行监管局局长那里得到的指示,他将监督董事会的活动和银行的管理。[126] 特别审查员充当以色列银行的长臂,他的作用是纯粹的监督。特别审查员的任命不会削弱银行的董事、经理和官员的地位,而只在他们之上建立了一个监督级别。央行行长允许特别审查员雇用其他人履行他的职责。

(三) 管理人

如果存在比委派特别审查员更加严重的情况,那么就会委派管理人。例如,鉴于银行的处境,可能有必要清算它的业务。

一旦管理员被委派接管银行,不得根据银行股东的要求向银行发出任何清盘令(winding-up order)或破产接管令(receivership order),也不能发出自愿清算令(voluntary liquidation order)。[127] 但是,对依照银行债权人的申请,建立清算、破产或者恢复程序是没有障碍的。

如果管理人被央行行长授权发布指示,那么他将按照他从央行行长或银行监管局局长那里得到的指示管理银行公司。[128] 这些是管理员和特别审查员之间的主要区别:审查员的角色仅限于监督,但管理人的职责是管理银行。特别审查员依赖于继续履职的董事会和银行的管理层,并且他依赖于他们的合作来获取关于银行情况的信息,但管理人拥有独立的管理权限,这使他能够获得有关银行情况的完整信息,并据此采取行动。

---

[125] 《银行业条例》,第 8I 条。
[126] 同上,第 8G 条。
[127] 同上,第 8L(b)款。
[128] 同上,第 8F(a)款。

《银行业条例》规定,管理人应有银行首席执行官的地位。[129] 此外,管理人将履行董事会及其委员会的职责,他将拥有银行创立文件中授予董事会的所有权力。[130] 向银行委派管理人的,银行的首席执行官和董事可以被停职,[131]在这种情况下,管理人将单独管理银行。然而,如果 CEO 和董事不被停职,他们将被管理人的决定所约束,管理人拥有最高的自由裁量权和决策权。

该条例进一步规定,向管理委员会[132]咨询之后,并经央行行长批准,管理人应将银行资产的全部或部分转移到另一家银行公司,该银行公司承担由此带来的所有负债。[133] 在以色列,这样的安排还从来没有应用过。然而,在其他国家已经实施了类似的安排。[134] 但是,尽管其他国家的安排是多种多样的,并且允许假定的载体(the assuming vehicle)——不一定是银行公司——只获得破产银行的部分债务,但以色列的法律在这方面是严格的,并且只允许一种安排——另一家银行公司承担所有债务。

国际货币基金组织(IMF),审查了以色列现有的法律安排,建议扩大管理人的权力,并为他提供更广泛的处置方法,比如与一家健康的银行合并;与或不与现有股东的快速资本重组;次级债务转换为股权;以及更灵活的资

---

[129] 《银行业条例》,第 8F(b)款。
[130] 同上,第 8F(c)条。
[131] 请参阅第三章第四节"三""(一)"。
[132] 关于管理委员会,请参阅第三章第四节"三""(四)"。
[133] 《银行业条例》,第 8 f (e)条。
[134] 比如"购买与承接"或"资产管理公司"。关于"购买与承接",请参阅:斯坦利·拉加列夫斯基和萨拉·理查迪:前注 117,第 876-879 页;戴维·帕克(David C. Parker):《关闭一家破产银行:处置实践和程序》,第 5 章(国际货币基金组织 2011 年)。美国:《联邦存款保险公司处置手册》,第 16—18 页,2014 年 12 月,网上可查:https://www.fdic.gov/about/freedom/drr_handbook.pdf#page=21. 关于"资产管理公司",请参阅:丹尼尔·克林格比尔(Daniela Klingebiel):《运用资产管理公司解决银行危机的跨国经验》,世界银行政策研究工作论文第 2284 号(2000 年),网上可查:http://papers.ssrn.com/sol3/papers.cfm?abstract_id=282518;何东·斯蒂芬·英韦斯和史蒂文·A. 西林(Dong He, Stefan Ingves &. Steven A. Seeling):"设立资产管理公司的问题",《银行重组和处置》,第 212 页,戴维·赫尔舍(David S. Hoelscher)主编,帕尔格雷夫·麦克米伦出版社(Palgrave Macmillan)2006 年。

产和负债处置安排。⑬

（四）管理委员会

除了任命一名管理人之外，央行行长可以任命一个管理委员会，为管理人提供履行职责的建议。管理人将担任管理委员会主席。⑬

尽管委员会的角色被定义为顾问，但委员会的任命除了提供建议外，还有重要的含义。首先，它的任命中止了董事会的运作（假设它的成员没有被停职，而是继续在他们的岗位上任职）。⑬ 此外，这项法律赋予了管理委员会的执行权力。管理委员会——而不是管理人——是批准银行法人资产负债表的人，并为银行法人指定审计人员，就像一个公司全体会议一样；但这并不会背离召集全体会议的职责。⑬

在我看来，对管理委员会的法定安排不明确，也会带来困难。由于委员会的任命，董事会形式上继续运作但事实上没有任何权力，这种情况是有问题的。此外，值得怀疑的是，是否需要这样一种机制来中和董事会，因为就像之前提到的那样，在任何情况下，董事会的决定都需要得到管理人的批准。此外，委员会的权力应该被限制为只提供建议的角色，当然，也不应授予股东大会某些权力。事实上，一个咨询机构是否有必要是值得怀疑的，因为，在任何情况下，管理人的所有行为都要经过央行行长的批准，他们很可能是和他协商的。

（五）将银行从债务中释放出来

管理人在以色列银行行长的批准下，可以在不超过自其任命之日起 10 天内通知，银行不履行其在这期间或之前到期的债务。央行行长可以将这段时间延长 10 天，但只有当他通知了他取消银行执照的意向时，而且在其董事和经理可以说明他们的案件尚未宣判的时期，或者法院尚未对银行作

---

⑬ 国际货币基金组织国际报告第 12/69 号：《以色列：金融系统稳定性评估》，第 34 页，2012 年 4 月。网上可查：http://www.imf.org/external/pubs/ft/scr/2012/cr1269.pdf。
⑭ 《银行业条例》，第 8 H (a) 条。
⑮ 同上，第 8H(b) 条。
⑯ 同上，第 8H(e) 条。

出清盘令或破产接管令的情况下。在任何情况下，管理人必须在发出通知后尽快将这类指示通知公众。[139]

这类指令的后果是非常严重的，也就是说，损害债权人，特别是银行的客户，因为在上述期间，银行对他们有责任履行其义务。正如在第三章第四节"四""（三）"中将要讨论的，以色列没有存款保险计划，因此，如果没有其他安排来保护存款人，那么这种指令的后果可能是最严厉的。为避免疑义，本节进一步规定，无论是银行、管理人，还是央行行长，都不应因发布此类指示或未能履行任何义务而承担任何责任。

为了限制对存款人的损害，该条款决定了有限的十天时间，并有可能再延长十天。立法者的假设可能是，破产银行的命运，也包括银行债务的命运，将在这样短的时间内决定。然而，如此短的一段时间对于这样一个至关重要的决定并不总是足够的。这一批评得到了支持，因为在他被任命后的几天内，在他设法适当评估银行的状况之前，管理人就有权行使这一权力。以色列银行的行长被赋予了延长这一时期的权力；然而，这是只有在特殊情况下，但即使这样，也仅仅额外延长十天的时间。

如果管理人指示银行按照上述规定从其债务中释放，那么一些影响深远的中止诉讼程序将开始生效：从那一刻起，只要管理人的命令生效，不得对银行发出任何清算令或破产接管令，不得对自愿清算作出裁决，不得向其发出扣押令（attachment order），也不得对其开始或继续执行任何执行程序，除非这是经过总检察长的批准。[140]诉讼的中止阻止了债权人试图收回他们的债权，这样，就可以让管理人有"喘息的空间"，在不受债权人压力的情况下审查和安排银行事务。此外，它还允许银行推迟偿还已经到期的债务，而债务偿还可能会使银行的状况恶化。[141]

---

[139]《银行业条例》，第8J条。

[140] 同上，第8L(a)款。与清算程序或恢复程序中的中止诉讼程序相比，按一般公司法律规定，除非经法院批准，否则不得对公司提起诉讼或继续起诉。请参见新版《公司条例》第267条，以及《公司法》第350 B条的规定。

[141] 齐普拉·科恩和利亚·帕泽曼-约泽福韦；前注116，第294页。

（六）结论

从对一家资不抵债银行的安排作了一番审视来看，很明显，以色列法律的安排是有限的、僵化的，不适合现代的现实情况。

首先，从《银行业条例》的条款中，人们得到的一种印象是，管理人的目标是清算银行的业务，而不是试图通过恢复流程（recovery process）来复兴银行。然而，在某些情况下，恢复过程可能会带来更好的结果。恢复过程基于这样一种观点，即每一个遭遇经济困难的公司都会被判处死刑，不管造成这些困难的原因是什么，并且没有考虑到它可能会恢复。对一个遭遇经济困难的公司判处死刑不仅对公司及其股东不利，而且也对债权人甚至对广大公众不利。2012年对《以色列公司法》进行了重大修改，为公司的恢复安排添加了详细的条款。作为恢复流程的一部分，法院指派一名"官员"执行恢复流程。法院可以授予他广泛的权力，包括制定恢复计划，重组债权人债务，并继续管理公司或监督其管理。关于银行类似的恢复流程，应该被允许作为银行法人的特别处置制度（special resolution regime）的一部分。

其次，在对清盘银行别无选择的情况下，适用于清盘程序的法律是普通的清算法律（general liquidation laws）。然而，由于银行公司的独特性，与其他公司不同，如上文所解释，为银行的清算建立一个具体而特别的安排是可取的。这样的安排尤其应该包括：清算机构组织快速转移资产和负债的权威；存款人优先权（depositor preference）；建立"过桥银行"（Bridge Bank）的权力，以确保提供金融服务的连续性；[⑱]等等。在这方面应当指出，国际货币基金组织建议，清算过程将是行政处置，事后进行司法审查，而不是像今天这样是一个被法院控制的过程。[⑲]

---

⑱ 关于过桥银行，请参阅：斯文·谢洛（Sven Schelo）：《银行恢复与处置》，第140—147页，荷兰威科出版社2015年；萨拉·理查迪和斯坦利·拉加列夫斯基：前注117，第880页；帕克：前注134，第129页。美国联邦存款保险公司：《处置手册》，前注134，第18—19页；赫伯特·J. 赫尔德和温迪·霍斯金斯（Herbert J. Held & Wendy Hoskins）："过桥银行"，载于《管理危机：1980—1994年联邦存款保险公司和重组信托公司经验》，第1卷，第171页及以下，1998年，网上可查：https://www.fdic.gov/bank/historical/managing/history1-06.pdf。

⑲ 国际货币基金组织：《国家报告》第12/69号，前注135，第34页。

第三,以色列《银行业条例》中缺乏的一个重要问题是银行有义务制定恢复和处置计划(俗称"生前遗嘱")。鉴于其他国家在这方面的准备情况,这一缺陷尤为明显。例如,在美国,《多德-弗兰克法》要求具有系统重要性的金融机构(SIFIs),根据联邦储备银行(FRB)和联邦存款保险公司(FDIC)发布的规定,提交年度处置计划。[⑭] 在欧洲,《银行恢复和处置指令》(Bank Recovery and Resolution Directive)也规定了类似的条款。[⑮] 这些举措得到了金融稳定委员会(FSB)的支持,该委员会公布了《金融机构有效处置计划的关键属性》,[⑯] 以及三份最终指导文件,以协助国家监管机构和公司实施恢复和处置计划的要求。[⑰] 这些文件现在形成了一个初步的全球恢复和处置计划的框架。

总的来说,毫无疑问,以色列法律中关于银行恢复和处置问题的现有安排需要作出重大修改。

[⑭] 《多德-弗兰克华尔街改革和消费者保护法》(2010 年),《美国联邦法典》第 12 主题第 5365(d)条;另见《美国联邦法规》第 12 主题第 243 部分和《美国联邦法规》第 12 主题第 381 部分;联邦储备系统理事会:《处置计划》,网上可查:http://www.federalreserve.gov/bankinforeg/resolution-plans.htm。

[⑮] 2014 年 5 月 15 日,欧洲议会和理事会指令第 2014/59/EU 号,《关于信贷机构和投资公司建立恢复与处置框架》,还有修订理事会指令 82/891/EEC,以及指令 2001/24/EC、2002/47/EC、2004/25/EC、2005/56/EC、2007/36/EC、2011/35/EU、2012/30/EU and 2013/36/EU,还有欧洲议会和理事会的欧盟法规第 II 主题第一章第 1093/2010 号和第 648/2012 号,OJL 173。网上可查:http://eur-lex.europa.eu/legal-content/EN/TXT/HTML/?uri=CELEX:32014L0059&from=EN。

[⑯] 金融稳定委员会:《金融机构有效处置机制的关键属性》(2011 年发布,2014 年 10 月更新)。网上可查:http://www.financialstabilityboard.org/2014/10/r_141015。

[⑰] 金融稳定委员会:《系统重要性金融机构恢复与处置计划:(1)制定有效处置战略的指导方针》,2013 年 7 月。网上可查:http://www.financialstabilityboard.org/wp-content/uploads/r_130716b.pdf?page_moved=1。《系统重要性金融机构恢复与处置计划:(2)关于关键功能和关键共享服务的识别指南》,2013 年 7 月。网上可查:http://www.financialstabilityboard.org/wp-content/uploads/r_130716a.pdf?page_moved=1。《系统重要性金融机构恢复与处置计划:(3)关于恢复触发和压力情景的指导》,2013 年 7 月。网上可查:http://www.financialstabilityboard.org/wp-content/uploads/r_130716c.pdf。

四、安全网

(一) 一般原则

安全网安排有两种典型形式。一种是最后贷款人,另一种是存款保险制度或存款保障计划(Deposit Insurance Scheme or Deposit Guarantee Scheme)。[148] 最后贷款人指的是中央银行,为了维持金融稳定,中央银行为那些发现自己陷入困境的金融机构提供非同寻常的贷款和流动性的注入。[149] 存款保险是这样一种安排,在此安排里,客户在银行的存款,是通过银行向存款保险机构支付一定款项来保险的。如果银行无法偿还客户的存款,那么,存款保险机构将对这些客户的损失按照法律规定的数额支付给客户。[150]

而在以色列,以色列银行充当最后贷款人,但不存在存款保险制度。取而代之的是,为一家遭遇困难的银行的债务提供一种特别担保(隐性保险),这种安排是存在的。

银行无法履行其义务,可能导致它被清盘,这可能是由于两个因素之一引起的。第一个因素是资产的损失或其他损失,导致银行的负债超过其资产。这是一种资不抵债的情况,这意味着银行的权益是负资产("资产负债表资不抵债")。第二个因素是流动性资产的短缺,尽管它的其他资产没有受到影响,而且其权益是正的,但流动性资产不允许银行按时偿还债务。银行的偿债困难源于其非流动性资产无法立即变现的事实。如果在这种情况

---

[148] 关于这类功能的最佳制度配置的讨论,请参阅:查尔斯·M.卡恩和乔奥·A.C.托斯(Charles M. Kahn & Joao A.C. Santos):"分配银行监管权力:最后贷款人、存款保险和监督",《国际清算银行工作报告》第102号,2001年8月。网上可查:http://www.bis.org/publ/work102.pdf。

[149] 保罗·塔克(Paul Tucker):"最后贷款者和现代中央银行:原则和重建",《国际清算银行工作报告》第79b号,2014年。网上可查:http://papers.ssrn.com/sol3/papers.cfm?abstract_id=2504686。

[150] 罗伯特·艾森拜斯和乔治·G.考夫曼(Robert A. Eisenbeis & George G. Kaufman):"存款保险",载于《牛津银行手册》第339、340—341页,阿兰·N.伯杰、菲利普·莫利纽克斯和约翰·O.S.威尔逊(Allen N. Berger, Philip Molyneux & John O.S. Wilson)主编,牛津大学出版社2010年。

下的银行得到了以流动资产形式的帮助,那么,破产的严酷结果("商业资不抵债")将会避免。⁶¹

在第一种情景下,以最后贷款人或存款保险形式的安全网不能防止破产。它们不能将银行的情况返回到其以前的状态,因为银行的资本因亏损或利润的缺失而被抹去。另一方面,安全网可以防止流动性资产缺乏的情况。它们非常重要是因为,人们担心公众对银行系统的信心可能会被削弱,这可能会导致因恐慌而提取存款,并在整个金融体系中引发冲击波。因此,结论是,为了确保银行体系的稳定,防止银行走向破产,安全网可能只是一系列措施中的一个组成部分。此外,需要一个监管框架来限制银行所承担的风险,并监测银行的状况,以便在发生财务困境(financial trouble)之前防止其发生。⁶²

一个有临时流动性问题的银行和一个资不抵债的银行之间的区别并不容易,特别是在短期内必须做出是否要拯救银行的决定。⁶³ 银行要求最后贷款人援助已经有资不抵债的嫌疑,因此怀疑可能存在拯救他们的可行性。⁶⁴ 另一方面,银行历史证明,由于央行作为最终贷款人的帮助,许多银行成功地克服了暂时流动性不足的困境,⁶⁵ 这也是这种援助的理由。此外,人们习惯性地认为救助计划是为了挽救银行免于崩溃,因为它们将传染性

---

⁶¹ 戴维·哈恩(David Hahn):《破产法》(希伯来语),第 216—219 页,以色列律师公会 2009 年。

⁶² 赫思:前注 49,第 245 页。

⁶³ 泽维尔·弗雷克斯、布鲁诺·帕里奇和琼·查理·罗榭(Xavier Freixas, Bruno M. Parigi & Jean-Charles Rochet):"最后贷款人:一种 21 世纪的方法",《欧洲央行工作报告》第 298 号,第 5 页,2003 年 12 月。

⁶⁴ 查尔斯·A.E. 古德哈特(Charles A.E. Goodhart):《中央银行和金融系统》,第 419 页,麻省理工学院出版社 1995 年。

⁶⁵ 迪特里希·多曼斯基、里奇希尔德·莫斯纳和威廉·尼尔森(Dietrich Domanski, Richhild Moessner & William Nelson):"央行作为最后贷款人:2007—2010 年危机经验和未来教训",《联邦储备委员会财经系列讨论工作论文》2014—110 号,2014 年。网上可查:http://www.federalreserve.gov/econresdata/feds/2014/files/2014110pap.pdf;关于银行从 LOLR 借款的原因,请参阅:伊塔玛·德雷克斯勒等(Itamar Drechsler et al.):"谁从最后借款人借钱",《金融杂志》,接受作者的手稿,网上可查:http://pages.stern.nyu.edu/~pschnabl/public_html/DDMS_nov2014.pdf。

风险限制在整个银行体系中。如果一个有偿付能力但流动性不佳的银行没有得到救助,其他银行可能会发生挤兑,流动性问题可能会蔓延到体系中的其他银行。⑭

另一方面,需要重点注意的是,安全网的想法并非没有受到批评。主要的批评与它们所创造的道德风险有关。当银行经理知道银行会以流动性的形式接受援助的时候和/或存款人受到保护的时候,为了实现更高的利润,他们可能会增加银行的风险偏好,并在管理银行的业务政策上要冒更大的风险。⑮ 在金融全球化和创新的环境下,由于存在安全网,承担风险的动机可能更高,这是现代银行业的典型特征。⑯

存款保险也会给存款人带来道德风险:因为他们知道,在任何情况下他们都会得到他们存在银行里的钱,他们更愿意将钱存入提供更高利率的银行,而且他们也不会自己劳神费力地去检查银行的稳定性。⑰ 此外,存款保险也可能导致监管机构对银行实施不那么严格的监管,从而加剧了它们的不稳定性。⑱

另一个批评则是针对政府在危机中提供资金援助的安排("外部救助"),因为政府最终利用纳税人的钱进行救助。在这种背景下,近年来,"内部救助"机制已经在全世界范围内发展起来。由此,投资者和银行债权人被

---

⑭ 泽维尔·弗雷克斯(Xavier Freixas et al.):"最后贷款人:对文献的回顾",《金融稳定评论》,第7期,第151页,1999年11月。网上可查:https://notendur. hi. is/~ajonsson/kennsla2006/fsr07art6. pdf;罗斯·克兰斯顿:《银行法原理》(第二版),牛津大学出版社2002年。

⑮ 彼得·卡特赖特和安德鲁·坎贝尔(Peter Cartwright & Andrew Campbell):"共同保险和道德风险:关于美国和英国存款保护的一些反思",《银行监管杂志》第5期,2003年。桑德拉·A. 博伊森(Sandra Annette Booysen):"新加坡的存款保险:为什么有,谁得到它,它是怎么运作的?",《新加坡法律研究期刊》,第76、83页,2013年。

⑯ 托马斯·M. 郝尼希(Thomas M. Hoenig):"金融现代化:安全网的意义",《梅瑟法律评论》第49期,第787、791页,1998年。

⑰ 帕特里夏·A. 麦考伊(Patricia A. McCoy):"存款保险的道德风险含义:理论和证据",《货币和金融法最新进展》第5期,第417、422页,2008年。桑德拉·A. 博伊森:前注157,第83—84页。

⑱ 伊塔马尔·米拉德(Itamar Milard):《对发达国家的银行存款保险机制的描述和分析》,第7页,国会研究和信息中心,2015年5月。希伯来语网上可查:https://www.knesset. gov. il/mmm/data/pdf/m03685. pdf。

迫承担一些财政负担,作为政府外部救助的一个条件。[161]

金融稳定委员会(FSB)早在 2011 年就提出了包括内部救助机制的若干建议。该委员会建议,处置部门应拥有自己的处置权力,以便作为处置过程的一部分,作为实现或帮助实现银行基本职能连续性的一种手段,实施内部救助。[162]

内部救助机制也被纳入了欧洲银行恢复和处置指令中。根据该指令,代表银行总资产负债表中的 8% 的投资者和债权人将必须在公共资金被用于救助银行之前投入资金,进行内部救助。处置制度(resolution regime)应有可能使内部救助与其他处置权力结合起来一并运用,其他处置权力比如清除问题资产、更换高级管理层以及采用新的商业计划。这些措施旨在确保银行集团或新成立的实体在实施内部救助后的生存能力。[163]

同样,美国也引入了类似于内部救助的权力,作为《多德-弗兰克华尔街改革和消费者保护法》的一部分。该法案禁止使用纳税人的资金来保护被纳入破产管理的金融机构,并要求其损失由股东和无担保债权人承担。[164]该法案禁止任何政府为陷入困境的金融机构进行外部救助。不管他们的倒闭损失有多大或有多大影响。[165]

---

[161] 关于详细情况请参阅:保罗·卡利罗和威尔逊·欧文(Paul Calello & Wilson Ervin):"从外部救助到内部救助",《经济学家》,2010 年 1 月 28 日,网上可查:http://www.economist.com/node/15392186;巴特·P. M. 乔森(Bart P. M. Joosen):"在银行恢复和处置指令中的内部救助机制",荷兰国际比较与国际破产法协会工作论文,2014 年 10 月,网上可查:http://papers.ssrn.com/sol3/papers.cfm?abstract_id=2511886;西蒙·格利森(Simon Gleeson):"银行内部救助的法律方面",伦敦证券交易所金融市场集团的论文系列,特别论文 205 号,2012 年 1 月,网上可查:http://www.lse.ac.uk/fmg/workingPapers/specialPapers/PDF/SP205.pdf;约翰 C. 科菲(John C. Coffee):"内部救助与外部救助:利用应急资本来减轻系统风险",《哥伦比亚大学法学院法律与经济研究中心工作论文》第 380 号 2010 年,网上可查:http://papers.ssrn.com/sol3/papers.cfm?abstract_id=1675015;谢洛(Schelo):前注 142,第 116—125 页。

[162] 金融稳定委员会:《金融机构有效处置机制的关键属性》,前注 146。尤其请参阅:关键属性第 3.2(ix),3.5 和 3.6 部分。

[163] 2014 年 5 月 15 日,欧洲议会和理事会指令第 2014/59/EU 号,《为信贷机构和投资公司建立恢复与处置框架》,第 43 条等;乔森:前注 161。

[164] 2010 年的《多德-弗兰克华尔街改革和消费者保护法》,《美国法典》第 12 主题,第 5384 条。

[165] 同上,第 5394 条。

使用内部救助机制的一个例子是塞浦路斯,这件事发生在2013年4月。在这个例子中,政府对陷入困境的两家最大的银行进行外部救助,条件是对超过10万欧元的未保险存款征收37.5%的税。[166] 尽管其他国家正在考虑应用内部救助安排,[167]但在以色列,这种安排暂时还不存在。

我们现在将讨论在以色列银行体系中各种常见的安全网安排及其实施。

(二)最后贷款人

1969年,《银行业条例》已经规定,如果以色列银行行长这样认为,为了确保银行公司的稳定性,银行需要额外的财务资源,那么,以色列银行可以通过贴现汇票、本票或其他可转让票据来为其提供资金,以色列银行可以通过贴现汇票、本票或其他可转让票据,或者由行长认为合适的条件和抵押品担保的贷款来提供资金。[168]

以色列银行充当银行的最后贷款人的这一权力在2010年以色列新银行法中得到了支持。该法授权以色列银行,根据以色列银行货币委员会决定的条件,向银行法人提供贷款。这些条件可以指对这项贷款所要求的抵押品的类型和范围;可以指与所说信贷有关的银行业务活动,包括银行向客户收取的利率;等等。特殊情况下,当货币委员会认为对金融系统的稳定或有序活动存在真正的威胁时,委员会可能决定的条件与在通常情况下适用的条件不同。在任何情况下,只要贷款未被完全偿还,由委员会确定的条件都将适用。[169]

《以色列银行法》允许以色列银行不仅向某家银行提供援助,而且还向

---

[166] 丹妮丝·罗兰(Denise Roland):"塞浦路斯银行执行存款人内部救助",《电报》,2013年4月28日。网上可查:http://www.telegraph.co.uk/finance/financialcrisis/10024209/Bank-of-Cyprusexecutes-depositor-bail-in.html。

[167] 比如参见加拿大:《就业增长和长期繁荣——2013年经济行动计划》(2013年3月21日由财政部长提交下议院),第145页,网上可查:http://www.budget.gc.ca/2013/doc/plan/budget2013-eng.pdf。

[168] 《银行业条例》第8条。

[169] 《以色列银行法》第36条(4)。

许多银行甚至整个银行系统提供援助。因此,它指的系统方面的问题是比如金融系统的稳定性等,因此需要与以色列央行货币委员会协商。在特定银行需要紧急和保密协助的情况下,正如上面提到的,根据《银行业条例》,可能会使用该权力。

《以色列银行法》的上述条款,授予以色列银行总的权力,但没有深入这种安排的细节。在这方面,国际货币基金组织指出,需要建立明确的紧急流动性援助(ELA)政策框架,以避免以色列银行的流动性援助陷入准财政偿付能力支持的境况。存在的风险是,没有明确的标准和程序来提供紧急流动性援助,以色列银行将不得不向偿付能力不强或立即具有系统重要性的机构提供流动性(并可能承担信用风险)。[116]

应当指出的是,授予这一权力并不会迫使以色列央行去行使该权力。对银行系统或金融系统的稳定性或受其监管的业务活动的预期影响的评估是由以色列银行全权酌情决定的;以及采取或不采取任何行动的决定、行动的类型及其伴随的条件,也是由以色列银行全权酌情决定的。[117]

(三) 缺乏存款保险计划

在银行破产的情况下,保护银行客户的一种方法是依靠存款保险。正如上述,存款保险是一种安排,银行客户的存款通过银行向存款保险机构支付一定的款项来得到保险。如果银行不能向客户偿还他们存入的钱,存款保险机构将会支付客户损失,直至最大固定金额。

存款保险的几个重要功能:

(a) 保护:存款保险对那些无法评估管理他们账户的银行的稳定性的不成熟的存款人提供保护。[118]
(b) 稳定:通过防止恐慌和降低银行挤兑的可能性,保险有助于提高银

---

[116] 国际货币基金组织:国家报告第 12/69 号,前注 135,第 33 页。

[117] 请比较:《以色列银行议案》(第 5770-2010 号),《议案》第 374 卷,本议案的解释性说明在 391 页。

[118] 罗纳德·麦克唐纳(Ronald MacDonald):"存款保险",载于《中央银行手册》第 9 期,英格兰银行中央银行研究中心,第 8 页;博伊森:前注 157,第 80—81 页。

行系统的稳定性,因为知道自己的钱得到保险的存款人将不会奔赴银行提取存款。[13]这种理据得到了此种观点的支持,即银行挤兑可能也会影响到有偿付能力的银行,[14]进而危及整个系统。

(c) 竞争:许多顾客不敢把钱存到小银行里,因为相信小银行崩溃的风险大于大银行。然而,如果客户知道他们在小银行的存款是得到保险的,那么,这会鼓励他们把钱存在小银行那里。从这个方面来说,存款保险容许小银行与大银行进行成功的竞争。[15]

另一方面,存款保险并不是没有缺点。主要缺点是上面提到的道德风险问题,由此可能的结果是,银行倾向于去冒更大的风险。[16]实证研究发现,在某些情况下,存款保险可能增加银行倒闭的可能性。[17]重点关注2007—2009年全球金融危机的另一项研究发现,在金融危机爆发前的几年里,存款保险增加了银行风险和系统脆弱性。它得出的结论是,存款保险的总体效果是负面的,因为危机前的失稳效应比危机期间的稳定效应要大得多。[18]

存款保险要付出巨大的成本,即保险机构支付的保险费最有可能被转

---

[13] 麦考伊:前注159,第419—422页;博伊森:前注157,第82—83页。

[14] 道格拉斯·D. 戴蒙德和菲利普·H. 迪布维格(Douglas D. Diamond & Philip H. Dybvig):"银行挤兑、存款保险和流动性",《政治经济学刊》第91期,第401页,1983年。

[15] 米拉德:前注160,同上;以色列银行新闻公告:《关于存款保险应用中的若干问题》,2015年6月,网上可查:http://www. boi. org. il/en/NewsAndPublications/PressReleases/Pages/16-06-2015-ApplicationDepositInsurance. aspx。

[16] 请参阅脚注157—160,以及相关文本内容。丽贝卡·N. 达菲(Rebecca N. Duffy):"注意:存款保险增加道德风险:80年代的储蓄和贷款危机能教会我们应对当前的金融危机",《德雷克法律评论》第59期,第559页,2011年。

[17] 阿斯利·德米尔古克-孔特和恩里克·德特拉吉阿什(Asli Demirguc-Kunt & Enrica Detragiache):"存款保险是否增加了银行系统的稳定性?一项实证调查",《货币经济学杂志》第49期,第1373页,2002年。这项调查发现,银行冒更大风险的一些情况是,银行监督很弱,保险偿付额很高,保险偿付金是在危机之后(事后)而不是危机之前(事前)提供的,以及保险是政府运作的;另请参阅尼古拉斯·J. 科隆博(Nicholas J. Colombo):"有缺陷的明确的安全网:联邦资助的存款保险是如何导致金融危机的",《福特汉姆法律评论》第82期,第1237页,2013年。

[18] 德尼兹·安吉纳、阿斯利·德米尔古克-孔特和朱民(Deniz Anginer, Asli Demirguc-Kunt & Min Zhu):"存款保险如何影响银行风险?从最近的危机中得到的证据",《银行业与金融学刊》第48期,第312页,2014年。

第三章　审慎监管　143

嫁给存款持有人。[179] 此外，应该记住的是，存款保险不给存款人完整保护，因为它是有限额的。在 2007—2009 年全球金融危机中，许多国家的政府被迫增加存款保险的补偿金额。[180]

尽管存在这些问题，存款保险得到了一些国际机构的支持，比如巴塞尔委员会（BCBS）[181]和金融稳定委员会。[182] 今天，几乎所有发达国家和许多发展中国家，都有私人或政府机构的存款保险机构，而在上次金融危机之后，这个数字还在增长。[183] 存款保险的资金来源通常是政府和/或银行的资金。这种保险可以由政府、私人实体或结合公共和私人管理的安排来运作。一般说来，在不同国家实施这种保险的方法中，存在着许多不同。然而，所有这些情况的结果都是为存款人存款提供保险。[184]

尽管存款保险已经成为一个"经济生活的事实"，[185]但以色列是西方世界中没有存款保险的孤立国家之一。[186] 多年来，在银行崩溃的情况下，以色列在银行倒闭的情况下向公众提供了援助，向存款化为乌有的银行客户提

---

[179] 关于风险调整后的保险费计划，请参阅沃利·苏菲阿普（Wally Suphap）："有效风险调整后的银行存款保险：一个跨国战略"，《哥伦比亚大学跨国法律杂志》第 42 期，第 829 页，2004 年。关于基于资产而不是存款的存款保险，请参阅彼得·S.金（Peter S. Kim）："联邦存款保险公司的特别评估：基于资产而不是存款的存款保险"，《北卡罗来纳银行业协会》第 14 期，第 381 页，2010 年。

[180] 阿斯利·德米尔古克-孔特、爱德华·凯恩和卢克·莱文（Asli Demirguc-Kunt, Edward Kane & Luc Laeven）："存款保险数据库"，2014 年 7 月，国际货币基金组织工作文件第 14/118 号，网上可查：https://www.imf.org/external/pubs/cat/longres.aspx?sk=41710.0。

[181] 国际清算银行和国际存款保险机构协会：《有效存款保险制度的核心原则》，2009 年 6 月。网上可查：https://www.bis.org/publ/bcbs156.pdf。

[182] 金融稳定委员会：《关于存款保险制度的专题审查：同行审查报告》，2012 年 2 月，网上可查：http://www.financialstabilityboard.org/publications/r_120208.pdf。另请参见：2014 年 4 月 16 日欧洲议会与理事会指令第 2014/49/EU 号，关于存款保障计划，OJL 173，网上可查：http://eur-lex.europa.eu/legal-content/EN/TXT/?uri=CELEX:32014L0049。

[183] 阿斯利·德米尔古克-孔特、爱德华·凯恩和卢克·莱文：前注 180。

[184] 同上。

[185] 乔治·J.本特森（George J. Benston）："政府对银行的监管是必要的吗？"《金融服务研究杂志》第 18 期，第 185、196 页，2000 年。

[186] 新西兰在 2008 年全球金融危机之后建立了一个存款担保计划，但在 2011 年取消了这一计划。请参见新西兰财政部：《零售存款担保计划》（retail deposit guarantee scheme），网上可查：http://www.treasury.govt.nz/economy/guarantee/retail。

供经济补偿。例如,1974年,以色列-英国银行(Israel-British Bank)的崩溃;1985年,北美银行(North American Bank)的崩溃;以及2002年,商业银行(Bank of Commerce)的崩溃。[187] 政府的援助政策平息了公众对银行处境的担忧。总的感觉是,国家不会允许公众受到银行倒闭的不利影响。不过,值得注意,尽管政府采取了措施来补偿存款人,但这一承诺并不存在于具有约束力的法律安排中。因此,国家没有义务承担一家以色列的银行因破产所造成的公众损失。[188] 时不时地,存款保险的问题会引起人们的争论;然而,最终,它还是被放弃了。

银行部门的稳定是基于公众的期望,即政府将出手干预,以挽救一家濒临倒闭的银行,这引发了一些实质性的问题。

首先,一个明确的方案是一个有组织的、基于规则的系统。与此相反,一个隐含的计划是基于政府的自由裁量权,其细节直到行为之后才被知晓。[189] 事实上,隐性制度允许政府灵活地解决银行倒闭的个别案例;但与此同时,没有任何财政资源预先指定用于提供补偿,也没有任何自动机制获得这些资源。因此,隐性安排更容易遇到财务困难。[190]

第二,有关国家干预的信念或假设是脆弱的,取决于谣言和政治动乱。一段时期的政治不稳定可能与经济不稳定联系在一起,反之亦然,这可能增加"银行挤兑"的危险。相比之下,确定一套特定的补偿客户规则可以减少

---

[187] 梅尔·赫思:《以色列银行业:第一部分——历史考察》,第240、243页,耶路撒冷以色列学会1994年。在1983年银行股票操纵事件中出现了另一种情况,国家同意帮助投资四大银行股份的公众。根据"银行股份协议",国家赎回了公众持有的股份,并成为了这些股份的所有者。请参阅第二章第三节。

[188] 亚罗恩·赫希菲尔德(Yaron Hirshfeld):"银行存款保险的背景文件",国会研究与信息中心,第9页,2002年6月。希伯来语网上可查:http://www.knesset.gov.il/mmm/data/pdf/m00175.pdf。

[189] 博伊森:前注157,第79页;戴维·S.霍尔舍、迈克尔·泰勒和乌尔里奇·克卢(David S. Hoelscher, Michael Taylor & Ulrich H. Klueh):"存款保险制度的设计和实施",国际货币基金组织第251号临时文件,第4页,2006年12月;达尔文德·辛格和约翰·雷蒙德·拉布罗斯(Dalvinder Singh & John Raymond LaBrosse):"北岩银行、存款人和存款保险:一些批评性反思",《商业法律杂志》第55期,第71、72页,2010年。

[190] 麦克唐纳:前注172,第11页。

存款人的不安全感,从而减少对系统的风险,即使在政治不确定的情况下也是如此。[19]

第三,根据国际经验,政府干预的特设系统通常通过在机构中注入资金来直接保护金融机构,而保护存款人本身则是间接的。

第四,存款保险制度,通过保费预付,保证银行系统至少承担部分救助成本,而政府的一项特别外部救助计划完全是用纳税人的钱支付的。

在公众对银行体系缺乏竞争力的批评,以及认识到需要加强小型银行和银行体系中的新参与者之后,以色列最近出现了存款保险的问题。2015年12月,提高普通银行和金融服务竞争力委员会发表了中期报告,其中建议在以色列运用存款保险制度。[20] 以色列银行方面已经宣布,它也正在研究这个问题,强调仅仅存款保险是不够的,并且它只能补充而不能取代目前以色列存在的隐性计划。[21]

(四)对银行债务的特别担保(隐性保险)

正如上面提到,以色列没有存款保险。相反,存在另一种安排。这种安排是向陷入困境的银行的存款人和其他债权人提供担保(通常是国家担保),确保银行对他们履行义务。

在最近银行倒闭的所有案例中,以色列银行向银行存款人提供了这样的担保,包括1974年以色列-英国银行案,1985年北美银行案,以及2002年商业银行案。在所有这些案例中,担保是由国家基金支付的。因为这种安排取决于政府的自由裁量权,政府没有义务将其执行,而这种安排的具体细节则要根据具体情况在每一个案下决定,所以它被认为是"隐性保险"(implicit insurance)。

下面我们将详细阐述这种担保安排。

---

[19] 米拉德:前注160,第8页。
[20] 提高普通银行和金融服务竞争力委员会:《中期报告》第8—9页,2015年12月,希伯来语网上可查:http://www.mof.gov.il/Committees/competitivenessCommittee2015/MidReport.pdf。
[21] 以色列银行:《关于存款保险应用中的若干问题》,前注175。

《银行业条例》规定,以色列银行行长经过政府的批准,可通知以色列银行或由央行行长授权并对此同意的银行公司,将对委派了一个特别审查员或管理人的一家银行履行担保义务。[13] 这种担保机制适用于银行倒闭的情况,在此情况下,需要保护银行的存款人和债权人(非持续经营)。然而,这种担保机制也可以在持续经营的情况下实施,在这种情况下,央行行长认为该银行可以恢复并继续运营。

《银行业条例》区分了两种担保:

(a) 对银行存款的担保,要么是全部金额,要么是特定金额,以及或适用于所有类型的存款,或适用于指定的存款类型。

(b) 对银行其他负债的担保,例如对债券持有人、股东、银行的供应商、与银行签约的合同持有人或银行的其他债权人的义务,提供全部或部分担保。这样的担保只有在公共利益需要的情况下才会得到。除非央行行长有足够的理由认为,提供这样的担保,将使银行能够继续保持其业务的有序经营,否则,银行的所有债务都不会得到担保。

担保可以是无限期的、有条件的或无条件的,一切都由央行行长决定。

央行行长的决定需要政府的批准,因为假设是如果以色列银行是担保人,那么通过担保的支付就需要注入政府资金。然而,该条例本身并没有明文规定,这种担保的支付将出自国家基金,而不是以色列银行本身的资金。在这方面,IMF指出,目前的安排并不能保护以色列银行不承担潜在的准财政债务。它不能确保与偿付能力支持和处置问题银行相关的成本在政府、金融部门和债权人之间共享。IMF进一步指出,这种责任应由政府直接负责,而不应由货币管理局(以色列银行)承担。[14]

---

[13] 《银行业条例》第8K条。关于在2002年商业银行的案例中提供担保的情况,请参阅露丝·柏拉图-希纳尔:"以色列银行在商业银行案例中提供担保——这并不是故事的结尾",《银行业评论季刊》第17期,第149页,2002年。

[14] 国际货币基金组织(IMF):国家报告第12/69号,前注135,第34—35页。

一旦央行行长通知了这种担保,即使没有收到债务人银行的同意,它也将生效。[196] 这一规定背后的理由是,需要迅速采取行动,防止银行挤兑。获得银行的同意可能需要时间,与此同时,银行的困难可能会被公众所知。因此,央行行长有权单方面向公众提供担保。但是,该条款并不排除与债务人银行达成协议的担保。[197] 本条款进一步阐明,如果另一家银行公司提供担保,即使债务人银行不同意提供担保,担保人银行也有权利对债务人银行承担偿还责任,而且它将有权在任何时候由债务人银行偿还其向担保账户支付的全部金额。[198]

《银行业条例》既不涉及执行担保的程序,也不涉及如何就实际付款作出决定。假设担保人是以色列银行或以色列银行行长授权的银行公司,关于担保付款的决定将由央行行长作出,而且,如果这些资金是由国家基金支付的,那么它还需要政府的批准。然而,鉴于这一条款的缺陷,这并不完全是毫无疑问的。

以色列银行行长可在政府批准后,至少提前90天通知取消担保。自那一天以后,任何人不得要求担保人偿还债务。[199] 如果担保由银行公司提供,那么,除非担保银行同意,否则央行行长无权取消。[200]

根据《银行业条例》所提供的担保,应视为《担保法》下的担保。[201] 换句话说,根据《银行业条例》的具体规定,《担保法》规定的一般安排适用于该条。

---

[196] 《银行业条例》,第 8K(c)条。
[197] 比如,请参阅《银行业条例》第 8K(d)条。
[198] 同上,第 8K(c)条。
[199] 同上,第 8K(e)条。这是有一些例外的。
[200] 同上,第 8K(f)条。
[201] 同上,第 8K(g)条。

第四章 商业行为监管

本章目录

第一节 商业行为监管的正当理由

 一、能力不平等

 二、客户对银行的依赖

 三、银行对客户事务的控制

 四、客户对银行的信心

第二节 银行监管局关于消费者保护的权力和办法

第三节 《银行(服务客户)法》

第四节 银行收费的监督

第五节 银行监管局局长关于消费者保护的指令

 一、开立和管理活期账户的权利

 二、转换办理业务的银行

 三、通过互联网开户

 四、"银行身份卡"(信用记录报告)

 五、公平债务催收程序

 六、限制信贷营销

 七、投诉处理和赔偿

 八、促进借记卡的使用

 九、关于住房贷款的借款人保护

 十、建筑贷款:对购房者的保护

第六节 银行标准合同中的歧视性条款

正如第一章第三节中所解释的,银行监管划分为两大领域。第一大领域是审慎监管,这涉及保持银行系统的稳定。这一领域在第三章中进行了详细讨论。第二个领域是商业行为监管,这涉及消费者保护。本章讨论这个领域。

第一节 商业行为监管的正当理由

确保银行和客户之间的关系公平是银行监管的另一个重要目标。我们可以列出需要在这一领域进行干预的几个主要原因。

一、能力不平等

建立银行商业行为约束规则的一个理由是当事人之间的能力不平等。银行和大多数客户之间存在着巨大的能力不平等。在专业知识水平、管理和监测金融活动的技术方法、当事人的财务能力和谈判能力方面,都存在着巨大的差异。银行相对于其客户所具有的另一个优势是信息优势:银行拥有客户财务状况方面的大量信息,而客户很难获得关于这家银行的类似信息(信息不对称)。

客户在与银行打交道时的劣势,体现在他们关系的每一个阶段:从谈判阶段,到签订银行合同,执行合同期间,直至终止关系为止。客户的劣势也反映在与银行发生法律纠纷的情况下,这是考虑到,进行法律诉讼的财务能力极不平等,由于在谈判阶段缺乏充分的信息而存在取得证据的困难,还有在法律冲突方面缺乏以往的经验。[①]

在以色列,由于赋予银行公司同时接受公众存款和提供信贷的独特职权,客户和银行之间的能力不平等加剧了。[②] 最高法院将这一职权能力称

[①] 奥纳·多伊奇(Orna Deutch):《消费者的法律地位》,第537页,内沃数据库(Nevo)2002年,希伯来语。

[②] 《银行(执照)法》,第21条。

为"依法赋予银行的准垄断权",这需要法律上的保证,这种保证将限制银行滥用它的这种能力。③ 此外,商业银行(包括外资银行)是获准管理活期账户的唯一实体。④ 这一职权与银行业务活动的其他领域相结合,也加强了银行的职权能力,扩大了它们与客户之间的不平等。

另一个增强以色列的银行职权能力的因素是银行业的集中化和缺乏竞争。正如第二章第五节所述,在以色列银行体系中有五大主要银行,五大银行的资产大约占银行业资产总额的94%。高于58%的资产掌握在两家最大的银行手中,这种结构形成了双寡头垄断。这些银行,尤其是两家最大的银行,手中掌握巨大职权,加上信息差距巨大,以及缺乏发达的信用评级制度,形成阻碍行业进入的壁垒,以及阻碍其所服务客户任何转换行为的壁垒。所有这些因素共同作用,使得银行能够维持甚至加强现有的集中化。

因此,我们看到了银行和典型客户(typical customer)之间存在的巨大不平等。然而,仅凭能力不平等还不足以成为监管干预的充分理由。只有在能力不平等伴随着真切担忧的情况下,也就是较弱的一方可能被持有这种职权能力的一方不公平利用的情况下,这种干预才是正当的。⑤ 在以色列的银行业情境下,这种担忧已经不止一次地出现了。

一个众所周知的例子是银行股票操纵事件,此事件在1983年爆发。⑥ 事实证明,多年来,各大银行都说服客户将资金投资于银行自己的股票,同时,他们在非法抬高股价,从而导致这些银行股票的价格稳步上涨。由于缺乏资金来源,银行不能再继续这种操纵了,他们发现自己处于一种没有出路的处境。这在整个资本市场引发了严重的危机,导致证券交易所被关闭了18天。这些股票失去了价值,客户蒙受了巨大损失。最终,国家被迫进行干预,赎回公众持有的这些股份,金额巨大,约为70亿美元。

---

③ 以色列特和抵押银行有限公司诉利帕特案[CA 1304/91 Tefahot Israel Mortgage Bank Ltd. v. Liepart, 47(3) PD 309, 323 (1993)]。

④ 《银行(执照)法》,第13条。

⑤ 奥纳·多伊奇;前注1,第538页;赛奈·多伊奇(Sinai Deutch):《消费者保护法第一卷基础和原则》,第120页,特拉维夫以色列律师公会2001年,希伯来语。

⑥ 请参阅第二章第三节。

另一起案件涉及为购买证券提供信贷。在20世纪90年代初期，银行发起了激进的信贷活动，说服客户接受贴现信贷（discounted credit），购买由他们自己的银行集团发行的共同基金，同时通知客户，告诉这种交易没有风险。一味急于在活动中增加尽可能多的客户，在没有核实借款人还款能力的情况下，向任何人提供信贷。由于1994年证券交易所的崩溃，共同基金失去了价值，顾客发现自己有巨额贷款，无法偿还。为了解决这个问题，成立了一个特别委员会。它的作用是解决当事人的索赔，并处理向客户返还资金的问题。这导致了以数以百万计的美元偿还客户。⑦

即使在这两起案件之后，银行仍然利用他们在投资咨询中的作用滥用职权。这不是为客户提供客观的咨询，而是满足其自身需求。银行向顾客推荐，让客户把钱投资在符合银行利益的渠道上，特别是提供给同一银行集团的共同基金和公积金。这种行为导致立法干预，强迫银行出售他们的共同基金和公积金，目的是减少他们立足其中的利益冲突。⑧

另一种问题是提供一种服务的条件取决于另一项服务：银行经常会向顾客提供信贷，但条件是从该银行购买另一项服务，而客户对这种服务又不感兴趣。这主要针对的是企业客户，他们为了商业目的需要信贷。银行同意向客户提供信贷，条件是信贷额度远远超过客户所要求的金额，而剩余款项将存入银行作为存款。因为银行对存款付出的利息比银行对贷款收取的利息要低得多，所以，这种情况为银行创造了利润来源。为了解决这一现象隐含的问题，《银行（服务客户）法》规定，明确禁止此类行为。⑨ 法院严格地执行了这一禁令，因此这一现象在今天几乎是不存在的。⑩

---

⑦ 露丝·柏拉图-希纳尔：《银行信托责任——忠实义务》，第382页，特拉维夫以色列律师公会2001年，希伯来语。

⑧ 请参阅第二章第一节"二"。

⑨ 《银行（服务客户）法》，第7条。

⑩ 比如：博奈·哈蒂奇有限公司诉工人银行有限公司案［CA 6505/97 Bonei Hatichon Ltd. v. Hapoalim Bank Ltd., 53(1) PD 577 (1999)］；联合密兹拉银行有限公司诉埃利阿胡·加齐亚尼公司案［CA 7424/96 Mizrahi United Bank Ltd. v. Eliahu Garziani Company (1988) Ltd., 54(2) PD 145 (2000)］。

银行滥用他们的职权,不仅对客户如此,而且对担保人也是如此。比方说,银行要求担保人偿还债务,而不首先尝试向主债务人追收;担保人签署担保一个无限的数量,尽管他们的意图——该银行知道——只提供有限数额的担保。银行拒绝担保人针对债务人的追索权利,以确保自己优先向债务人追收;在许多情况下,银行让担保人签订担保合同,而不给他们解释这种担保的性质或其中所固有的风险。这些做法迫使立法者进行干预,并对银行与担保人之间的关系施加了严格的限制。[11]

所有这些例子都说明了银行与其客户之间能力不平等所固有的风险,以及对滥用银行能力损害客户利益的真正担忧。

二、客户对银行的依赖

除了银行可能滥用职权能力的担忧之外,当能力不平等造成弱势方依赖强势方时,能力不平等就带来了问题。的确,给予银行巨大职权能力造成了客户的真正依赖性。客户在服务的提供、履行服务的方式、价格的确定以及确定适用于此的法律规则等方面都依赖于银行,具体阐述如下。

(一)提供服务

赋予央行自由裁量权,同意或拒绝执行客户要求的银行交易。事实上,《银行(服务客户)法》第二条,迫使银行向客户提供一定的服务。但是这一条非常有限,而且它只适用于三种类型的服务:以以色列货币或外币接受货币存款;销售银行支票;开设和管理活期账户。关于开立账户,提供这项服务的义务是非常有限的,不包括提供信用,也不包括为该账户签发支票本或提供借记卡。因此,在大多数交易中,客户依赖于银行提供所请求服务的意愿。

客户对服务提供者的依赖并不仅限于银行部门,因此,就其本身而言,为监管干预辩护是不够的。然而,在银行业情况下,它的区别在于,这种依

---

[11] 《担保法》(5727-1967),第 B 章;露丝·柏拉图-希纳尔:"以色列:商法与消费者保护之间的动产担保",《比较法的全球研究》(即将出版)。

赖关系与向公众提供至关重要的服务有关。[12] 当今没有任何个人或实体不需要以某种方式来要求银行服务。不需要企业财务和复杂交易的人,需要抵押贷款、银行担保、小额储蓄的投资咨询,或通过直接借记的方式进行支付。即使是这些客户,他们的财务活动仅限于获得作为雇员的工资或接受国家保险协会(National Insurance Institute)的津贴,那他们也需要银行账户,因为不可能接受任何现金支付。[13] 银行服务的重要性增加了客户对银行的依赖。

(二)履行服务的方式

客户不能有效地监督银行的活动,因为他缺乏所需的专业知识和技术手段。此外,客户通常会收到关于他账户中发生的事情的信息,但只是回顾性的。因此,即使是雇佣高额财务成本的专业检查服务,也无法解决监督的问题。[14] 客户别无选择,只能依靠银行的专业素养和诚信履行职责。

(三)银行服务的价格

正如第四章第四节的解释,以色列的银行多年来一直在利用他们的职权从零售部门收取很高的费用。在激烈的公众抗议声中,"收费改革"于2007年实施,银行收费受到以色列银行的监督。

(四)确定适用于这种关系的法律规则

这里,客户也依赖于银行。银行合同是由银行提前起草的一份标准合同。即使银行同意与某个客户就合同条款进行谈判,谈判的基础是由银行

---

[12] 关于银行服务活力的这一论点,被以色列法院用来承认银行是"准公共"机构。参见第二章第四节。

[13] 摩西·拜贾斯凯(Moshe Bejsky):"银行和客户之间的信任关系",载于《兰多书》第三卷第二部分,第1095、1097页,阿哈伦·巴拉克和埃莉诺·马祖兹(Aharon Barak & Elinoar Mazuz)主编,布尔希出版社1995年,希伯来语。

[14] 塔玛·弗兰克尔(Tamar Frankel):"信托法",《加利福尼亚法律评论》第71期,第795、813页,1983年;罗伯特·库特和布拉德利·J.弗里德曼(Robert Cooter & Bradley J. Freedman):"信托关系:它的经济特征和法律后果",《纽约大学法律评论》第66期,第1045、1049页,1991年。

准备的原始文件,而银行文件明确保护了银行利益。[15] 银行文件通常包括对客户强加一长串义务。如果在银行文件中出现了涉及银行的参考条项,那么这通常就涉及银行对客户的权利。这些条款中的许多条款被认为是剥夺条款(depriving clauses)。[16]

(五) 转换银行的困难

鉴于银行之间的转换困难,客户对银行的依赖加剧了。即使客户有强烈的动机转换另一家银行,比如银行服务价格的巨大差异或者客户服务水平的显著差异,但与这一转换行为相关的技术难题使许多客户望而却步。为了应对这些困难,立法机构[17]和银行监管局[18]规定了有约束力的条款。然而,即使转换的困难得到解决,客户也可以在银行间轻松切换,但是,向另一家银行转移不会改变客户的处境,也不会改变他对银行的依赖。即使在他转换到一家新银行后,银行和客户之间的能力不平等仍将继续存在。由于垄断性和在银行系统之外无法获得银行服务,客户不仅是管理其账户的银行的俘虏,而且整体上也跳不出银行系统的如来之手。

总之,只要客户是"被俘客户"(captive customer),依赖银行的职权能力和自由裁量权,就应当对银行规定银行与客户之间的特殊行为规则,作为抑制银行职权能力的一种方式,防止它被滥用,损害客户利益。银行的职权能力越大,应该实施的行为准则就越严格。

三、银行对客户事务的控制

一方对另一方的事务和财产有控制权,无论是法律上由于法律规定的

---

[15] 在这方面,最高法院裁定,由于银行有权按照自己的意愿设计合同,因此在合同的框架内,它有义务保护客户作为较弱的一方的合法利益。一方对另一方的合同的依赖性使较强一方对较弱一方负有受托责任。请参阅:Sh. A. P. 有限公司诉以色列国民银行有限公司案[CA 6234/00 Sh. A. P. Ltd. v. Bank Leumi Le-Israel Ltd., 57(6) PD 769,788 (2003)]。

[16] 请参阅第四章第六节。

[17] 《银行(服务客户)法》,第5B条。

[18] 银行监管局:《正确开展银行业务指令》,指令第432号,关于"转换业务和关闭客户账户"。网上可查:http://www.boi.org.il/en/BankingSupervision/SupervisorsDirectives/ProperConduct-OfBankingBusinessRegulations/432_et.pdf。

关系,或事实上由于物理的控制,人们担心有控制权的一方可能会滥用控制权来损害另一方。[19] 因此,需要制定规则来约束有控制权的一方。

对于那些代表他人管理资金的人来说,抑制这种控制权尤为重要。一个人通过自己的方式管理自己的事务,只要他不伤害别人,那么他有权以他认为适当的方式管理它们。然而,对于管理他人事务和处理他人钱财的人或机构的活动,情况并非如此。不仅不允许他对他管理其事务的某人造成伤害,或对此人造成损害,而且他有义务以最大的公平和忠诚行事。[20]

在银行业情况中也是如此:银行被授予职权并控制客户的财务利益,与客户决定执行的银行交易有关。这种职权不仅源于对存放在银行的资金的控制,还来自银行如何履行其职责的自由裁量权。例如,授予银行自由裁量权,决定是否对一位拥有活期账户的客户提供账户信贷便利。[21] 在银行批准客户信用额度的情况下,银行可以根据其单方面的决定取消这种信贷便利或减少贷款。[22] 为客户提供贷款的银行可以在满足某些条件的情况下,要求提前偿还贷款(加速条款)。[23] 银行对抵押品的变现有自由裁量权,而抵押品是客户提供的作为其义务的保证。银行有权决定是否通过债务重组帮助一个难以偿还债务的客户;诸如此类。研究以色列非银行信贷市

---

[19] 科苏诉福依希特万格银行有限公司案[CA 817/79 Kosoi v. Feuchtwanger Bank Ltd., 38(3) PD 253, 277 (1984)]。

[20] 摩西·拜贾斯凯,前注 13,第 1097、1099 页;以色列银行协会诉以色列证券管理局案[OM (Tel Aviv District Court) 431/01 The Association of Banks in Israel v. Israel Securities Authority, 5762(2) PM 529, 550 (2002)];卡拉廷诉阿忒莱特证券(2000)案[CA 3654/97 Karatin v. Ateret Securities (2000) Ltd., 53(3) PD 385, 395-396 (1999)]。这个概念构成了对管理他人资金的银行和金融机构强加关于其客户受托责任的理由之一,请参阅后注 26。

[21] 伊尔蒂特诉以色列国民银行有限公司案[CA 323/80 Iltit Ltd. v. Bank Leumi Le-Israel Ltd., 37(2) PD 673 (1983)];博奈·哈蒂奇有限公司诉工人银行有限公司案,前注 10,第 592 页。

[22] 以色列国民银行有限公司诉总检察长案[CA6916/04 Bank Leumi Le-Israel Ltd. v. The Attorney General],第 9—11 段,内沃数据库(Nevo)2010 年(在这方面对银行施加限制)。

[23] 以色列第一国际银行有限公司诉银行监管局局长案[CA232/10 The First International Bank of Israel Ltd. v. The Supervisor of Banks],内沃数据库(Nevo)2012 年(在这方面对银行施加限制)。

场的霍达克委员会,即机构投资者通过购买非政府债券提供信贷报酬参数确定委员会,[24]确定上述各种措施,是为了给客户施加压力以确保债务的追收,利用银行对客户掌握的内部信息,使银行对客户财务活动进行控制。[25]

商业行为规则的目的是限制银行的能力和控制权(power and control),并确保其自由裁量权及其所拥有的信息在与客户的关系中得到最大限度的公平运用。

四、客户对银行的信心

客户给予银行完全的信任和忠诚,并依赖银行的判断力和酌情决定权。客户相信,在提供服务的同时,银行会以一种典型的专业性和诚信的态度对待他。在客户看来,银行官员被认为是理解财务管理的人,并希望对客户最好。普通公众依赖银行的诚信,把他们的钱和长期储蓄存到银行。客户如此地依赖银行,以至于他们一般在根据银行官员建议行事之前不会寻求其他建议,也不会以敏锐的眼光审视银行的业务活动。不用说,银行不仅是意识到这种现象,而且甚至鼓励客户继续这样做。[26]

客户对银行的巨大信心是对银行施加严格规则的正当理由,以确保客户的信任不会被银行利用。

---

[24] 请参阅第二章第一节"三"。
[25] 《机构投资者通过购买非政府债券提供信贷的报酬参数确定委员会报告》,2010年2月。希伯来语网上可查:http://www.tavor.biz/files/final_conclusions_hodak_committee.pdf。
[26] 以色列法院利用这种信任的概念,对银行施加广泛的受托责任,这种责任是银行对客户的责任。请参阅柏拉图-希纳尔:前注7,第51—53页;"银行合同是一种特殊合同——以色列模式",《图罗法律评论》第29期,第721页,2013年;"以色列法律下的受托责任:是否有必要将其从一个公平原则转变为一项法定义务?",《普通法世界评论》第41期,第219页,2012年;和拉尔夫·韦伯:"银行受托责任的三种模式",《法律和金融市场评论》第2期,第422页,2008年;"一位名为银行的天使:作为以色列银行法基本理论的银行受托责任",《普通法世界评论》第36期,第27页,2007年;"银行的受托责任:加拿大-以色列的比较",《银行和金融法律评论》第22期,第1页,2006年。

第二节　银行监管局关于
消费者保护的权力和办法

在以色列,有多家消费者监管机构。然而,他们在银行领域的权威——如果它存在的话——也是有限的。

负责以色列消费者保护的主要监管机构是经济与工业部(Ministry of Economy and Industry)的消费者保护和公平贸易管理局（Consumer Protection and Fair Trade Authority）,该局创建于2006年。消费者保护和公平贸易管理局根据《消费者权益保护法》(Consumer Protection Law，5471-1981)运行。㉗然而,《消费者保护法》将银行排除在其适用范围之外。㉘因此,该局及其局长没有任何监督银行系统的授权。

另一家监管机构是以色列反垄断管理局(Israel Antitrust Authority),它负责促进包括银行业在内的各个经济部门的竞争。然而,该局只处理一个领域——竞争领域。它不涉及其他的消费方面,比如公平的商业实践。㉙

还有一家监管机构是以色列证券管理局,其职能是"保护公众投资于证券的利益"。㉚对于银行客户的保护,该局权力有限,就是根据《投资建议、投资营销和投资组合管理监管法》,监督由银行提供的投资咨询和在银行工作的投资顾问。㉛

鉴于上述监管机构虽然负责消费者权益保护,但在银行业的消费者权益保护方面权力有限,因此,银行监管局在消费者保护领域的作用非常重要。这在2011年夏天的社会抗议之后变得更加尖锐,这次抗议尤其关注生

㉗ 《消费者保护法》,第5章。
㉘ 同上,第39(1)款。
㉙ 另外,应该注意的是,即使是在竞争领域,在银行体系的集中集团方面,也存在着对反垄断管理局的某些限制。请参阅第三章第一节"一"。
㉚ 《证券法》,第2条。
㉛ 《投资建议、投资营销和投资组合管理监管法》,第5、28条。

活成本和经济各个部门之间缺乏竞争的问题。关于银行业,公众对银行监管局对消费者问题上的积极干预产生了期望。㉜

应当指出,银行监管局是以色列银行的一部分。《以色列银行法》,虽然描述了以色列银行的各种目的和作用,但不包括将保护银行客户作为其目的之一。㉝ 然而,有些法规对银行监管局长规定了明确的职责,即在这方面采取行动,或者至少考虑到消费者利益。因此,举例来说,在银行监管局局长发布《正确开展银行业务指令》的权力方面,关于银行的经营管理方法,《银行业条例》规定:"所有这些都是为了确保银行的稳健管理和维护客户利益。"㉞ 在《银行(执照)法》中,它被规定作为授予银行执照决定的一部分,银行监管局局长应考虑"颁发许可证,要裨益资本市场的竞争,特别是有益于银行系统的竞争和提升服务水平",以及要考虑到"公共福利"。㉟ 尽管在其他问题上,以色列银行和银行监管局没有法定义务来采取措施促进消费者保护,但很显然,不管怎样,银行监管局局长认为这是他的职责之一,这从他在这一领域所从事的各种活动也可以看得出来。

在这一点上,值得一提的是《社会经济变革(立法修订案)草案(加强竞争力和提高消费者福利)》。㊱ 这项草案是在政府的倡议下准备的,它也适用于作为银行系统监管者的银行监管局局长和以色列银行行长。㊲ 该草案第 2 条规定:

> 在行使监管权力或授予执照或许可证,监管机构除了必须考虑到的任何其他考量之外,必须考虑其行使权力对消费者福利的影响,包括

㉜ 与彼得·卡特赖特《银行、消费者和监管机构》(哈特出版公司 2004 年)相比,请注意:"消费者的预期可能不仅适用于银行和消费者之间的关系,而且也适用于银行、消费者和国家尤其是监管机构之间的关系。"

㉝ 《以色列银行法》,第 3 条。

㉞ 《银行业条例》,第 5(C1)条。

㉟ 《银行业(执照)法》,第 6(3)和 6(5)条。

㊱ 希伯来语网上可查:http://www.shituf.gov.il/discussion/681。

㊲ 同上,本草案附录第 7 条。

生活成本,它对促进这一领域竞争的影响,以及它将以书面形式记录有关这种影响的原因和考虑因素。

换句话说,根据本草案,银行监管局局长和以色列银行行长有责任在所有业务活动领域要考虑到消费者的因素,包括在现有立法中没有明确提及的领域。但在最后,政府决定不发起上述草案的立法程序,因此,拒绝了要求监管机构考虑消费者福利的想法。

多年来,维护银行稳定的职责在以色列银行监管局的活动中占据了主导地位,而且一次又一次,这是以牺牲处理商业行为问题为代价的。[38] 对商业行为领域的重大干预是由议会执行的,多年来议会已经通过了许多重要的消费者法律,其中有一些意义深远,在世界上无与伦比。[39] 以色列法院也支持消费者维权方式。他们不只是简单地执行上述法律,而且还通过司法立法(judicial legislation)对银行规定额外的行为规范。这方面最显著的例子是对银行实行全面的受托责任。[40]

尽管如此,近年来,银行监管局在消费者领域的参与更多。看起来,银行监管局长做法的转折点似乎是一份报告,这份报告是提高银行体系竞争力调查组在 2013 年 3 月发布的。[41] 该小组的报告强调了银行业的集中化和银行之间缺乏竞争的情况,它还提供了一系列旨在发展银行业竞争的建议。这些建议分为三类:

(a) **结构性措施**:旨在干预产业结构的措施,比如竞争者数量,使其业务领域多样化,缩小大型竞争对手的规模,消除进入行业的障碍,

---

[38] 请参阅第三章第一节"一"以及第五章第一节。
[39] 一个例子是,在债务人住房抵押贷款的止赎过程中,对债务人的保护,请参阅第四章第五节"九"。另一个例子是对消费者担保人的保护。参见柏拉图-希纳尔:前注 11,第三章第二节。
[40] 前注 26。
[41] 银行监管局局长:《提高银行体系竞争力调查组报告》,2013 年 3 月。希伯来语网上可查:http://www.boi.org.il/he/NewsAndPublications/PressReleases/Pages/19032012e.aspx. AsummaryreportisavailableinEnglishathttp://www.boi.org.il/en/BankingSupervision/Survey/Pages/competition.aspx。

等等。在此背景下，报告建议允许建立基于新模型的银行，比如互联网（虚拟）银行和信用合作社。另一个重要建议是鼓励机构投资者（保险公司、养老基金和公积金）进入该领域，为零售部门提供信贷，从而为银行创造竞争。

(b) 消除银行系统内部竞争障碍的措施：提高银行系统中现有参与者之间竞争的措施，减少银行之间的转换障碍，提高透明度，等等。例如，为了促进客户从银行到银行的转换，建议强迫银行允许客户使用互联网和技术设备，以关闭账户，并将业务活动转移到另一家银行；便利对新银行移交定期付款指令所需的手续；允许通过互联网打开新的银行账户，而互联网可能会提高没有广泛分支网络的小型银行的竞争力，等等。为了缩小银行和客户之间的信息差距，并提高客户对不同银行的条款进行比较的能力，建议银行必须公布信息——这些信息必须在分行或每日报刊上公布——还必须在他们的网站上公布。

另一项建议提到，银行实际对客户的存款和贷款利率定价与他们正式公布的利率之间存在差异，这是因为银行对各类客户提供了折扣和额外优待。在这方面，建议要求银行向公众发布报告，说明在实践中实际收取的利率，这样，就可以使客户在不同的银行之间进行有效的比较。

另一个建议是"银行身份卡（Banking Identity Card）"：银行将被要求向每个客户提交一份综合报告，提供该银行客户的资产和负债的所有详细情况，并简要描述他的银行业务活动。要求银行自动、定期地递交本报告，并且也应客户要求递交本报告。客户可以将这份报告提交给其他银行和金融机构，目的是收到来自银行的竞争对手的报价。

(c) 特定措施：加强对收费的监督[42]和更严格执行的措施。

---

[42] 关于这方面，请参阅第四章第四节。

值得注意的是,银行监管局立即采取了行动,采纳了报告中包含的许多建议,之后甚至实施了额外的用户至上主义措施(consumerist measures),这将在本章下面讨论。

反映银行监管局局长更密切关注消费者问题的方法的变化,在局长发布的关于以色列银行系统的年度报告中也可以发现。在过去,银行监管局局长一直表明:

> 银行监管局的主要职能是维护银行体系的稳定性和弹性,以维护公共利益为目标……银行监管局亦致力于提高银行体系的竞争和效率,维持银行与客户关系的公平性。[43]

然而,在2014年,措辞已经改变,重点在于更多的聚焦在消费者问题上。2013年的年度调查如下:

> 银行监管部门的主要目标是维护公共利益,维护银行体系的稳定和弹性,维护银行与客户关系的公平,增强公众对银行系统的信心。银行监管局还致力于提高银行体系的竞争和效率。这些职能紧密相关,旨在保护公众的金融资产,确保银行服务的连续性。[44]

而2015年中期发布的2014年调查报告显示:

> 银行监管部门的主要目标是维护公共利益,维护银行体系的稳定和弹性;维护银行与客户之间关系的公平,提高银行系统的竞争和效

---

[43] 比如参见,以色列银行:《2011年以色列银行系统年度调查》,第65页,2012年10月,网上可查:http://www.boi.org.il/en/NewsAndPublications/RegularPublications/Pages/skira11h.aspx;以色列银行:《2012年以色列银行系统年度调查》,第63页,2013年7月,网上可查:http://www.boi.org.il/en/NewsAndPublications/RegularPublications/Pages/skira12.aspx。

[44] 请参阅以色列银行:《2013年以色列银行系统年度调查》,第85页,2014年7月,网上可查:http://www.boi.org.il/en/NewsAndPublications/RegularPublications/Pages/skira13.aspx。

率;保护公众的金融资产;以及确保银行服务的连续性。这些职能是相互交织的,它们对于建立公众对银行体系的信心至关重要。[45]

这种措辞上的差异是最重要的,因为它们反映了银行监管局在消费者领域的作用所发生的概念上的变化。

现在我们将回顾一些主要的问题,来说明银行监管局局长在消费者领域的活动。我们将首先介绍为银行客户提供消费者保护的主要法律——《银行(服务客户)法》。这项法律赋予银行监管局局长和以色列银行行长特定权力,来干预消费者领域。稍后,我们将讨论银行收费的监管问题。最后,我们将考察银行监管局局长的几项指令,在这些指令里,他的用户至上主义方法是显而易见的。

第三节 《银行(服务客户)法》

监管银行与客户关系的核心法律是《银行(服务客户)法》。这项法律包括一长串重要的保护消费者条款,例如:有义务提供某些银行服务;[46]禁止误导;[47]禁止利用客户的特殊弱点;[48]有义务提前披露银行交易的细节,[49]以及一项单独的义务是提前披露交易中涉及的收费;[50]对未能偿还贷款的客

---

[45] 以色列银行:《2014年以色列银行系统年度调查》,第95页,2015年6月,网上可查:http://www.boi.org.il/en/NewsAndPublications/RegularPublications/Pages/skira14.aspx。
[46] 《银行(服务客户)法》,第2条。
[47] 同上,第3条。
[48] 同上,第4条。
[49] 同上,第5条。凭借本条,以色列银行行长公布《银行(服务客户)(适当披露和提供文件)的规则》,5752-1992。
[50] 《银行(服务客户)法》,第5A条。

户提起诉讼的限制,[51]确定客户转换银行的程序;[52]有关广告的限制和责任;[53]禁止提供某项服务以另一项服务为条件;[54]确定计算利息的方法;[55]确定记入借方和贷方的日期;[56]有义务取消在偿还贷款上的登记产权阻累(registered encumbrances);[57]在客户住房抵押止赎的情况下,限制对提前偿还住房贷款收取费用;[58]确定客户有权利更改住房贷款的还款日期;[59]设立监督收费的章节;[60]等等。

该法律的规定是很有说服力的,无论任何弃权或有相反的协议,都是适用的。[61]该法进一步规定,任何违反其规定的行为,都要对受害客户给予民事补偿。[62]此外,它可能构成银行方的刑事犯罪,[63]它也构成银行的经理们及高级职员的刑事犯罪。[64]该法律还包括一项行政性经济处罚。[65]多年来,该法律使银行客户在各个业务活动领域的情况都发生了显著的改善。[66]

该法律的各个条款都对以色列银行行长和银行监管局局长赋予职能和权力,以贯彻其规定的准则。

授予央行行长的权力基本上是一种设置标准的权力。该法律的几个条款授权央行行长制定规则、指令和命令,以便详细地实施该法律的各个

---

[51] 《银行(服务客户)法》,第5A1条。
[52] 同上,第5B条。
[53] 同上,第6和6A条。
[54] 同上,第7条。
[55] 同上,第8条。
[56] 同上。
[57] 同上,第9A条。
[58] 同上,第9A1款;另见《银行(服务客户)(提前偿还贷款收费)的规则》(5772-2012),请参考本章下一节。
[59] 《银行(服务客户)法》,第B1条。
[60] 同上,第B2章。
[61] 同上,第17条。
[62] 同上,第15条。
[63] 同上,第10条。
[64] 同上,第11条。
[65] 同上,第11A条。
[66] 露丝·柏拉图-希纳尔:"《银行(服务客户)法律》(1981):关于受托责任的缺失",《立法杂志》第5期,第179、208—212页,2013年,希伯来语。

条款。

例如,以色列银行行长发布了《银行(服务客户)(适当披露和提供文件)的规则》。这些规则,其中包括很多条款,明确规定——关于所有的普通银行交易——在即将执行交易之前,银行需要向客户披露详细信息。此外,这些规则对银行强加了义务:以书面形式提出银行合同;在签订合同之前,为客户提供一个研读书面合同的机会;在签名后向客户提供文档的副本;为客户提供定期的银行账户对账单;在银行的网站上发布各种标准的银行合同,以便客户在签署合同之前,能够提前阅读合同;等等。

以色列银行行长规定的附加规则是《银行(服务客户)(提前偿还住房贷款收费)规则》。在客户抵押贷款的住房受到止赎的情况下,这些规则为客户提供了保护。止赎诉讼(foreclosure proceedings)涉及贷款的加速偿还和被迫提前偿还贷款。这些规定限制银行在此类止赎中向债务人要求"提前还款费"(early repayment fee)的权利。

关于以色列银行行长这些规则的另一个例子是《银行(服务客户)(收费)规则》。这些规则是收费改革的一部分,它们限制银行被允许向零售部门收取的费用类型。[57]

其他例子包括:《银行(服务客户)(计算利息的方法)规则》,它规定借记或贷记利息日期,以及活期账户、存款和贷款的利息计算方法;《银行(服务客户)(借记与贷记支票日期)规则》,它规定客户账户使用支票的借记或贷记规则。

作为银行监管局局长,《银行(服务客户)法》授予他各种职能和权力:

标准设置权力:如上所述,法律赋予以色列银行行长大多数标准设置权力。只有两个问题,该法律赋予银行监管局局长对银行发出指令:关于客户在银行之间的转换问题;[58]以及关于追收担保人的债务问题。[59]

---

[57] 请参阅第四章第四节。
[58] 请参阅第四章第五节"二"。
[59] 《银行(服务客户)法》,第17A条。

在这方面,应当重申,在另一项立法中,赋予银行监管局局长广泛的标准设置权。这项立法即《银行业条例》第5(c1)条款,它授权银行监管局局长对银行发布《正确开展银行业务指令》。[70] 凭借这一权力,银行监管局局长在许多不同的问题上发布了很多关于商业行为领域的指令。这些指令,与《银行(服务客户)法》及其规定一起,为银行客户建立了一个全面的消费者保护框架。[71]

核准的权力:银行监管局局长应当是着手处理各种核准的官员。例如,对于银行希望采用的特定业务策略,而且,从表面上看,这可能违反上述法律的规定;[72]关于确定新的收费;[73]关于提高现有收费的价码;[74]等等。

报告的职责:关于银行收费的监督,[75]《银行(服务客户)法》要求银行监管局局长向以色列议会经济事务委员会报告本法条款有关收费问题的实施情况,[76]并就银行实际收取的费用情况向社会发布各种数据资料。[77]

惩罚性的强制执行权力:银行监管局局长有权对违反上述法律规定的银行实施行政性经济处罚。[78] 然而,直到今天,银行监管局局长只在2012年行使了一次这种权力,在消费者领域实施了货币性处罚。在这个案子里,对一家银行实施了600,000新谢克尔的经济处罚,因为这家银行向客户收取的费用未在银行收费表中出现。[79] 在消费者领域,

---

⑦ 请参阅第二章第七节"一"。
⑦ 其中一些指令将在本章第五节中讨论。
⑦ 《银行(服务客户)法》,第2(d)、7(b)条。
⑦ 同上,第9I(e)条。
⑦ 同上,第9O条。
⑦ 参阅第四章第四节。
⑦ 《银行(服务客户)法》,第9R条。
⑦ 同上,第16K条。
⑦ 同上,第11A条。关于银行监管局局长在各领域实施经济处罚的权力,参阅本书第二章第七节"四"。
⑦ 以色列银行新闻公告:《对银行公司实施经济处罚》,2012年3月13日。网上可查:http://www.boi.org.il/en/NewsAndPublications/PressReleases/Pages/120 313f.aspx。

经济处罚工具的有限使用尤其值得注意,因为在禁止洗钱方面,这一工具的使用更为积极。[30]

银行监管局局长在刑法领域也有权力:如果某家银行按本法构成了犯罪,那么,银行监管局长有权——经总检察长批准——决定不对银行提起刑事诉讼,而是作为银行的承诺,它将避免继续犯罪,取消污点交易(tainted transaction),并补偿受害的顾客。[31] 此外,在有必要获得法院命令(court order),迫使银行采取某种行动来阻止犯罪行为的情况下,银行监管局局长(或者总检察长)是接洽法院的授权官员。[32]

投诉处理和赔偿:银行监管局局长是被授权检查公众对银行投诉的官员,而且,在发现投诉合理的情况下,要命令银行纠正违规行为。[33] 然而,银行监管局局长于2015年发布的一个《正确开展银行业务指令》,在这方面可以减少该法律规定的保护范围。这一指令要求客户首先向银行提交他们的投诉。只有在例外情况下,客户才可以向银行监管局长要求予以处理。[34]

总之,《银行(服务客户)法》是一项重要法律,它为银行客户提供银行业务各领域的多样化消费者保护。该法律为银行监管局长和以色列央行行长可以采取的与消费者有关的广泛的法律行动奠定了法律基础。

第四节 银行收费的监督

银行订明对客户的银行收费。在新千年伊始,以色列公众对银行收取

---

[30] 请参阅裁定列表 http://www.boi.org.il/en/BankingSupervision/AntiMoneyLaunderingAndTerrorFundingProhibition/Pages/SanctionsCommittee.aspx。
[31] 《银行(服务客户)法》,第12条。
[32] 同上,第13条。
[33] 同上,第16条。
[34] 请参阅第二章第七节"八"。

的费用提出了严重的指控,尤其是来自家庭和小企业方面。由于银行之间没有竞争,银行允许自己收取很高的费用。另外,由于没有使用标准化的条款,也由于每个银行的收费都以不同的方式计算,所以不同银行的收费很难比较。财务和运营服务收费的多样性(有银行在私人账户上收取超过400种不同的费用),并为同一项服务收取双倍费用,这增加了公众的损失。⑧

尽管公众的不满情绪日益高涨,但银行监管局长没有干预银行的收费问题。官方的理由是这一事实,基于历史原因,根据《商品和服务监督法》,对银行服务价格进行监管的是贸易、工业和旅游部(Ministry of Trade, Industry and Tourism)。银行监管局局长认为不适合采取行动来改变现有的安排,也不适合发起一项制定法的改变,从而将监管权力移交到他的手中。⑧ 就贸易和工业部而言,该部采取了一种相当被动的方式。

变化来自以色列议会。2007年,议会成立了议会银行收费调查委员会,它对此事发表了一份综合报告。⑧ 该委员会得出一个结论,多年来,银行一直利用它们作为以色列经济支柱的影响力,为了增加他们的收入,主要是以牺牲零售部门(retail sector)为代价,在与银行的交易中,零售部门被认为是议价能力较弱的一方。从委员会的调查结果看,银行利用他们的市场能力向家庭和小企业收取高额费用和高利率。有鉴于此,委员会认定,"以色列家庭在购买银行服务时,支付的是'缺乏竞争费'"。⑧ 委员会进一步指出,虽然西方国家自20世纪80年代以来一直在实施改革,以鼓励银行业和非银行部门的竞争,但由于银行监管局的政策在这方面不够积极,所以以色列这方面做得还不够。⑧

作为该议会委员会结论的结果,《银行(服务客户)法》于2007年作出修

---

⑧ 议会银行收费调查委员会:《最终报告》,第32页,2007年6月,希伯来语网上可查:http://www.knesset.gov.il/committees/heb/docs/bank_inq.pdf。

⑧ 关于以色列银行内部的斗争,请参阅沙伦·吉拉德:"政治压力、组织身份和对任务的关注:从危机前的金融监管中得到的例证",《公共行政》第93期,第593、603页,2015年。

⑧ 议会银行收费调查委员会,前注85。

⑧ 同上,第8页。

⑧ 同上,第9页。

订,并授予以色列银行行长权力来监督这些收费。

该法授予以色列银行行长两项主要权力:

第一项权力,涉及个人、家庭和小企业的零售客户账户,并授权央行行长不时裁定和更新银行获准向零售客户收取费用的一个封闭列表(a closed list)。[90] 封闭列表的目的是减少费用的数目,防止同一服务的双重收费,并以一种公平和可理解的方式向公众展示收费,对不同银行收取的费用给予相同的名称,并确保客户能够比较不同银行的价格。然而,上述权力并没有包括对收费水平的干预。

授予央行行长的第二项权力,是有权宣布某银行服务是"一项受监督的服务"。这样一个宣布声明,允许央行行长限制这一服务的收费金额。[91] 如果有下列情况之一,那么这项服务将被宣布为"一项受监督的服务":这项服务的收费可能会减少银行之间的竞争,或者减少银行与提供类似服务的另一家机构之间的竞争;客户只能从管理其账户的银行那里得到服务;在央行行长看来,这项服务是一项基本的服务,应该出于公共福利的考虑,这项服务应该受到监督。

凭借其权力,央行行长公布了一份收费清单,这些收费是允许收取的,同时允许银行自行决定这些收费的价格。[92] 此外,许多服务被宣布为"受监督的服务",并对这些服务指定了限价。[93]

对于银行收费改革的直接后果,人们意见不一。尽管以色列银行断定,改革导致了"平均一篮子收费"的减少,[94]但以色列消费者委员会发现,家庭

---

[90]《银行(服务客户)法》,第 9I 条和第 9J 条。

[91] 同上,第 9K 和 9N 条。

[92]《银行(服务客户)(收费)规则》[Banking (Service to Customer) (Fees) Rules, 5768-2008]。

[93]《根据〈银行(服务客户)法(第 12 修订案)〉而受监督的服务》,《官方公报》(The Official Gazette 2927)。

[94] 以色列银行新闻公告:《银行收费改革实施后第一季度的数据》,2008 年 12 月 30 日。希伯来语网上可查: http://www.boi.org.il/he/NewsAndPublications/PressReleases/Pages/081230h.aspx。

的平均收费实际上增加了。⑮ 原来,有些银行利用了改革来增加一些收费。⑯ 此外,希望费用改革能立即导致银行间的价格竞争,证明是毫无根据的。对于许多费用,我们还没有看到不同银行收取的价格之间有什么真正的区别。⑰

自 2008 年 7 月费用改革生效以来,基于积累的经验,以及该领域出现的问题,以色列银行继续对银行收费进行监控,并不时更新现有的规则。几项更新扩大了对消费者的保护范围,例如给予高龄、残疾人士或弱势群体收费折扣。⑱ 按照法律对他规定的义务,银行监管局长向以色列议会经济事务委员会每六个月进行一次汇报,内容是关于收费采取的行动,以及关于银行对该法律条款的实施情况。这些报告构成了检查其法律行为的工具。⑲ 此外,通过公布不同银行收取费用的详细信息,通过发布对比表,以及通过在以色列银行的网站上提供供公众使用的计算器,银行监管局致力于促进银行服务价格的透明度。⑳

在增强银行体系竞争力考察组的报告中,银行收费问题得到了全面的解决。该报告于 2013 年 3 月发表,报告认为,有理由进一步干预这一问题。因此,建议取消一些费用;宣布另外一些服务为"受监督的服务",并限制其收费;改变证券交易收费的结构;并要求银行向客户提供有关收费的比较信息,这些费用是由其他客户为类似的交易活动实际支付的收费,以提高客户在与银行打交道时的议价能力。此外,对小企业部门也给予了关注。建议

---

⑮ 以色列消费者委员会:《委员会对银行收费改革后的意见》,2008 年 8 月 20 日。希伯来语网上可查:www. consumers. org. il/files/files/odaot/amlotbemda 2. doc。

⑯ 《银行收费改革实施后第一季度的数据》,前注 94。

⑰ 关于费用水平的一致性,以及银行是否协调价格的问题,请参阅第二章第五节"四"。

⑱ 《银行(服务客户)(收费)规则(第 2 修正案)》[Banking (Service to Customer) (Fees) (Amendment no. 2) Rules, 5768-2008]。

⑲ 根据《银行(服务客户)法》第 9R 条的规定。关于这种报告的例子,参见以色列银行新闻公告:《关于普通银行服务收费的半年度报告今天向议会经济事务委员会提交》,2015 年 7 月 16 日,网上可查:http://www. boi. org. il/en/NewsAndPublications/PressReleases/Pages/16-07-20 15-BankFees. aspx。

⑳ 根据《银行(服务客户)法》第 16K 条授予他的权力。这些信息发表在以色列银行的网站上:http://www. boi. org. il/en/ConsumerInformation/ConsumerIssues/Pages/Amalot. aspx。

扩大小企业群体享受零售折扣率,并规定银行有义务告知这些企业客户的此项权利,以及他们如何能够行使这项权利。[101]

以色列央行宣布,它将全部采取调查组的建议,并立即采取行动,落实这些建议。

然而,这并不是问题的终结。对收费的监督是一个动态的问题,以色列银行会不时地监控和更新这些指令。在这个背景下,尤其有趣的是以色列银行在 2014 年的倡议,它迫使银行对活期账户实行统一的"篮子收费"(baskets of fees)。[102] 篮子收费包括以固定价格提供一定数量的服务,由每个银行单独确定。因为以色列银行担心银行可能会滥用这种篮子制度来提高价格,就像 2008 年费用改革生效时的价格上涨一样,这一次,以色列央行行长宣布,基本的收费篮子是一项"受监督的服务",这允许他来确定这个篮子的价格。[103] 然而,对于银行来说,向这种篮子制度的转型是不值得的,银行也没有费心将此事去通知客户。以色列银行的另一项指令要求银行采取主动措施,促使客户关注此事,并向银行监管局局长汇报客户对篮子收费制度的认购比率。[104] 以色列银行甚至为此发起了一场广播运动,以提高公众对篮子收费制度的认识。[105]

总之,以色列央行近年来的报告显示,收费水平降低,不同银行之间存

---

[101] 《增强银行体系竞争力考察组报告》,前注 41,第 111—120、125—127 页。

[102] 《银行(服务客户)(收费)规则(修正案)》。以色列银行新闻公报:《基本和统一的活期账户管理服务价格将受到监督且不会超过每月 10 新谢克尔》(2014 年 3 月 5 日)。网上可查:http://www.boi.org.il/en/NewsAndPublications/PressReleases/Pages/05-03-2014-Bank Supervi.aspx。

[103] 《银行(服务客户)(基本跟踪服务监管)令》[Banking (Service to Customer) (Supervision on Basic Track Service) Order, 5774-2014]。

[104] 银行监管局:关于"跟踪服务"致银行公司的信(2014 年 5 月 7 日)。希伯来语网上可查:http://www.boi.org.il/en/BankingSupervision/LettersAndCircularsSupervisorOfBanks/LettersOfTheBankingSupervisionDepartment/201405.pdf;银行监管局:关于"跟踪服务"致银行公司的信(2015 年 6 月 21 日)。希伯来语网上可查:http://www.boi.org.il/he/BankingSupervision/LettersAndCircularsSupervisorOfBanks/LettersOfTheBankingSupervisionDepartment/201512.pdf;银行监管局:《正确开展银行业务指令》第 423 号令,关于"跟踪服务",网上可查:http://www.boi.org.il/en/BankingSupervision/SupervisorsDirectives/ProperConductOfBankingBusinessRegulations/423_et.pdf。

[105] 《2014 年以色列银行系统年度调查》,前注 45,第 104 页。

在价格上的"广泛差异",这种趋势是一致的;[106]也就是说,为消费者提供的保护得到改善。考虑到收费水平的降低并没有使银行不稳定,而且,银行仍然是坚实而盈利的机构,从消费者的角度来看,可以宣告这项改革是成功的。

第五节 银行监管局局长关于消费者保护的指令

《银行业条例》第 5(c1)条授权银行监管局局长向银行发出《正确开展银行业务指令》。[107] 凭借这种权力,银行监管局局长在消费者领域发布了数十个指令,涉及众多不同的问题。这些指令有两个基本目标:第一个目标是在银行和客户之间(有时甚至是银行与第三方之间)的关系上规定公平的规则。第二个目标是增加银行系统的竞争,基于的假设是,一个更有竞争力的系统会导致价格的降低和服务的改进,这很清楚也是消费者的目标。在本节中,我们将回顾近年来颁布的一些著名的指令。应该解释的是,原则上,《正确开展银行业务指令》适用于所有银行客户,包括企业和零售客户。然而,由于需要为零售客户(家庭和小型企业)提供特殊保护,这些客户在某些情况下得到了特殊保护。[108]

一、开立和管理活期账户的权利

活期账户构成了一项基本服务,通过这种方式,人们可以管理他们的大部分金融活动。[109] 由于这个原因,在《银行(服务客户)法》第 2(a)条中规定,除非有合理的理由不提供这项服务(合理的拒绝),否则,银行必须允许

---

[106] 比如参阅:《关于普通银行服务收费的半年度报告》,前注 99;艾里特·阿维萨(Irit Avisar):"四年内家庭银行费用下降 17%",《环球报》2015 年 7 月 16 日。希伯来语网上可查:http://www.globes.co.il/news/article.aspx?did=1001053777。

[107] 请参阅第二章第七节"一"。

[108] 关于银行服务的活力,请参阅前注 12。

任何人开立和管理一个活期账户。该条款明确提到,银行没有义务向客户账户提供信贷。活期账户的目的是作为一个基本系统平台,管理客户的收入和支出款项,但该账户要有足够的余额。但是,法律没有具体规定什么情况将被视为合理的拒绝。

多年来,银行监管局局长公布的各种指令已经澄清,何时拒绝开立和管理账户将被视为合理拒绝。比如,客户涉嫌洗钱,或拒绝按照要求与银行合作执行《禁止洗钱法》;[109]客户拒绝按照要求与银行合作执行《美国海外账户纳税合规法》条款;[110]账户活动涉及非法赌博场所;[111]等等。然而,从来没有发布过指令,断定在什么情况下拒绝开立账户将被视为无理拒绝。这个问题已经不止一次地出现在那些经济上处于不利地位的人身上,即使没有信贷便利,这些人也一再被银行阻止开户。

这一问题在 2014 年受到了监管,《正确开展银行业务指令》第 422 号令,对在没有信贷便利的情况下开立和管理一个活期账户作出了规定。[112]

---

[109] 银行监管局局长:《正确开展银行业务指令》第 411 号令,关于"防止洗钱和恐怖主义融资及客户识别",第 24 条,网上可查:http://www.boi.org.il/en/BankingSupervision/SupervisorsDirectives/ProperConductOfBankingBusinessRegulations/411_et.pdf;另见:伊马尔经济发展协会诉邮政银行案[ACA 6582/15 Eamaar Association for Economic Development v. The Postal Bank],内沃数据库(Nevo Database)2015 年,怀疑为恐怖融资是一种合理的拒绝;亚辛帝国投资与金融有限公司诉工人银行有限公司案[CA 3497/13 Yasin Empire for Investments and Finance Ltd. v. Hapoalim Bank Ltd.],内沃数据库(Nevo Database)2015 年,关于货币兑换商的业务活动。

[110] 银行监管局:致银行公司的信函,关于"实施 FATCA 条款的准备工作",第 7 条(2014 年 4 月 6 日),希伯来语网上可查:http://www.boi.org.il/he/BankingSupervision/LettersAndCircularsSupervisorOfBanks/LettersOfTheBankingSupervisionDepartment/201403.pdf;银行监管局:关于"来自客户跨境业务活动的风险管理"致银行公司的信(2015 年 3 月 16 日),希伯来语网上可查:http://www.boi.org.il/he/BankingSupervision/LettersAndCircularsSupervisorOfBanks/LettersOfTheBankingSupervisionDepartment/201508.pdf。

[111] 银行监管局致银行公司和信用卡公司的信,关于"在貌似提供非法赌博活动网站上出现涉及银行账户资金转账的固有风险"(2012 年 2 月 29 日)。希伯来语网上可查:http://www.boi.org.il/he/BankingSupervision/LettersAndCircularsSupervisorOfBanks/LettersOfTheBankingSupervisionDepartment/201201.pdf。

[112] 银行监管局:《正确开展银行业务指令》第 422 号令,关于"开设和管理一个无信贷便利的活期账户"。网上可查:http://www.boi.org.il/en/BankingSupervision/SupervisorsDirectives/ProperConductOfBankingBusinessRegulations/422_et.pdf。

该指令规定,银行不得拒绝为下列人员开立一个没有信贷便利的活期账户:一个被宣告破产的人,一个被查封账户的人,一个因不敷支票支付而被宣布为"受限制的客户",⑬或者因为没有偿还债务而被任何银行起诉的人。

此外,该指令阐明了银行必须向该账户客户提供哪些服务。银行有义务向客户提供借记卡和现金提款卡(cash withdrawal card),允许客户签发活期账户扣款借记指令,以及允许客户通过自动终端或通过因特网获取信息。

这一指令为社会底层的弱势群体提供了重要保护,具有巨大的社会价值。

二、转换办理业务的银行

在本书第二章第五节"二"中,我们看到,加强银行体系竞争的一个条件是消除转换银行的障碍。客户能够简单而轻松地从银行到银行之间进行转换,这是鼓励银行之间竞争的一个重要工具,因为这增加了客户的议价能力,即使他最终选择留在他原来的银行管理自己账户。多年来,银行监管局局长一直在努力缩短和简化在一家银行关闭客户账户,并将其业务活动转移到另一家银行的过程。然而,尽管银行监管局局长采取了各种各样的措施,很多顾客还是羞于离开。2014年,《正确开展银行业务指令》关于转移业务活动和关闭客户账户方面的问题,得到了实质性的修改。⑭ 更新后的指令包含了一些可以显著简化转换过程的条款,例如:

- 代表客户的新银行的履职行为:该指令允许新银行取代客户,并代表他执行所有的操作,这对于将客户的旧账户上的账务活动转移到他的新账户,以及关闭他的旧银行账户是必要的。对于客户在他的旧账户上签发的"定期付款指令"(standing orders),同样适用。⑮

---

⑬ 根据《支票不足支付法》[Checks without Cover Law, 5741-1981]第 2 条。
⑭ 《指令》第 432 号,关于"转移业务与关闭客户账户",前注 18。
⑮ 这个问题在一个单独的指令里有规定。请参阅:银行监管局局长:《正确开展银行业务指令》第 439 号令,关于"借记授权"。网上可查:http://www.boi.org.il/en/BankingSupervision/SupervisorsDirectives/ProperConductOfBankingBusinessRegulations/439_et.pdf。

- 以一种客户更容易的方式关闭账户:为转移账务活动和关闭旧的账户,客户不会被要求去银行的分行办理。他可以通过银行的网站或电话交谈来提交申请。
- 缩小信息差距:在一个客户考察转移到另一家银行或关闭他在原银行账户的可行性的情况下,原银行被要求向客户提供关于他在该银行的账务活动的详细报告("银行身份卡"),[⑯] 以及帮助客户理解在转移活动中涉及的行动指南。
- 不取消优惠和折扣:银行被禁止仅仅是因为客户已经提交了一份转移其账务活动或关闭账户的请求,取消给客户的优惠和折扣。
- 限时完成工作:该指令规定了一个严格的时间框架,要求银行在收到客户要求关闭其账户的要求后,遵守该规定。

三、通过互联网开户

能够迅速而容易地开立银行账户构成了一种重要工具,可以促进客户在银行间的转换,并增加银行之间的竞争。直到最近,开立一个活期账户还需要客户亲临银行的分行,这主要是由于根据《禁止洗钱法》的规定而进行的监管限制。

为了减少开设新银行账户所涉及的官僚主义和心理障碍,银行监管局局长决定允许银行通过互联网开立账户。此举还旨在帮助分行网点数量有限的小银行与大银行展开竞争,并吸收客户。

2014年7月,银行监管局局长发布了《正确开展银行业务指令》第418号令,内容是关于通过互联网开户问题。[⑰] 在允许开设网上账户的同时,该指令还提到了银行面临的风险。例如,洗钱和恐怖融资的风险,以及钓鱼网站和欺诈等操作风险。因此,为了减少这些风险,在指令中规定了一些限

[⑯] 请参阅第四章第五节"四"。
[⑰] 银行监管局局长:《正确开展银行业务指令》第418号令,关于"通过互联网开立银行账户",网上可查:http://www.boi.org.il/en/BankingSupervision/SupervisorsDirectives/ProperConductOfBankingBusinessRegulations/41 8_et. pdf。

制。比如,任何希望通过互联网开户的人都必须成为该账户的持有者、以色列公民和成年人;任何代理人或授权签署人不得代表该账户行事,该账户也不会有任何受益人;"了解客户"的过程将由视频会议进行;账户上的账务活动将限于一定数量;等等。这些限制将在客户到分支机构一次,并完成面对面的识别过程之后被移除。

四、"银行身份卡"(信用记录报告)

加强金融领域竞争的最重要工具之一是分享客户的信用记录。在以色列,鉴于在零售信贷市场缺乏竞争,这一点尤其重要。与小型银行和非银行信贷机构相比,大银行、特别是两大银行(双头垄断)具有内在的竞争优势,因为这些大银行拥有客户信用记录的信息。由于这些信息,这些银行可以为信用记录良好的客户提供更廉价的信贷。相比之下,其他无法区分好坏客户的银行,则被迫对所有接触这些银行的客户都要求很高的利率。[118]

2002年,《信用数据服务法》在以色列颁布,这允许分享关于个人的某些信用信息。该法律创建了一个法律框架,允许有执照的信用机构对数据进行收集和出售。该法律和相关法规规定了信息的来源,可以收集的信息类型,可以给出的信息类型,可以提供信息的方式,建立客户信用等级,数据可能被保存的时间长度,客户关于向谁提供数据及需要他同意的权利。法律还规定了信用机构的许可职责(licensing duty),监督他们的方法,以及他们的责任范围。

然而,多年来在适用《信用数据服务法》方面积累的经验表明,该法律并没有取得预期结果,特别是在家庭和小企业方面。增强银行体系竞争力考察组发现现有的法律有很多问题,并提出了一些建议,来简化和扩大信贷记录的共享。[119] 其中一项建议是向零售部门的客户发放银行身份卡。[120]

---

[118] 改善信用数据共享系统委员会:《最终报告》,第29—32页,2015年8月,希伯来语网上可查:http://www.pmo.gov.il/SiteCollectionDocuments/klkala/FINAL2.pdf。

[119] 《增强银行体系竞争力考察组报告》,前注41,第98—101页。

[120] 同上,第93—94页。

银行身份卡的目的是,以统一的格式编制一份合并而简明的报告,详细说明客户在银行中的所有资产和负债,以及他在账户中的当前活动。本报告每年一次由该银行主动向客户提供。此外,银行将有义务向客户提供这样一份报告,希望了解关闭该账户并将其转移到另一家银行的可能性。[121]

在银行身份卡上提供给客户的综合信息有几个目标:为了简化银行给客户的信息,提高客户跟踪账户活动的能力,提高他的意识,并使他能够对其账户作出知情决定。[122]然而,更有意义的是,银行身份卡的重要性在于提高竞争水平:银行身份卡可帮助客户获得有吸引力的报价,以管理其账户或从另一金融机构(另一家银行、信用卡公司、保险公司或者其他金融机构)获得信贷。这是因为这个报告将使相互竞争的机构能够评估客户的财务行为和需求,而在合适的情况下,他会比他现在从银行得到的建议更有吸引力。

银行身份卡的概念已经被银行监管局局长在《正确开展银行业务指令》第425号令中予以采纳,具体内容是关于对银行客户年度报告的问题。[123]然而,这种银行身份卡的想法受到了不同方向的反对。显然,主要的反对者是几家主要银行,各大银行对客户信息的免费开放不感兴趣。[124]各种估计都预计,该指令的实施将导致银行年收入减少大约10%。[125]值得注意的是,增强银行业竞争力考察组还建议,在银行身份卡中,要包括客户在银行内部评级中获得的评分。然而,在银行的压力下,这一建议还没有得到实施。[126]此外,社会组织认为,银行身份卡将会对不利的客户产生不利影响,并剥夺

---

[121] 第432号令,关于"转移活动并关闭客户的账户",前注18,第6条。

[122] 《提高银行体系竞争力调查组报告》,前注41,第93—94页。

[123] 银行监管局:《正确开展银行业务指令》第425号令,关于"向银行客户的年度报告"。网上可查:http://www.boi.org.il/en/BankingSupervision/SupervisorsDirectives/ProperConductOfBankingBusinessRegulations/425_et.pdf。

[124] 伯利兹潘·罗森伯格(Elizpan Rosenberg):"银行身份卡:他们没有告诉你的",《新消息报》,2013年11月19日,希伯来语网上可查:http://www.ynet.co.il/articles/0,7340,L-4454970,00.html。

[125] 艾里特·阿维萨:"从2015年起,你将能够知道你的银行评级是什么",《环球报》2013年11月4日,希伯来语网上可查:http://www.globes.co.il/news/article.aspx?did=1000891140。

[126] 以色列议会经济事务委员会:《议定书》第344号(2014年8月12日),希伯来语网上可查:https://knesset.gov.il/protocols/data/rtf/kalkala/2014-08-12-05.rtf。

他们从其他贷款人获得贷款的机会,因为他们的银行身份卡将包含负面数据。[127]

另一个问题是,银行身份卡是否构成了一个足够强大的工具,在市场上创造真正的竞争,以及它是否有能力作为信用记录共享的公共机制的替代。该委员会对这些机制进行了审查,以改善信用数据共享系统。它于2015年8月发布了其建议。[128] 该委员会建议,在以色列央行建立一个中央信用数据库。该数据库将被用作私有信用机构的基础设施,这些信用机构将能够根据数据库中的信息提供服务,包括准备信用评级。该委员会建议,要求包括银行在内的多家机构承担广泛的义务,对数据库进行报告。信息的来源方将被要求每月至少更新一次数据库中的信息。委员会的建议也与提交信息的方法有关,以保护作为信息主体的客户的隐私,等等。

因为数据库将成为在零售信贷市场中创造竞争的一个重要工具,所以,财政部长宣布加快立法程序,以实现委员会的建议。然而,以色列央行行长反对这种快速进程。根据央行行长的说法,由于侵犯隐私可能会给银行的客户造成影响,因此,这个问题必须通过正常的立法程序,谨慎处理,即使这意味着要推迟新法律的制定。[129] 公众针对央行行长的反对意见提出了批评,因为她更倾向于保护银行及其盈利能力,并且她试图阻止建立竞争性的信贷市场,而这个市场现在由银行主导。[130] 最终,总检察长采纳了央行行长的立场,因此立法将以正常的方式进行。

五、公平债务催收程序

不仅在提供贷款时,而且在催收债务时,无论是在提起诉讼之前,还是

---

[127] 以色列议会经济事务委员会:《议定书》第 144 号(2013 年 11 月 18 日),希伯来语网上可查:http://www.knesset.gov.il/protocols/data/rtf/kalkala/2013-11-18-01.rtf。

[128] 前注 118。

[129] 埃米拉姆·巴尔卡特(Amiram Barkat):"改善信用数据共享系统委员会的最终报告:以色列银行将建立一个公共数据库",《环球报》2015 年 8 月 5 日,希伯来语网上可查:http://www.globes.co.il/news/article.aspx?did=1001058452。

[130] 埃米拉姆·巴尔卡特:"凯彻朗对弗拉格:最简单的方法就是回家",《环球报》,2015 年 8 月 5 日,希伯来语网上可查:http://www.globes.co.il/news/article.aspx?did=1001058486。

在其后,都需要银行的公平和透明。鉴此,银行监管局局长会同强制执行与催收管理局(Enforcement and Collections Authority),制定了关于这一事项的指令草案。该草案的目标是确保债务催收过程的公平和透明。债务催收诉讼(debt collection proceedings)是由银行针对无法及时偿还贷款的家庭和小公司提起的。[130]

下面详细解释在指令草案中对银行规定的主要职责:

- 在银行高级管理层和董事会的参与下,有责任制定一项政策,催收未能及时偿还贷款的客户的债务。
- 有责任设立专门负责债务催收的职能部门,与债务人打交道,集中精力催收,并向银行管理层汇报其活动情况。
- 限制对贷款的拖欠利率(arrear interest),拖欠利率不超过对活期账户的最高惩罚利率(penalty interest)。
- 有义务在客户接受贷款时向其披露拖欠利率,以便客户意识到在他无法偿还贷款时其在财务上的影响。
- 一旦客户陷入拖欠,有义务立即向他发出详细的通知。
- 禁止拒绝未能妥善偿还贷款的客户以电子方式获取银行信息。此外,银行将允许正在受到法律诉讼的客户直接与银行(而不是通过银行的律师)就债务有关的任何事项进行联系。
- 银行将通过计算机系统对委派收债的代表行使有效的监督和控制。
- 银行将采取适当的措施,确保借款人提交给银行的代理律师关于解决拖欠债务的任何申请引起银行的注意。
- 银行只在法律程序完成后才向客户追讨法律费用,并且仅限于法院裁断的金额。
- 银行将定期监视客户的文档,这种文档通过执行办公室(Execution

---

[130] 以色列银行新闻公报:《银行监管局和执法与收债管理局正在提高银行债务催收的公平性》,2015年5月4日。网上可查:http://www.boi.org.il/en/NewsAndPublications/PressReleases/Pages/04-05-2015-FairnessInDebtCollections.aspx。

Office)的一个自动化系统打开,强制执行与催收管理局将处置情况放在系统中。

在讨论债务催收时,我们还应该提到2014年对《银行(服务客户)法》的修订,即该法添加了第5A1条。这一条款要求银行提前告知客户,如果他们未能偿还贷款,那么银行将采取法律行动。目的是让客户在银行对他进行起诉之前,在可能的情况下与银行达成和解,而起诉他可能会使他承担额外的费用,比如律师费用。[132] 在发出通知可能会危及银行催收能力的情况下,例如由于客户偿付能力恶化,银行可以立即采取必要步骤,收回债务而不发出此类通知。[133] 虽然银行监管局长的上述指令草案只适用于零售客户,但本法的这一条款适用于所有银行客户。

六、限制信贷营销

作为他们正常业务活动的一部分,银行和信用卡公司采取措施,主动接洽零售客户,向他们提供信贷,以满足他们持续的需求(住房除外)。近年来,这一信贷的数量有所增加。从2007年到2014年,平均年增长率为7%。仅在2014年,消费者银行信贷就增长了9%,达到了1.33亿新谢克尔。[134] 银行和信用卡公司发现,以色列家庭的杠杆率低于世界平均水平。鉴于这种信贷的分散性,风险相对较低,又考虑到对其收取相对较高利息的可能性,因此他们齐心协力,努力扩大这一领域,而这一领域给他们带来高收益。[135]

然而,很明显,在许多情况下,银行和信用卡公司进行了积极的市场营销活动,说服客户接受他们不一定需要的信贷,而这并不总是符合他们的需

---

[132] 《银行(客户服务)(第19号修正案)(对贷款提起诉讼前的客户忠告)议案》[Banking (Service to Customer) (Amendment no. 19) (Customer Advisement before Instituting Action Regarding a Loan) Bill, 5772-2012],议案第242号(Bills 242)。

[133] 《银行(服务客户)法》,第5A1条。

[134] 《2014年以色列银行系统年度调查》,前注45,第41页。

[135] 艾里特·阿维萨:"一年之内银行增加了数十亿家庭贷款",《环球报》2014年8月22日,希伯来语网上可查:http://www.globes.co.il/news/article.aspx? did=100 0965626。

求或他们的偿还能力。这种做法不仅对银行非常危险,而且对整个系统都是非常危险的:经济增长可能会下降,利率和通货膨胀率可能会上升,人们可能会失去工作岗位或者他们的薪水可能会被削减,很多家庭可能无法偿还贷款,而在很多情况下,他们的贷款是没有抵押品的。在这种情况下,大规模的不还款可能对银行体系和整个经济构成重大风险。由于这个原因,这种情况被描述为"信贷泡沫",而且这与导致全球金融危机的次贷危机有可比之处。[136]

应当指出的是,家庭让自己背负的贷款超出了他们财务能力(过度负债)的做法并不仅仅局限于以色列。这也是很多其他国家的特点,并且全球金融危机和紧随其后的经济衰退加剧了这一趋势。[137] 许多国家已经采取措施与之对抗。采取的关键措施包括适用性评估和信用价值评估,与收入水平挂钩的信贷限额,以及产品与客户需求的一致性。在一些司法管辖区,这些措施是强制性的,并从立法上予以规定。[138]

在以色列,银行监管局局长于 2015 年 11 月向银行和信用卡公司发出了信函,内容是关于对零售贷款发起营销的问题。[139] 这封信并没有禁止银行主动接近客户,试图向他们提供信贷。此外,它并没有规定由银行这种主动方法所提供的贷款的条款和条件。相反,银行监管局局长采用了强制性的自律方法。[140] 这封信要求银行建立对客户这样一种主动方法相关联的政

---

[136] 克伦·哈拉里·楚里埃勒和尤里·帕索夫斯基(Keren Tsuriel Harari & Uri Pasovsky):"一个被埋在贷款中的国家",《经济学家报》(Calcalist)2013 年 2 月 3 日,希伯来语网上可查:http://www.calcalist.co.il/local/articles/0,7340,L-3594323,00.html。

[137] 比如:欧盟委员会研究报告 4 /2010:《过度负债——来自欧盟 EU-SILC 特别单元的新证据》(2010 年 11 月),网上可查:http://ec.europa.eu/social/BlobServlet?docId=6708&langId=en;另见:公民咨询:《欧洲家庭的过度负债:现状、性质、原因、影响的最新图景,以及减轻其冲击的措施》,2013 年 12 月,网上可查:http://www.civic-consulting.de/project_55.html。

[138] 比如:金融稳定委员会:《特别关注信贷的消费者金融保护》(2011 年 10 月),第 13 页。网上可查:http://www.financialstabilityboard.org/wp-content/uploads/r_1 11026a.pdf。

[139] 银行监管局:关于"启动零售贷款营销"致银行公司和信用卡公司的信,2015 年 11 月 17 日。希伯来语网上可查:http://www.boi.org.il/he/BankingSupervision/LettersAndCircularsSupervisorOfBanks/LettersOfTheBankingSupervisionDepartment/201522.pdf。

[140] 关于强制性自律问题,请参阅第二章第七节"五""(三)"。

策、程序和流程,并确保这种主动方法是"有组织的和详细的"。银行被要求定义特定的目标群体;根据客户条件,确定风险指标,以及接受贷款的可行性或非可行性;确定如何接近客户;使营销工具适应目标群体;创建电话呼叫场景;等等。信中还提到,在处理其他客户事务时,提供信贷的提议将被视为一种提供信贷的启动方式。

值得注意的是,在银行监管局局长构成强制性自律的其他指示中,银行监管局局长允许银行按照他概述的一般标准自由行事。然而,在上述信件中,他的立场是不同的。银行监管局局长强迫银行提交政策和程序——他们应该就此事作出决定——以供他检查。这说明了银行监管局局长对这个问题的重视程度。

七、投诉处理和赔偿

在消费者保护领域,最重要的问题之一是投诉处理和赔偿问题。[⑩] 记得在过去,基于《银行(服务客户)法》第16条,银行客户可以将他们对银行的投诉提交给以色列银行的银行监管局下属的公众查询处。然而,截至2015年4月,在《正确开展银行业务指令》关于处理公众投诉的新规定之后,[⑪]客户被要求首先向银行提交投诉,由银行自行调查。如果银行在45天内不能对投诉作出回应,或作为对银行回应的异议,那么你可能只能接洽银行监管局局长。为了让银行处理客户投诉公平有效,银行需要建立一个专门部门来处理客户投诉,并任命一个申诉专员负责。该指令规定,银行有责任在银行管理层和董事会的参与下,建立一个行之有效的调查查询系统。

一个有趣的问题是,这种变革是否会改善客户的处境,抑或反之。根据前述指令,作出这种变革的官方解释是,承认银行公平而有效地处理公众投诉,是确保公众对银行系统的信心,以及确保银行与客户之间关系公平原则

---

⑩ 这个问题在第二章第七节"七"中讨论。

⑪ 银行监管局:《正确开展银行业务指令》第308A号令,关于"处理公众投诉",网上可查:http://www.boi.org.il/en/BankingSupervision/SupervisorsDirectives/ProperConductOfBankingBusinessRegulations/308A_et.pdf。

的一个重要组成部分,从而保护银行的声誉。⑭

另一方面,我们不应该否认这种指令的动机是以色列银行降低工作负荷的愿望。近年来,以色列银行的公众查询处收到了大量的查询。例如,仅在 2014 年,该部门就处理了约 26,600 宗查询,而只有一小部分的投诉获得了解决,而且也被认为是合理的(15.8%)。⑭ 应当指出的是,这种将公众查询的处理方式转移到银行本身的趋势并不仅仅是以色列独有的。⑮ 它基于各种国际倡议,比如,《G20 金融消费者保护高级原则》第 9 条原则,⑯以及《世界银行金融消费者权益保护的良好实践》。⑰ 国际货币基金组织建议以色列银行的监管者也采用这一程序。⑱

将调查查询的主要责任转移到银行,构成了由法律赋予以色列银行的监管职权的私有化(privatization of the regulatory authority)。尽管以色列银行客观地对查询进行了调查,而其对顾客有利的裁断对银行具有约束力,但人们担心,银行内部进行的自我调查,从客户的角度来看,将不那么成功。⑲ 希望银行能以最严肃的态度来遵守这一指令,银行监管局将对银行

---

⑭ 银行监管局:《正确开展银行业务指令》第 308A 号令,关于"处理公众投诉",网上可查:http://www. boi. org. il/en/BankingSupervision/SupervisorsDirectives/ProperConductOfBankingBusinessRegulations/308A_et. pdf,第 1 条。

⑮ 银行监管局公众查询处:《公众查询报告——2014 年处理公众查询及投诉的报告》,第 7 页,2015 年 7 月,网上可查:http://www. boi. org. il/en/NewsAndPublications/PressReleases/Documents/2015-7-Public% 20Enquiries%20Report. pdf.

⑯ 比如在英国:金融市场行为监管局:《FCA 手册:争议解决(投诉)》(DISP) ,DISP2. 8,网上可查:https://fshandbook. info/FS/html/FCA/DISP/2/8。

⑰ 《二十国集团金融消费者保护高级原则》,2011 年 10 月,网上可查:http://www. oecd. org/daf/fin/financial-markets/48892010. pdf;另见:露丝·柏拉图-希纳尔和罗尔夫·韦伯:"全球金融危机时代的软法消费者保护",《全球金融治理格局的变化和软法的作用》,第 233、240—246 页,弗赖德尔·韦斯和阿明·J. 卡默尔(Friedl Weiss & Armin J. Kammel)编,博睿(Brill)出版社 2015 年。

⑱ 世界银行:《金融消费者保护的良好实践》,2012 年 6 月,网上可查:http://siteresources. worldbank. org/EXTFINANCIALSECTOR/Resources/Good_Practices_for _Financial_CP. pdf。

⑲ 国际货币基金组织报告第 06/121 号:《以色列:精选的若干问题》,第 110 页,2006 年 3 月,网上可查:https://www. imf. org/external/pubs/ft/scr/2006/cr06121. pdf。

⑳ 请比较,比如在英国,发现银行在这方面的行为有许多缺陷。请参阅英国金融服务管理局:《审查银行集团的投诉处理》,2010 年 4 月,网上可查:https://www. fca. org. uk/static/fca/documents/fsa-review-of-complaint-handlingin-banking-groups. pdf。

处理投诉的方式进行经常性监督。

八、促进借记卡的使用

在各种电子支付卡中，以色列最常见的卡是信用卡。这种卡为客户提供了在不同业务上执行交易的能力，而他的银行账户在稍后的时间里被记入了这些交易，就像银行、信用卡公司和客户之间达成的协议一样。相比之下，借记卡在执行交易时立即借记客户账户。借记卡在以色列几乎不使用，在通过各种支付卡进行的交易中只占很小部分（2011年为1.4％）。[149]

扩大借记卡的流通是非常重要的：借记卡构成使用现金的替代品。它们有助于向公众提供电子支付手段的可及性，并扩大了家庭和企业可获得的支付解决方案的范围。它们导致企业成本节约（现金处理成本、融资成本和结算成本），也为家庭节省成本（卡收费、提取现金的成本和持有现金的成本），因此它们可能有助于降低生活成本。此外，借记卡有助于提高电子支付领域的竞争。[150]

最近几年来，越来越多的人开始呼吁在以色列扩大借记卡的使用。2014年4月，生活成本、经济集中与竞争部长委员会决定向以色列银行提出一项请求，要求调查在以色列经济中整合借记卡所需要的行动。[151] 2014年9月，反垄断管理局发布了一份报告，呼吁在电子支付卡领域提高效率和促进竞争。[152] 此外，借记卡是减少以色列经济现金使用审查委员会报告的主要议题。该委员会成立的目的是减少以色列经济中现金的使用，以限制"黑市"现象，打击犯罪和洗钱，并鼓励使用先进和有效的支付手段。该委员

---

[149] 以色列反垄断管理局：《提高支付卡行业的竞争和效率——最终报告》，2014年9月，第7—8页，希伯来语网上可查：http://www.antitrust.gov.il/subject/195/item/33329.aspx。报告的第一稿英语摘要网上可查：http://www.antitrust.gov.il/subject/182/item/33129.aspx。以色列银行：《关于加强借记卡竞争的建议——最终报告》，2015年2月，第9页，希伯来语网上可查：http://www.boi.org.il/he/BankingSupervision/Survey/DocLib1/report-d.pdf。

[150] 以色列银行：《关于加强借记卡竞争的建议——最终报告》，同上，第1—11页；以色列反垄断管理局：《提高支付卡行业的竞争和效率——最终报告》，前注150，第12—14页。

[151] 政府决定第1551号，关于"提高借记卡的效率和竞争"（2014年4月2日），希伯来语网上可查：http://www.pmo.gov.il/Secretary/GovDecisions/2014/Pages/govdec1551.aspx。

[152] 以色列反垄断管理局：《提高支付卡行业的竞争和效率——最终报告》，前注150，第3页。

会建议推广借记卡的使用,借记卡将是现金的替代品,它也将被全民使用。[154] 该委员会的建议在 2014 年 10 月获得政府批准。[155]

因此,以色列银行成立了一个专门小组来处理这件事。根据该委员会的建议,以色列银行实施了一系列措施,旨在增加借记卡在以色列的使用,详述如下:[156]

关于客户:

- 借记卡被定义为管理一个活期账户的不可分割的一部分。[157]
- 为了保证市场对产品的熟悉程度,为了加强顾客对卡片类型的选择能力,银行被要求将借记卡作为单独的指定卡发行,而不是将其与信用卡相结合。而且,这些卡片之间需要视觉分化。[158]
- 银行将被要求向所有拥有活期账户的客户(家庭客户和小型企业)提供一张借记卡。此外,银行将被要求向每一个开设新活期账户的客户提供借记卡。[159]
- 银行有义务向客户提供他使用借记卡所有交易的完整和详细的信息。这种信息披露将分别与每笔交易有关,要标示交易的时间和日

---

[154] 《以色列经济减少使用现金调查委员会报告》第 10—11、16—18、23—24 页(2014 年 7 月)希伯来语网上可查:http://www.boi.org.il/he/PaymentSystem/Documents/. 2017. 7. 14% pdf。该报告主要部分翻译成英语,网上可查:http://www.boi.org.il/en/PaymentSystem/Documents/The%20Committee%20to%20 Examine%20Reducing%20the%20Use%20of%20Cash%20in%20Israel%E2%80%99s%20Economy.pdf。

[155] 政府决定第 2115 号,关于"采纳以色列经济减少使用现金调查委员会的建议",2014 年 10 月 22 日,希伯来语网上可查:http://www.pmo.gov.il/Secretary/GovDecisions/2014/Pages/govdec2115.aspx。

[156] 以色列银行:《关于加强借记卡竞争的建议》,前注 150。

[157] 第 422 号令,关于"开设和管理一个无信贷便利的活期账户",前注 112,第 8 条。

[158] 银行监管局局长:《正确开展银行业务指令》第 470 号令,关于"借记卡"第 18 条,网上可查:http://www.boi.org.il/en/BankingSupervision/SupervisorsDirectives/ProperConductOfBankingBusinessRegulations/470_et.pdf。

[159] 银行监管局:关于"扩大借记卡的发行范围"致银行公司和信用卡公司的信,2015 年 6 月 29 日。希伯来语网上可查:http://www.boi.org.il/he/BankingSupervision/LettersAndCircularsSupervisorOfBanks/LettersOfThe BankingSupervisionDepartment/201516.pdf。

期、金额和业务名称。⑯

- 关于银行收费：在以色列，银行系统的做法是，在客户的账户中执行的每笔交易都要收取交易费。有鉴于此，对于任何由借记卡支付的款项，客户应被收取交易费。然而，为了鼓励公众使用借记卡，禁止对使用借记卡收取费用。⑯

关于那些应该接受借记卡付款的企业：

- 一般断定，整个支付链——从向持卡人收款到贷记某企业——将在执行交易后不久，且不迟于此后的三个工作日之内完成。⑯
- 企业向清算公司支付的交换费（interchange fee）已被宣布为一项"受监管的服务"，并且其价格受到了限制。⑯

同时，以色列银行正在采取措施，提高借记卡清算服务的创新和竞争，包括：

- 利用 EMV（欧陆卡、万事达卡和维萨卡）国际安全标准，减少借记卡欺诈的可能性，提高客户对借记卡的信心。⑯
- 准备将非银行清算机构与现有的技术基础设施连接起来，而这些基础设施将电子支付卡的发行者与清算人联系起来。这些准备工作加上最近采取的其他措施，都是为了使新参与者能够进入该清算系统，并加强这一领域的竞争。⑯

---

⑯ 第470号令，关于"借记卡"，前注158。
⑯ 《银行（服务客户）（收费）规则》[Banking (Service to Customer) (Fees) Rules, 5768-2008] 第1修正案第3条，以及第2修正案第2条；2015年1月修正。
⑯ 第470号令，关于"借记卡"，前注158，第17条。
⑯ 《银行（客户服务）（由发卡行对借记卡交易中的交换费进行更明确的监督）（临时规定）》[Banking (Service to Customer) (Supervision of Service given by an Issuer to a Clearer Regarding Interchange Fee in Debit Card Transactions) (Temporary Provision), 5775-2015]。
⑯ 第470号令，关于"借记卡"，前注158，第22—25条。
⑯ 在这方面请参阅以色列银行：《借记卡交易处理链中期报告》（2015年8月），希伯来语网上可查：http://www.boi.org.il/he/NewsAndPublications/PressReleases/Pages/03-08-2015-SwitchReport.aspx。
⑯ 请参阅第二章第二节"三"。

因为各个实体需要做好准备工作,所以各项规定将于 2018 年逐步生效。

九、关于住房贷款的借款人保护

在以色列,最常见的银行交易是贷款购买个人住宅,[166]这是由抵押贷款住宅担保的。[168]大约95%的购房交易是通过抵押贷款融资的。[169]其主要原因是以色列的住宅价格与收入的比例非常高,[170]因此,除非是通过贷款,否则就无法购买公寓。在这种情况下,值得一提的是,在以色列,用于购房的融资方法是一种有追索权的抵押贷款。如果止赎抵押房产并出售房产不足以偿还债务,那么,银行有权以任何其他合法且认为合适的方式追偿这笔贷款,直到债务全额收回。[171]因此,可能会有这样的情况,不仅仅是债务人和他的家人因为抵押贷款的止赎而被迫放弃财产,而且他们还不能摆脱债务,结果,这导致了持续存在的财务困境。[172]

在以色列,没有任何机构公布这样的官方数据,即每年因未支付抵押贷款而被驱逐出家门的家庭数量情况。根据 2008 年做出的各种估计,这一数

---

⑯ 有两种借款人通过抵押贷款购买公寓:第一种借款人是为居住目的购买公寓。第二种借款人是购买公寓作为投资。这一章着重于第一种情况。

⑱ 其他的负担(encumbrances),同样常见的,是借款人的租赁权利的抵押,或者是借款人购买公寓合同权利协议的质押。为方便起见,在这一章中,我将把这些负担,作为"抵押"。

⑲ 吉来特·本彻里特(Gilat Benchetrit),"没有住房政策的十年:政府从支持住房问题上的退出,以及 2011 年夏天的抗议",第 34 页,托布中心(Taub Center)(2014 年 7 月 21 日),希伯来语网上可查:http://taubcenter.org.il/wp-content/files_mf/h2014housing1.pdf。

⑰ 关于以色列的高房价请见第三章第三节"五""(七)"。

⑱ 过去提出了一种无追索权的安排,但最终并没有被接受。请参阅:《无追索权贷款议案》[P/17/1700 Loans Without Recourse Bill, 5767-2006],2006 年 11 月 13 日提交议会,希伯来语网上可查:www.knesset.gov.il/privatelaw/data/17/1700.rtf。

⑫ 请比较在美国一些州申请的无追索权贷款。根据这种安排,银行无权由债务人偿还贷款,而是由止赎抵押财产来偿还贷款。如果抵押贷款止赎程序的履行不足以支付债务,那么它将被注销。请参阅:达夫·所罗门和奥蒂莉亚·明内丝(Dov Solomon & Odelia Minnes):"无追索权、无首付与抵押贷款的崩溃:来自于资本不足的教训",《福特汉姆公司与金融法律杂志》第 16 期,第 529、533—541 页,2011 年。

字约占每年发放的抵押贷款的 2%。[12]

在主要立法中发现,存在对那些取得住房的贷款人的保护。一般来说,以色列法律认为,房子是一种特殊的财产,并且在其抵押贷款住房被止赎的情况下,它给予债务人特别的保护。[13] 这种保护分为两种类型。第一类是与实际止赎程序有关的保护。第二类是与债务人在房屋财产中的居住权有关的保护。[14]

第一类保护的明示可以在《执行法》(Execution Law,5727-1967)第 81B1 条款中发现。这一条款包括对债务人的几项保护措施:该条款推迟止赎程序的启动时间,推迟时间从付款逾期日起算 6 个月;它阻止银行在还款逾期的情况下要求立即偿还全部贷款(贷款加速);它赋予债务人自售房屋的权利;当指定为出售房屋财产的接管人时,该条款允许债务人 90 天偿还一半的债务,其余的债务可在 6 个月后支付;最后,这一条款规定了处理止赎的官方接管人的费用限额。[15] 所有这些都服从法律规定的条款、条件和例外情况。

在这方面,值得一提的是,在银行仍有权加速债务偿还的情况下,禁止银行向债务人收取提前还款费。[16]

---

[12] 埃米·扎迪克(Ami Tzadik):"《执行法》修订对抵押贷款市场的影响",以色列议会信息与研究中心第 7 号,2008 年,希伯来语网上可查:http://www. knesset. gov. il/mmm/data/pdf/m02007. pdf(说到 1500 个家庭,占比 2%);吉来特·本彻特里特:"对抵押贷款人的保护——国家对社会保障网的责任",第 5、16—17 页,托布中心(Taub Center)2008 年,网上可查:http://taub-center. org. il/wp-content/files_mf/h2008_ mortgages68. pdf (speaking about 1500-2000 families per year);另见银行协会给予的资料,议会宪法、法律和司法委员会:议定书第 333 号(2007 年 11 月 6 日),希伯来语网上可查:http://www. knesset. gov. il/protocols/data/rtf /huka/2007-11-06. rtf(说到银行系统收回住房,只有大约 700—1000 户家庭)。

[13] 关于家庭的特殊状况,请参阅:阿维塔尔·马格利特(Avital Margalit):"房屋所有权的价值",《法律理论探讨》第 7 期,第 467、470—471 页(2006 年)。

[14] 另一项我不会讨论的保护措施是由于债务人的财务状况而得到贷款偿还的延期。在《住房贷款法》(Housing Loans Law, 5752-1992)中发现的这种保护,适用于从国家预算或国家担保的住房贷款中有资格获得住房贷款的借款人。

[15] 《(律师和接管人费用)实施条例》[The Execution Regulations (Lawyers' and Receivers' Fees), 5762-2002]。

[16] 前注 58。

第二类保护,它涉及债务人房地产居住的权利,这些权利发现存在于两个不同的法律之中:《租户保护法(整合版)》和《执行法》。

《租户保护法》第 33 条规定,在止赎抵押房产时,任何作为业主或者长期承租人且在当时都住在里面的人,由于因此出售,确实会失去他在房产中的所有权。然而,他将有权利继续作为受保护的承租人在他的余生中继续住在这所房子里。在他死后,他的权利甚至可以传给他的家人,而其家人在他死之前和他一起住在他的房子里。显然,债务人的这一权利构成了银行的一个严重障碍,因为银行想要变现这一财产,将其出售,从而摆脱它的居住者。在很多情况下,它阻止出售房产和抵押止赎。该条款赋予债务人的广泛保护,这可以根据法律的历史背景来理解:《租户保护法》是随着以色列国的建立而产生的旧立法的再现,当时住宅短缺,有必要确保居民的居住权。许多学者呼吁废除这一条款,[18]而法院通常会狭义地解释这一条款。[19]

应该注意的是,第 33 条规定了它所含保护的许可条件,这是银行通常做的事情。他们通常在抵押贷款协议中包含一个条款,即债务人放弃这种法律的保护。结果是,在抵押贷款被止赎的情况下,债务人将被迫搬出那套公寓。法院裁断,只有在弃权条款措辞清晰明确,以及在签署抵押贷款协议时特别提请债务人注意的情况下,弃权条款才有效。[20]

在第 33 条保护条款不适用的情况下,债务人可以享有在《执行法》第38 条中发现的其他保护。第 38 条规定,在住房抵押贷款被止赎的情况下,

---

[18] 尤里尔·赖克曼(Uriel Reichman):"需要改革:将土地所有权转换成法定租赁的规则",《特拉维夫大学法律评论》(Iyunei Mishpat-Tel Aviv University Law Review)第 9 期,第 121 页,1983 年,希伯来语;乔舒亚·韦斯曼(Joshua Weisman):"房屋抵押贷款丧失赎回权",《土地法》(Land Law)第 9 期,第 4 页,2010 年,希伯来语。一种不同方法请参阅:巴勃罗·勒纳(Pablo Lerner):《在被抵押住宅执行情况下的家园权利:〈执行法〉改革之后》,《以色列律师协会法律评论》(Hapraklit Law Rev.)第 51 期,第 51、63、103 页,2011 年,希伯来语。

[19] 例如:普雷明格诉莫尔案[CA 3295/94 Preminger v. Mor, 50(5) PD 111, 120-123 (1997)];米什坎工人抵押银行有限公司诉斯派斯曼案[CA 1679/01 Mishkan Hapoalim Mortgage Bank Ltd. v. Speizman, 57(2) PD 145, 151-154 (2003)];国民抵押贷款银行有限公司诉匿名案[ACA 11152/05 Leumi Mortgage Bank Ltd. v. Anonymous (Nevo Database, 2006)]。

[20] 同上。

执行办公室主任无权命令出售抵押财产并驱逐债务人和他的家人,除非是向他证明债务人及其家人有一个合理的替代住宅,或者是银行为他们提供了另一种生活安排。这种替代安排可以是另一套公寓、补偿或其他合适的解决方案。[181]

尽管如此,该条款还是允许银行限制这种保护措施。它允许银行向债务人提供一笔钱,让他可以在其居住的地方租一套住宅公寓,公寓符合他及与他同住的家人的需要,持续时间只有十八个月。[182]这种限制的一个条件是,银行明确地在抵押贷款协议中予以声明,并在债务人签署抵押贷款协议之前向他作出解释。自然,银行在抵押贷款协议中迅速将此类条款纳入其中。其结果是,在发生抵押贷款止赎的情况下,银行必须向债务人及其家庭提供为期一年半的安置租金。

应该指出的是,这种保护只适用于从2009年5月起签署的抵押贷款协议。[183]关于在此之前签署的抵押贷款,适用该条款的前一版本,它允许银行获得债务人完全放弃任何替代住房的权利。但是,如果债务人没有得到关于这种弃权含义的详尽解释,那么这样的完全弃权将是无效的。[184]

考虑到主要立法对住房抵押贷款人的广泛保护,因此在住房贷款领域,银行监管局局长的用户至上主义角色(consumerist role)受到限制,通常情况是,由于市场环境的变化,才需要进行特定干预。

例如,由于公寓价格的急剧上涨,以及公寓价格与购房者之间的权益差距越来越大,购房者被迫增加他们从银行获得的融资数额,两者都与公寓的价值(房贷成数-LTV)有关,也与他们的月收入(支出收入比-PI)有关。因此,他们无法偿还贷款的风险已经增加了。[185]这种情况构成重大风险,不仅对借款人本身而言,而且对整个银行系统也是如此:高拖欠率可能破坏银行

---

[181] 《执行法》(Execution Law),第38(a)、38(b)条。
[182] 同上,第38(c)(2)条。首席执行官可以延长这一期限。
[183] 《执行法(第29号修正案)》[Execution Law (Amendment no. 29), 5769-2008],第56(d)条。
[184] 同上。
[185] 关于借款人这方面的认知偏差,请参阅:罗恩·哈里斯与艾因特·阿尔宾(Ron Harris & Einat Albin):"信贷广告操纵的破产政策",《法律理论探讨》第7期,第431页,2006年。

系统的稳定。鉴于这种关切,银行监管局局长发布了《正确开展银行业务指令》第329号令,内容是关于"发放住房贷款的限制"。[136] 在该指令中包含的限制,在之前的章节中已经讨论过了,[137] 就是将审慎监管方面与消费者保护方面这两者结合在一起,审慎监管要求银行系统面临的风险最小化,而消费者保护方面(家长式的保护)要求最小化借款人所承担的风险。这一措施可能是近年来拖欠住房贷款数量下降的原因之一。[138]

另一个例子是向"有资格的借款人"发放住房贷款。"有资格的借款人"是年轻夫妇、大家庭、移民和其他借款人。得到贷款,使他们在一生中第一次买房。向符合条件的借款人发放抵押贷款,这些贷款在过去几年里已经得到了国家的批准,其利率高于抵押贷款行业现今适用的利率。因此,这些借款人继续支付的利率比现在市场的实际利率更高、更贵。在这方面,建设与住房部(Ministry of Construction and Housing)和以色列银行发起了一个特别计划,允许符合条件的借款人偿还贷款,或为他们进行再融资,这是一个快速而又简单的过程,而且成本很低。为此,六家主要银行已经达成了一项特殊安排,即这些银行同意在再融资时向这些借款人提供特殊条款。这一计划将为真正需要这一救助的借款人带来大笔资金节省。[139]

最后一个例子是关于住房贷款提前还款的收费。在借款人希望在到期日之前偿还贷款的情况下,他被要求支付一笔"提前还款费",这反映了因提前还款对银行产生的利息损失。然而,当涉及住房贷款时,对银行计算收费和记账的方法设置了各种限制。[140] 基于以色列法律赋予家庭住宅的特殊意

---

[136] 银行监管局局长:《正确开展银行业务指令》第329号令,关于"发放住房贷款的限制",网上可查:http://www.boi.org.il/en/BankingSupervision/SupervisorsDirectives/ProperConductOfBankingBusinessRegulations/32 9_et. pdf。

[137] 第三章第三节"五""(七)"。

[138] 《2014年以色列银行系统年度调查》,前注45,第29、31页。

[139] 以色列银行新闻公报:《建设与住房部跟以色列央行的银行监管局合作,正在采取措施鼓励合格房主对抵押贷款再融资》(2014年12月30日)。网上可查:http://www.boi.org.il/en/NewsAndPublications/PressReleases/Pages/30-12-2014-Refinancing Mortgage. aspx。

[140] 《银行(提前偿还住房贷款)命令》[Banking (Early Repayment of Housing Loans) Order, 5762-2002],2014年修订。

义,这样做的目的是为了让借款人能够更容易地偿还贷款,并结清他家里的抵押贷款。

十、建筑贷款:对购房者的保护

在以色列,为建设项目提供银行资金的最常见的方法是"项目融资"。[18] 这种方法的主要特点是,项目的整个财务活动集中在一个为该项目特别开立的银行账户,它受到银行的密切监督。其目的是单独管理项目资金,作为一个封闭的经济体系,在这类资金和建筑商的其他资金之间不存在任何混淆。对建筑商的项目提供的信贷是在项目的账户中提供的,并且被指定仅用于特定项目。公寓的购买者要给建筑商付款,只需要在项目的账户中存入公寓的对价钱款。同时,与项目有关的所有费用都从项目的账户中提款,但每次提款都需要得到银行的批准。银行根据建设进度从账户中释放资金,同时密切监督项目的进展。为此,银行还任命了一个特别的项目监察员。

将销售住宅公寓所得的进款存入这个特定的项目账户对项目的成功至关重要。在进行财务计算时,购房者必须向建筑商支付的钱款是被考虑在内的。如果这些钱没有存入该账户,这将大大降低完成项目的可能性。过去的经验表明,各个项目的失败,都是由于没有将公寓的对价钱款全额存入项目账户。购房者没有确保资金明确存入项目账户,基本上是因为他们不知道或不明白这对整个项目有多重要,也不知道这对维护他们自己的利益有多重要。[19]

导致银行监管机构介入的转折点是2007年大型建筑公司赫夫齐巴(Heftziba)的倒闭。该公司在全国各地修建了许多项目,而其倒闭致使数千名购房者失去了他们购买的公寓。在这一事件之后,需要作出根本性的

---

[18] 关于更广泛的讨论,请参见:露丝·柏拉图-希纳尔:"以色列的建筑贷款:银行对第三方的责任",《国际建筑法律评论》第23期,第187页,2006年。露丝·柏拉图-希纳尔,前注7,第11章。

[19] 银行监管局:《通告》第C-2225-06号,关于"项目融资",2008年2月4日。希伯来语网上可查:www.bankisrael.gov.il/deptdata/pikuah/nihul_takin/h2225.pdf。

变革，就是建立一种机制，把收到的资金存入项目账户。早在2008年，关于项目融资问题，银行监管局局长签发了《正确开展银行业务指令》，作出了这一变革。[193] 尔后，也被主要立法所采纳。[194]

银行监管局局长的这一指令，建立了"凭证制度"（voucher system），在任何情况下，这种制度都作为银行向建筑商提供资金支持的强制性制度。按照这种制度，为项目融资的银行将为项目中的每个公寓签发一本特殊的凭证，购房者只有通过这个凭证才能向建筑商付款。这种凭证使得银行可以监控支付，并将这些钱归到项目账户中。[195] 为了确保建筑商按照上面所述的方式进行操作，项目融资协议将包括建筑商有义务按照凭证安排进行操作。[196] 自采用凭证制度以来所获得的经验证明，这是一种有效的机制，已经成功地解决了上述问题。

另一个同样重要的问题也是由该指令解决的，它涉及的是银行担保，购房者得到的是作为他们付钱给公寓建筑商的担保。以色列法律规定，建筑商向购房者提供保证，就是保证建筑商向购房者收取的金额基于那所公寓。[197] 传统担保是银行担保。然而，有迹象表明，各个建筑商并没有费心去安排银行担保。在其他情况下，即使是当他们向银行申请提供银行担保的时候，银行也做得很慢。另一个问题是，担保的有效性取决于购房者的钱是否存在于项目账户中。然而，如上文所述，在许多情况下，这些资金没有存入项目账户，结果是购房者没有安全保障。鉴于此，该指令和此后的法律规定，银行本身负有义务，确保购房者在付款之日起十四天内收到银行保函或

---

[193] 银行监管局：《正确开展银行业务指令》第326号令，关于"项目融资"。网上可查：http://www.boi.org.il/en/BankingSupervision/SupervisorsDirectives/ProperConductOfBankingBusinessRegulations/326_et.pdf。

[194] 《销售（公寓）（购买公寓投资保证）法》[Sale (Apartments) (Assurance of Investments of Purchasers of Apartments) Law, 5735-1974]第3B条。

[195] 第326号令，关于"项目融资"，前注193，第1条。《销售（公寓）（购买公寓投资保证）法》第3B条。

[196] 《销售（公寓）（购买公寓投资保证）法》第3B(b)条。第326号令，关于"项目融资"，前注193，第3条。

[197] 《销售（公寓）（购买公寓投资保证）法》第2条。

其他适当的担保。[138] 此外，禁止对在项目账户中存入资金担保的有效性提出条件限制。[139]

第六节　银行标准合同中的歧视性条款

据我们所知，银行合同是"标准合同"。[200] 因此，他们要遵守《标准合同法》。该法允许法院裁定标准合同中的条款构成了歧视性条款，并撤销或变更该条款。[201]

多年来，客户和担保人就银行合同中的歧视性条款提出了很多索赔。然而，法院的做法相当保守，他们通常会驳回这些主张。这一趋势并非仅限于银行合同。法院对干预保持克制，因为这种干预与合同内容有关，而与之相反的是，在创建合同的过程中，他们更愿意干预。[202] 在一个案件中，法院甚至走得更远，它拒绝承认贷款协议中的歧视性条款，认为如果说有任何一方在合同中受到歧视的话，那么它实际上是银行，因为交易中的全部风险都

---

[138] 《销售（公寓）（购买公寓投资保证）法》，第 3B(e)条。第 326 号令，关于"项目融资"，前注 193，第 2 条。此外，该法律和指令规定，买方通过这种凭证（the voucher）的支付将构成一种不可撤销的指令，由建设者向银行出具银行保函给买方。请参阅：《销售（公寓）（购买公寓投资保证）法》第 3B(d)。第 326 号令，关于"项目融资"，第 3(c)条。

[139] 银行监管局：《正确开展银行业务指令》第 456 号令，关于"根据《销售（公寓）（公寓购买者投资担保）法 5735-1974》银行保证的措辞"问题。这一指令是在标准合同法庭裁定后颁布的，该法庭裁定这些条件歧视购房者。请参阅：银行监管局局长诉以色列特和抵押银行有限公司案［SC (Standard Contract Tribunal) 8011/02 Supervisor of Banks v. Tefahot Israel Mortgage Bank Ltd. (Nevo Database, 2007)］。今天，担保的绑定文本被包括在《销售（公寓）（购买公寓投资保证）（银行担保）条例》［the Sale (Apartments)(Assurance of Investments of Purchasers of Apartments) (Bank Guarantee) Regulations, 5771-2010］，该指令被撤销。

[200] 按照《标准合同法》(Standard Contracts Law, 5743-1982)第 1 条的定义。

[201] 《标准合同法》第 3、19 条。

[202] 赛奈·多伊奇（Sinai Deutch）："银行-客户关系：契约和消费者方面"，《纪念吉多·泰德斯奇（Guido Tedeschi）教授的文章——关于法理学和民法的文集》第 163、183 页，伊扎克·恩格拉德（Yizhak Englard）等主编，耶路撒冷萨赫研究所 1996 年。

落在了它的肩上。[203]银行利用了法院的这种被动做法,多年来,他们使用了包括歧视性条款的合同。即使近年来,有可能发现更多法院倾向于干预的案件,但这种干预是针对每一个具体案件的特殊情况进行的。这种干预仅限于对诉讼当事人之间的关系,而且也不能阻止银行继续使用歧视性的合同来对付他们的其他客户。

《标准合同法》建立了一个特殊的标准合同法庭(Standard Contracts Tribunal)。标准合同法庭也被授权取消或修改标准合同中的歧视性条款。这种特别法庭的裁断是非常重要的:如上文所述,如若普通法院取消一个歧视性条款,那么这种取消只适用于诉讼当事人之间。[204]然而,如果标准合同法庭取消了一项歧视性条款,则这种取消适用于自裁定之日起所有签署相同合同的客户。标准合同法庭甚至被授权对一项撤销给予溯及效力(retroactive effect),将其适用于这一裁断之前签署的合同。[205]

只有某些机构——如总检察长、各种监管机构和消费者组织——被授权适用于标准合同法庭。[206]同样,银行监管局也于1983年被授权适用于标准合同法庭。[207]然而,直到最近,银行监管局还没有行使这一职权。

转折点出现在1997年,当时,总检察长向标准合同法庭寻求取消该国一家最大银行开立和管理活期账户合同中的许多条款。这一步是至关重要的,因为不同银行使用的这种合同几乎是一样的,而标准合同法庭对有关合同的裁断也将对其他银行产生影响。标准合同法庭核查发现,合同中有数十条条款歧视客户。[208]在向最高法院提起的上诉中,该法庭的大部分裁断

---

[203] 拉尔诉联合银行有限公司案[CF (Tel Aviv District Court) 2861/82 Laor v. Union Bank Ltd., 5743(2) PM 371, 375 (1983)]。

[204] 《标准合同法》第19条。

[205] 同上,第18条。

[206] 同上,第16条。

[207] 《标准合同条例》[Standard Contracts Regulations, 5743-1983],第4(3)条。

[208] 总检察长诉以色列国民银行有限公司案 [MA (Standard Contracts Tribunal) 195/97 The Attorney General v. Bank Leumi Le-Israel Ltd., 5763(1) PM 481 (2004)];里卡多·本-奥利尔(oliel Ricardo ben-oliel):"总检察长诉国民银行案:一个以色列法庭对银行账户的长期评估",《银行与金融法律评论》第21期,第61页,2005年。

都得到了支持。[209]

这一举动促使银行监管局局长介入此事。他向标准合同法庭请求检查三个主要银行合同,每一个合同都来自不同的银行(尽管如此,但正如所指出的,由于所有的银行都使用几乎相同的合同,因此标准合同法庭的裁断与所有银行有关)。

由标准合同法庭进行检查的一份合同是一份通过互联网和手机接受服务的合同。标准合同法庭裁定该合同中有歧视性条款。被特别提到的条款是指这一条款,即由于第三方滥用客户的网络密码而对客户或银行造成的任何损害由客户承担责任。[210] 在这一裁断之后,银行监管局局长命令所有的银行修改他们通过互联网和移动电话处理服务的合同,并删除任何免除银行损害责任的条款,而这种对客户的损害是由于客户账户未经授权交易造成的。[211]

银行监管局局长提出的另一个申请是,根据《销售(公寓)(公寓购买者的投资担保)法》,向购房者提供银行担保。[212] 在此情况下,双方就修改或解除合同中有问题的条款达成一致意见。[213]

另一份由银行监管局局长提交、由标准合同法庭审核的合同,是一份贷款协议,其中还包括保证、质押和抵押。在这里,也有许多条款被认定为歧

---

[209] 以色列国民银行有限公司诉总检察长案,前注 22。

[210] 银行监管局局长诉工人银行有限公司案[SC (Standard Contracts Tribunal) 8010/02 The Supervisor of Banks v. Hapoalim Bank Ltd. (Nevo Database, 2006)]。

[211] 银行监管局:《通告》第 C-2187-06 号,关于"通过互联网提供银行服务的合同修改"问题(2006 年 5 月 29 日)。希伯来语网上可查:http://www.boi.org.il/he/BankingSupervision/LettersAndCircularsSupervisorOfBanks/HozSup/h2187.pdf。

[212] 关于这种银行担保,请参阅第四章第五节"十二"。

[213] 银行监管局局长诉以色列特和抵押银行有限公司案,前注 199。应该指出的是,这种情况下的歧视并不是针对银行的客户,而是针对购房者,他们收到了银行的担保,以保证他们支付给建造商的金额。

视性条款。[24] 最高法院聆听了上诉,维持了标准合同法庭相当数量的裁断。[25]

必须指出的是,对于歧视性条款的裁断,不仅迫使银行修改银行合同的措辞,而且还迫使银行修改那些合同中根深蒂固的银行做法。因此,这些裁断对银行业的消费者保护非常重要。

---

[24] 银行监管局局长诉以色列第一国际抵押贷款银行有限公司案[SC(Standard Contracts Tribunal) 8002/02 The Supervisor of Banks v. First International Mortgage Bank Ltd., (Nevo Database, 2009)]。

[25] 第一国际抵押贷款银行有限公司诉银行监管局局长案,前注 23。

第五章　审慎监管与商业行为监管：整合还是分离

本章目录

第一节　目前审慎监管与商业行为监管之间的平衡

第二节　可选的若干监管模式

第三节　达成目标的监管成效

　一、支持拆分权力的考虑因素

　二、支持合并权力的考虑因素

第四节　监管技能

　一、支持拆分权力的考虑因素

　二、支持合并权力的考虑因素

第五节　监管权力

　一、支持拆分权力的考虑因素

　二、支持合并权力的考虑因素

第六节　监管机制的运行效率

第七节　监管对被监管机构的影响

第八节　金融监管改革的若干分歧

第九节　以色列首选模式

　一、以色列:监管目标的协同作用

　二、以色列:矛盾目标之间的最佳平衡

　三、以色列:高水平的专业知识

　四、以色列:权力的优势

　五、以色列:实施改革的意义

第一节 目前审慎监管与商业行为监管之间的平衡

我们已经看到,以色列银行监管局局长既涉及审慎监管也涉及商业行为监管。从表面上看,这两个领域互为补充,相互促进。维护银行的稳定符合储户的利益,因为它确保了对储户银行存款的保护。① 同时,对银行的商业行为进行监督,确保银行的适当服务水平和最大限度的公平,并增强公众对银行的信心。它鼓励客户通过银行管理他们的金融活动并将他们的钱存入银行,从而有助于维持银行的盈利能力和稳定性。鉴于这两个领域之间的密切关系,人们期望银行系统的主要监管者——银行监管局局长——同时促进这两者。

另一方面,尽管前面提到的两个领域通常是相互补充的,在某些情况下,他们可能会互相冲突,因此,银行监管局局长很难同时运用这两种方法。

最显著的例子是透明度和稳定性之间的冲突,这种冲突在很多情况下可能会出现。保护银行客户最重要的工具之一,是银行财务状况及其经营业务方式的全面披露和透明;信息披露的目的是让客户在其银行的存款上做出明智的决定。然而,在某些情况下,维护银行系统稳定性的目标实际上需要向公众隐瞒信息或限制其披露;例如,在银行遇到财务困难的情况下。在这种情况下,最重要的是要避免使存款人恐慌和"挤兑银行",导致资产大规模撤出,这会稀释银行的金库,并可能导致银行倒闭;因此,防止向公众披露信息是正当的。

在不那么极端的情况下,透明度和稳定性之间的紧张关系也可能出现。以色列银行在2009年发生了这样的案件,当时以色列银行行长发现了工人

---

① 银行的稳定有利于另一群金融消费者的利益,即投资于银行证券的公众。保护这些消费者的问题不在本书的讨论范围之内,本书重点是保护银行客户和银行监管局在这方面的作用。投资者的保护被委托给另一个监管机构——以色列证券管理局(Israel Securities Authority)。

银行有限公司董事长的违规行为。考虑到这家银行是以色列最大的银行，而这个问题又发生在全球金融危机时期，以色列银行行长倾向于与银行的控股股东就解雇董事长一事达成一项谨慎的安排。由于担心公布这一细节可能会损害银行的稳定，央行行长避免向公众披露细节。②

在竞争环境下，谨慎考虑和消费者保护之间形成了一种不同的对比。引入新参与者进入银行体系，以牺牲大型参与者为代价，增强小型参与者的实力，鼓励非银行机构进入传统的银行业活动领域，消除银行间的障碍，都可能影响现有银行的盈利能力，削弱它们的稳定性。另一方面，这些措施是必要的，目的是为了创造竞争，从而降低价格，提高服务水平。

反映在审慎考虑因素和消费者保护考虑因素之间冲突的另一个领域是银行收费。审慎的考虑有利于银行充分自由地确定收费，目标是最大化银行的利润，并加强其稳定性。另一方面，客户保护方面的考虑可能会导致对收费的监督，就像在以色列所做的那样。③

最后，我们应该提到信贷问题：小企业遭受的信贷紧缩，④以及对某些人口群体（如边远地区和少数群体居民）的有限（昂贵）信贷分配，⑤这些例子说明银行对某些方面的人群提供信贷的强硬政策。这一政策反映了审慎的利益，也就是说，需要将银行的信用风险降到最低。另一方面，考虑公平的商业做法可能会导致对这些方面的借款人采取更灵活的做法。

---

② 关于细节请参阅第二章第七节"五""（四）"。
③ 请参阅第四章第四节。
④ 议会财政委员会中小企业小组委员会：议定书第 9 号，2010 年 11 月 23 日，希伯来语网上可查：http://www.knesset.gov.il/protocols/data/rtf/ksafim/2014-02-04-02.rtf；经济和工业部：《中小型企业机构定期报告——第 4 章 以色列中小企业的状况》，2016 年 1 月。希伯来语网上可查：http://sba.economy.gov.il/About/Researches/Pages/SBA-israel-2015.aspx。
⑤ 阿哈朗·科恩·莫利维尔和埃亚尔·萨里（Aharon Cohen Mohliver & Eyal Sari）："以色列的信贷歧视和建议的解决方案"，《科尔特基金会米尔肯研究所（Koret Foundation-Milken Institute）刊物》，第 10—15 页，2005 年 8 月，希伯来语网上可查：http://www.mifellows.org/research/HEB_F/4-HB-F.pdf；埃利兹潘·罗森堡："外围的抵押贷款需要多少钱？肯定比中心多"，新消息报网站（Ynet），2014 年 2 月 12 日，希伯来语网上可查：http://www.ynet.co.il/articles/0,7340,L-4486796,00.html。在美国，制定了一项减少歧视性信贷做法的法律：《社区再投资法》（1977 年），《美国法典》第 12 主题，第 2901 条及以下。

除了在审慎监管和商业监管行为之间的内容冲突之外,监管的性质和形式也存在差别。在审慎监管方面,监管机构与被其监管的实体之间的关系可以说是一种合作的关系。监管机构的职能是帮助被监管机构保护他们的财务状况。监管机构确定标准并监督被监管者对这些标准的执行。如果金融机构达不到标准,或者监管机构发现对这些金融机构的稳定造成威胁,那么,监管机构将此事引起被监管机构的关注,并与之合作以找到解决方案。相比之下,在消费者保护方面,监管机构的职能是保护客户免受被监管实体的伤害。如果金融机构未能遵守具有约束力的规范,那么监管机构将行使其强制执行权力,惩罚那些未能遵守规则的被监管机构。⑥

从上面的回顾中可以看出,银行监管局局长的两个角色,即维护银行系统的稳定性和保护银行客户,有时可能相互冲突,因此,监管局长很难在同一时间同等程度地促进二者健康发展。⑦ 在这种情况下,一个目标可能要明确优先于另一个目标。多年来,维护银行稳定的角色实际上已经成为了以色列银行监管局局长的最重要的活动,同时,消费者保护方面得到更少的关注。⑧ 这种现象并不奇怪。银行监管机构更倾向于关注审慎监管而非消费者保护,这有几个原因。

首先,银行业的不稳定性,因为它的潜在严重性,总是会引起监管者的强烈反应。⑨ 一家银行的倒闭不仅给客户和投资者造成了相当大的损失,

---

⑥ 埃里克·J.潘(Eric J. Pan):"金融监管改革面临的四大挑战",《维拉诺瓦法律评论》(Villanova Law Review)第55期,第743、759页,2010年;另见:理查德·K.艾布拉姆斯和迈克尔·W.泰勒(Richard K. Abrams & Michael W. Taylor):"统一金融部门监管的问题",国际货币基金组织工作文件第00/213号,第24页,2000年,网上可查:http://www.imf.org/external/pubs/cat/longres.aspx?sk=3939 (noting that the skill sets in each field are different)。

⑦ 迈克尔·泰勒(Michael Taylor):"'双峰':新世纪的监管结构",金融创新研究中心,第1、15页,1995年(注意到两个目标"经常冲突");埃里克·J.潘,前注6,第745、759页("根本分歧");约瑟夫·J.诺顿(Joseph J. Norton):"全球金融部门改革:基于英国FSA经验的单一金融监管模式——一个关键的再评估",《国际律师》第39期,第15、42页,2005年("内在冲突")。

⑧ 另请参阅第三章第一节"一"。

⑨ 安德鲁·D.施穆洛(Andrew D. Schmulow):"双峰:理论分析",国际金融与监管中心研究工作论文系列项目编号第E018号,第9页,2015年。

而且它可能会通过传染效应对整个银行体系乃至整个经济造成损害;[10]而针对消费者的不当行为,即使这涉及银行系统的失灵而不仅仅是一个孤立事件,通常也不会有这样的严重后果。

此外,一家银行的倒闭,既可以被看作是作为组织机构的银行监管局的一种专业失败,也可以被看作是银行监管局局长个人的一种职业失败。在其任职期间,没有监管者会喜欢一个银行倒闭。另一方面,对消费者问题关注不足被视为一种监督失败,因而最受公众批评。因此,出于保护个人利益的考虑,将激励银行监管局长更多地关注对稳定的监督。

类似的解释也得到了风险监管理论的支持。[11] 根据这一理论,监管机构负责防范公众风险(社会风险)。然而,如果社会风险成为现实(比如银行倒闭),相关监管机构由于在履职时未尽职责,将面临"制度性风险"("institutional risk"),并可能失去其地位和权力。因此,在确定监管目标之间的优先顺序时,监管机构也会考虑到制度性风险,并将以这样一种方式确定其优先事项,以防止制度性风险的发生。[12]

一般来说,监管机构更倾向于处理显著性突出的社会风险(即使它们变成现实的概率低),而不是显著性不突出的社会风险(即使这些风险变成现实的可能性很高)。这是由于社会风险的显著重要性,对组织的声誉及其生存能力将造成高度突出的制度性风险。[13] 因为银行倒闭比苛待顾客行为具有更高的显著性,所以我们可以理解为什么银行监管局局长更愿意关注审

---

[10] 请参阅第一章第二节"二"。

[11] 朱利娅·布莱克(Julia Black):"英国风险监管的出现与新的公共风险管理",《公法》,第512页,2005年;朱利娅·布莱克:"管理监管风险和界定责任参数:聚焦于澳大利亚审慎监管局(Australian Prudential Regulation Authority)",《法律与政策》第28期,第1、4页,2006年;朱利娅·布莱克和罗伯特·鲍德温(Robert Baldwin):"真正响应基于风险的监管",《法律与政策》第32期,第181页,2010年。

[12] 亨利·罗森斯坦、迈克尔·休伯和乔治·加斯克尔(Henry Rothstein, Michael Huber & George Gaskell):"风险殖民化理论:社会和制度风险的螺旋式监管逻辑",《经济与社会》第35期,第91页,2006年。

[13] 沙伦·吉拉德:"关注和声誉:将监管机构的内部和外部世界联系起来",《危机中的执行政府》(Executive Government in Crisis)第157、158—159页,马丁·洛奇和凯·韦格里奇(Martin Lodge & Kai Wegrich)主编,帕尔格雷夫麦克米伦(Palgrave Macmillan)出版社 2012年。

慎监管。

　　类似地，最近的经济和政治科学文献研究了为什么多目标机构成功地实现了某些目标，而另一些目标却以失败而告终。他们认为，机构将会系统性地对更容易衡量的任务超越期望地予以执行（over-perform），而对难以衡量、与完成可衡量目标相冲突的任务则低于期望地予以执行（under perform）。[14] 审慎监管领域很容易衡量，因为它引用了明确的数字参数，如资本充足率、流动性和杠杆率。同样，一个审慎监管的失败——银行倒闭或无力履行其债务——也显而易见。相比之下，消费者保护领域很难衡量，因为它有一个社会的价值取向和不能量化的取向，它不是基于可测量的参数。

　　值得指出的是，消费者保护监督要求比审慎监管所需的投入、人力和资源更多。[15] 因此，即使银行监管局局长对这两个领域都投入了相同的资源，实际的结果却是在审慎监管领域也会更加引人注目。

　　除了所有这些解释之外，我们还必须记住，过去的历史和机构文化可能也会将某些目标锁定为主要目标，而不是其他目标。[16] 一些研究分析了公共机构在多个任务和目标之间的优先顺序，认为这些机构的注意力分配是由他们特殊的使命感引导的。如果任务未被定义为该机构使命的核心任务，那么这种任务就被低于期望地予以执行。[17]

　　以色列银行监管局将维护银行体系稳定视为其使命，并围绕这一目标发展了其组织文化。[18] 因此很自然的，银行监管局局长继续推动这一使命，而不是他负责的另一个目标——规范银行对客户的行为。当后一个目标与该机构的使命发生冲突时，这一点尤其正确。

---

[14] 埃里克·比伯（Eric Biber）：“有太多事情要做：如何处理多目标机构的功能失调”，《哈佛环境法律评论》（Harvard Environmental Law Review）第33期，第1页，2009年。

[15] 理查德·K.艾布拉姆斯和迈克尔·W.泰勒，前注6，同前。

[16] 埃里克·比伯，前注14，第61页。

[17] J. R.德谢佐和乔迪·弗里曼（J. R. DeShazo & Jody Freeman）："作为说客的公共机构"，《哥伦比亚法律评论》第105卷，第2217页，2005年；沙伦·吉拉德（Sharon Gilad）：“政治压力、组织认同和任务的关注：危机前金融监管的例证”，《公共行政》（Public Administration）第93期，第593、593—594页，2015年（使用"组织标识"这个术语）。

[18] 沙伦·吉拉德，同上，第600—604页；另见第三章第一节"一"。

第五章　审慎监管与商业行为监管：整合还是分离　203

在过去,这种倾向于审慎监管问题而非消费者保护问题的现象,在以色列没有得到特别的关注。然而,自本世纪初以来,公众和媒体在这方面的批评已被听到。批评集中在两个方面：需要确保银行与客户之间的公平关系,以及银行服务的高价格(收费和利息)源于以色列银行体系缺乏竞争。[19]

因此,例如,由以色列议会成立的议会银行费用调查委员会于 2007 指出：

> 银行监管局局长现在认为,自己首先要对银行的稳定负责。本调查委员会发现,过去几十年来,银行监管局局长夸大了稳定性方面,而消费者方面只得到了部分的关注。……本调查委员会建议,审查以色列银行的作用,它既作为保持银行体系稳定的负责人,也作为维护消费者权利的负责人。本委员会建议,在以色列银行设立一个独立而自主的部门来处理银行-客户关系。如果未来成立一个金融监督机构……那么,这个银行-客户部门将是在这个机构里的一个独立部门。[20]

2011 夏季的社会抗议,是由于以色列高昂的生活费用而爆发的,它导致建立了社会经济改革委员会,即特拉亨伯格委员会(the Trachtenberg Committee)。这个委员会强调了在银行体系中缺乏竞争,并把这个问题列为以色列生活成本高昂的一个原因。[21] 作为该委员会建议的一个结果,成立了提高银行体系竞争力调查组。该小组在 2013 年发表的报告包括若干建议,旨在鼓励银行部门的竞争,以降低银行服务的价格并改善银行客户的

---

[19] 沙伦·吉拉德,同上,第 601—604 页。
[20] 议会关于银行收费调查委员会：《最终报告》,第 12 页,2007 年 6 月,希伯来语网上可查：http://www.knesset.gov.il/committees/heb/docs/bank_inq.pdf。
[21] 《社会经济变革委员会报告》,第 188 页,2011 年 9 月,希伯来语网上可查：http://hida-vrut.gov.il/sites/default/files/％20D7％A1D7％95％D7％A4％D7％99.pdf? bcsi_scan_99FE300B8A2E1F36=1. 英语译文信息：http://www.bjpa.org/Publications/details.cfm? PublicationID=13862。

处境。㉒据信,这些建议的实施将导致银行损失收入5亿—8亿新谢克尔。㉓另一方面,包括以色列消费者委员会(Israel Consumer Council)在内的各机构都认为,该小组的建议不足以创造真正的竞争,也不能显著提高银行客户的地位,而其中真正的原因仍然是审慎监管利益优先权高于消费者保护利益。㉔

财政部长也对银行监管局局长提出了强烈的批评。根据财政部长的说法,银行监管局局长和以色列银行都避免在银行系统中促进竞争,因为他们希望加强现有的银行,并保持现有银行的稳定。㉕因此,在2015年6月,财政部长任命了加强公共银行及金融服务竞争力委员会,即"斯特鲁姆委员会"(the Strum Committee)。要求该委员会建议采取措施,增加公共银行和金融服务的竞争,包括将现在的参与者引入这一竞争领域。㉖我们将在第六章第三节中看到,该委员会于2015年12月发布的中期报告中包含了这方面的深远的建议。如果这些建议被政府采纳,那么一个新的竞争时代将会出现在以色列的银行业中,与今天的情况相比,消费者权益保护将受到

㉒ 银行监管局:《提高银行体系竞争力调查组报告》,2013年3月,希伯来语网上可查:http://www.boi.org.il/he/NewsAndPublications/PressReleases/Pages/19032012e.aspx。该报告英文概要:http://www.boi.org.il/en/BankingSupervision/Survey/Pages/competition.aspx。详情请参阅第四章第二节。

㉓ 艾里特·阿维萨:"稳定高于一切",《环球报》2012年7月16日,希伯来语网上可查:http://www.globes.co.il/news/article.aspx?did=1000766233;西范·艾泽斯卡(Sivan Aizescu):"竞争委员会向公众展示的就好像银行系统被处理一样",《标志》(The Marker),2012年6月13日,希伯来语网上可查:http://www.themarker.com/markets/1.1730298。

㉔ 请参见以色列消费者委员会主席埃胡德·皮莱格(Ehud Peleg)先生在议会经济事务委员会的发言,以下是该小组中期报告的发布:议会经济事务委员会议定书第921号,2012年7月17日,希伯来语网上可查:http://main.knesset.gov.il/Activity/Committees/Economics/Pages/CommitteeAgenda.aspx?tab=3&AgendaDate=17％2f07％2f2012+12％3a00％3a00。另见以色列反垄断局局长的批评,尽管反垄断局的代表是该小组成员之一:艾里特·阿维萨:"我无意冒犯吉洛(Gilo),球在费希尔(Fisher)手中",《环球报》2012年7月18日,希伯来语网上可查:http://www.globes.co.il/news/article.aspx?did=1000766963。

㉕ 西范·艾泽斯卡:"凯彻朗(Kachlon):三家银行控制行业70％是不合理的",《标志》,2015年6月3日,希伯来语网上可查:http://www.themarker.com/markets/1.2650768。

㉖ 委任函——提高普通银行及金融服务竞争力委员会,2015年6月3日,希伯来语网上可查:http://mof.gov.il/Committees/Pages/competitivenessCommittee.aspx。

更大的重视。

第二节　可选的若干监管模式

在本章第一节,我们看到,当银行监管局同时负责审慎监管和消费者保护时,可能会出现问题,也就是,以牺牲消费者保护为代价,对审慎监管有明确偏好。因此,问题就在于,正确的做法是,是否把两种权力都交给银行监管局局长,或者还是分别监管更好,即将消费者保护监督从银行监管局局长手里拿走,并将其转交到一个单独的监管机构。

我在本章要讨论的这一具体问题,是关于金融监管架构的一般性讨论的一部分。这一领域现有的专业文献通常提出监管金融业的四种典型模式:[27](a)行业模式,每个金融部门都有自己的监管机构;(b)功能模式:监管

---

[27] 关于各种模型的讨论及对每个模型应用国家的回顾,例如:三十国集团(G30):《全球市场的金融监管结构、方法和挑战》,第38页,2008年,网上可查:http://group30.org/images/uploads/publications/G30_StructureFinancialSupervision2008.pdf;多纳托·马希安德罗和马克·昆廷(Donato Masciandaro & Marc Quintyn):"监管监管机构:金融危机前后金融监管体系结构的变化",《金融危机后的中央银行、金融监管与监督手册》,第454页,西尔维斯特·艾芬格(Sylvester Eijffinger)和多纳托·马希安德罗等主编,爱德华·埃尔加(Edward Elgar)出版社2011年;安德鲁·D.施穆洛:"金融体系监管的方法:一项国际比较调查",国际金融与监管中心,研究工作文件第053/2015号,2015年,网上可查:http://www.cifr.edu.au/assets/document/WP053-2015%20Godwin%20E018%20Approaches%20to%20Financial%20System%20Regul.pdf;詹姆斯·R.巴斯(James R. Barth)等:"对银行监管框架和银行业绩的跨国分析",美国财政部货币监理署,经济及政策分析工作文件第2002-2号,2002年,网上可查:http://www.occ.treas.gov/publications/publications-by-type/economics-working-papers/2008-2000/working-paper-2002-2.html;德克·舍恩马克尔(Dirk Schoenmaker):"欧盟的金融监管",《维护全球金融稳定手册:政治、社会、文化和经济理论与模型》,第355页,杰拉德·卡普里奥(Gerard Caprio)主编,爱思唯尔(Elsevier)出版集团2013年(将重点放在三个模型上,将"双峰"模型作为"功能模型");乔斯·德卢纳·马丁内斯和托马斯·A.罗斯(Jose de Luna Martinez & Thomas A. Rose):"金融业综合监管的国际调查",世界银行政策研究工作论文第3096号,2003年7月;另见:肯尼斯·卡奥马·姆文达(Kenneth Kaoma Mwenda):"金融服务监管的法律方面以及统一监管机构的概念",《法律正义与发展系列》,世界银行2006年,网上可查:http://siteresources.worldbank.org/INTAFRSUMAFTPS/Resources/Legal_Aspects_of_Financial_Sces_Regulations.pdf。

按照产品或者服务的类型予以划分;(c)单一监管模式,一个监管机构监管整个金融部门(超级监管机构);(d)"双峰模式",即将整个金融部门的监管一分为二,一个监管机构负责审慎监管领域,另一个监管机构负责消费者保护领域。

只有一种模式,即"双峰模式",是以审慎监管与消费者保护法规的分离为特点。[28] 这种模式适用于世界上的几个国家,比如英国(截至2013年4月)、澳大利亚和荷兰。[29] 然而,在大多数国家,金融监管(包括银行监管)同时涉及审慎监管以及消费者保护监管。[30]

在以色列,金融监管是由行业监督和职能监督的某些方面结合起来的。行业模式反映在每个金融行业部门都有自己的监管机构。银行受银行监管局局长的监管;保险公司要服从资本市场、保险和储蓄专员的监管;养老基金和公积金也受该专员的监管;共同基金受以色列证券管理局的监管。每个行业部门的监管机构都对安全和稳健负责,也对受其监督机构的商业行为负责。同时,某些业务活动领域要受到专门的监管机构的监管。因此,例如,证券领域的活动受证券管理局的监管,而不管哪一个机构办理这些业务

---

[28] 泰勒,前注7;另见迈克尔·W. 泰勒:"金融危机后的监管改革——双峰重新审视",《金融监管的制度结构:理论和国际经验》,第9页,罗宾·黄晖(Robin Hui Huang)和德克·舍恩马克尔主编,劳特利奇(Routledge)出版社2015年。

[29] 英国:泰勒:"监管改革",同上。澳大利亚:安德鲁·戈德温和伊恩·拉姆齐(Andrew Godwin&Ian Ramsay):"双峰——澳大利亚金融监管体系的法律和监管结构",国际金融与监管中心,研究工作文件第074/2015号,2015年8月,网上可查:http://papers.ssrn.com/sol3/papers.cfm? abstract_id=2657355。荷兰:杰伦·克雷默斯(Jeroen Kremers)和德克·舍恩马克尔:"双峰:荷兰的经验",LSE金融市场集团论文系列,专题论文,第196页,2010年,网上可查:http://www.lse.ac.uk/fmg/workingPapers/specialPapers/PDF/SP196.pdf;另见脚注166。南非对采用双峰模型非常先进。请参阅:安德鲁·戈德温和安德鲁·D. 施穆洛:"南非的金融监管法案:来自澳大利亚的经验教训",国际金融与监管中心,研究工作文件第052/2015号,2015年,网上可查:http://papers.ssrn.com/sol3/papers.cfm? abstract_id=2556544。关于在香港应用双峰模式的建议,请参阅:布里阿尼·迈克尔、沙伊·哈克·古和达留什·武伊齐克(Bryane Michael, Say Hak Goo&Dariusz Wojcik):"目标导向的金融监管意味着重新考虑立法强制的经济调控",2014年,网上可查:http://papers.ssrn.com/sol3/papers.cfm? abstract_id=2523346。关于在加拿大应用双峰模式的建议,请参阅埃里克·J. 潘:"金融监管的结构改革",《跨国法律与当代问题》第19期,第796页,2011年。

[30] 前注27。

活动的问题是什么。因此,当银行在证券领域开展业务时,它们就会受到证券管理局的监管。另一个例子是养老金领域的活动,这些活动都服从于资本市场、保险和储蓄专员的监管,不管哪个机构办理它们的问题是什么。因此,当银行向客户提供养老金建议时,他们就会受到上述专员的监管。根据目前的局势,审慎监管与消费者保护监管之间没有分离。

  近年来,在以色列,关于改变金融监管模式,已经提出了很多建议。有一项建议要求采用单一监管模式,并要求设立一个金融监管机构,该机构由若干行业监督部门组成。根据这一提议,银行将拥有自己的监管部门,这个监管部门既涉及审慎监管,也涉及消费者保护方面的监管。㉛ 相比之下,在2015年,以色列证券管理局呼吁采用"双峰模型"。根据这项建议,将设立一个金融监管机构,负责监督包括银行在内的各种金融机构的稳定性;而证券管理局将充当消费者保护的监管机构,并监督所有金融活动的所有消费者保护方面的问题,包括银行的业务活动。㉜ 迄今为止,这些提议尚未落实到实际行动中。

  鉴于对以色列银行监管局局长未能充分处理消费者保护方面的批评,我想考察的具体问题是,正如大家还记得的,将监管的两个邻域——审慎监管和消费者保护——同时留在银行监管局局长手中是否正确;或者最好是将这一权力在银行监管局局长和另一个监管者之间劈分,这样银行监管局局长只处理审慎监管方面,另一个监管者将处理消费者保护方面的问题。第一个模式是合并权力或综合权力模式,而后者是分散权力或分离权力的模式。

  应当指出的是,本书不打算解决以色列整个金融业监管架构的广泛问题。正如前面提到的,这本书只涉及银行监管,它是基于这样一个事实,即

㉛ 沙伦·布莱、阿舍·巴拉斯和阿维·本-巴萨特(Sharon Blei, Asher Balas & Avi Ben-Bassat):"资本市场监管结构的总结与建议",《资本市场监管》,第207、217页,阿维·本-巴萨特主编,耶路撒冷以色列民主研究所2007年,希伯来语。

㉜ 以色列证券管理局:《资本市场的最佳监管结构》(2015年1月),希伯来语网上可查:http://www.isa.gov.il/%D7%94%D7%95%D7%93%D7%A2%D7%95%D7%AA%20%D7%95%D7%A4%D7%A8%D7%A1%D7%95%D7%9E%D7%99%20D7%9D/178/Documents/16022015_0.pdf。

以色列的金融监管实际上是行业监管。超出本书范围的另一个问题是,银行监管局局长是否愿意留在以色列银行内部,他是否继续同时处理上述两个领域,或仅处理审慎监管领域。㉝ 由于问题的核心与消费者保护监管有关,因此,争论将集中在这一具体问题,即假设是银行监管局局长仍留在以色列银行之内,那么,消费者保护监督是否应与审慎监管分离,并从银行监管局局长手中分离出来。

关于哪种监管模式适合的问题,参考以色列银行业的特殊情况,将在六个层面上进行考察:(a)在达到监管目标方面的监管效果;(b)监管专长;(c)监管权力;(d)监管效率;(e)监管对被监管者的影响;(f)实施全面监管改革的现实意义。

需要澄清的是,许多学者已经在单一监管机构的模型和多个监管机构的模型之间进行了比较。因此他们通过这个棱镜方法研究了合并权力和劈分权力的问题。尽管如此,这一对比似乎也适用于我所讨论的问题,即:将合并的权力留给银行监管局长来同时处理这两个领域(审慎监管和消费者保护)是否正确;或者,拆分权力是否更好,这样监管局局长只处理审慎监管方面,而另一个监管机构则处理消费者保护问题。

第三节　达成目标的监管成效

要考察的第一个考虑因素是,在实现监管机构负责的目标方面,这两种模式各自的监管有效性程度如何。

㉝　审慎监管是应该留在央行内部,还是在一个单独的机构中,这个问题得到详细地讨论。参阅举例:多纳托·马希安德罗和马克·昆廷"金融监管的进化:继续寻找圣杯",《货币与金融50年:教训与挑战》,第263、282—290页,莫滕·巴林和埃内斯特·尼安(Morten Balling & Ernest Gnan)主编,维也纳欧洲货币与金融论坛(SUERF)2013年,网上可查:http://econpapers.repec.org/bookchap/erferfftc/1-8.htm;多纳托·马希安德罗:"政治家和金融监督在央行之外的统一:他们为什么要这么做?"《金融稳定期刊》第5期,第124页,2009年;三十国集团报告,前注27,第39—42页。

一、支持拆分权力的考虑因素

支持在两个独立的监管机构之间将审慎监管和消费者保护职能分开的主要考虑是,每个管理者的能力都集中在他负责的单一目标上,同时他没有必要去推动其他目标的实现。㉞这样,每一个监管者都能将自己所有的资源和精力投入到一个目标中,并以有效的方式促其产生效果。

相比之下,当一个监管者同时负责多个目标时,有人担心,他将无法将必要的注意力集中到每一个目标上,并以适当的方式同时促使两者齐头并进。因此,他可能会以牺牲另一目标为代价来推动一个目标,并重点关注这一个目标。或者,换一种做法,他可以兼顾每一目标,但都是投入部分精力,结果是都不令人满意。

没有任何层次安排和明确优先次序的多个目标的存在,给解释目标之间的优先次序和优先目标留下了很大的空间;㉟这是一种被称为"优先目标模糊"(priority goal ambiguity)的情况。定量分析表明,不同职能和优先目标模糊性的结合,与机构绩效低下有关,这样就降低了监管效率。㊱

此外,当一个监管者负责几个不同的目标时,监管机构应该做什么的问题就不那么清楚了。监管机构可能缺乏对监管目标和原则的明确关注,因此,他的工作可能会导致混乱和误解,而不是促进连贯和清晰。㊲

在监管机构的不同目标可能相互抵触的情况(例如审慎监管与消费者保护之间的关系)下,拆分权力的必要性甚至得到加强。㊳

㉞ 安德鲁·D.施穆洛,前注9,第27页;沙伦·吉拉德,前注17,第1页;埃里克·比伯,前注14,第34页。

㉟ 扬·韩春和哈尔·G.雷尼(Young Han Chun & Hal G. Rainey):"美国联邦机构的目标模糊与组织绩效",《公共管理研究与理论学报》第15期,第529,535页,2005年。

㊱ 同前。沙伦·吉拉德,前注17,第2页;陈苏荣(Chan Su Jung):"将目标模糊理论扩展到项目中:考察目标模糊与绩效之间的关系",《公共行政评论》第74期,第205页,2014年。

㊲ 查尔斯·古德哈特等(Charles Goodhart et al.):《金融监管:为什么如何以及现在何去何从》,第153页,劳特利奇出版社1998年;艾利斯·费伦(Eilis Ferran),"英国采用单一金融监管模式的经验",《布鲁克林国际法律期刊》第28期,第257,290—291页,2003年。

㊳ 正如第五章第一节中所解释的那样。

一个拥有统一权力的监管机构可能难以实现相互矛盾的目标,他的工作可能导致内部冲突,使他难以自行解决。在这样的冲突中,结果会顾此失彼,牺牲这一个目标而另一个目标也付出代价。㊴ 相反,在两个不同的监管者之间分离功能,可以防止在两个功能之间产生冲突。这可能全面而有效地促进每个监管机构负责的单一目标,并加强对该领域的监督。㊵

另一种观点认为,独立监管机构的模式有助于提高透明度。这是因为,两个目标之间的关系,以及在冲突情况下两者之间的平衡,必然涉及跨机构的联系,这将使它们暴露给公众。然而,在多个权力集中在一个监管者手中的情况下,资源配置和监管重点的设置从透明的公共领域转移到监管机构内部的内部领域,降低了透明度,限制了公众监督。㊶

还有一种观点认为,监管者不愿意自行解决彼此矛盾的考量因素之间的争端。相反,这应该是在政治层面上进行的,因为在这样的冲突中涉及公共政策的考虑。㊷

其他类型的一些考虑,支持多个监管机构之间的权力拆分,涉及跨机构间竞争的好处。根据这种方法,在分散模型中,每个监管机构因为有来自其他监管机构的竞争压力,所以都更有活力。㊸ 在一些机构并肩工作的情况下,机构竞争可以激励每个机构更有效地开展工作。㊹ 一项研究甚至发现,

---

㊴ 约瑟夫·J. 诺顿,前注 7,第 42 页;德克·舍恩马克尔,前注 27,第 364 页。

㊵ 德克·舍恩马克尔和杰伦·克雷默斯(Jeroen Kremers):"金融稳定与适当的商业行为:监管结构能帮助实现这些目标吗?",《金融监管制度结构:理论与国际经验》第 29、33 页,罗宾黄晖(Robin Hui Huang)和德克·舍恩马克尔主编,劳特利奇出版社 2015 年;泰勒,前注 28,第 24 页。政治学者也支持在这种情况下分权。请参阅:埃里克·比伯,前注 14,第 33—34 页,以及他脚注 118 中提到的参考文献。

㊶ 埃里克·J. 潘,前注 6,第 757—758 页。

㊷ 迈克尔·泰勒,前注 7,第 15 页;泰勒,前注 28,第 20 页。

㊸ 理查德·J. 罗森(Richard J. Rosen):"三是一群吗?银行业监管机构之间的竞争",《货币、信用与银行杂志》第 35 期,第 967 页,2003 年。

㊹ 卡雷尔·兰努(Karel Lannoo):"监管欧洲金融体系",欧洲政策研究中心,《政策简报》第 21 期,第 5 页,2002 年 5 月 21 日,网上可查:http://www.ceps.eu/publications/supervising-european-financial-system。

在分散的模式中，由于监管机构之间的竞争，与国际金融机构的合作增加了。㊺

最后，每个机构单一目标的配置应该尽量减少文化冲突。一般情况下，行为（监管）机构（conduct agencies）由律师主导。相比之下，审慎（监管）机构（prudential agencies）通常由会计、经济学家和金融专家主导。当这两个群体被合并在同一个机构中时，就会有文化和观念的冲突，因为一个群体试图支配另一个群体。㊻

二、支持合并权力的考虑因素

支持一个监管机构手中的权力相结合的第一个论据是，在许多情况下，审慎监管事务和消费者保护事务之间的界限还不清楚。这两个领域相互交织，相互纠缠。

我们可以提供很多例子，说明在消费者保护方面的失败最终导致了偿付能力危机。最好的例子就是美国在 2007 年底爆发的次贷危机。这场危机的根源在于美国抵押贷款银行的掠夺性贷款，这类抵押贷款银行向那些缺乏偿还贷款能力的借款人发放贷款。虽然银行受益于向不成熟的消费者和低收入家庭销售产品和服务，向他们收取高额费用和佣金，但消费者声称自己不知道某些贷款的真实财务成本。㊼ 这种行为引发了银行对其客户责任的问题，属于商业行为领域，最终，不仅导致了美国抵押贷款市场的危机还引发了全球金融危机。㊽

另一个例子，来自以色列市场，是 1983 年银行股票操纵案。本案的特点是有偏见的投资咨询，旨在以牺牲客户的利益为代价促进银行的利益，并通过施加压力迫使客户购买银行本身的股份。这是一个典型的消费者问

㊺ 丹尼尔·赫默尔（Daniel Heme）："监管整合和跨境协调：挑战传统智慧"，《耶鲁监管杂志》第 28 期，第 213 页，2011 年。
㊻ 迈克尔·泰勒，前注 7，第 12 页；安德鲁·D. 施穆洛，前注 9，第 28 页。
㊼ 埃里克·J. 潘，前注 6，第 759—760 页。
㊽ 安德鲁·D. 施穆洛，前注 9，第 82 页。

题。随着四家主要银行的倒闭,以及政府对这些银行的国有化,这一传奇事件终于结束了。[49]

这些以及其他例子说明,在消费者保护领域和审慎监管领域之间存在分离的难度,以及消费者保护对于确保健全的金融市场至关重要的事实。

这两个领域,即审慎监管和消费者保护,统一在同一监管机构的手中,创造了诸多重要优势。

一般来说,一个高效的监管机构不能在不考虑利益冲突的情况下,或在不考虑整体利益的情况下,促进一个特定的利益。[50] 将两种权力统一在同一监管机构手中,给监管机构一个完整的体系,从而提供更有效的监管体系。

此外,在很多情况下,消费者监管领域也需要考虑到审慎监管因素,反之亦然。因此,一个负责这两个领域的监管者,有能力和工具来衡量所有相关的考虑事项,并以最好的方式在两者之间做出一个平衡的决定。将两个领域统一在同一个监管机构的手中,使监管机构能够使用审慎监管的知识和工具来解决消费者问题,反之亦然。将这两个领域同时放在同一个监管者的手中,可以帮助他找到最佳解决方案,并在监管目标之间创造协同效应。

另一个论据,涉及的是可能会在不同的监管目标之间产生的冲突。一个负责多个监管目标的监管者可能会更好地解决不同目标之间的冲突,因为在决定和执行决定的时候会产生更少的"摩擦"。[51] 一个拥有多个权力的监管者拥有更完善的监管工具,因此,他可以选择每种情况下所需的最佳监

---

[49] 请参阅第二章第三节。

[50] 相比之下,监管机构被要求将公众考虑纳入考虑范围,这一观点受到了政治文献的批评。根据这种关键的方法,把监管权力下放给独立机构是合理的,而且是合法的,因为他们在专业领域具有专长。因此,从独立机构的需求考虑并平衡相互冲突的因素,这是不合理的,因为它超出了该机构的正式权力范围。这种平衡是政治领导的责任,并不是一个专业的监管机构来独自处理。请参阅:詹多梅尼戈·马琼(Giandomenico Majone):"战略和结构——机构独立和问责制的政治经济",载于《为高质量监管设计独立和负责的监管机构》(经合组织监管管理和改革工作组 2005 年 1 月),第 126,150 页,网上可查: www.oecd.org/gov/regulatory-policy/35028836.pdf。

[51] 詹姆斯·R.巴斯等,前注 27,第 7 页。

管反应。权力的整合,包括在各个领域赋予监管者的监督工具的集合,为监管者提供一个有效的机制来解决不同目标之间的冲突,以及在这种情况下达成最优解决方案。㊾ 监管机构能够自己解决冲突的事实,可以阻止政治梯队的干预和裁断,而这一情况可能会打开大门,将外部因素考虑在内,而这些因素都是受政治压力摆布的。

合并权力的模式增加了监管一致性的可能性。在相互冲突的目标和采用中间解决方案之间平衡的必要性,自然会导致一条比较温和的路线,随着时间的推移很容易维持下去;而不是选择只有在特殊情况下才合适的最终解决方案。不用说,在金融环境中,监管一致性是至关重要的。缺乏一致性导致被监管市场(regulated markets)的不确定性。它可能会阻止投资者进入这些市场,并对市场发展趋势产生负面影响。监管一致性也减少了有利于银行等强大压力集团的偏见的担忧。

相比之下,在不同监管机构之间拆分权力模式下,不仅监管一致性没有得到保证,而且真正令人担忧的是,不同监管机构的要求之间存在差异和矛盾。在两个独立监管机构的情况下,他们两者都不会同意放弃自己的立场。监管机构之间的冲突甚至会因为自我意识和权力游戏而恶化。

这种冲突的情况在国家层面也是有问题的。设计一个监管治理的连贯政策的主要挑战之一是处理不同公共利益之间的冲突。两个或多个代表不同公共利益的监管机构之间的冲突,可能导致的监管结果是阻止所有此类监管治理取得成果。㊿

支持将不同权力组合在一个监管者手中的其他观点,指出了几个不同监管机构之间合作的困难。这种分散模式的缺点之一是,监管机构需要协调和密切合作,包括一个有效的信息快速传输机制,以管理即时风险(im-

---

㊾ 艾利斯·费伦,前注37,第291页。

㊿ 阿迪·阿亚拉、齐皮·伊泽尔-伊齐克和奥伦·佩雷斯(Adi Ayal, Tzipi Iser-Itzik & Oren Perez):"分权条件下的监管:冲突或协同作用及对以色列监管现实的看法",《监管》第4.1章,戴维·列维-法尔、伊沙白·布兰克和罗伊·克瑞尼德(David Levi-Faur, Yishai Blank & Roy Kreitner)主编,特拉维夫大学即将出版,希伯来语。

mediate risks)。这在 2007—2009 年的全球金融危机中得到了很好的证明：这场危机富有特点的主要问题之一是，在需要快速有效干预的情况下，金融监管机构之间缺乏合作。监管模式不能保证各监管机构之间信息的快速和高效流动，在紧急情况下，它们面临着功能困难，大大减慢了响应速度，降低了解决方案的有效性。此外，为了确保危机期间的有效合作，合作和信息共享也必须在平静时期进行，而不仅仅是在危机爆发时临渴掘井。㊴

在这种情况下，问题在于监管者之间存在的信息不对称，以及他们不愿与其他监管者分享他们自己设法收集到的信息。㊶ 这一问题在监管机构中尤为明显，这些机构在收集信息方面非常活跃，这是银行业的特点。在缺乏充分信息共享的情况下，监管机构之间的合作与监管效率将被削弱。

把几个权力集中在同一个监管机构手中的另一个可能的论据，涉及在操作层面上的一致性、沟通和合作。员工可能会发现，在共同关心的问题上，当他们都在同一个组织工作，而不是分散在不同的机构之间时，他们更容易相互沟通和合作。此外，他们都应该对他们的任务有共同的文化态度，并按照管理层制定的共同政策进行一致的操作。㊶ 换句话说，将权力统一在同一监管机构的手中会导致监管的有效性，因为一体化政策的存在和一致的监管文化，对每一个监督领域都有影响。

相反，当涉及两种不同的监管机构之间的权力分离时，由于每个监管者的文化不同，可能会出现"短路"。不同的管理者有不同的文化和不同的制度风气，它们以特殊的对话模式和特殊工具来表达。监管机构越是坚持使用其特殊的语言及其独特的工具，就越能在沟通中产生更多的隔阂，而且与

㊴ 莱克西戴尔（Lexidale）：《监督与监管的结构——全球视野及与以色列比较》（为以色列议会研究和信息中心准备），第 5 页，2012 年 7 月，希伯来语网上可查：http://knesset.gov.il/mmm/data/pdf/m03143.pdf。

㊶ 查尔斯·M.卡恩和乔奥·A.C.桑托斯（Charles M. Kahn & Joao A.C. Santos）："分配银行监管权力：最后贷款人、存款保险和监督"，国际清算银行工作论文第 102 号，第 33—34 页，2001 年 8 月，网上可查：http://www.bis.org/publ/work102.pdf。

㊶ 艾利斯·费伦，前注 37，第 291 页；克莱夫·布里奥特（Clive Briault）：《一个单一国家金融服务监管机构的理据》，金融服务管理局专题选刊第 2 号，第 19 页，1999 年 5 月，网上可查：www.fsa.gov.uk/pubs/occpapers/OP02.Pdf。

其他监管机构的机构间合作的能力也受到了连累。因此,一方面,一个依赖于稳定方法、金融参数和基于经济工具做决策的监管机构,另一方面,决策基于诸如消费者保护和社会观念等相互冲突的价值观的监管机构,两者之间互动,可能会在两家监管机构之间的沟通中产生短路,从而阻碍他们之间的合作。[57]

在不同的监管机构之间因拆分权力将会导致的另一个缺陷是存在一种规范的锁定(normative "lock-in"),这将对监管的内容和效果产生不利影响。[58] 这种锁定现象是在监管规则的实施过程中产生的,在监管分权(regulatory decentralization)的情景下,在不同监管机构之间取得合作之后,已实施的这项监管规则变得不合适或过时。然而,制定一项新的监管规则需要复杂的谈判,并通过制定过程和复杂的程序来形成不同监管机构之间的新共识。因此,每个监管机构都有一个消极的动机来避免改变现有的规则。此外,在改变现有规则这一举措的前景存在不确定性的情况下,没有一个监管者愿意在改变现有监管规则的过程中遭受失败的风险。因此,监管机构可能会避免向创新和优选的监管制度过渡,因为这将涉及烦琐和复杂的协调,并放弃参与维持现状的方便,而这种方便是在制定现行监管制度过程中产生的。[59]

最后,我要提及监管灵活性的问题:比起每个机构都有自己刚性目标的分权独立机构,一个负责审慎监管和消费者保护两个领域的监管机构,可能对金融环境的变化有更大的灵活性。因此,这样的监管机构可能会促进监管安排(regulatory arrangements)的发展,这比单独的专门机构可以实现的灵活性更大。[60] 这种灵活性还使监管机构能够更容易地批评和改变现有的规范,并根据实际情况和需要制定监管政策。对于独立分权机构来说,情况

---

[57] 阿迪·阿亚尔,前注 53,第 13 页。
[58] 克莱顿·P. 吉勒特(Clayton P. Gillette):"法律和规范的锁定效应(Lock-in Effects in Law and Norms)",《波士顿大学法律评论》第 78 期,第 813 页,1998 年。
[59] 阿迪·阿亚尔,前注 53,第四章第二节。
[60] 理查德·K. 艾布拉姆斯和迈克尔·W. 泰勒,前注 6,第 12 页;诺顿,前注 7,第 20 页。

可能并非如此,因为每个机构都有自己的官僚、政治和法律障碍需要克服。[61]

第四节 监管技能

转向一种基于监管的制度的重大意义之一就是加强监管机构在其活动领域拥有专业知识和专业精神。[62] 这在金融领域尤为明显。金融监管机构关注的领域是需要先进和复杂的工具来监督被监管机构。金融监管者一般都喜欢职业的良好形象,这反映在他们提供专业和高效率服务的能力,这是独立于政治考虑之外的。此外,学者们认为,专业监管机构的出现源于立法者和法院未能满足公众对专业化和专业技能的需求。[63] 考虑到这一点,金融监管机构的专门知识和专业水平是最重要的。

一、支持拆分权力的考虑因素

表面上促进更高专业水平的模式是分隔审慎领域和消费者保护领域的模式。当每个管理者只负责一个明确定义的职责范围时,他可以在他负责的特定领域获得深入的专业知识,在明显的界限内创造重要的专长。

这种分散的模式在职业领域有额外的优势:多个监督当局可能采取一些不同的监督办法,产生一个单一监管机构方法无法产生的有价值的信息。[64]

多重监管制度也可能鼓励监管机构之间的竞争,以便对被监管行业的创新作出更大的反应。创新可能与产品、制度实践或法律规则有关。[65]

---

[61] 詹姆斯·R.巴斯等,前注27,第7页。
[62] 詹多梅尼戈·马琼:"从积极到监管状态:治理模式变化的原因和后果",《公共政策期刊》第17期,第139页,1997年。
[63] 同上,第152—153页。
[64] 詹姆斯·R.巴斯等,前注27,第8页。
[65] 同上。

此外,分散模式可减少监管失败的系统性风险。分散不同监管机构的权力,可以相互参照每一个监管机构的独立监管发现,并降低他们被一种认识所控制的风险。这个问题,加上高水平的专业知识,有助于职业意义上的监管成功。

二、支持合并权力的考虑因素

事实上,一个负责某一特定领域的监管机构被认为只有在一个狭窄的领域才有专门知识,这种假定是不准确的。在那些选择了双头模式(双峰),并为每个金融监管领域委派了一个单独的监管机构(审慎监管有别于消费者保护)的国家,每个金融监管机构都监管着市场上的所有金融机构而不仅仅是银行。这就要求监管者了解各种业务活动的类型以及在金融系统中运作的所有金融机构的产品,并要求他有丰富的专业技能和知识。另一方面,在这种监管结构中,即在监管者既要负责审慎监管方面也要负责消费者的保护,但仅限于某一特定行业部门(如银行业)的情况下,上述两个领域的监管虽然确实需要专门知识,但仅考虑到一组界定的参与者和产品。换句话说,在上述两种模式中需要的监管专门知识的问题,本质上是水平与垂直专门知识的问题。在双峰模式中,专长虽是在一个明确的领域,但关乎整个金融体系。另一方面,在合并权力模式中,虽然要求两个领域的专长,但仅考虑一个界定的行业部门。因此,关于专长问题,对于合并模式和双峰模式来说,没有任何优先偏好。

此外,假设一个监管者负责几个不同的目标,他将难以对每一个目标进行适当地专业化,必须分别在每一特定情况下进行考察。例如,新近设立的监管机构必须从一开始就研究它负责的领域,这种情况就不一样了;这与监管机构已经存在并已积累必要的知识和经验的情况不同。此外,监管机构的内部组织结构和各部门之间的内部资源划分也是重要的方面。分配足够的财政和人力资源以履行各项职能,可以使一个负责多个目标的监管者,在适当的水平上获得职业水准和专业技能,以实现其各项职责的成功履行。

假设在一个监管机构内合并权力会产生一个更大的监管机构,那么合并模式的另一个论点可能是一个更大的组织允许更精细的劳动分工和更密集的使用投入。大型监管机构的优势之一是培养专业人员的能力。一个更大的机构可能更好地制定连贯的人力资源政策,包括为其人员制定职业规划战略。它将能够为员工提供一个比他们在专业管理机构中所享有的更多样化和更具挑战性的职业。此外,一个具有合并权力的监管机构可能会有足够大的规模来开发自己量身定制的内部培训项目。[66] 此外,合并的结构使专门的知识能够在处理独立问题的部门之间共享。这样的结构也使一个部门能够借用其他部门的专家,并享有他们的专门知识。[67]

第五节 监管权力

一、支持拆分权力的考虑因素

在几个监管者之间拆分权力的另一个论点是对权力过分集中和过度积聚在一个政府机构手中的担忧。[68] 权力的分散是一种公认的限制政府机构权力的方式,并尽可能减少由此产生的任意性。分离的监管机构之间的权力划分阻止了一个机构手中权力的过度集中,并减少滥用权力的可能性。

若干监管机构的存在,其权力同时适用于某一行业部门(比如银行业),造成每个机构都受到另一个机构间接监督的局势。这种监督对被监管机构非常重要:一般而言,监管机构的活动受到司法审查。然而,在许多情况下,这样的审查需要资源投入,并且在得到最终裁决之前,需要花费大量的时间。此外,向司法当局提出申请,需要由被监管机构方(银行)发起。然而,被监管机构害怕面对监管机构,因此不愿这么做。即使没有被监管机构发起的审查,但其他监管机构的间接监督确保了一种外部审查。此外,并行监

---

[66] 比较:理查德·K.艾布拉姆斯和迈克尔·W.泰勒,前注6,第14—15页。
[67] 同上,第14页。
[68] 詹姆斯·R.巴斯等,前注27,第9页,以及那里提到的参考文献。

督的存在,是有关监管机构小心行使职权的事前激励。[69] 因此,权力的分离创造了一种制衡制度,它限制了每一个监管者的权力。

除了滥用监管权力对被监管机构造成损害之外,政治文献指向相反的——但并非不那么令人担忧的——"被俘监管者"的问题,即监管机构被应受其监管的行业所控制或"俘获"。[70] 监管分权的存在及其所产生的相互监督也可以为这一问题提供某种解决办法。监管机构担心这一领域的并行监管机构会对其进行批评,这可能会促使它们采取更谨慎的行动,以有利于公众利益,而不是推进控制其所监管行业的利益集团的商业或政治关切。[71]

二、支持合并权力的考虑因素

另一方面,广泛的权力也可能成为一种优势:权力集中在一个监管机构的手中加强了他的监督能力,并有助于提高监管的有效性。更大的权力使监管者能够获得预算、工具和资源,而这些东西不一定授予一个较弱的监管机构。

此外,更多的权力使监管者能够在专业、政治和媒体论坛上陈述自己的立场,并对其施加影响。监管者的更大权力可以增强他脱离政治领导的独立性。一个强有力的监管者可以更容易地忽视任命梯队(appointing echelon)的政治压力,有利于实现维护他掌管的公共利益。[72] 同样,监管者更大的权力可能会增强他相对于受其监管的机构的独立性,从而降低利益集团

---

[69] 阿迪·阿亚尔,前注 53,第三章第一节。
[70] 经典研究包括:乔治·J. 施蒂格勒(George J. Stigler):"经济监管理论"(Theories of Economic Regulation),《贝尔经济学与管理学杂志》第 2 期,第 3 页,1971 年;理查德·A. 波斯纳(Richard A. Posner):"经济监管的若干理论",《贝尔经济学与管理学杂志》第 5 期,第 335 页(1974 年);萨姆·佩尔兹曼(Sam Peltzman):"一个更全面的监管理论",《法律与经济学期刊》第 19 期,第 211 页,1976 年;另见:琼·雅克·拉丰和琼·梯若尔(Jean-Jacques Laffont & Jean Tirole):"政府决策的政治:监管俘获理论",《经济学季刊》第 106 期,第 1089 页(1991 年)。关于以色列保险市场上的"被俘监管者"现象,请参见:以色列保险估价师协会诉保险专员案[HCJ 7721/96 Association of Insurance Appraisers in Israel v. The Commissioner of Insurance, 55(3) PD 625, 653]。
[71] 阿迪·阿亚尔,前注 53,第三章第一节。
[72] 詹多梅尼戈·马琼,前注 50,第 127 页;肯尼斯·卡奥马·姆文达,前注 27,第 29—31 页。

(如银行)的影响力,以及被俘获的监管机构的现象。(73)

相比之下,在多个机构之间划分监管责任,可能会导致单一机构发现自己的资源不足,从而限制了它完成管理任务的能力。即使多个机构共同负责监管同一个机构,虽然给人以足够的监管监督的印象,但也可能会发生的情况是,没有一个机构有能力有效地履行其监管职责。或者,为了节约资源,一个机构可能会过于狭隘地定义自己的责任界线,从而加剧了监管覆盖面不足的问题。(74)

从审慎监管的观点来看,各种研究发现,监管机构的实力和独立性对创建稳定的金融市场至关重要。疲弱的监管机构没有能力要求银行增加新股本,执行更严格的规定,或暂停其发放奖金和管理费。有证据表明,在上次金融危机中严重受伤的国家,受到了银行监管与监督薄弱的影响。监管力度的缺失被认为是导致金融危机的原因之一。(75)

经验证据表明,强有力的监督机构不仅能增强稳定性,还能增强竞争。由于资本要求似乎阻碍竞争,并且可能会被银行业系统滥用来创造一个不公平的竞争环境;一个强有力的监管机构可能会阻止这样的滥用,从而有助于为所有竞争者提供公平的竞争环境,并加大竞争。(76)

189 监督和限制监管机构权力的一个重要工具是问责机制,即追究官员对其行为的责任。问责制,要求提高透明度,提供详细的账目和报告,并承担责任,近年来得到了越来越多的支持。(77) 根据这一制度,监管机构要对其实

(73) 关于监管俘获问题,请参阅前注 70。

(74) 埃里克·J.潘,前注 6,第 757 页。

(75) 德博拉·希利和罗布·尼科尔斯(Deborah Healey & Rob Nicholls):"澳大利亚零售银行业竞争与稳定的平衡",CIFR 研究工作文件编号 076/2015,第 14 页,2015 年 11 月;另见:马丁·奇哈克(Martin Čihák)等:"世界银行监管和监督:危机升级",世界银行,政策研究工作文件第 6286 号,第 9 页,2012 年 12 月。

(76) 德博拉·希利和罗布·尼科尔斯,前注 75,第 14—15 页;鲁迪格·阿伦德、詹斯·阿诺德和法布里斯·慕廷(Rudiger Ahrend, Jens Arnold & Fabrice Murtin):"金融市场的审慎监管与竞争",经济合作与发展组织经济部工作文件第 735 号,第 19、32 页,2009 年,网上可查:http://dx.doi.org/10.1787/220117664431。

(77) 马克·博文思(Marc Bovens):"分析和评估问责制:一个概念框架",《欧洲法律期刊》第 13 期,第 447 页,2007 年。

现法定目标、控制监管成本、遵守纪律政策和防止监管失灵的履职情况负责。人们的假设是,由于害怕受到公众的批评,一个服从于严格的问责制的政府机构会更好地履行自己的职责。[78] 在合并权力模式中,问责级别可能更高。当监管权力集中在一个监管机构手中时,这样的监管机构不能将监管失败的责任转给其他的监管机构。在这样的监管模式下,因为只有一个监管者参与其中,应该清楚谁将为特定的监管行动或失败行为负责。一个单一的监管机构应该比多个监管机构更透明,更负责任,因为如果该监管机构犯了错误,那么其负责人可能会觉得更难推卸责任。[79] 相比之下,多个监管机构的模式有可能使得这些监管机构采取分散责任策略,因此很难追究其中任何一家监管机构的责任。[80]

第六节 监管机制的运行效率

为了在两种监管模式之间作出决定,需要研究的另一个考虑因素是运行效率。在这种情况下,"效率"是指监管机构配置自己内部资源的方式,它与监管和监督的效率密切相关。[81]

学者们已经研究了金融监管模式的运行效率,通常比较两种模式:一方面,单一监管机构("超级监管机构"),负责国家整个金融行业,涉及审慎监管和消费者保护;另一方面,多个监管机构的模式。[82] 相比之下,我们要解决的问题是,是应该将审慎监管和消费者保护监管两者都留在银行监管局

---

[78] 理查德·K.艾布拉姆斯和迈克尔·W.泰勒,前注6,第15页。

[79] 艾利斯·费伦,前注37,第295页;詹姆斯·R.巴斯等,前注27,第7页;理查德·K.艾布拉姆斯和迈克尔·W.泰勒,前注6,第15页。

[80] 然而,值得注意的是,在这方面还有其他观点。因为问责原则适用于政府机构的界定活动范围,因此有人认为,赋予监管机构的监管权力越具体、越窄,就越容易应用该原则,也越容易让公众监督他的行为。请参阅:艾利斯·费伦,前注37,第296页;理查德·K.艾布拉姆斯和迈克尔·W.泰勒,前注6,第17页。

[81] 艾利斯·费伦,前注37,第283—284页。

[82] 关于金融监管的各种监管模式,请参阅第五章第二节。

局长的手中,还是应该将消费者保护领域从他那里转移到一个独立的监管机构。为了考察每个选项的运行效率的程度,我们需要确切地知道什么样的机构将承担消费者保护领域的责任:是否会建立一个只处理银行业消费者保护这一有限范围的新机构? 它是否是一个现有的权威机构,如以色列证券管理局? 或者是一个新的权力机构,它将被赋予广泛的授权来监督整个金融领域的消费者保护(例如双峰模式中的消费者保护局)? 在没有对这个问题作出回答的情况下,我将提出以下几个一般性考虑,即支持和反对将权力置于同一管理当局手中的问题。

一个监管者的模式,他被赋予几个并行的权力,这应该会导致运行效率和成本节约。这是由于规模经济的优势,以及分享不同资源以实现委托给他的所有目标的可能性。统一的管理、共享的支持服务、统一的数据库和统一的报告系统,所有这些都有助于节约成本和资源的有效利用。[63] 相比之下,多个专门的监管机构的存在,通常会导致基础设施的重复和资源的浪费。[64]

一个既负责审慎监管也负责商业行为监管的监管机构也许能够统观整个监督领域,并把管理资源投入到最需要的地方。统一的监管机构应该促进有效利用现有的专业知识和经验,在缺乏专业知识和经验的情况下,这一点尤其重要。[65] 不用说,在监管机构规模较小的国家,尤其是在小国或金融体系较小的国家,如以色列,节约成本尤其重要。[66]

另一方面,也有研究表明,就运营效率而言,在一个监管机构中整合多个权力的模式没有明显的优势。根据这种方法,分散模式也可以在操作上

---

[63] 迈克尔·泰勒和亚历克斯·弗莱明(Alex Fleming):"综合金融监管:北欧经验教训",世界银行政策研究工作文件第 2223 号,第 10 页,1999 年,网上可查:http://documents.worldbank.org/curated/en/1999/11/439627/integrated-financial-super vision-lessons-northern-european-experience;艾利斯·费伦,前注 37,第 284 页;理查德·K.艾布拉姆斯和迈克尔·W.泰勒,前注 6,第 13 页。

[64] 理查德·K.艾布拉姆斯和迈克尔·W.泰勒,同上。

[65] 艾利斯·费伦,前注 37,第 284 页。

[66] 这是选择斯堪的纳维亚单一监管模式的原因之一。请参阅:多纳托·马希安德罗和马克·昆廷,前注 33,第 276—277 页;理查德·K.艾布拉姆斯和迈克尔·W.泰勒,前注 6,第 14 页。

有效。这是因为将权力分散在不同的监管机构,可以根据需要准确地为每个领域投入资源,从而必然提高运营效率和节约成本。相比之下,一个多领域的监管者,他涉及若干并行的权力,可能是由于臃肿的官僚机构造成不必要的花销和浪费。[87]

第七节　监管对被监管机构的影响

反对分散监管模式的主要论据之一,是被监管实体,特别是小型实体在处理多重监管机构时遇到的困难,以及由此产生的官僚性沉重负担。[88] 由于当局的更严格的检查和执法,对工商业施加的负担,在以色列举行的一个研讨会上受到了经合组织的特别关注。[89] 世界银行也发表了一份关于这一问题的全面报告。[90]

多个监管机构可能会导致"过度立法"(hyperlexis)现象;也就是,多重规则和规章使熟悉监管世界、完全遵守法律条款,困难重重。[91] 如果监管机

---

[87] 艾利斯·费伦,前注 37,第 284—285 页;诺顿,前注 7,第 42 页;理查德·K. 艾布拉姆斯和迈克尔·W. 泰勒,前注 6,第 17 页;詹姆斯·R. 巴斯等,前注 27,第 8 页;古德哈特等,前注 37,第 154 页。

[88] 詹姆斯·R. 巴斯等,前注 27,第 8 页,以及那里提到的参考文献。

[89] 对于研讨会的讨论框架,请参阅:《经济合作与发展组织关于执法和检查的研讨班议程》,2012 年 10 月,http://www.oecd.org/gov/regulatory policy/Workshop%20Agenda_Jerusalem.pdf;经济合作与发展组织:《检查改革——为什么、如何、什么结果?》,2012 年 10 月,网上可查:http://www.oecd.org/gov/regulatorypolicy/S0_Overall%20report%20presentation_FB_final%20edit.pdf。

[90] 世界银行集团:《如何改革商业检查——设计、实施、挑战》,2011 年 1 月,网上可查:https://www.wbginvestmentclimate.org/uploads/How%20to%20Reform%20Business%20Inspections%20WEB.pdf。

[91] 米拉·索霍尼(Mila Sohoni):"'太多法律'的概念",《福特汉姆法律评论》第 80 期,第 1585 页,2012 年;贝利斯·曼宁(Bayless Maning):"过度立法:我们国家的疾病",《西北大学法律评论》第 71 期,第 767 页,1977 年;另见:乔纳森·R. 梅西:"公共和私人的命令以及合法和不合法的法律规则的产生"(Public and Private Ordering and the Production of Legitimate and Illegitimate Legal Rules),《康奈尔法律评论》第 82 期,第 1123 页,1997 年。

构有灵活的自由裁量权，或在规章不够明确的情况下，那么被监管机构的官僚性和财务负担增加，因此，人们担心这些机构将无法达到他们所要求的高水平的合规要求。不用说，在不同监管机构遵循之道彼此矛盾的情况下，被监管机构遵从合规就变得不可能了。(92) 相比之下，一个具有单一监管机构的系统，可能让公众和被监管者（银行）理解起来更简单，结果，做到合规也更简单。(93)

此外，这种分散模式意味着监管机构的合规成本很高：劳动力成本，向独立数据库报告的费用，由于监管引起的罚款成本，在一些国家——非官方缴纳和政府官员的福利，向在权力走廊代表公司的游说者支付费用，由于有关工作增加而损失的利润，等等。原则上，公司可以从只交涉一个监管者和一组需求中获益。(94) 统一模式构成了一种“一站式监管”，一站式监管使被监管机构感觉更容易。(95)

话虽如此，也有研究表明，在合并模式的情况下，遵从法规成本并不总是降低。一个统一的监管制度可能会比分散制度的可适用当事方的负担更
192 重。(96) 此外，当一个监管机构实际上是一个垄断监管机构时，它可能比单独的专业监管机构更刚性、更官僚。(97)

第八节　金融监管改革的若干分歧

从理论上讲，在审慎监管和消费者保护之间分离权力也是可取的。我不同意这种说法，在实际层面上，这一行动在执行方面是一个复杂的过程。

应该考虑的第一个问题是伴随改革而来的基本法律改变的程度。设计

(92) 阿迪·阿亚尔等，前注53，第四章第一节、第三节。

(93) 詹姆斯·R.巴斯等，前注27，第8页。

(94) 阿迪·阿亚尔等，前注53，第四章第三节；艾利斯·费伦，前注37，第284页。

(95) 德克·舍恩马克尔，前注27，第363页。

(96) 艾利斯·费伦，前注37，第284页。

(97) 理查德·K.艾布拉姆斯和迈克尔·W.泰勒，前注6，第17页。

法律以应对监管变革过程中所涉及的挑战,并为新制度制定立法框架,是相当复杂的问题,可能需要相当长的时间。[98]

此外,立法阶段,从本质上来说,涉及立法风险:以前被认为是在现有法律下解决的问题(如受监管的业务活动范围),现在将重新进行讨论。立法结果,取决于议会力量和攫取利益集团之间的平衡,可能比原来的立法更弱。[99]

另一个风险是政治风险:政府和公共部门中的强大行动者可以利用这样一个机会,通过攫取重要的额外权力来增强其影响力。此外,那些认为自己适合监管职位的人会积极地推动这一问题,并试图在不允许让其得到彻底审查的情况下仓促解决问题。在这种情况下,存在错误和决策不合理的风险。政治介入也可能导致最终建立的监管机构缺乏独立性。[100]

立法阶段才刚刚开始。执行改革的核心阶段是操作阶段:必要时建立一个新的机构,或将一个机构的现有部门分割到另一个机构,涉及所有操作层面的重大变化。

在人力层面上,这是一项复杂的操作,涉及雇佣新员工或调动现有员工,并培训他们适应新职位。这样的程序存在失去关键人员的风险。结构上的变化可能会导致高素质的员工利用这个机会来改变他们的工作地点,转移到私营部门,或者退休;特别是如果因为向新的监管结构过渡,他们担心职位变动或薪水减少。另一个相关的问题可能是员工在此过程中和之后的士气低落。一些员工可能会认为这个过程具有不确定性,而不仅仅是因为可能遭解雇的原因,而且也因为在新监管的最终结构的形成,任命或批准部门的负责人,建立就业的一般条款等方面,有诸多延迟。[101] 所有这些都可能导致监管能力的下降。

---

[98] 马丁内斯和罗斯,前注 27,第 27—28 页。关于成立英国金融服务管理局(FSA)所涉及的法律方面,请看艾利斯·费伦,前注 37,主要是在第三章。
[99] 理查德·K.艾布拉姆斯和迈克尔·W.泰勒,前注 6,第 16 页。
[100] 同上。
[101] 同上;马丁内斯和罗斯,前注 27,第 28 页。

在基础设施层面:有必要为新机构或新部门准备适当的物理基础设施,包括建立一套合适的计算机系统。可能会出现的一个复杂问题是,由原来的机构在有关监管业务领域收集的信息,现在由于这些监管业务领域会转移到新机构或新部门,于是出现了这些信息的所有权问题;也就是说,原机构是否有权继续持有和使用这些信息。

在管理层面:改变监管模式的过程是一个重大的管理挑战。总是存在这样一种风险,即在过渡期间实施变革的过程会被打乱。如果这个过程没有得到适当的管理,那么整个改革就会偏离轨道。[102] 因此,必须确保这个过程是由合格的人员管理的,这些人是虽有动机但没有自我的人,并且他们将以冷静和负责任的方式领导改革,以促进所有利害关系人的共同利益。

最后,我们应该注意,当实施重大的监管改革时,不可预测的问题必须考虑在内。变革过程本身会产生不可预测的,以及可能不受欢迎的结果。换句话说,当我们开始监管改革的时候,我们知道它是如何开始的,但我们并不总是知道它将如何结束。艾布拉姆斯和泰勒很好地解释了这种过程,他们将这种转型过程描述为"潘多拉盒子"。[103] 根据以上所述,合乎逻辑的结论是,只有在绝对必要的情况下,才应该启动改革。

第九节　以色列首选模式

从以上回顾可见,对于金融监管的首选模式,目前还没有明确的答案。每种模式都有其优点和缺点,而且任何模式的优越性在实现监管的总体目标方面还没有得到证实。[104] 没有绝对的标准要求选择一个模式而不是另一

---

[102] 理查德・K.艾布拉姆斯和迈克尔・W.泰勒,前注6,第16页;马丁内斯和罗斯,同上,第28—29页。

[103] 理查德・K.艾布拉姆斯和迈克尔・W.泰勒,同上,第15—16、27页。

[104] 三十国集团报告,前注27,第13、50页;多纳托・马希安德罗和马克・昆廷,前注33,第281页;德克・舍恩马克尔和克雷默斯,前注40,第29页。

个模式,上面提到的所有因素都应考虑在内,因为每一个模式都涉及不同的方面。[106]

2007—2009年的全球金融危机证明,在金融危机期间,在一个管辖区所采用的监管方法与其有效性之间没有简单的相关性。这两种模式都不是应对金融危机或市场和消费者伤害的灵丹妙药。[107] 成功监管的解决方案不仅仅是监管架构;它同样是一种监管文化、机构间协调和监管哲学的功能。[108]

同样值得怀疑的是,我们能从其他国家的经验中学到多少东西。每个国家都是一个独特的例子(自成一类的)[109],它必须根据当地情况和具体需求来解决这个问题。[110] 我们还应该考虑整个国家的监管制度的历史性发展,特别是金融监管方面的问题;国家的经济需要;必须以特殊方式进行干预的问题和丑闻;[111]国家的社会、经济和政治文化;等等。[112] 此外,选择一个特定的模式也源于政治考量,这已经不是什么秘密了。[112]

有鉴于此,我们将研究哪种模式特别适合于以色列的银行监管。

一、以色列:监管目标的协同作用

对以色列银行监管局长业务活动的考察表明,把维护银行系统稳定和保护银行消费者的目标统一在银行监管局局长的手中,导致了目标之间的协同作用。这是因为,授予银行监管局局长在消费者保护领域中的权力和

---

[105] 约瑟夫・J.诺顿,前注7,第19、56页;马丁内斯和罗斯,前注27,第32、33页;詹姆斯・R.巴斯等,前注27。

[106] 三十国集团报告,前注27,第49页。

[107] 安德鲁・D.施穆洛,前注27,第3页。

[108] 约瑟夫・J.诺顿,前注7,第19、56、60页。

[109] 肯尼斯・卡奥马・姆文达,前注27,第89、91页;艾利斯・费伦,前注37,第273页。

[110] 比如:艾利斯・费伦,同上,第261—263页。

[111] 三十国集团报告,前注27,第32页;理查德・K.艾布拉姆斯和迈克尔・W.泰勒,前注6,第27页。

[112] 潘,前注6,第754页;多纳托・马希安德罗和马克・昆廷,前注27,第6章;艾利斯・费伦,前注37。

工具,帮助他在审慎监管领域发挥作用,反之亦然。

例如,作为他在审慎监管领域工作的一部分,银行监管局局长不断地检查银行的稳定性,并随时准备应付各种风险。作为对每个银行的机构评估过程的一部分,也对银行在消费者层面的行为进行审查。评估受到银行监管局各部门收集的资料的影响,其中包括处理消费者方面问题的部门(银行-消费者处)。[13] 换言之,银行监管局局长在消费领域所使用的工具,也是他用来在审慎领域发挥作用的工具。

同时,在处理消费者监管领域的问题时,银行监管局局长也使用了赋予他在审慎监管领域的权力和工具。作为一个例子,我们可以提到《银行正确开展业务指令》第329号令,关于"住房贷款的限制",它对银行在提供住房贷款时有各种限制。[14] 该指令限制相对于房产价值的贷款金额(LTV比率,房贷成数);它限制相对于借款人月收入的每月还款额(PI比率,偿还与收入比);它限制可变利率的贷款部分,因为利率未来可能会增加,使借款人难以偿还贷款;它限制贷款的期限;诸如此类。[15] 这一指令的动机是审慎考虑,也就是说,由于借款人无法偿还贷款,提供资金的银行可能面临的风险。在发布这一指令时,考虑到的另一个因素是,虽然对作出承诺的借款人给予家长式的消费者保护,但在许多情况下,由于借款人财务状况的改变或经济条件的改变,他们将来可能无法兑现诺言。[16] 在这一指令中,银行监管局局长使用的工具主要是调查市场趋势,监测和维护稳定,以及保护消费者。

---

[13] 根据与以色列央行监管局非现场评估处负责人电话交谈,2013年9月1日。

[14] 银行监管局局长:《正确开展银行业务指令》第329号令,关于"限制发放住房贷款",网上可查:http://www.bankisrael.gov.il/en/BankingSupervision/SupervisorsDirectives/ProperConductOfBankingBusinessRegulations/32 9_et.pdf。

[15] 关于这个指令请参阅第三章第三节"六""(七)"和第四章第五节"九"。

[16] 银行监管局:《关于限制住房贷款(抵押贷款)大纲草案的问答,回答2、4、11》,2013年8月21日。

另一个例子是银行监管局局长关于禁止活期账户超过信用额度的指令。[117] 这个指令的产生是多年来实践发展的结果,因为许多客户的账户经常超出了他们获准的信用额度。因为这并不是银行和客户之间的正式约定,所以从表面上看,该银行有权随时终止这项安排,并拒绝兑现客户超出约定限额的财务承诺。这种情况从客户的角度产生了不确定性和风险。同时,由于上面提到的做法不是正式安排,因此,银行对信用风险的控制,以及从整体角度预先评估其信贷组合风险的能力都受到了破坏,这从银行的角度造成了风险。[118] 为了解决这些问题,该指令禁止信用额度超限使用。这一指令也利用了审慎监管工具和信用风险管理工具,来监管消费者保护的问题。

如果审慎监管与消费者保护监管之间的分离在以色列已经生效,而且,如果每个单独的监管机构同时处理抵押贷款、信用额度和其他事项的问题,这将导致对这些问题的双重监管,引发人们担忧,两个监管机构的指令相互分歧,彼此矛盾。由于两种权力集中在一家监管机构——银行监管局手中,这种局势得以避免。

二、以色列:矛盾目标之间的最佳平衡

在许多情况下,要解决消费者保护领域的问题,也需要考虑到审慎监管的因素。银行监管局局长作为这两个领域的负责人,有工具和能力来衡量所有的这些考虑因素,并以最好的方式平衡它们之间的关系,然后作出决定。两种权力同时集中在银行监管局局长手中,有助于他找到最佳解决方案。

我们可以举"海夫兹巴事件"(Hefziba affair)为例:2007年,一家大型建筑公司倒闭了,在此之后,留下了成千上万的房屋买家,虽然他们为购买

---

[117] 银行监管局局长:《正确开展银行业务指令》第325号令,关于"关于活期账户信贷便利的管理",网上可查:http://www.boi.org.il/en/BankingSupervision/SupervisorsDirectives/ProperConductOfBankingBusinessRegulations/3 25_et. pdf.

[118] 请参阅第三章第三节"六""(六)"。

的公寓付了款,但却从未得到房子。从检查来看,在以色列央行的银行监管局之公众查询处,充斥着各种投诉。检查结果表明,在许多情况下,管理该公司账户的银行,以及向购房者提供贷款的银行,都有不当行为。这样做,他们给购房者造成了损害。尽管遭到银行反对,但以色列银行采取了一项不同寻常的行动,提出了深远的规定要求,以弥补损害,包括向住房购买者支付赔偿金,总额达 25,800 万新谢克尔。⑲ 在这种情况下,上述金额不会对相关银行的稳定性构成威胁,因此,在消费者保护和审慎监管这两种考虑之间找到平衡是相对容易的。

如果补偿金额确实威胁到其中一家银行的稳定性,那么考虑一下监管者会做些什么是很有趣的。在这样一个假设的情况下,如果房主没有收到损害补偿,或只收到部分补偿,那么银行监管局局长就会对房主的损害情况进行权衡,以防止银行倒闭给银行的客户、投资者和一般公众造成的损害。这个假设的例子突出说明了消费者保护目标和审慎目标之间的冲突,以及平衡这两个目标之间的困难。我们不妨假设,最终,前面提到的金额不会得到全部或部分的批准。然而,这不应被视为消费者保护领域的一个失败。应该记住的是,在这个假设的情况下,对房主造成的损害将在权衡所有相关考虑之后发生,而且,在这种困难情况下,这将是在对立的目标之间最好的平衡(两害之轻)。实际上正是银行监管局局长,作为负责这两个领域的主管,有工具和能力来权衡所有的这些考虑因素,并做出艰难的决定。相比之下,一个独立的消费者保护监管机构可能完全更偏爱房主的利益,这一结果可能导致银行倒闭——而从整体观点来看,这是更大的损害。

在这方面,另一个可以给出的例子是"特罗伊姆诉以色列国民银行有限公司案"。在此案中,银行为其客户推出了一项新服务,使客户能够以电话

---

⑲ 以色列银行新闻公报:《银行监管局局长在海夫兹巴问题上的行为》,2009 年 3 月 1 日。希伯来语网上可查:http://www.boi.org.il/he/NewsAndPublications/PressReleases/Pages/090301p.aspx。

的方式向银行发送指令。它使这项服务自动地向所有客户开放,包括那些没有同意这项服务的客户,并且每个月向他们收费 6 新谢克尔(大约 1.5 美元)。针对这家银行的一项集体诉讼被驳回了。[120] 然而,银行监管局局长决定对此事进行干预。他命令这家银行将这笔钱退还给那些没有明确同意这项服务的客户,共计 5,000 万新谢克尔。[121] 在这里,也可以假定上述金额是确定的,因为不存在任何破坏银行稳定的威胁。然而,如果这涉及一些稍微不同的事实,例如,需要一个较小的银行付出更高的赔偿总额,而且这可能会威胁到它的稳定性,那么结果很可能是不同的。可以假定,银行监管局局长宁愿避免对银行征收赔偿金,无论是全额还是部分。在这种情况下,这就意味着,每一位顾客都会损失最多几十以色列新谢克尔。[122] 相比之下,一个独立的消费者监管机构可能会坚持要求全额赔偿,这点钱对每个客户来说都是微不足道的,但赔偿的总金额之大可能会危及这家银行。这是否会成为理想的解决方案是值得怀疑的。

三、以色列:高水平的专业知识

以色列的银行系统以一种令人满意的方式挺过了全球金融危机,没有任何银行遭受重大损失。之所以如此,原因之一是银行监管局局长的严格监督,他要求银行采取保守的政策。银行被要求适应严格的规定要求,旨在增强银行系统的稳定性,并使其脆弱性最小化。这导致了银行体系的弹性

---

[120] 特罗伊姆诉以色列国民银行有限公司案[MCA (Tel Aviv District Court) 17027/01 Troim v. Bank Leumi Le-Israel Ltd., 5762(2) PM 654 (2003)]。关于以色列法院对银行集体诉讼采取保守态度,请参见:露丝·柏拉图-希纳尔:"根据以色列新集体诉讼法对银行的集体诉讼",《银行和金融法年度评论》第 26 期,2007 年。

[121] 以色列银行新闻公报:《对银行监管局公众查询处 2004 年业务工作进行的调查》,2005 年 1 月 25 日,希伯来语网上可查:http://www.boi.org.il/he/NewsAndPublications/PressReleases/Pages/050125a.aspx。

[122] 类似地,如果这些诉讼可能破坏银行的稳定,那么,《集体诉讼法》允许法院驳回集体诉讼的申请,或者减少赔偿金额。关于这个问题,请参见第三章第一节"一"。

和绩效得以改善,盈利能力高企,资本充足率良好,以及信用风险的降低。[123] 这一事实本身表明,银行监管局局长的专业水平很高,在审慎监管领域的专业水平也令人满意。

同样,银行监管局局长在消费者保护领域也有相当的专业知识。一项调查表明,银行监管局局长在消费者领域的业务活动显示了高水平的专业知识。这体现在一系列的广泛活动中,比如:[124]

- 每年处理成千上万的客户投诉。例如,仅在2014年,就处理了大约6,000份书面和20,300份电话咨询和投诉。已处理查询的81%是在三个月内完成的,93%是在半年之内完成的。[125]
- 要求银行根据个人投诉将资金退还给特定客户。由于银行监管局局长的干预,银行每年付给客户数百万以色列新谢克尔。[126]
- 识别银行体系中的系统性问题,导致银行被要求采取纠正措施,例如,确定或修改工作流程,改进服务,并向客户群体退款。[127]
- 行使标准制定权力,通过银行监管局长和银行监管局签发《正确开展银行业务指令》、通知和信函,以及由以色列央行行长签发的规则和命令,来实现所有在消费者保护领域的标准制定权力。[128]

---

[123] 请参阅第三章第二节。

[124] 关于银行监管局在消费者保护领域业务活动的详细调查,请参阅以色列银行网站上公布的以色列银行系统的年度调查:http://www.boi.org.il/en/NewsAndPublications/RegularPublications/Pages/Default.aspx;另请参见第四章第五节。

[125] 银行监管局公众查询处:《公众查询报告——2014年处理公众查询及投诉的报告》,第7页,2015年7月,网上可查:http://www.boi.org.il/en/NewsAndPublications/PressReleases/Documents/2015-7-Public% 20Enquiries%20Report. pdf。

[126] 例如,在2014年,支付给客户的总金额(包括债务冲销)总计为360万谢克尔。请参阅:《公众查询报告——2014年处理公众查询及投诉的报告》,同上,第8页。

[127] 例如,在2012年,有63个系统性违规行为被识别和处理。请参阅:以色列银行银行监管局:《2012年银行监管局处理公众查询和投诉活动调查》,第18—20页,2013年4月。网上可查:http://www.boi.org.il/he/NewsAndPublications/RegularPublications/DocLib2/pdf。

[128] 例如,在2014年,以色列央行银行监管局:《2014年银行-客户关系监管指令》,2015年1月,网上可查:http://www.boi.org.il/en/NewsAndPublications/PressReleases/Pages/01-02-2015-Report. aspx。

- 涉及消费者保护领域的草案和立法修正案。⑫
- 通过执行常规的合规测试和审计,来强制执行消费者保护指令。
- 惩罚性处罚:2012年,第一次对一家未能遵守银行监管局局长关于消费者领域指令的银行实施了一项经济处罚。⑬
- 金融教育、信息和解释方面的各种活动:2011年,启动了一个青少年的金融教育计划。⑭ 2012年,推出了一个用户友好的网站,其中包括一些供用户使用的表格,以及与外部网站的链接,以扩大公众所需的信息。⑮ 此外,还推出了各种计算器,使客户可以计算费用,将名义利息转换为实际利息,计算外币换算,计算挂钩(利率)等。⑯
- 与因支票不敷支付而受到限制的客户和账户打交道:2014年,受理了大约20,500万份书面和口头咨询。这一领域由银行监管局的一个特别部门即空头支票监管科(Check without Cover Section)负责

---

⑫ 例如:《银行(服务客户)(第19修正案)法》[Banking (Service to Customer) (Amendment no. 19) Law, 5774-2014],增加的第5A1条(由于客户未能偿还贷款,因而对其采取任何行动之前,规定有责任通知客户);《银行(服务客户)(第17修正案)法》[Banking(Service to Customer)(Amendment no.17) Law, 5772-2011],增加第9A1条(在客户抵押贷款的住房止赎情况下,限制对提前偿还住房贷款收取费用);《标准合同(第4修正案)法》[Standard Contracts (Amendment no. 4) Law, 5772-2012],增加第4(11)条(指出某些联系方式对顾客是有歧视的);《支票不足支付(第9修正案)法》[Checks without Cover (Amendment no. 9) Law, 5772-2012],增加第3A1条(要求银行通知任何希望连接进入现有账户的人,关于根据《支票不足支付法》法律对该账户施加的限制);《银行(客户服务)(修正案)草案》[Banking(Service to Customer)(Amendment)DraftBill, 5772-2012],建议增加第B3章(规定银行关于休眠账户责任);希伯来语网上可查:http://www.boi.org.il/he/BankingSupervision/DraftsFromTheSupervisorOfBanks/DocLib /10711. pdf。
⑬ 以色列银行新闻公告:《对银行公司实施经济处罚》,2012年3月13日,网上可查:http://www.boi.org.il/en/NewsAndPublications/PressReleases/Pages /120313f. aspx。
⑭ 以色列央行银行监管局:《承担责任》,网上可查:http://www.boi.org.il/he/ConsumerInformation/Pages/youth_acc/eng/index. html。
⑮ 以色列央行银行监管局:《消费者信息》,网上可查: http://www.boi.org.il/en/ConsumerInformation/Pages/Default. aspx。
⑯ 以色列央行银行监管局:《工具和计算器》,网上可查(主要使用希伯来语):http://www.boi. org. il/en/ConsumerInformation/ToolsAndCalculators/Pages/Calculators. aspx。

处理。[133]
- 向标准合同法庭提交申请,要求认定银行合同中存在歧视性条件。[134]
- 参与针对银行的集体诉讼:在专业问题上向法院提交意见;对拟议的和解安排提供评估;在一个案例中,甚至积极参与银行和客户之间的调解程序。[135]
- 参与集中和竞争领域的跨部门委员会:银行监管局长是提高经济竞争力委员会的活跃成员,该委员会于 2012 年 3 月发布了其建议。[136]他还带领提高银行体系竞争力调查组开展调查,该调查组在 2013 年 3 月公布了其建议。[137]另一方面,银行监管局长既不在普通银行和金融服务加强竞争力委员会的成员之列,也不是该委员会成员银行监管局的代表。以色列银行副行长被任命为该委员会成员,并作为银行监管局的代表。然而,由于委员会建议的重大改革,为了获得她对改革的同意,该委员会与银行监管局局长进行了多次非正式的会谈。[138]

---

[133] 银行监管局:《以色列银行系统——2014 年年度调查》,第 124 页,2015 年 6 月,网上可查:http://www.boi.org.il/en/NewsAndPublications/RegularPublications/Banking%20Supervision/BankingSystemAnnualReport/Skira2014/CHAP%202-2014.pdf。

[134] 请参阅第四章第六节。

[135] 例如对和解方案的审查:埃文·哈伊姆诉米拉特和银行有限公司案[CA (Jerusalem District Court) 57448-05-11 Even Haim v. Mizrachi Tefahot Bank Ltd. (Nevo Database, 2013)]。对涉及集体诉讼问题提出意见:罗森布什资产有限公司诉以色列国民银行有限公司案[CA (Center Lod District Court) 4552-12-13 Rosenbuch Assets Ltd. v. Bank Leumi Le-Israel Ltd]。(2015 年 10 月 25 日裁定);阿夫达特诉国民抵押贷款银行有限公司案[CA (Jerusalem District Court) 30919-04-10 Ovdat v. Leumi Mortgage Bank Ltd]。(2013 年 11 月 24 日裁定;亚历克斯诉以色列第一国际银行有限公司案[CA (Center Lod District Court) 4737-03-14 Alex v. First International Bank of Israel Ltd](2014 年 11 月 23 日裁定);肖尔诉米拉特和银行有限公司案[CA (Center Lod District Court) 14631-09-11 Shor v. Mizrahi Tefahot Bank (Nevo Database, 2015)]。根据法院决定,积极参与双方之间的调解程序:阿兰诉工人银行有限公司案[CA30919-04-10(Jerusalem District Court) Aran v. Hapoalim Bank Ltd]。(2014 年 7 月 25 日裁定)

[136] 《促进经济竞争委员会:最终建议及对中期报告的补充》,2012 年 3 月,网上可查:http://www.financeisrael.mof.gov.il/FinanceIsrael/Docs/En/publications/Final_Recommendations.doc。

[137] 《提高银行体系竞争力调查组报告》,前注 22;另见第四章第二节。

[138] 关于信用卡市场的改革建议,请参阅第六章第三节"一"。

第五章　审慎监管与商业行为监管:整合还是分离　235

● 参与多个部际委员会(inter-ministerial committees),处理对消费者有影响的一些特定问题:银行监管局长是以色列债务重组事务调查委员会(又称"安多恩委员会")的成员,该委员会于2014年11月发布了其建议。⑭ 银行监管局长副局长参加了以色列经济减少现金使用调查委员会的调查,该委员会于2014年7月公布了其建议,⑮等等。

国际货币基金组织赞扬了银行监管局局长在消费者保护领域的活动,这是有充分理由的。⑯ 事实上,以色列对银行监管局长的相当多公开批评,以及对他处理消费者保护领域问题的不满,并不与缺乏专业精神或在消费者保护领域的专业水平相关。这些批评与审慎监管与消费者保护监督之间缺乏适当的平衡有关,并且偏袒银行审慎监管带来的利益,而不考虑发展竞争。因此,我们可以这样总结,将两种权力(审慎监管和消费者保护)结合在银行监管局局长手中,并不有损于这些领域所需的专业知识水平。

四、以色列:权力的优势

以色列银行监管局局长是一个掌握很大权力的监管者,这是他在监管工作中的一个重要优势。银行监管局局长手中掌握的巨大权力确保没有银行愿意"惹他麻烦"。通过这种方式,他的指令得到完全遵从。

作为一个例子,我们可以提到《正确开展银行业务指令》,银行监管局局长经常发布这种指令。⑰ 直到2005年,《银行业条例》才正式授权银行监管局局长签发这种指令。在2005年之前,虽然还不清楚发出这些指令的权力来自何处,但没有一家银行敢于反对它们,也没有一家银行敢于与银行监管局局长发生争执。

---

⑭ 请参阅第二章第一节"三"。
⑮ 请参阅第二章第二节"二"。
⑯ 国际货币基金组织报告第06/121号:《以色列:精选的若干问题》,第110页,2006年3月,网上可查:https://www.imf.org/external/pubs/ft/scr/2006/cr06121.pdf。
⑰ 关于这些指令,请参阅第二章第七节"一"。

在处理公众投诉时也存在类似的现象。[114] 直到1981年,当这个问题被法律明确予以规定时,银行监管局局长是处理公众对银行投诉的权威,这是基于他相对于银行的地位,而不是凭借任何正式权力。尽管如此,银行还是会接受他的决定,不会反对。

在这种情况下,值得注意的是,厘清公众投诉的机制是基于这样一个事实,即银行监管局局长调查提出申诉的当事人和银行双方的立场,并且自己对投诉作出裁断。法律并没有规定一种机制反对银行监管局局长的裁断。然而,一家对银行监管局局长的裁断不满的银行可以向高等法院提出诉愿。然而,这种情况从未发生过,这再次说明了银行监管局局长权威的深远影响。此外,在许多情况下,银行愿意接受客户的立场,并按照自己的最佳利益行事,只是因为客户的投诉被银行监管局局长调查过,即使是在银行监管局局长没有确定投诉是否合理的情况下。[115]

银行监管局局长和以色列银行行长被赋予强有力的强制执行和处罚工具,包括广泛的处罚措施,在许多情况下,这些处罚的适用可以由他们自由决定。[116] 这些工具不一定适用于其他监管机构,包括消费者保护领域的监管机构。

在这方面,我们可以比较银行监管局局长的业务活动与2006年建立的消费者保护与公平贸易管理局的业务活动。根据有关设立该管理局的法案,该局本应在各个领域解决消费者的问题,包括银行业领域。[117] 然而,最后,由于以色列银行的强烈反对,[118] 银行部门被排除在该管理局的权力之外。[119] 该管理局自成立以来所积累的经验,表明它在执行方面有许多困难,

---

[114] 关于投诉处理,请参阅第二章第七节"七"和第四章第五节"七"。
[115] 请参阅《2014年处理公众查询及投诉的报告》,前注125,第13—14页。
[116] 请参阅第二章第七节"四"。
[117] 《消费者保护议案(修正案——公平贸易管理局)》[Consumer Protection(Amendment—the Fair Trading Authority) Bill,5764-2004]第5条和第8条,希伯来语网上可查:www.knesset.gov.il/privatelaw/data/16/2250.rtf.
[118] 施洛米·唐纳(Shlomi Donner):"公平贸易管理局:受监督的机构反对它",新消息报网站(Ynet),希伯来语网上可查:http://www.ynet.co.il/articles/0,7340,L-2988938,00.html.
[119] 该法第39条规定,法律不适用于由银行公司提供的服务。

也难于作为一个成功的权威机构出现。[150]这表明,将银行消费者保护监管职能留在以色列银行手中是合理的。

一个拥有强大的执行工具的消费者权威的例子是以色列反垄断管理局,该机构在其领域成功运作。[151]然而值得怀疑的是,将银行消费者保护领域从银行监管机构转移到这个反垄断管理局是否足够合理。[152]应该记住的是,反垄断管理局只关注一个消费者方面,并促进竞争。它没有解决其他消费者方面的问题,因此它缺乏那些领域的技术诀窍和专业知识。此外,如果决定扩大该管理局的职责范围,可以假定,不仅会分给它关于银行消费者领域,而且还要广泛,包括所有各类金融消费者的保护领域,这甚至可能是作为一个整体的消费者保护领域——目前它在消费者保护和公平贸易管理局的手中。反垄断管理局能否在这些领域中充分地专业化,并以必要的强度来解决这些问题,在银行业中取得超过银行监管局目前所取得的成果,这是值得怀疑的。

在这方面值得一提的是,对《促进竞争和减少集中法》(简称"集中法")提出的批评。这项法律赋予反垄断管理局局长权力,作为依据该法设立的减少集中委员会(Committee to Reduce Concentration)的负责人,他负责处理一个新领域——防止在整个经济中的集中问题。对这一举措的批评集中在该管理局对新角色的体制适应性(institutional suitability)上——没有任何知识、方法或处理这一领域的模式;以及关于授予该局长的巨大权力,这

---

[150] 国家审计署:《2013 年年度报告 64A》,第 433 页及以下,2013 年 8 月,希伯来语网上可查: http://www.mevaker.gov.il/he/Reports/Pages/113.aspx;奥拉·科伦(Ora Coren):"以色列消费者保护管理局终于实至名归",《以色列独立报》,2015 年 4 月 27 日,"Israel's Consumer Protection Authority Finally Lives up to Its Good Name",希伯来语网上可查:http://www.haaretz.com/business/.premium-1.653672。

[151] 关于反垄断管理局与银行监管局在强制执行和惩罚性工具方面的比较,请参见:阿维·本-巴萨特:"监管机构对以色列资本市场的权力以及这些机构的独立性",载于《资本市场监管》第 21、33—40 页,阿维·本-巴萨特主编,耶路撒冷以色列民主研究所 2007 年,希伯来语。

[152] 针对这一趋势的批评,即以跨市场竞争监管机构代替特定行业监管机构,请参阅:阿迪·阿亚尔:"反反监管:以竞争机构取代行业监管机构,以及反垄断的结果如何",载于《竞争法规制》,第 27 页,约瑟夫·德雷克舍和法比安娜·迪波尔图(Josef Drexl & Fabiana Di Porto)主编,爱德华·埃尔加出版社 2015 年。

是除了他现有的和已经影响深远的权力之外的权力。[153] 这种批评对于扩大反垄断管理局的权力并赋予它处理金融消费者保护领域的权力也颇为恰当,更不用说更广泛的一般消费者保护领域了;更重要的是,在不久的将来,该局将需要应对在集中领域所赋予的新角色。

另一个为保护金融消费者起作用的权威机构是以色列证券管理局。[154] 以色列证券管理局也只关注消费者保护的一个方面——保护公众证券投资的利益。[155] 它不涉及其他消费者方面或者其他的金融消费者,因此它缺乏这些领域的技术诀窍和专业知识。就像上面提到的对反垄断管理局的批评一样,值得怀疑的是,证券管理局是否能够充分地专注于整个金融消费者保护的广泛领域,特别是对银行客户的保护。

另一方面,银行监管局局长手中的过多权力(excess power)曾阻碍其他监管者和机构的积极行动,而这些行动将对金融消费者产生影响。在这方面,大多数批评都与阻碍提高银行业竞争的举措有关,原因在于担心银行的盈利能力和稳定性受到损害。

举例来说,当财政部决定促进建立信用数据共享系统,并就这一事项使用特别的加速立法程序时,以色列银行行长对此表示反对,理由是这是侵犯隐私的敏感问题,应作为正常立法程序的一部分加以处理。[156] 或者,当财政部提出一项建议,允许非银行机构通过发行债券来筹集资金,以便向公众提供这些资金时,以色列银行反对这种做法,理由是这种主动行动首先要求对

---

[153] 莫舍·戈拉利(Moshe Gorali):"反垄断局局长关于《集中法》的工具不适用该法律",《经济学家报》2013年12月29日,希伯来语网上可查:http://www.calcalist.co.il/local/articles/0,7340,L-3620449,00.html。

[154] 为了比较以色列证券管理局和银行监管局的强制执行和惩罚工具,请参阅:阿维·本-巴萨特,前注151,同上。

[155] 《证券法》(The Securities Law, 5728-1967),第2条。

[156] 艾米拉姆·巴尔卡特(Amiram Barkat):"信用数据共享委员会的最终报告:以色列银行将建立一个公共数据库",《环球报》,2015年8月5日,希伯来语网上可查:http://www.globes.co.il/news/article.aspx?did=1001058452。关于信用数据另见第四章第五节"四"和第六章第三节"六"。

这些机构实施监督。⑮ 尽管就其本身来说这些理由是合乎逻辑的，但有人认为，其潜在动机显然是害怕银行的激烈竞争，以及损害其盈利能力。⑯

然而，在不同的立法过程中，适当的平衡是通过一种明示但书（express proviso）来实现的，这种明示但书提到银行的稳定性。因此，举例来说，当修订《限制性贸易惯例法》时，授权反垄断管理局长宣布和监控集中集团，同时该法律规定了一个特殊的例外情况，授权以色列银行行长在担心银行稳定性会受到损害的情况下，行使否决权。⑰ 在《集体诉讼法》中，也规定了类似的注书（qualification）。本法规定，在担心针对银行的集体诉讼引发损害银行稳定性的情况下，当法院决定是否批准该项索赔作为集体诉讼，并在命令被告银行支付赔偿金时，法院可能会考虑这一点。⑱ 尽管公众严厉批评以色列银行坚持这些注书，声称这些注书损害了银行业的竞争和消费者保护，但我认为，这是审慎利益与消费者利益之间的理想平衡。上述例子说明，在实现监管目标之间的正确平衡时，监管权力的重要性。

重要的是要记住，银行监管局长对银行的权力，通过各种外部机构的检查和审查而得到缓和。

作为一位公共官员，银行监管局局长须受最高法院的审查。多年来，针对有关各种问题，对银行监管局局长（以及以色列银行行长）提出了数十份

---

⑮ 以色列银行新闻公报：《以色列银行对经济安排法中提出的改革方案的反应》（2015年8月4日）。网上可查：http://www.boi.org.il/en/NewsAndPublications/PressReleases/Pages/04-08-2015-ArrangementsLaw.aspx；西旺·艾泽斯库和兹维·兹拉哈亚（Sivan Aizescu & Zvi Zrahiya）："以色列央行引人注目的警告：消费者信贷的竞争可能危及经济的稳定"，《标记》，2015年8月4日，希伯来语网上可查：http://www.themarker.com/news/1.2700126；另见第六章第三节"四"。

⑯ 艾米拉姆·巴尔卡特："凯彻朗对弗拉格：最容易的方法就是回家"，《环球报》2015年8月5日，希伯来语网上可查：http://www.globes.co.il/news/article.aspx?did=1001058486；斯特拉·科林-利伯和艾里特·阿维萨："弗拉格废除了凯彻朗的方案"，《环球报》2015年5月5日，希伯来语网上可查：http://www.globes.co.il/news/article.aspx?did=1001033804。

⑰ 请参阅第三章第一节"一"。

⑱ 同上。

请愿书。[161]

作为一位公共官员,银行监管局长也要接受国家审计署的审查。国家审计署确实介入了许多案件,并审查了银行监管局局长的行为。例如,在2002年,随着商业银行的倒闭,这种情况就发生了;[162]还有,在2015年,美国法定机构对以色列一家银行(国民银行)处以4亿美元的巨额罚款,原因是该银行向其美国客户逃避税收提供帮助,这种审查情况也发生了。[163]

就消费者保护的几个方面而言,一种法定的问责机制被强加于银行监管局局长。因此,作为银行收费监管的一部分,银行监管局局长必须每六个月向以色列国会经济事务委员会报告该领域的行动情况。[164]同样,银行监管局长被要求每年向以色列国会财经委员会提交一份报告,说明其在处理挪用资金案件中的行为情况。[165]

---

[161] 例如参见:以色列农业银行诉以色列银行案[HCJ 3690/05 Israel Agriculture Bank Ltd. v. Bank of Israel (Nevo Database, 2005)](对拒绝申请人银行执照裁定的请愿书。请愿书被驳回了);伊利达诉以色列银行行长案[HCJ 2952/91 Eldad v. the Governor of the Bank of Israel, 48(4) PD 51 (1994)](反对以色列银行行长发布流动性指令的请愿书。请愿书被驳回了);梅西格基金会诉银行监管局长案[HCJ 3359/03 Meseg Foundation v. the Supervisor of Banks (Nevo Database, 2003)][请求命令银行监管局调查以色列国民银行子公司即国民银行(瑞士)挪用资金(Bank Leumi Switzerland)的请愿书。请愿人撤回了请愿书];以色列政府质量运动组织诉银行监管局局长案[HCJ 4586/14 The Movement for Quality Government in Israel v. The Supervisor of Banks](要求银行监管局调查银行系统向IDB集团提供信贷行为的请愿书。IDB集团是以色列经济中遇到困难的最大商业集团之一,并设法安排了影响深远的债务和解。还没有裁定);罗森鲍姆诉银行监管局局长案[HCJ 5659/99 Rosenbaum v. The Supervisor of Banks (Nevo Database, 1999)](要求银行监管局将两家银行增加到由另外三家银行达成的协议的请愿书,涉及这些银行因不当行为而注销客户的债务。请愿书被驳回了)。关于处理银行监管局长未能行使其权力调查公众咨询的请求,请参见第二章第七节"七"。要求命令银行监管局对上诉人与其银行之间的个人纠纷进行干预的各种请愿书自然被驳回。在高等法院的诉讼程序中,除了"普通"法院("regular" courts)的司法审查之外,还包括银行是诉讼当事人之一的法律诉讼。

[162] 请参阅第三章第三节"七"。

[163] 艾里特·阿维萨:"国家审计署将对以色列银行在国民银行事件中发挥机能情况进行审查",《环球报》2015年1月5日,希伯来语网上可查:http://www.globes.co.il/news/article.aspx?did=1000998396。

[164] 《银行(服务客户)法》,第9R条。

[165] 《银行业条例》,第8D2条。

在涉及银行监管局局长职权范围的各种申诉和审查中，对银行监管局局长提出的权利主张实际上与银行监管局局长不行使权力的事实有关，而不是与过度使用权力或过度业务活动有关。同样，对银行监管局局长负有报告义务的规定，旨在确保他积极参与他所负责的领域，而不是担心过度开展业务活动。

五、以色列：实施改革的意义

在本章第八节，我们看到了实施国家金融监管结构改革所面临的困难和风险。这些困难和风险的程度，当然也将受所实施的具体改革的影响。在以色列情况下应该问的一个重要问题是，对银行客户来说，为了实现改善消费者保护的目标，将作出什么样的改变。最简单的改变是将消费者保护权从银行的监管者手中移走，并将其转让给另一个现有监管机构，如证券管理局或反垄断管理局。一个更复杂的变革是建立一个新的消费者保护机构，负责处理银行客户的保护问题。但是，如果决定成立一个新的监管机构，那么建立一个更广泛的权力机构，处理所有类型的金融客户的消费者保护，这是更为合理的。这一举措将要求所有负责监管非银行金融机构的监管机构移除其消费者保护权力，这将导致以色列整个监管结构发生真正的革命。将所有金融监管机构手中的消费者事务职权转移到一个消费者保护机构手中，最终可能导致双峰模式的全面采用，即一个监管机构对全国所有金融机构的稳定负责，而另一个独立监管机构则对所有金融消费者负责。

在以色列，大家记得，主要的监管模式是行业模式，每个行业部门都有自己的主要监管机构。因此，转向双峰模式，其特点是统一经济中的整个金融部门的监管，这可能会导致像今天这样的金融监管结构发生根本性的变化。这样的变化引出了一个问题，采取这种极端措施作为第一选项，而不首先尝试其他不那么极端的替代方案，这是否正确。

对所有金融机构实施统一监管的必要性（要么在单一监管机构的框架下，要么作为双峰模型的一部分），都在不同的国家出现。在这些国家中，由于在各类产品之间和各类服务之间区分模糊，金融行业的各部分之间彼此存在很强的关联性,并出现金融集团从事多个金融领域的情况。[166] 因此,在许多国家,产品、机构和市场之间的界限变得模糊。在这样的司法管辖区,监管机构的统一有一个很好的例子。[167] 然而,在其他国家,金融行业的各个部门(保险、养老金、证券和银行)之间几乎没有联系,保持监管分散化的现状将更为合适,至少在短期内是如此。[168]

这就是以色列的情况,在不同的金融业务领域和不同的金融机构之间有明显的分离。银行的活动本质上仅限于核心银行业务、投资咨询和经纪服务。[169] 法律禁止银行管理公积金、养老基金和共同基金,以及持有从事此类业务活动的公司的股份。[170] 该法律还禁止银行从事保险业务,[171] 它禁止对保险公司和保险机构的控制,[172] 它还限制在构成"重要金融机构"(SIFI)的一家保险公司持股。[173] 2015年的一项新建议是将信用卡公司与银行分离开来。[174] 因此,只要传统的金融活动领域之间的分离制度还在维持,是否有必要在这个时间点,无论是在审慎监管领域还是在消费者权益保护领域,统一所有金融行业部门的监管,这值得怀疑。

---

[166] 这是改变荷兰监管结构的主要原因之一。直到2002年,其监管都是按行业进行的,因此每个金融部门都有自己的监管机构。2002年,荷兰采用了双峰模型。请参阅:国际货币基金组织国家报告第04/311号 (IMF Country Report no. 04/311);《荷兰王国——荷兰技术提示:荷兰金融监管模式》,2004年9月,网上可查:http://www.imf.org/external/pubs/cat/longres.aspx? sk=17755.0;国际货币基金组织报告第11/208号 (IMF Country Report no. 11/208);《荷兰王国——荷兰金融部门评估项目更新:金融行业监管双峰模型技术说明》,2011年6月,网上可查:www.imf.org/external/pubs/ft/scr/2011/cr11208.pdf;杰伦·克雷默斯和德克·舍恩马克尔,前注29。

[167] 肯尼斯·卡奥马·姆文达,前注27,第55页;乔斯·德卢纳·马丁内斯和托马斯·A.罗斯,前注27,第7、9、10页;泰勒,前注28,第17页。

[168] 肯尼斯·卡奥马·姆文达,前注27,第89页;理查德·K.艾布拉姆斯和迈克尔·W.泰勒,前注6,第10页。

[169] 由《银行(执照)法》[Banking (Licensing) Law, 5741-1981]第10条决定的银行允许业务范围。

[170] 请参阅第二章第一节"二"。

[171] 《银行(执照)法》第10条。

[172] 同上,第11条。然而,银行被允许对保险机构有控制权,而这样的保险机构只是将财产保险和人寿保险作为银行提供住房贷款的附带服务。《请参阅银行(执照)法》第11(b)(2)条。

[173] 同上,第24(a)条。

[174] 请参阅第二章第二节"二",以及第六章第三节"一"。

第五章 审慎监管与商业行为监管:整合还是分离 243

此外,我们应该牢记,其他国家在金融监管结构方面所做的变革,包括双头模式(双峰模式)的举措,源自于加强审慎领域监管权力的愿望,并不是出于加强消费者保护的需要。举例来说,这是英国所发生的事情,直到 2013 年,单一监管机构的模式已经生效(金融服务管理局)(FSA)。由于全球金融危机,以及许多英国银行的倒闭,由于未能在宏观层面解决系统性风险,英国金融服务管理局因未能妥善处理审慎问题而受到严厉批评。英国金融服务管理局还因为它更多地关注消费者方面而不是审慎方面而受到批评。[15] 因此,人们承认,有必要将审慎利益的监督与消费者监督分开。2013 年 4 月 1 日,改革开始生效,作为废除 FSA 的一部分,它的大部分权力在两个新的监管机构之间拆分:审慎监管局(PRA)——英国央行的一个附属机构,负责金融机构的稳定;[16] 以及金融市场行为监管局(FCA)——该监管机构负责监管金融机构业务行为,包括保护消费者,增强市场诚信,促进符合消费者利益的有效竞争。[17] 此外,英格兰银行成立了一个新的单位,即金融政策委员会(FPC),它在宏观层面上处理审慎监管金融业的问题,对金融机构本身不拥有直接监督权。[18]

然而在以色列,即使在危机时期,银行监管局局长已经证明了他有能力监控银行公司的稳定性,并与消费者保护同时进行,因此这种拆分是不必

---

[15] 比如:英国财政部:《银行改革:提供稳定性和支持可持续经济》,2012 年 6 月,网上可查: https://www.gov.uk/government/uploads/system/uploads/attachment_data/file/32556/whitepaper_banking_reform_140512.pdf;英国财政部:《金融监管的新方法:改革蓝图》,2011 年 6 月,网上可查: https://www.gov.uk/government/uploads/system/uploads/attachment_data/file/81403/consult_finreg__new_approach_blueprint.pdf;英国财政部:《改革金融市场》,2009 年 7 月,网上可查: https://www.gov.uk/government/uploads/system/uploads/attachment_data/file/238578/7667.pdf;英国上议院经济事务特别委员会:《银行监督与监管第 1 卷:报告》,2009 年 6 月,网上可查:www.publications.parliament.uk/pa/ld200809/ldselect/ldeconaf/101/101i.pdf;英国金融服务管理局内部审计长:《北岩银行监管:经验教训审查报告》(2008 年 3 月),网上可查:www.fsa.gov.uk/pubs/other/nr_report.pdf.

[16] 请参见英国审慎监管局的网站:http://www.bankofengland.co.uk/pra/Pages/default.aspx.

[17] 请参见英国金融市场行为监管局的网站:http://www.fca.org.uk。

[18] 请参见金融政策委员会的网站:http://www.bankofengland.co.uk/financialstability/pages/fpc/default.aspx。

要的。

最后,我应该提到这件事的时机问题。我认为在金融体系稳定的时候应该进行监管改革,允许监管机构和金融机构有更多的空间来充分解决与变革有关的许多复杂问题。试图在金融部门遇到困难的时候做出变革,需要把精力和资源引向基本任务,如果可能,那么这应该避免。[16]

如上所述,以色列在全球金融危机中幸免于难。然而,我们不能忽视以色列和世界其他地方普遍存在的经济状况:经济衰退,接近零利率的环境(在一些国家甚至是负利率),一些央行采取了非常规的货币政策比如量化宽松政策(quantitative easing),欧元区的经济困境,等等。在这种情况下,避免引起不必要的金融革命似乎是明智的,特别是当消费者相关的问题可以用另一种更温和的方式解决的时候。

综上所述,考虑到以上种种原因,看起来至少在这个阶段,最好是将商业行为监管,加上审慎监管,都留在以色列银行监管局局长手中。尽管如此,我们还是应该采取一些有效措施来加强消费者保护和增加竞争,这将在接下来的章节中讨论。

---

[16] 比较:马丁内斯和罗斯,前注27,第31页;肯尼斯·卡奥马·姆文达,前注27,第89页。

第六章　以色列银行监管：未来之路

本章目录

第一节　平衡审慎监管与商业行为监管

第二节　加强消费者保护的操作建议

　　一、在《以色列银行法》中修改以色列银行的目标

　　二、银行监管局的结构变革

　　三、加强消费者(保护)执法

　　四、各金融监管机构在消费者问题上的合作

　　五、有义务与公众协商确定消费者条款

第三节　主要挑战：发展银行业的有效竞争

　　一、将信用卡公司与银行分离

　　二、清算领域的竞争

　　三、机构投资者的零售贷款

　　四、允许非银行贷款机构发行债券

　　五、《公平信贷议案》

　　六、信用数据共享系统

　　七、结论

第一节　平衡审慎监管与商业行为监管

我们已经看到,在以色列,银行监管有两个主要目标:维护银行体系稳定,以及保护金融消费者。这些目标常常相互矛盾,因此银行监管局局长很难同时促进它们的发展。[①]

多年来,审慎目标获得了明确的、至高无上的地位,监督的主要工作是针对这一领域。因此,对消费者方面的关注是不令人满意的。此外,保持银行高盈利能力的愿望——旨在加强银行的稳定性——结果是不止一次地让消费者保护方面做出牺牲。[②] 在这一点上,出现了一个问题:是否将这两项权力都留在银行监管局局长手中,或者,也许是将消费者保护监督从他手中移走,并将其转移到另一个监管机构。

然而,近年来,这一趋势出现了一些变化,这体现在商业行为和竞争领域的监督力度加大。回顾过去几年银行监管局长所采取的措施,表明理解消费者保护角色并愿意全面处理这一领域的重要性。因此,如今,商业行为领域受到的关注比过去要多得多,也得到更有效和更全面的监管。这反映在银行监管局在消费者领域的高度专业化程度,广泛分布于消费者领域的各种活动,以及处理那些以前未被银行监管局讨论的消费者问题。[③] 如果这种趋势确实持续下去,那么结论就是,我们可以把保护银行客户的角色留在银行监管局局长手中,同时也让他在维护银行体系的稳定方面发挥作用。

此外,统合审慎监管权力和消费主义权力(consumerist powers)具有很多优势:能够看到包括审慎方面以及消费者方面的完整图景;存在一套更全面的监管工具,包括审慎性和消费者方面的监管工具;使用消费者工具来解决稳定性问题的能力,反之亦然;能够将消费者和审慎因素同时考虑在内,

---

① 请参阅第五章第一节举例。
② 请参阅第三章第一节"一"。
③ 请参阅第四章第五节。

以尽可能最好的方式来平衡它们,并找到最优的解决方案;等等。所有这些都导致审慎领域和消费者领域之间的协同作用,并强化了支持将两个权力交给银行监管局的观点。④

在第四章,我们看到了银行监管局长在消费者保护领域采取的各种措施。然而,应该记住的是,对银行客户有利的干预也通过以色列议会的立法而产生。一级立法,比银行监管局长的指令具有更高的规范性标准,它不在银行监管局局长的权力范围内。因此,1981 年,《银行(服务客户)法》颁布,该法包括在银行客户与银行的关系中有许多实质性的保护性条款。⑤ 1995 年,《投资咨询、投资营销和投资组合管理监管法》颁布,该法为银行客户在接受投资咨询服务时提供各种保护。⑥

一个更引人注目的例子是在 20 世纪 90 年代的《担保法》中所做的修正案。在此期间,担保市场是以很多失败为特点。举例来说,过去的情况是,即使在担保人打算签署担保的是一个有限金额,而银行也意识到了这一点,但银行常常依然让担保人签署担保金额不受限制的担保。在许多情况下,在签署担保之前,向担保人披露的信息并不令人满意。在其他情况下,银行先要求担保人偿还债务,而不首先试图向主要债务人寻求偿还债务。在以色列有三位数通货膨胀的时期,许多担保人发现自己背负的债务是不可能解决的,这导致许多家庭的财务破产。⑦ 银行监管局长关于担保人的《正确

---

④ 请参阅第五章第九节"一"。

⑤ 露丝·柏拉图-希纳尔:"《银行(服务客户)法》(1981):关于受托责任的缺失",《立法期刊》(Hukim-Journal on Legislation)第 5 期,第 179、207—212 页,2013 年,希伯来语;另见第四章第三节。

⑥ 露丝·柏拉图-希纳尔:《银行受托责任——忠实义务》(The Banks Fiduciary Duty—The Duty of Loyalty),第 366—412 页,特拉维夫以色列律师协会 2010 年,希伯来语。

⑦ 本-肖尚诉以色列第一国际银行有限公司案(CA 645/04 Ben-Shoshan v. First International Bank of Israel Ltd.)第 21—23 段,内沃数据库(Nevo Database)2009 年;露丝·柏拉图-希纳尔:"关于银行-担保人关系的转变:自利帕特案(the Liepart Case)至今",《埃利亚胡·马扎书》(Eliahu Mazza Book),第 883、893—894 页,阿哈罗恩·巴拉克等主编(Aharon Barak et al., eds.),斯里洁姆内沃数据库(Srigim, Nevo)2015 年,希伯来语。

开展银行业务指令》虽在当时就存在,但未能解决这些失败问题。⑧ 这一变化来自于以色列议会对《担保法》做出的重大修改,这为非商业性担保人提供了一系列针对银行的广泛保护措施。⑨ 例如,《担保法》的第 27 条规定,直到在法庭和执行机构用尽所有可能的针对债务人的法律诉讼之前,银行无权对被定义为"受保护担保人"提起诉讼,⑩甚至不发出偿付债务的要求。对"受保护担保人"的保护是如此的广泛,以至于在许多情况下,由担保人偿还的机会是遥不可及的。⑪

另一个例子是《执行法》第 38 条,该法于 2008 年予以修订。这一修正案显然反映了一种社会-消费者的方法(a social-consumer approach),它的目的是在住房抵押止赎的情况下保护借款人。该修正案旨在防止债务人和他的家人在没有住房安排的情况下被驱逐出他们的家园。第 38 条规定,在债务人的房屋作为抵押品遭到止赎的情况下,执行办公室主任无权下令出售抵押的房屋,也无权驱逐债务人及其家人,除非向他证明债务人及其家庭有合理的可选择的住房,或者是银行给他们提供了一笔钱让他们可以在他们居住的地方租一套公寓,并且公寓符合家庭的需要,居住时间至少需要 18 个月。⑫

上述法律为银行业消费者提供了极其广泛的保护。法庭的严格执法已经大大提高了银行消费者的保护水平。实践中获得的经验证明,充分关注

---

⑧ 银行监管局:《正确开展银行业务指令》第 453 号令,关于"有利于银行的第三方担保"(1992 年生效)。

⑨ 《担保法》第 B 章(The Guarantee Law, 5727-1967, Chapter B)。

⑩ "受保护的担保人"是指个人(与公司不同),其为数额不超过法律规定的限额签署担保,但不是下列这些人中的一员:(a)债务人的配偶;(b)债务人的商业伙伴;(c)在债务人的一家公司担任该公司的主要股东。请参阅《担保法》第 19 条和 20 条。关于以色列法律中各种类型的担保人,请参阅:露丝·柏拉图-希纳尔:"以色列:商法与消费者保护之间的个人保证",《国际比较法研究》(Ius Comparatum: Global Studies in Comparative Law),安德烈亚斯·施瓦茨主编,施普林格(Springer)出版社,即将出版。

⑪ 关于针对这些保护的批评,参见:耶奇尔·巴哈特(Yechiel Bahat):"《担保法》——修订修正案",《银行业评论季刊》第 122 期,第 77 页,1993 年;埃坦·伯格拉斯(Eitan Berglas):"银行-客户关系的立法和判例法的经济方面",《银行业评论季刊》第 119 期,第 102、104—105 页,1992 年。

⑫ 请参阅第四章第五节"九"。

消费者利益并没有对银行造成损害,而且他们继续盈利,仍然是强大的公司。[13] 换句话说,上面提到的例子证明,确保银行系统稳定和保护银行消费者的两个目标并不一定相互矛盾,并有可能同时实现这两个目标。

同时实现两种功能的主要困难在于它们之间的理想平衡问题。当一个监管者负责两个可能相互矛盾的领域时,他必须确保每个领域都得到适当的关注,并得到令人满意的处理,同时在冲突的情况下创造必要的平衡。

在这种情况下,有必要澄清的是,理想的平衡不需要对相互冲突利益的每一方给予同等的权重。从本质上说,各种问题都有必要使一个目标优先于另一个目标。此外,利益之间的平衡是一种动态平衡,随着市场条件和现有情况的变化,这种动态平衡会随着时间的推移而变化。[14] 因此,在某些时期,它可能需要优先考虑这一个监管目标而不是另一个。例如,在全球金融危机或经济严重衰退期间,更大的权重将被归于审慎监管的利益,这是很自然的。

在任何冲突的情况下,有必要将一个目标优先于另一个目标,必须确保平衡是按比例完成的;即,对对方利益的损害不超过实际的需要。此外,为了在不断变化的环境中更新这种平衡,需要不断的监督和监控。

从审慎的角度来看,目标之间的平衡需要区分对银行稳定损害的关切和对其盈利能力损害的关切。如果适当的消费者保护价格对银行的利润造成一定程度的损害,那么采取这种保护措施的趋势将会增加。然而,在采取消费者保护措施可能会对银行的稳定性造成冲击的情况下,利益之间的平衡可能导致减少消费者保护,甚至在特定情况下放弃消费者保护。

对银行监管局局长多年来业务活动的研究表明,在过去,当银行监管局局长专注于审慎监管,很少关注消费者保护时,这两个领域之间的适当平衡

---

[13] 针对这些保护措施的批评,请参阅:耶奇尔·巴哈特(Yechiel Bahat):《担保法》——修订修正案》,《银行业评论季刊》第122期,第77页,1993年;埃坦·伯格拉斯(Eitan Berglas):"银行-客户关系的立法和判例法的经济方面",《银行业评论季刊》第119期,第102、104—105页,1992年。

[14] 在英国金融监管机构(FSA)的动态变化过程中,一开始重点是审慎监管,尔后专注于消费者保护,然后再次专注于审慎问题。请参阅:沙朗·吉拉德:"关注和声誉:将监管机构内部和外部世界联系起来",《危机中的执行政府》,第157页,2012年。

没有得到维护。然而,近年来,随着消费者领域工作的增加和审慎监管领域的持续有效监督,银行监管局长似乎已接近所期望的平衡模式。[15]

多年来以色列银行业监管研究得出的另一个结论是,当银行监管局局长未能创造出适当的平衡时,外部机构需要进行干预。其中一个例子就是银行关于零售行业的收费问题。多年来,尽管市场上出现了许多针对家庭和小企业的收费标准,但银行监管局长并不认为有必要对此事进行干预和监管。在公众和媒体的严厉批评之后,最终干预此事的是议会,它任命了一个议会调查委员会。根据该委员会的建议,通过了一项综合性的立法修正案,并对银行在零售部门的收费进行了监督。[16] 后来,由政府发起的社会经济改革委员会建议成立一个提高银行体系竞争力研究小组。该小组的建议,关于银行在家庭和小企业的收费方面做出了额外的让步。[17]

不过,应谨慎行事,不要在监管机构的自由裁量权上过于轻易地干预。例如,就银行收费而言,立法并没有直接干预收费的价格。它授予以色列银行足够的权力,作为一个专业机构来确定一个可以允许收取的收费清单,并且它使以色列银行能够在特殊情况下设定收费的价格。[18] 同样地,社会经济改革委员会本身也没有解决银行体系中缺乏竞争力的问题。正如前面提到的,它建议成立一个专门的专业团队来处理这件事。[19] 经验证明,对于指导银行监管局局长的业务活动,以及在不同角色之间取得适当平衡,这些倡议提供了一个适当的框架。

---

[15] 请参阅第四章第二节和第五章第九节"二"。

[16] 请参阅第四章第四节。

[17] 《社会经济改革委员会报告》(2011年9月),希伯来语网上可查:http://hidavrut.gov.il/sites/default/files/％20％D7％A1％D7％95％D7％A4％D7％99.pdf? bcsi_scan_99FE300B8A2E1F36＝1。英语译本网上可查:http://www.bjpa.org/Publications/details.cfm? PublicationID＝13862。

[18] 请参阅第四章第四节。

[19] 前注17。

第二节　加强消费者保护的操作建议

正如前面提到的,第五章的结论是,将审慎监管和商业行为监管都置于以色列银行监管局局长的手中。但是,为了加强对银行客户的保护,我建议应该实施以下的操作性措施。

一、在《以色列银行法》中修改以色列银行的目标

《以色列银行法》将维护银行系统的稳定性列为央行的目标之一。[20] 另一方面,该法没有将保护银行消费者作为央行的目标之一。在这一点上,我建议修改《以色列银行法》并明确说明,在以色列银行和银行监管局长的目标中,还包括这样的目标,确保银行与客户之间关系的公平,加强银行业的竞争。[21]

值得注意的是,由银行监管局局长发布的关于银行体系的年度报告,反映了这种影响的变化。过去,银行监管局长曾指出,他的主要目标是维持银行系统的稳定,而维持公平和提高竞争与效率的目标只不过是次要目标。[22] 在2014年发表的报告中,维持稳定和确保公平的两个目标已经被作为银行监管局局长的主要目标,而提高竞争和效率的目标被认为是次要目标。[23]

---

[20]　《以色列银行法》(Bank of Israel Law, 5770-2010),第3条。

[21]　参见这方面的私人议案:《以色列银行议案(修正案——以色列银行加强银行间竞争的责任)》,2011年8月3日提交议会。

[22]　例如:以色列银行,《以色列银行系统——2011年年度调查》,第65页,2012年10月,网上可查:http://www.bankisrael.gov.il/en/NewsAndPublications/RegularPublications/Banking%20Supervision/BankingSystemAnnualReport/Skira2011eChC.pdf;以色列银行,《以色列银行系统——2012年年度调查》,第63页,2013年7月,网上可查:http://www.bankisrael.gov.il/en/NewsAndPublications/RegularPublications/Banking%20Supervision/BankingSystemAnnualReport/Skira2012/chapter2.pdf。

[23]　参见以色列银行,《以色列银行系统——2013年年度调查》,第85页,2014年7月,网上可查:http://www.bankisrael.gov.il/en/NewsAndPublications/RegularPublications/Banking%20Supervision/BankingSystemAnnualReport/Skira2013/CHAP%202-2013.pdf。

然而,在 2015 年发表的报告中,上述三个目标都是银行监管局局长的主要目标。㉔ 在《以色列银行法》中也应该采用类似的方法。

二、银行监管局的结构变革

在以色列央行,银行监管局的诸多部门之一是银行-客户处(Bank-Customer Division)。银行-客户处负责促进银行和客户之间关系的公平,同时保护银行消费者的权利;执行银行客户相关法律和指令;鼓励银行系统竞争;提高公众对其在银行领域的消费者权利的意识。

为了实现这些目标,银行-客户处在银行消费者相关立法和《正确开展银行业务指令》方面规定了监管范围。该处监控遵守银行监管局长的指令、银行客户领域的其他法律条款,以及消费者相关指令的合规情况。该处适用和执行有关银行收费的法律规定。此外,该处还调查客户对银行和信用卡公司的投诉。银行-客户处还为客户提供金融教育和消费者相关问题的解释活动,以提高他们的权利意识,缩小关于银行问题的信息鸿沟。㉕ 尽管如此,检查遵从消费者监管条款的功能是银行监管局的另一个部门——现场审计处(On-Site Audit Division)的职责。

现场审计处在银行进行现场检查。这些检查的目的是识别和评估整个银行活动中固有的风险。该处审查银行风险管理的质量,重点是关于遵守立法和监管指令情况,还审查银行的政策和程序。检查报告对不足之处和运转失常问题提出警告、提出要求,并制定纠正它们的时间表。现场审计处根据审计的不同领域分为不同的单元小组。负责审计银行-客户关系和银行客户保护的单元是合规风险管理审计组(Compliance Risk Management

---

㉔ 以色列银行:《以色列银行系统——2014 年年度调查》,第 95 页,2015 年 6 月,网上可查:http://www.boi.org.il/en/NewsAndPublications/RegularPublications/Banking%20Supervision/BankingSystemAnnualReport/Skira2014/CHAP%202-2014.pdf。

㉕ 以色列银行:《以色列银行系统——2014 年年度调查》,同上,第 137 页。关于银行-客户部门的历史和发展上,请参见:沙伦·吉拉德:"政治压力、组织身份和对任务的关注:从危机前的金融监管中得到的例证",《公共管理》第 93 期,第 593、601 页,2015 年。

Audit Unit)。㉖

　　银行监管局的工作结构有一定的逻辑：现场审计处有一种独特的方法和传统。银行的审计管理需要特殊的专业知识和资格，这在银行监管局的其他部门中并不存在，这使得审计处的工作是独一无二的。当审计的各个领域集中在一个部门时，可以建立由审计处不同单元小组的代表组成的团队。这种组合团队可以一起合作，对整个银行的业务活动进行彻底的审计。这种工作方式有可能获知银行的全貌，并进行既有效果又有效率的审计。

　　另一方面，将消费者监督职能在各层级都集中在一个单独的部门，这是一个优势。消费者监督需要特殊的专业化，并熟悉这一领域的特殊法律和规则。特别是，它要求采纳和实施特定的消费者认知（consumer perception）。我们已经看到消费者的认知是不同的，在许多情况下甚至与审慎的看法相反。将消费者监管的所有阶段集中在一个部门，从制定规范到监测其遵守情况，以及在违反规范的情况下，包括执行和惩罚，都有利于银行消费者的整体监督。

　　此外，有人担心现有的结构会导致审慎监管优先于消费者监管。只有一个部门（现场审计处）既负责审慎审计又负责消费者审计，它的自然倾向就会更加关注审慎领域。在第五章第一节中，对此我列出了可能的原因：与消费者监管失败相比，审慎监管失败所造成的损失更大；与消费者监管失败相比，谨慎监管失败突显；出于有关部门负责人的声誉和个人威望的考虑；历史和传统观念导致了维持现状。由于这些因素，现场审计处的自然趋向是使现有状况保持下去，并以牺牲消费者监管领域为代价，更多地关注审慎监管领域。

　　鉴于以上所述观点，我认为，审慎监管和商业行为监管之间应保持清晰的分离*。所有与消费领域有关的单元小组都应集中在一个部门，以便在这一领域建立"一站式监管"。因此，应将消费者条款的合规性审计职能从

㉖ 《以色列银行系统——2014年年度调查》，前注24，第135—136页。

* 此处的分离使指在银行监管局内部的分离。——译者注

现场审计处移交给银行-客户关系处。

三、加强消费者(保护)执法

以色列银行必须采取行动,通过更严格的执法和实施更严厉的处罚来加强对银行业消费者的保护。其中一种方法可能是拓宽经济处罚的使用范围。[27]

经济处罚包含在许多银行法中。它使银行监管局长以及其他监管银行活动的特定方面的监管者,[28]能够利用经济处罚手段处理违反法律规定的情形。使用经济处罚工具的主要领域是禁止洗钱和恐怖融资。[29] 在消费者保护情境下,2012年首次实施了经济处罚,直到现在才只有一次。[30] 鉴于其应用的种种优点和取得的成功经验,针对违反消费者规定的情形,建议扩大经济处罚工具的使用。

四、各金融监管机构在消费者问题上的合作

另一个建议是建立一个关于消费者事务的咨询与协作的法律程序,包括与发展竞争有关的事项,协作机构包括银行监管局、其他两个金融监管机构(以色列证券管理局,财政部资本市场、保险和储蓄专员)和反垄断管理局。

大家记得,以色列的金融监管主要是行业监管(sectoral supervision)。换句话说,每个金融行业部门都有自己的独立监管机构。[31] 考虑到不同监管机构之间可能产生的政策差异,以及对监管套利的担忧,最重要的是要在

---

[27] 关于银行监管当局实施金融制裁问题,请参阅第二章第七节"四"。

[28] 请参阅第一章第四节"一"。

[29] 关于处罚委员会的活动,请见:http://www.boi.org.il/en/BankingSupervision/AntiMoneyLaunderingAndTerrorFundingProhibition/Pages/Default.aspx.

[30] 以色列银行银行监管局新闻发布《对银行公司实施经济处罚》,2012年3月13日,网上可查:http://www.boi.org.il/en/NewsAndPublications/PressReleases/Pages/120313f.aspx.

[31] 请参阅第五章第二节。

上述所有监管机构之间开展合作。㉜

在今天的以色列,没有任何机制要求金融监管机构之间进行广泛合作。在 20 世纪 90 年代,以色列有一个工作团队,其成员包括所有的金融监管机构,建议在各种金融监管机构之间建立一个有约束力的协调机制,其中包括一个具有约束力的决策程序,并将由法规确立。㉝ 然而,各家监管机构之间的分歧如此之深,以至于无法撰写一致同意的报告,只提出了一些总体建议。最终,甚至这些建议都没有在实践中得到落实。㉞

这三家金融监管机构通常会定期开会,目的是交换信息、意见和想法。然而,这些会议没有法律约束力,也没有做出重大决定。此外,这些会议并不特别针对消费者领域。

因此,建议建立一种正式的合作程序,专门针对消费者和竞争领域。合作将通过立法建立起来,确定详细而有约束力的程序,并将包括一个具有约束力的决策机制。㉟

五、有义务与公众协商确定消费者条款

另一个建议是,在确定面向消费者的监管规则时,与公众建立一个结构

㉜ 国际货币基金组织(IMF)警告称,以色列的监管结构及金融监管机构之间缺乏协调,可能会破坏金融监管机构之间的信息传递,尤其是在危机时。请参阅:国际货币基金组织报告第 12/70 号:《以色列 2012 年第 4 条咨询》——工作人员报告;信息附件;执行局讨论的公共信息公告;以及执行局关于以色列的声明,第 18 页,2012 年 4 月,网上可查:http://www.imf.org/external/pubs/ft/scr/2012/cr1270.pdf。

㉝ 参见《以色列资本市场结构变革调查委员会报告》,第 74—76 页,1996 年 9 月,报告提到该团队的建议并要求实施这些建议。

㉞ 埃米拉姆·巴尔卡特(Amiram Barkat):"阿维·本-巴萨特教授解释了凯彻朗面临的头号挑战是什么",《环球报》2015 年 3 月 27 日,希伯来语网上可查:http://www.globes.co.il/news/article.aspx?did=1001022711。

㉟ 关于监管机构之间的各种合作方式,请参阅:阿迪·阿亚尔、齐皮·伊泽尔-伊齐克和奥伦·佩雷斯,(Adi Ayal, Tzipi Iser-Itzik & Oren Perez):"分权条件下的监管:冲突或协同作用以及对以色列监管现实的看法",载于《监管》(戴维·列维-法尔、伊沙白和罗伊·克瑞尼德主编,特拉维夫大学,即将出版,希伯来语),第 5 章;三十国集团报告:《金融监管的结构——在全球市场中的方法和挑战》,第 43—46 页,2008 年,网上可查:http://group30.org/images/uploads/publications/G30_StructureFinancial Supervision2008.pdf。

化的咨询程序。

在以色列证券管理局,关于管理局新的监管举措方面存在这样一个程序。[36] 该管理局的内部程序需要一个公开听证会的过程,收集公众的意见并讨论这些意见,再根据收到的评论准备修改草案。在下一阶段,由管理局全会批准草案。公众提出的主要意见,其中既包括那些被接受的意见也包括那些没有被接受的意见,将提交全会讨论,并且全会将对它决定不予接受的主要意见给出解释。通过这种方式,将确保全会只有在审查了公众的主要反对意见后,才能批准这种提议的安排。最初提议的规章、形成修正案的文件及公众意见,将全部刊登在该管理局的网站上。

这样的程序会提高监管工作的透明度,并有助于公众监督管理局的决定。银行监管局面向消费者的监管举措,应该建立一个类似的法律程序。还建议,将具有消费者导向的专家、消费者组织、社会组织和其他学科的专家纳入咨询过程,以促进广大公众参与塑造银行业监管。

第三节　主要挑战:发展银行业的有效竞争

我们已经看到,以色列的银行系统高度集中,与其他国家的系统相比,它的竞争水平并不是最高的。[37]

银行系统中存在有效的竞争,可能会带来许多好处,而银行体系是市场上所有商业和经济活动的活力中心。自由竞争在推动经济发展、改善社会福利、保护消费者和实现基本人权方面发挥着核心作用。有效的竞争可以防止建立经济权力中心,从而有可能造成资源配置的扭曲,并施加不适当的影响。完全竞争的特点,尤其是具有众多的类似规模的参与者;所有有关各方的共同知识,包括供应商和消费者的全部信息;进入壁垒低,使新参与者

---

[36] 以色列证券管理局法规司:《本局制定规例的内部程序》,希伯来语网上可查:http://www.isa.gov.il/Download/IsaFile_7 067.pdf。

[37] 请参阅第二章第五节。

很容易进入市场,与现有的参与者竞争;以及转换壁垒低,客户在不同的竞争对手之间很容易转换移动。㊳ 然而,在产业结构没有反映完全竞争和上述特征不存在的情况下,正如在以色列银行业发生的那样,监管干预是必要的,这将导致增加竞争,改善对客户提供服务的条件。

负责促进以色列经济竞争的监管机构是反垄断管理局。《限制性贸易惯例法》,赋予反垄断管理局各种权力,以处理不同形式的限制性商业惯例。通过这些权力,反垄断管理局努力加强已经存在的竞争,为缺乏竞争之处创造形成竞争的条件,在违反法律的情况下执行法律条款,并提高对竞争法存在的认识。㊴

反垄断管理局的权力适用于以色列所有的商业实体,包括银行和信用卡公司。然而,经验表明,这种力量不足以在银行业引发竞争。该管理局的权力通常是针对被监管机构的业务活动或行动而行使的,在许多情况下,它们只构成事后干预。㊵ 相比之下,开放银行业竞争则需要采取另一种措施。它需要事先采取主动的监管措施,这将为系统竞争的发展创造合适的先决条件(事前干预)。它需要消除阻碍竞争产生的现有障碍,并采取措施,推动和鼓励有关参与者采取新的竞争办法。这些职能属于银行监管局的权力范围。换言之,即使行业结构没有为反垄断管理局提供干预的理由,但这并不意味着该行业具有良性竞争的特征。这样的竞争只会因为银行监管局的积极参与而得到促进。

多年来,银行监管局在竞争领域的活动非常有限。大家记得,银行监管局局长知道(或许仍然看到)他的主要目标是维持银行体系的稳定,他在许多方面采取行动,以维护银行的盈利能力。因为银行之间激烈的竞争可能会损害他们的盈利能力,在极端情况下甚至可能危及他们的稳定性(例如,在严酷的市场条件下,小银行将无法生存下去),银行监管局局长没有在竞

㊳ 关于对以色列银行体系中这些壁垒障碍的分析,请看第二章第五节。
㊴ 基于以色列反垄断管理局的网站:http://www.antitrust.gov.il/about/about1.aspx。
㊵ 例如限制性的安排,公司的合并,一个集中集团的存在,或者一种垄断的产生。

争领域采取积极主动的行动。㊶ 银行监管局局长甚至采取行动阻挠反垄断管理局的主动行动,他认为这种行动具有威胁银行稳定的性质。㊷

从形式上讲,银行监管局没有义务采取措施来发展银行业的竞争。我们看到,《以色列银行法》概述了以色列银行和银行监管局的目标,只列出了一个目标——维持银行系统的稳定。本法既没有提到在系统中发展竞争的目标,也没有提到任何有关保护银行消费者的目标。㊸ 即使我们最近看到银行监管局在商业行为方面有更多的参与,这种发展也没有表现出竞争领域的特征。

自2011夏季社会抗议活动爆发以来,以色列公众对经济问题的认识有所提高。以色列目前的讨论比以往任何时候都更注重与生活费用有关的议题,以及经济各部门竞争的重要性。由于公众对经济事务的兴趣越来越大,特别是与竞争和生活费用有关的问题,近年来对银行业缺乏充分竞争的批评越来越多。

由于社会抗议,成立了提高银行体系竞争力调查小组,小组由银行监管局局长领导。㊹ 在2013年3月发表的一份报告中,提出了旨在提高银行体系竞争力的重要建议,如下所述:㊺

(a) 关于结构变革的建议:建议通过增加竞争者的数量、使其工作性质多样化、减少主要竞争对手的规模、消除进入壁垒等来干预该行业的结构。

(b) 消除转换银行的壁垒:建议采取措施,减少银行之间的转换壁垒,

㊶ 这种方法并非以色列的银行监管机构独有。英国金融服务管理局的类似做法请参阅:彼得·卡特赖特(Peter Cartwright):《银行、消费者和监管》,第45—48页,哈特出版社(Hart Publishing)2004年。

㊷ 请参阅第三章第一节"一"。

㊸ 《以色列银行法》,第3条。

㊹ 请参阅第四章第二节。

㊺ 银行监管局:《提高银行系统竞争力调查组报告》,第71—74页,2013年3月,希伯来语网上可查:http://www.boi.org.il/he/NewsAnd Publications/PressReleases/Pages/19032012e.aspx。报告的英语概要网上可查:http://www.boi.org.il/en/BankingSupervision/Survey/Pages/competition.aspx。

加强行业内现有参与者之间的竞争,提高对客户的透明度,增强客户对银行货比三家的能力,等等。

(c) 消除信息障碍:这方面的主要建议是"银行身份卡":向每个客户提供一份综合报告,详细说明客户在银行的所有资产和负债,并简要说明该客户的银行业务。客户可向其他银行和金融机构提供该文件,以便从他们那里获得报价,这会与原银行提供的报价形成竞争。[46]

该报告的重要部分已于 2013 年和 2014 年被银行监管局局长采纳。举例来说,已颁布章程,允许建立新的金融机构,并将其整合到系统中(如互联网银行[47]和信用合作社[48])。为了方便客户从一家银行转换到另一家银行,银行监管局局长同意通过互联网开设新账户。[49] 他还批准使用互联网和技术手段,以方便关闭原来的账户,并将其转移到另一家银行。[50] 为消除信息障碍,已采纳有关"银行身份卡"的建议,[51]等等。然而,至少从 2016 年年初开始,该行业似乎并未因为这些措施而出现真正的竞争。

然而,由于 2015 年下半年的几项创新举措,我们似乎处于竞争领域的新时代的边缘,如下所述。

一、将信用卡公司与银行分离

2015 年 12 月,提高普通银行和金融服务竞争力委员会发表了中期报告。[52] 委员会的主要调查结果之一是,以色列银行业在家庭信贷方面仍然存在高度集中和低度竞争。由于银行体系几乎是家庭信贷没有重要替代选

---

[46] 请参阅第四章第五节"四"。
[47] 请参阅第二章第五节"一"。
[48] 同上。
[49] 请参阅第四章第五节"三"。
[50] 请参阅第四章第五节"二"。
[51] 请参阅第四章第五节"四"。
[52] 《提高普通银行和金融服务竞争力委员会中期报告》(2015 年 12 月,希伯来语网上可查:http://www.mof.gov.il/Committees/competitivenessCommittee2015/MidReport.pdf。

项的唯一来源,银行的市场影响力加剧,因而容得银行利用它来损害客户利益。㊳

鉴于这些问题,报告中的一项主要建议提到了信用卡公司,后者恰好是大银行的附属机构。我们看到,以色列的信用卡公司在家庭信贷领域的活动越来越多,如果这些公司与银行脱节,他们可能会在这一领域对银行系统产生真正的竞争。㊴ 因此,该委员会建议将信用卡公司与银行分离。㊵

在这种情况下,该委员会尤其提到了以下问题:㊶

- 委员会建议,在第一阶段,关于信用卡公司的所有权禁令只适用于构成双头垄断的两大银行。今后,还将审查是否将禁令扩大到拥有信用卡公司的其他银行。值得注意的是,银行监管局局长已经宣布,她支持迫使两家最大的银行出售他们的信用卡公司。㊷

- 银行可以发放信用卡,只要他们以一视同仁的方式分发所有信用卡公司的信用卡。此外,银行将获准发行借记卡,这是一个与政府减少现金使用计划相一致的想法。㊸ 然而,银行将不允许发行信用卡,也不允许其通过建立新的信用卡公司发行信用卡。在这种情况下,值得关注的是,银行会说服他们的随和客户(captive customers)通过他们银行申办信用卡,从而阻碍信用卡公司的竞争。

- 一个非常重要的问题是,在与银行分离之后,谁将成为信用卡公司的监管者?它是以色列银行的银行监管局局长,还是财政部的资本市场专员,还是一个新的监管者?如果是新的监管者,他将服从以

㊳ 提高普通银行和金融服务竞争力委员会:《中期报告背景调查:目标部门的竞争情况和所需的措施》(无日期),希伯来语网上可查:http://mof.gov.il/Committees/competitivenessCommittee2015/MidReport2.pdf.

㊴ 请参阅第二章第二节"二"。

㊵ 《提高普通银行和金融服务竞争力委员会中期报告》(2015年12月),前注52,第3—4页。

㊶ 同上。

㊷ 托默·瓦伦(Tomer Varon):"凯彻朗:'我支持将信用卡公司与银行分开'",《经济学家报》(Calcalist),2015年9月1日,希伯来语网上可查:http://www.ynet.co.il/articles/0,7340,L-4696574,00.html.

㊸ 请参阅第二章第二节"二"。

色列银行、财政部领导,还是将独立？信用卡公司的监管实质上是消费者监管。但是,如果消费信贷市场发生真正的革命,信用卡公司向公众提供的信贷总量增加到具有宏观审慎意义的比例,那么也就需要审慎监管。此外,信用卡公司本质上是支付系统和经济清算机制的一部分,目前它受制于以色列银行。大多数委员建议信用卡公司应该保持接受银行监管局长的监督,只要根据信用卡公司与银行相比所承担的风险降低,那么她将采取更宽松的监管措施;与财政部共同设立特别执行委员会,并与之协商。

- 另一个问题是信用卡公司与银行分离后的业务活动范围。信用卡公司除了提供信贷外,是否可以从事其他银行业务,以增加与银行系统的竞争？将来允许他们获得银行执照吗？当然,一个肯定的回答会加剧他们与银行之间的竞争。值得注意的是,信用卡公司满足了获得银行牌照的大部分条件：大额资产净值、风险管理经验、良好的公司法人治理和专业的计算机系统。委员会的报告没有提到这件事。然而,银行监管局长宣布,信用卡公司将能够向银行监管局申请银行牌照。[59] 这是一个戏剧性的声明,因为自20世纪70年代以来,以色列没有建立新的银行。

二、清算领域的竞争

另一个对竞争开放的领域是电子支付卡(信用卡和借记卡)的清算。[60] 这一领域目前由三家现有的信用卡公司控制,这些公司由大银行持有。

2013年,银行监管局局长发布了获取清算执照的规则,旨在向新参与

---

[59] 银行监管局局长在2015年12月宣布,她将同意向信用卡公司颁发银行执照。请参阅:梅拉夫·阿洛佐罗夫(Meirav Arlozorov):"在以色列建立三家新银行的路上——这是自上世纪70年代以来的第一次",《标记》(The Marker),2015年12月17日,希伯来语网上可查:http://www.themarker.com/markets/1.2800434.

[60] 请参阅第二章第二节"三"。

者开放这一领域。[51] 实际上,在以色列,没有任何新的实体进入这一业务活动,而且这是有充分理由的。银行监管局设置获得执照的门槛要求是不可能做到的。尽管在世界其他地方,公司可提供 100 万欧元的股本以获得清算许可证,但在以色列,除了根据公司清算风险计算的股本之外,最低要求是 1000 万新谢克尔。例如,一家拥有以色列清算市场 20% 份额的清算公司将被要求提供超过 1 亿新谢克尔的股本,这是一个不合理的进入壁垒。[52] 以色列银行的要求来自巴塞尔协议,该协议旨在保护银行不受信用风险的影响,尽管事实上清算公司几乎不面临信用风险。据批评人士称,这些要求构成了以色列银行通过对新竞争对手关闭信用卡市场与银行进行合作的证据。[53] 尽管银行监管局愿意豁免那些处理清算数量相对较少的小公司,但从获得许可证的需要来看,[54] 这种批评仍然存在。

2015 年 11 月,银行监管局长发布了一份修订草案,修改了获得清算许可证的规则。新草案旨在让新参与者更容易获得清算许可证,加剧支付卡领域的竞争。[55] 新草案包含了许多重要的创新,如下所列。

首先,它使非金融机构和金融机构,包括投资基金在内的金融机构,也

---

[51] 以色列央行银行监管局:《对控制并持有控股权实体要求清算许可证的标准和一般条款》(2013 年 12 月 31 日),希伯来语网上可查:http://www.boi.org.il/he/BankingSupervision/SupervisorMethod/Documents/.pdf;以色列银行:《获得清算许可证的程序》(2013 年 12 月 31 日),希伯来语网上可查:http://www.boi.org.il/he/BankingSupervision/SupervisorMethod/Documents/.pdf。

[52] 梅拉夫·阿洛佐罗夫(Meirav Arlozorov):"海德瓦酒吧(Hedva Bar)的测试:她能成功地得到对信用卡公司的监督吗?"《标记》,2015 年 11 月 18 日,希伯来语网上可查:http://www.themarker.com/news/1.2778778。

[53] 同上。

[54] 《获得清算许可证的程序》,前注 61,第 1 条。

[55] 以色列央行银行监管局:《实体请求控制或持有一家清算公司的许可标准和一般条款——征求公众意见草案》(2015 年 11 月 17 日),希伯来语网上可查:http://www.boi.org.il/he/BankingSupervision/SupervisorMethod/Documents/solek1.pdf;以色列银行:《获得清算许可证的程序——征求公众意见草案》(2015 年 11 月 17 日),希伯来语网上可查:http://www.boi.org.il/he/Banking Supervision/SupervisorMethod/Documents/solek2.pdf;另见《正确开展银行业务指令草案》,关于"清算公司和电子支付卡交易清算"问题(2015 年 12 月 20 日)。希伯来语网上可查:http://www.boi.org.il/he/BankingSupervision/DraftsFromTheSupervisorOfBanks/DocLib/10963.pdf。

可以拥有清算公司。然而,根据法律,为了促进竞争和减少集中,它禁止经济中的主要机构(非金融和金融机构)控制和拥有一家清算公司,而这家清算公司也是一家重要金融机构。[66]

第二,清算公司的核心控制权可以由个人或集团拥有。这样做的目的是允许几个小团体联合起来。此外,在控制权益的大小方面,也做出了让步。

第三,由于清算公司没有从公众中获得存款,因此他们的业务活动涉及的风险较低,因此在资本要求方面已经作出了一些让步。清算公司的要求将大大低于巴塞尔协议的要求,尤其是那些营业额不会超过草案规定的公司。在这一点上,我们应该注意到,提高普通银行和金融服务竞争力委员会建议,采用对其适用的更宽松的要求,[67]这是基于欧洲支付系统指令的原则。[68]

第四,以色列银行准备为在许可过程中取得进展的申请人提供一封安慰函,目的是为了推进与国际信用卡组织和当地信用卡处理系统的谈判。

第五,草案涉及消除技术壁垒。它允许新的清算公司在早期阶段得到现有清算公司的基础设施的帮助。

最后,关于清算公司的业务领域:银行监管局长愿意允许他们不仅参与支付卡交易的清算,而且参与额外的业务活动,例如发放信用卡和借记卡、提供信贷、贴现交易,等等。[69]

我们拭目以待,看看这些建议是否确实会导致建立新的清算公司,这不仅会给信用卡公司带来竞争,而且在某些领域也会对银行产生竞争。

---

[66] 《促进竞争和减少集中法》第 D 章[Law to Promote Competition and Reduce Concentration, 5774-2013 , Chapter D]。
[67] 《提高普通银行和金融服务竞争力委员会中期报告》,前注 52,第 4、9—10 条。
[68] 欧洲议会和理事会 2007 年 11 月 13 日第 2007 /64 /EC 指令,关于内部市场的支付服务,修订指令 97 /7 /EC,2002 /65 /EC,2005 /60 /EC 和 2006 /48 /EC,并废止指令 97 /5 /EC,OJL 319,网上可查:http://ec.europa.eu/finance/payments/framework/index_en.htm。
[69] 《获得清算许可证的程序——征求公众意见草案》,前注 65,第 1 条。

三、机构投资者的零售贷款

增加对家庭和小企业信贷市场竞争的渠道之一是扩大机构投资者提供的信贷供应。今天,机构投资者没有一个适合提供这种性质信贷的系统。他们也没有真正的动机建立这样一种系统,这需要大量资源的投入。

提高普通银行和金融服务竞争力委员会建议,允许机构投资者母公司为零售金融设立指定的子公司。这些零售金融子公司将由财政部资本市场保险和储蓄专员监督。他们的资本来源将是母公司的存放同业(nostro),他们也可以通过向公众发行债券来筹集资本。机构投资者(其姊妹公司)将被允许为其成员的投资组合购买这些债券,但受规定限制。信贷将通过一系列可接受的渠道提供,包括通过一种创新的手段:客户在银行透支的持续偿付(ongoing cover)。[70]

此外,大多数委员会成员建议,鉴于养老基金和公积金的储户在基金中积累了储蓄,他们可以直接从基金中获得一定限额的贷款。[71] 这一措施确实会加剧家庭信贷领域的竞争。然而,与此同时,这可能会损害公众的养老金储蓄。

四、允许非银行贷款机构发行债券

银行的特点之一是金融中介机构,从储蓄客户那里获得资金,并使其可供借款客户使用。[72] 根据以色列法律,只有银行可以同时进行接受存款和提供信贷的业务活动。[73] 另一种类似的能力,也仅限于银行公司,是公开发行不能转换成股票(如债券)的证券,同时提供信贷。[74] 这两种情况基本上都涉及向公众提供信贷,资金来源本身就是公众资金。由于这项活动涉及危及公众资金的风险,因而需要对从事这些业务活动的机构进行密切监督。

---

[70] 《提高普通银行和金融服务竞争力委员会中期报告》(2015 年 12 月),前注 52,第 5—6 页。
[71] 同上,第 6 页。
[72] 马赛厄斯·德瓦特里庞和让·梯若尔(Mathias Dewatripont & Jean Tirole):《银行审慎监管》,第 13—14 页,麻省理工学院出版社 1993 年。
[73] 《银行(执照)法》,第 21(a)(1)条。
[74] 同上,第 21(a)(2)条。

因此,传统上受到严格监督的银行公司是唯一获准同时从事这些业务活动的公司。[75] 值得注意的是,这种看法并不是以色列独有的。[76] 其目的是确保对从事这类业务银行进行适当的管理,并保持其稳定,从而确保公众对银行的信任。

我们看到,一般来讲,以色列银行系统的特点是高度集中,[77]特别是在零售信贷领域。[78] 目前,以色列有几家非银行机构,专门为家庭和中小型商业部门提供信贷。这些机构的业务活动量非常低,尽管信贷需求不断增加,但这些部门所提供的信贷总额估计只占很小的比例。[79] 这些非银行机构业务量不足的原因之一是这些机构在筹集资金来源方面遇到困难。这些机构通常通过他们自己从银行取得贷款来筹集资金。通过这种方式,银行控制着非银行机构能够为客户提供的信贷量和利率水平。这种对银行的依赖导致非银行信贷提供者无法对银行体系构成真正的竞争。为了促进信贷市场对家庭和中小型企业的竞争,已决定允许非银行机构通过向公众发行债券筹集资金。因此,在 2015 年 11 月,通过了《银行(许可证)法》的修正案。[80] 该修正案允许从事信贷业务的公司在下列条件下向公众发行债券:(a)债券

---

[75] 以色列银行:《一封写给特别委员会成员的信》,讨论《经济安排法》(Economic Arrangements Law):"对修订《银行(执照)法》第 21 条议案的变更——以色列银行的意见"(2015 年 10 月 27 日)。希伯来语网上可查: http://main.knesset.gov.il/Activity/committees/Urban/OpinionPapers/bankofisrael271015.pdf.

[76] 比如涉及建立和管理信贷机构的欧盟指令:关于接管和寻求信贷机构业务(重组)的欧洲议会和理事会 2006 年 6 月 14 日第 2007/64/EC 指令,OJL 177,网上可查 http://eur-lex.europa.eu/legal-content/EN/TXT/? uri=CELEX%3A32006L0 048。第 4(1)条将术语"信用机构"定义为,"其业务是从公众接受存款或其他可偿还的资金,并为其自身账户发放信贷……"该指令的第 5 条规定,"成员国应禁止不属于信贷机构的个人或企业从事从公众中吸收存款或其他可偿还资金的业务。"序言第六段解释说,"因此,这些措施的范围应尽可能广泛,涵盖所有这种机构,其业务是从公众获得资金,无论是以存款的形式或其他形式,如持续发行的债券和其他类似证券,并为自己的账户发放贷款。"

[77] 请参阅第二章第五节。

[78] 请参阅第二章第一节"五"。

[79] 《经济计划议案(实施 2015—2016 财年经济政策修正案)》[The Economic Program (Amendments for the Implementation of the Economic Policy for the Fiscal Years 2015-2016) Bill, 5776-2015, Bills 1352]。请见注释说明(explanatory notes),第 1558—1559 页。

[80] 《经济计划法(实施 2015—2016 财年经济政策修正案)》,第 12 条。

发行在招股说明书的基础上进行;(b)募资金额限于25亿新谢克尔。财政部长有权将最高限额提至最高50亿新谢克尔;(c)贷款提供给个人或其年收入不超过4亿新谢克尔的公司,这个相对较高的上限使得向中型企业提供贷款成为可能;然而,财政部长有权规定,发行中筹集的部分金额,必须给予年收入较低的公司,目的是鼓励向小企业提供信贷;(d)这些债券必须由评级公司评级,评级至少为BBB;(e)这种信贷不是住房贷款,也不由住房抵押担保。

新修正案的主要反对者之一是以色列银行,它要求非银行机构应受到监管。[31] 这些机构中有相当一部分提供广泛的金融服务,如货币兑换、支票贴现、保理(为企业购买债务提供资金)、国家间的货币转移和提供信贷。今天,除了《禁止洗钱法》的某些限制,这些机构没有受到监督。[32] 在此背景下,正在推进一项新的法案:《金融服务(非机构金融服务)监管议案》*。[33] 根据这项议案,将在财政部设立一个新的监管机构:金融服务提供者监督局(Supervisor of Financial Service Providers)。[34] 从事金融服务,包括提供信贷,将需要一个许可证,并将受到该监管机构的严格监督。[35] 有趣的是,根据该议案,新机构的明确目标之一是促进竞争。[36] 这与银行监管局角色的定义形成了鲜明对照。

同时推出的另一项议案是《公平信贷议案》,该议案将在下文中单独讨论,因为它对银行系统有直接影响。

---

[31] 前注75。

[32] 《禁止洗钱法》[Prohibition on Money Laundering Law,5760-2000],第D1章。

* 原文为Supervision of Financial Services (Non-Institutional Financial Services) Bill。——译者注

[33] 议案202(Bills 202)。本议案是基于《对货币服务提供者的监管审查小组报告》(the Report of the Team to Examine Regulation of Currency Service Providers)(2015年2月),希伯来语网上可查:http://index.justice.gov.il/Pubilcations/News/Documents/FINALREPORT.pdf。

[34] 《金融服务监管(非机构金融服务)议案》[Supervision over Financial Services (Non-Institutional Financial Services) Bill,5776-2015],同上,第B章。

[35] 同上,该法案第14条认可几种类型的许可证。

[36] 同上,第3(3)条。

五、《公平信贷议案》[87]

《非银行贷款监管法》,是旨在保护在非银行信贷市场的借款人的法律,该法律包括各种保护性条款,如有义务制作书面贷款协议、[88]广泛的披露义务、[89]对利率的限制、[90]对债务加速的限制、[91]保护被提起法律程序和收债程序(legal proceedings and collection proceedings)的债务人、[92]等等。

除了本章节"四"提到进一步的立法倡议,其目的是为了增加在零售信贷市场的竞争,鼓励非银行机构对家庭和中小型企业授予信用之外,还出现了在非银行市场提升对借款人的现有保护的需要。因此,2015年7月公布了《非银行贷款监管(第3修正案)议案》。[93]

该议案将这个未来法律的适用范围扩大到经济中的所有放贷机构,包括银行和信用卡公司在内。[94]这样做的目的是将适用于不同贷款人的条件等同起来,并为他们之间的公平竞争创建基础设施。因此,建议将法律的名称从"非银行贷款监管法"(Regulation of Non-Bank Loans Law)改为"公平信贷法"(Fair Credit Law)。[95]

由于未来的《公平信贷法》所包含的一些保护已经包括在适用于银行的其他法律中,该议案明确指出,《公平信贷法》的保护规定是对银行施加的任何其他法律义务之外的附加义务。[96]

根据该议案,《公平信贷法》不仅将保护个人借款人,而且还将为将来法

---

[87] 《非银行贷款监管(第3修正案)议案》[Regulation of Non-Banks Loans(Amendment no. 3)Bill, 5775-2015],议案812(Bills 812)。
[88] 《非银行贷款监管法》[Regulation of Non-Banks Loans Law, 5753-1993],第2条。
[89] 同上,第3条和第4条。
[90] 同上,第5条。
[91] 同上,第7条。
[92] 同上,第9—11条。
[93] 前注87。
[94] 同上,第2(5)条。
[95] 同上,第1条。
[96] 同上,第14条。

规中指定的某些类型的公司如小企业提供保护。[97] 这是因为在某些情况下,该法律的基本理据也可以适用于这类公司。

违反这部未来法律的规定可能被视为刑事犯罪。[98] 如果违反该法,那么包括银行在内的机构借款人将受到金融制裁。[99]

对借款人最重要的保护措施之一是对利率的限制。今天,利率上限的存在是由于《利息法》和《利率(最高利率的确定)指令》。这一上限适用于与任何指数挂钩的以色列货币贷款。对于这些贷款,每年的利息限制在13%,拖欠利息限制在每年17%,而按揭贷款的拖欠利息限制在三大银行平均拖欠利率再加6.5%。这些限制是在以色列经济通货膨胀非常高的时期实施的,因此需要限制对指数挂钩贷款的利息。然而,这一限制至今仍有效,它适用于经济中的所有放贷机构,包括银行在内。

至于非银行贷款机构,对那些不与任何指数挂钩的贷款适用另一项限制。[100] 这一限制适用于贷款金额不超过特定上限的贷款,[101] 旨在保护那些贷款数额相对较小的小额借款人。《非银行贷款监管法》第5条限制信贷的最高成本(即,借款人必须向贷款方支付与贷款协议有关的全部费用,高于借款人实际收到的款项,但不包括欠款利息)。[102] 这一上限是由大银行提供的无挂钩信贷平均总成本的225%,由以色列银行公布。然而,由于这种信贷利率多年来实质性下降,导致利率上限的侵蚀。因此,在该法律颁布的那一年即1993年7月,最高允许利率为39.6%,而2012年12月仅为11.76%。[103] 低利息上限是非银行机构提供信贷的重大障碍,并没有提供信贷市场所需的解决办法。此外,由于现行法律只适用于非银行市场的贷款机构,因此,

---

[97] 《非银行贷款监管法》,第2(2)条和第13条。

[98] 同上,第13条。

[99] 同上。

[100] 《非银行贷款监管法》第15(b)(2)条[Regulation of Non-Bank Loans Law, section 15(b)(2)]。这一限制也适用于与外币利率挂钩的贷款。

[101] 2016年1月1日,这种贷款上限大约为120万新谢克尔。请参阅《非银行贷款监管法》第15(b)(2)条。

[102] 参见《非银行贷款监管法》第1条,关于术语"新增"和"实际信贷成本率"的定义。

[103] 《提高银行系统竞争力调查小组报告》,前注45,第102—103页。

出现了银行和信用卡公司不受本法规定的最高利息限制的情况。这种情况造成了一种反常现象：银行系统和信用卡公司的借款者的利息往往高于非银行市场的利息。尽管事实是，非银行市场的借款人构成了更大的风险，非银行贷款机构筹集资金的成本更高，而且他们对借款人的特征所掌握的信息是有限的。[104]

新法案更新了最高信贷成本上限（正如大家记得，这将只适用于不与指数挂钩且不超过该法律规定数额的贷款）。根据该议案，在以色列货币贷款中，信贷总成本将限于高出以色列银行利率的20%，以及外币贷款总成本——限于高出伦敦银行同业拆借利率的20%。[105] 财政部长将被授权根据需要修改这些上限。[106] 这一限制与预期的《公平信贷法》的其他条款一样，适用于经济中的所有借款人，包括银行和信用卡公司。

六、信用数据共享系统

2002年，《信用数据服务法》在以色列颁布。根据这项法律，信用数据的共享是通过特许商业公司开办信用调查机构（credit bureaus）进行的。该法律对这些公司采集、加工和销售信息规定了规则。然而，该法律尽可能限制侵犯隐私，在其范围内受到限制。此外，该法律的主要目的是保护贷款机构，防范信用记录有问题的借款人，因此它注重负面信息（例如关于借款人未能履行其义务的信息）。这与显示借款人履行义务能力的积极信息形成对比（例如借款人正常偿还贷款的信息）。

多年来，人们越来越认识到，全面安排信贷数据共享，包括积极的信息，可以为各种公共目标服务。各种研究都指出了其种种好处，比如信贷更容易获得，授信时减少歧视，信贷条款改善，借款人支付道德提升和违约率下

---

[104] 《提高银行系统竞争力调查小组报告》，第103—104页。
[105] 《非银行贷款监管（第3修正案）议案》[Regulation of Non-Banks Loans (Amendment no. 3) Bill]，第16条。根据该议案，与现行法律的措辞不同，这一比率还包括拖欠利息。参见《非银行贷款监管（第3修正案）议案》第2(8)条中对术语"新增"的定义。
[106] 同上，第15条。

降,减少过度负债的借款人,提高借款人的财务稳定性,减少经济中的资不抵债的数量。[⑩]

除了上述优势外,信用数据共享对信贷市场的竞争水平也有相当大的影响。信贷交易的特点是借款人和贷方之间的信息差距,关于借款人的信用记录和由此产生的风险程度。借款人的风险水平影响贷款的条件,包括贷款金额和贷款成本。谁掌握了借款人的支付道德和还款记录的信息,谁就有明显的优势,可以准确地对借款人定价贷款。与此相反,一个不具备这些信息的贷款人,可以以一个反映借款者平均贷款风险水平的价格来对该借款人进行信贷定价。因此,贷款人没有有关客户的适当信息,不能与拥有信息的贷款人开展真正的竞争。[⑩]

我们知道,以色列的家庭信贷市场是由银行集中控制的。[⑩] 由于这种情况,银行拥有大量关于客户的信息,而这些信息对于非银行贷方是不适用的。因此,申请贷款的客户在非银行市场遇到困难。特别是,他们必然涉及贷款人担心的原因,即为什么这些借款人不能从银行获得贷款。因此,非银行贷款机构提供的利率非常高,这反映了缺乏借款人信息的风险。[⑩]

---

⑩ 安德鲁·鲍威尔(Andrew Powell)等:"完善信用信息、银行监管与监督:公共征信的作用与设计",世界银行政策研究工作文件第 3543 号,2004 年,网上可查:http://www1.worldbank.org/finance/assets/images/39968_wps34 43.pdf;艾伦·N.伯杰、W.斯科特·弗雷姆和内森·H.米勒(Allen N. Berger, W. Scott Frame & Nathan H. Miller):"信用评分与小企业贷款的可用性、价格和风险",亚特兰大联邦储备银行工作文件第 2002—6 号,美联储工作文件第 2002—26 号,2002 年,网上可查:http://papers.ssrn.com/sol3/papers.cfm? abstract_id=315044♯;阿尔伯托·伯纳多、马科·帕格诺和萨尔瓦托雷·皮科洛(Alberto Bennardo, Marco Pagano & Salvatore Piccolo):"多家银行贷款、债权、信息共享",《金融评论》第 19 期,第 519 页,2015 年;迈克尔·A.特纳和罗宾·瓦吉斯(Michael A. Turner & Robin Varghese):"消费信贷信息共享的经济后果:效率、包容性和隐私",经合组织联合圆桌会议(WPISP-WPIE Roundtable)背景文件第 2 号,2010 年,网上可查:http://www.oecd.org/sti/ieconomy/46968830.pdf;乔瓦尼·德拉里恰和罗伯特·马尔克斯(Giovanni Dell'Ariccia & Robert Marquez):"飞向质量还是被囚禁?信息与信贷分配",国际货币基金组织工作文件第 01/20 号(2001 年),网上可查:https://www.imf.org/external/pubs/ft/wp/2001/wp0120.pdf。

⑩ 《信用数据议案》(Credit Data Bill, 5776-2015, Bills 2),注释说明第 2 页。

⑩ 请参阅第二章第一节"五"。

⑩ 《信用数据议案》(Credit Data Bill),注释说明第 2 页。

此外,信息的缺乏也损害了银行本身,特别是小银行争夺彼此客户的能力。银行提供的零售信贷很少是给那些不是银行自己客户的消费者提供的。由于缺乏信息,每一家银行都拥有对其客户的准垄断权,因为它拥有关于这些客户的信息优势。[111]

所有这些问题的解决方案是信贷数据共享,它弥补了拥有信息者和没有信息的贷款人之间的差距,从而创造了不同贷款人之间的平等竞争。

上述目的不能通过现有的《信用数据服务法》(Credit Data Service Law)来实现,该法律已经建立了一种有限的共享安排,但侧重于负面信息。因此,2015年10月发布了一份新的立法议案:《信贷数据议案》(Credit Data Bill, 5776-2015)。[112] 根据该议案,将建立一个共享个人信用数据的新系统来替代现有的机制。

根据该议案,以色列银行将建立和管理一个中央信息数据库,该数据库将从该议案规定的各种信息来源收集信贷数据。[113] 各种组织,如银行和信用卡公司,必须向这个数据库提供信息。[114] 数据库的信息将提供给信用调查机构(credit bureaus)——一些有执照的商业公司,这些公司将受到监督。信用调查机构将编辑数据,特别是向信贷提供者提供数据,以便与客户进行信贷交易。

拟议中的法律将显著扩大数据库中包含的数据量,只有这样才能不仅包括负面信息,而且包括正面信息。[115] 共享信用数据系统的所有参与者(信息源头——包括银行和信用卡公司、信用调查机构、信用数据用户,以及充当接受信息的客户代表),将接受监管。这项监管将由一个新的监管机构实

---

[111] 《完善信贷数据共享系统委员会最终报告》,第30—31页,2015年8月,希伯来语网上可查:http://www.pmo.gov.il/SiteCollectionDocuments/klkala/FINAL2.pdf。

[112] 前注108。

[113] 参阅:以色列银行新闻公报:《以色列银行信息技术局局长在今天金融科技会议上关于国家信用数据库的讲话》,2015年11月25日,网上可查:http://www.boi.org.il/en/News And Publications/Press Releases/Pages/251115-ZivCredit.aspx。

[114] 《信用数据议案》(Credit Data Bill),第16(a)条。

[115] 参见《信用数据议案》第2条对术语"信用数据"的定义。

施,该监管机构将由以色列银行任命的信贷数据共享专员负责。[116]

违反拟议法律规定的处罚是行政性经济处罚,由信贷数据共享专员执行。[117] 此外,某些违规行为可能被视为犯罪行为。[118]

信息数据库的另一个目标是创建一个未被确认的数据库,该数据库将被以色列银行用于履行其职能。[119] 因此,该议案规定,以色列银行将被允许保证使用数据库中积累的数据。[120]

七、结论

从上述考察中我们看到,以色列出现了一种新的趋势:对银行业构成真正的竞争威胁,并且实质上是对真正控制市场的两大银行构成威胁。鉴于以色列银行体系的集中化结构,以及其参与者之间缺乏竞争,政策制定者别无选择,只能为来自体系之外各方的竞争奠定基础。然而,选择的这些手段,也可能增强系统内部的竞争,并使小银行和新进入者受益。

假定本章所述举措在不久的将来变得成熟,成为具有约束力的立法,并在实践中执行,银行系统将在其业务活动的主要领域与不同的竞争对手竞争。因此,银行系统将需要提高其效率,提高服务水平,降低价格,并努力保持其相对优势。

从银行监管局长的角度看,她将不得不将公众舆论的变化内化,并投入更多的精力来发展银行业的有效竞争。正如银行监管局局长在过去几年加强商业行为领域的干预一样,她也必须在竞争政策方面采取类似的行动。

最大的挑战将是两种相互竞争的利益之间的平衡:促进市场竞争;与此同时,在新的竞争现实中保持银行的稳定。

事实上,这两个目标之间的差异并不像乍看上去那么大。最近的研究

---

[116] 《信用数据议案》第 K 章。
[117] 同上,第 N 章。
[118] 同上,第 M 章。
[119] 同上,第 14(b)(3)条。
[120] 同上,第 42 条。参见注释说明第 4 条。

第六章 以色列银行监管:未来之路

表明,被广泛接受的竞争与稳定之间的取舍并不一定是正确的。[121] 因此举例来说,各种研究表明,面临较少竞争的银行,更有可能从事高风险活动,更有可能面临监管干预,更有可能最终倒闭。[122] 人们发现,一个高度集中的银行市场,因为它增加了大型金融机构的系统重要性,从而使大型金融机构"大到不能倒"(too big to fail),而且更可能被政府安全网明确或含蓄地保护。[123] 当金融机构认为自己太大而不能倒闭时,他们更愿意去冒风险。[124] 相比之下,更大的竞争鼓励银行承担更多样化的风险,使银行系统不那么容易受到冲击。[125] 看起来,竞争并不一定会破坏稳定,反而它甚至可能支持并增强稳定性。

如果事实确实如此,希望以色列的银行和银行监管局能够成功地应对他们的三重挑战:保持稳定,公平对待客户,加强有益于各方利益的竞争。

---

[121] 艾琳娜·卡勒迪和菲利普·哈特曼(Elena Carletti & Philipp Hartmann):"竞争与稳定:银行业有什么特别之处?",欧洲中央银行工作文件第 146 号(2002 年),网上可查 http://papers.ssrn.com/sol3/papers.cfm? abstract_id=357880;鲁迪格·阿伦德、詹斯·阿诺德和法布里斯·慕廷(Rudiger Ahrend, Jens Arnold & Fabrice Murtin):"金融市场的审慎监管与竞争",经济合作与发展组织经济部工作文件第 735 号,第 19—32 页,2009 年,网上可查 http://dx.doi.org/10.1787/220117664431。

[122] 布赖恩·埃金斯(Brian Akins)等:"银行竞争与金融稳定:金融危机的证据",《金融与定量分析期刊》第 51 期,第 1 页,2016 年;詹尼·德尼科洛和埃莱娜·卢科伊阿诺娃(Gianni de Nicolo & Elena Loukoianova):"银行所有权、市场结构和风险",IMF 工作文件第 07/215 号,2007 年,网上可查:https://www.imf.org/external/pubs/cat/longres.aspx? sk=21262.0;艾伦·N. 伯杰、利奥拉·F. 克拉珀和里马·特克-阿里斯(Allen N. Berger, Leora F. Klapper & Rima Turk-Ariss):"银行竞争与金融稳定",世界银行工作文件第 4696 号(2008 年),《金融服务研究杂志》第 35 期,第 99 页,2009 年(拥有较高市场实力的银行承担了更多的贷款组合风险,尽管它们的风险敞口较小)。

[123] 德博拉·希利和罗布·尼科尔斯(Deborah Healey & Rob Nicholls):"澳大利亚零售银行业平衡竞争与稳定",CIFR 研究工作文件第 076/2015 号,项目编号 T020,第 13 页,2015 年 11 月。

[124] 伯杰等,前注 122,第 100 页。

[125] 德尼兹·安吉纳、阿斯利·德米尔古克-孔特和朱民(Deniz Anginer, Asli Demirguc-Kunt & Min Zhu):"银行竞争如何影响系统稳定性?"世界银行政策研究工作文件第 5981 号,第 2、19 页,2012 年,网上可查:http://papers.ssrn.com/sol3/papers.cfm? abstract_id=2013865。

参考文献

著作

阿纳特·阿德马蒂和马丁·赫威格:《银行家的新衣:银行业怎么了,该怎么办?》Admati, Anat & Martin Hellwig, The Bankers' New Clothes: What's Wrong with Banking and What to Do about It (Princeton & Oxford, Princeton University Press, 2013)。

阿迪·阿亚尔:"反反监管:以竞争机构取代行业监管机构,以及反垄断的结果如何",Ayal, Adi, "Anti-Anti Regulation: The Supplanting of Industry Regulators with Competition Agencies and How Antitrust Suffers as a Result," in Competition Law as Regulation (Josef Drexl & Fabiana Di Porto eds., Cheltenham, Edward Elgar, 2015)。

阿迪·阿亚尔、齐皮·伊泽尔-伊齐克和奥伦·佩雷斯:"分权条件下的监管:冲突或协同作用以及对以色列监管现实的看法" Ayal, Adi, Tzipi Iser-Itzik & Oren Perez, "Regulation under Conditions of Decentralization: Collision or Synergy and a View to the Regulatory Reality in Israel," in Regulation (David Levi-Faur, Yishai Blank & Roy Kreitner eds., Tel Aviv, Tel Aviv University, forthcoming, in Hebrew)。

伊恩·艾尔斯和约翰·布雷斯韦特:《响应性监管——超越放松管制的辩论》Ayres, Ian & John Braithwaite, Responsive Regulation—Transcending the Deregulation Debate (New York & Oxford, Oxford University Press, 1992)。

拉希德·巴哈尔和卢克·泰夫努兹:"利益冲突:信息披露、激励和市场" Bahar, Rashid & Luc Thevenoz, "Conflicts of Interest: Disclosure, Incentives and the Market," in Conflicts of Interest, Corporate Governance & Financial Markets 1 (Luc Thevenoz & Rashid Bahar eds., the Netherlands, Kluwer, 2007)。

罗伯特·鲍德温、马丁·凯夫和马丁·洛奇:《理解监管:理论、策略和实践》(第二版) Baldwin, Robert, Martin Cave & Martin Lodge, Understanding Regulation: Theory, Strategy and Practice (2nd ed., Oxford, Oxford University Press, 2012)。

达芙妮·巴拉克-埃雷兹:《行政法第3卷——经济行政法》Barak-Erez, Daphne, Administrative Law, Vol. 3—Economic Administrative Law (Tel Aviv, Israel Bar, 2013, in Hebrew)。

---

* 为便于查阅,本索引全部采用中英文对照,并以英文原文首字母排序。——译者注

莫舍·贝杰斯凯:"银行与客户之间的信托关系"Bejsky, Moshe, "Fiduciary Relationship between a Bank and a Customer," in Landau Book, Vol. 3-Articles, Part 2, 1095 (Aharon Barak & Elinoar Mazuz eds., Tel Aviv, Bursi, 1995, in Hebrew).

阿维·本-巴萨特:"监管机构对以色列资本市场的权力以及这些机构的独立性"Ben-Bassat, Avi, "The Powers of the Supervisory Authorities over the Capital Market in Israel and Their Independence," in Regulation of the Capital Market 21 (Avi Ben-Bassat ed., Jerusalem, Israel Democracy Institute, 2007, in Hebrew).

摩西·本·霍林:《资本市场和证券》Ben Horin, Moshe, The Capital Market and Securities (Tel Aviv, Cherikover, 1996, in Hebrew).

沙伦·布莱、阿舍·巴拉斯和阿维·本-巴萨特:"资本市场监管结构的总结与建议"Blei, Sharon, Asher Balas & Avi Ben-Bassat "Summary and Recommendations for the Structue of Regulation of the Capital Market," in Regulation of the Capital Market 207 (Avi Ben-Bassat ed., Jerusalem, Israel Democracy Institute, 2007, in Hebrew).

克里斯·布鲁默:《软法和全球金融体系:21世纪的规则制定》Brummer, Chris, Soft Law and the Global Financial System: Rule Making in the 21st Century (Cambridge, Cambridge University Press, 2012).

彼得·卡特赖特:《银行、消费者和监管》Cartwright, Peter, Banks, Consumers and Regulation (Oxford & Portland, Hart Publishing, 2004).

罗斯·克兰斯顿:《银行法的原理》Cranston, Ross, Principles of Banking Law (2nd ed., Oxford, Oxford University Press, 2002).

奥利维尔·德班特、菲利普·哈特曼和乔斯·路易斯·佩德罗:"银行业系统风险——最新资料"de Bandt, Olivier, Philipp Hartmann & Jose Luis Peydro, "Systemic Risk in Banking—an Update," in The Oxford Handbook of Banking 633 (Allen N. Berger, Philip Molyneux & John O. S. Wilson eds., Oxford, Oxford University Press, 2010).

奥纳·多伊奇:《消费者的法律地位》Deutch, Orna, The Legal Status of Consumers (Srigim, Nevo, 2002, in Hebrew).

赛奈·多伊奇:"银行-客户关系:契约和消费者方面"Deutch, Sinai, "Bank-Customer Relationship: Contractual and Consumer Aspects," in Essays in Memory of Professor Guido Tedeschi-A Collection of Essays on Jurisprudence and Civil Law 163 (Yizhak Englard et al., eds., Jerusalem, Sacher Institute, 1996, in Hebrew).

赛奈·多伊奇:《消费者保护法第一卷——基础和原则》Deutch, Sinai, The Law of Consumer Protection, Vol. 1—Foundations and Principles (Tel Aviv, Israel Bar, 2001, in Hebrew).

马赛厄斯·德瓦特里庞和让·梯若尔:《银行审慎监管》Dewatripont, Mathias & Jean Tirole, The Prudential Regulation of Banks (Cambridge & London, MIT Press, 1993).

拉里萨·德拉戈米尔:《欧洲审慎银行监管和监督》Dragomir, Larisa, European Prudential Banking Regulation and Supervision(Abingdon and New York, Routledge, 2010).

罗伯特·艾森拜斯和乔治·G.考夫曼:"存款保险"Eisenbeis, Robert A. & George G. Kaufman, "Deposit Insurance," in The Oxford Handbook of Banking 339 (Allen N. Berger, Philip Molyneux & John O. S. Wilson eds., Oxford, Oxford University Press, 2010).

卢克·恩里克斯:"投资服务的利益冲突:MiFID监管框架的价格和不确定性影响"Enriques, Luca, "Conflicts of Interest in Investment Services: The Price and Uncertain Impact of MiFID's Regulatory Framework," in Investor Protection in Europe: Corporate Law Making, the MiFID and Beyond 321 (Guido Ferrarini & Eddy Wymeersch eds., Oxford, Oxford University Press, 2007).

哈罗德·安德伍德·福克纳:《自由放任主义的衰落(1897—1917年)》Faulkner, Harold Underwood, The Decline of Laissez Faire, 1897-1917 (originally published as Volume VII of the Economic History of the United States, New York, Holt, Rinehart and Winston, 1951).

西德尼·法恩:《放任和一般福利国家:美国思想冲突研究》Fine, Sidney, Laissez Faire and the General-Welfare State: A Study of Conflict in American Thought, 1865-1901 (Ann Arbor, University of Michigan Press, 1964).

爱德华·P. M. 加德纳:《英国银行监管:演化、实践和问题》Gardener, Edward P. M. (ed.), United Kingdom Banking Supervision: Evolution, Practice and Issues (London, Allen & Unwin, 1986).

沙伦·吉拉德:"关注和声誉:将监管机构的内部和外部世界联系起来"Gilad, Sharon, "Attention and Reputation: Linking Regulator's Internal and External Worlds," in Executive Government in Crisis 157 (Martin Lodge & Kai Wegrich eds., Basingstoke, Palgrave Macmillan, 2012).

查尔斯·A. E. 古德哈斯:《中央银行和金融系统》Goodhart, Charles A. E., The Central Bank and the Financial System (Cambridge, MIT, 1995).

查尔斯·古德哈特等:《金融监管:为什么、如何以及现在何去何从》Goodhart, Charles, et al., Financial Regulation: Why, How and Where Now? (London, Routledge, 1998).

戴维·哈恩:《破产法》Hahn, David, Bankruptcy Law (Tel Aviv, Israel Bar, 2009, in Hebrew).

沙伦·汉内斯和亚德林·奥姆瑞:"论以中国墙处理利益冲突的弊端——从贝杰斯凯委员会到巴卡尔的改革"Hannes, Sharon & Omry Yadlin, "On the Downside of Handling Conflict of Interests with Chinese Walls—From Beisky Committee to Bachar's Reform," in Daniel's Book—Inquiries in the Scholarship of Professor Daniel Friedmann 961 (Nili Cohen & Ofer Grosskopf eds., Srigim, Nevo, 2008, in Hebrew).

阿萨夫·哈雷尔:"双重实体——行政法中的私人实体"Harel, Assaf, Dual Entities—Private Entities in the Administrative Law(Tel Aviv, Israel Bar, 2008, in Hebrew).

何东、斯蒂芬·英韦斯和史蒂文·A. 西林:"设立资产管理公司的问题"He, Dong, Stefan Ingves & Steven A. Seeling, "Issues in the Establishment of Asset Management Companies," in Bank Restructuring and Resolution (David S. Hoelscher ed., Basingstoke, Palgrave Macmillan, 2006).

赫伯特·J. 赫尔德和温迪·霍斯金斯:"过桥银行"Held, Herbert J. & Wendy Hoskins, "Bridge Banks," in Managing the Crisis: The FDIC and RTC Experience 1980-1994, Volume 1 (1998), available at https://www.fdic.gov/bank/historical/managing/history1-06.pdf.

理查德·J. 赫林和罗伯特·E. 里坦:《全球经济金融监管》Herring, Richard J., & Robert E. Litan, Financial Regulation in the Global Economy (Washington D.C., Brookings Institution Press, 1995).

迈尔·赫思:《以色列银行业:第一部分——历史考察》Heth, Meir, Banking in Israel: Part One—Historical Survey (Jerusalem, The Jerusalem Institute for Israel Studies, 1994, in Hebrew).

迈尔·赫思:《以色列银行业:第二部分——结构、业务和危机》Heth, Meir, Banking in Israel: Part Two—Structure, Activities and Crises (Jerusalem, The Jerusalem Institute for Israel Studies, 1994, in Hebrew).

迈尔·赫思:《回顾以色列资本市场》Heth, Meir, Looking Back at the Israeli Capital Market (Jerusalem, Rubin Mass, 2012, in Hebrew).

克劳斯·霍普:"企业、银行和代理法中的托管制度与利益冲突:现代服务型社会中介机构的一般法律原则"Hopt, Klaus J., "Trusteeship and Conflicts of Interest in Corporate, Banking and Agency Law: Toward Common Legal Principles for Intermediaries in the Modern Service Oriented Society," in Reforming Company and Takeover Law in Europe 67 (Guido Ferrarini et al., eds., Oxford, Oxford University Press, 2004).

约翰·梅纳德·凯恩斯:《自由放任主义的终结》Keynes, John Maynard, The End of Laissez-Faire (originally published in London, L. & V. Woolf at the Hogarth Press, 1926).

马克·科鲁伊所夫:"机构资产管理的利益冲突:欧盟的监管方式是否足够?"Kruithof, Marc, "Conflicts of Interest in Institutional Asset Management: Is the EU Regulatory Approach Adequate?," in Conflicts of Interest, Corporate Governance & Financial Markets 277 (Luc Thevenoz & Rashid Bahar eds., the Netherlands, Kluwer, 2007).

戴维·列维-福尔:"监管和监管治理"Levi-Faur, David, "Regulation and Regulatory Governance," in Handbook of the Politics of Regulation 3 (David Levi-Faur ed., Cheltenham, Edward Elgar, 2011).

戴维·卢埃林:"介绍:监管机构的制度结构"Llewellyn, David T., "Introduction: The Institutional Structure of Regulatory Agencies," in How Countries Supervise Their

Banks, Insurers and Securities Markets, 11 (N. Courtis ed., London, Central Bank Publications, 1999).

戴维·T.卢埃林:《金融机构监管与监督》Llewellyn, David T., Regulation and Supervision of Financial Institutions (London, Chartered Institute of Bankers, 1986).

丹尼尔·马曼和泽埃夫·罗森赫克:《以色列中央银行:政治经济、全球逻辑和本地行动者》Maman, Daniel & Zeev Rosenhek, The Israeli Central Bank: Political Economy, Global Logics and Local Actors (Oxon & New York, Routledge, 2011).

多纳托·马希安德罗和马克·昆廷:"监管监管机构:金融危机前后金融监管体系结构的变化"Masciandaro, Donato & Marc Quintyn, "Regulating the Regulators: The Changing Face of Financial Supervision Architectures before and after the Financial Crisis," in Handbook of Central Banking, Financial Regulation and Supervision after the Financial Crisis 454 (Sylvester Eijffinger & Donato Masciandaro eds., Cheltenham & Northampton, Edward Elgar, 2011).

多纳托·马希安德罗和马克·昆廷:"金融监管的进化:继续寻找圣杯"Masciandaro, Donato & Marc Quintyn, "The Evolution of Financial Supervision: The Continuing Search for the Holy Grail,"in 50 Years of Money and Finance: Lessons and Challenges 263,282-290 (Morten Balling & Ernest Gnaneds., Vienna, SUERF, 2013), available at http://econpapers.repec.org/bookchap/erferfftc/1-8.htm.

哈里·麦克维:《金融集团和"中国墙"》McVea, Harry, Financial Conglomerates and the Chinese Wall (Oxford, Clarendon Press, 1993).

布朗温·摩根和卡伦·杨:《法律与规例简介:文本与资料》Morgan, Bronwen & Karen Yeung, An Introduction to Law and Regulation: Text and Materials (New York, Cambridge University Press, 2007).

米尔詹·欧德·弗里林可·科尔·范·蒙特福特和梅克·博克霍斯特:"混合监管法规"Oude Vrielink, Mirjan, Cor van Montfort & Meike Bokhorst, "Codes as Hybrid Regulation," in Handbook of the Politics of Regulation 486 (David Levi-Faur ed., Cheltenham & Northampton, Edward Elgar, 2011).

托马索·帕多阿-斯基奥帕:《监管金融:平衡自由与风险》Padoa-Schioppa,Tommaso, Regulating Finance: Balancing Freedom and Risk(Oxford, Oxford University Press, 2004).

克里斯汀·帕克:《开放公司:有效的自律和民主》Parker, Christine, The Open Corporation: Effective Self-Regulation and Democracy (Cambridge, Cambridge University Press, 2002).

戴维·帕克:《关闭一家破产银行:处置实践和程序》Parker, David C., Closing a Failed Bank: Resolution Practices and Procedures (Washington DC, IMF, 2011).

艾伦·弗兰克尔·保罗:《道德革命与经济科学:19世纪英国政治经济学中的自由放任主义的消亡》Paul, Ellen Frankel, Moral Revolution and Economic Science: The Demise of Laissez Faire in Nineteenth-Century British Political Economy (Westport,

Greenwood Press,1979).

露丝·柏拉图-希纳尔:"跨境银行:重新构建银行保密制度"Plato-Shinar, Ruth, "Cross Border Banking: Reconceptualizing Bank Secrecy," in Rethinking Global Finance and Its Regulation (Ross P. Buckley, Emilios Avgouleas & Douglas W. Arner eds., New York, Cambridge University Press, 2016).

露丝·柏拉图-希纳尔:《银行受托责任——忠诚的义务》Plato-Shinar, Ruth, The Banks Fiduciary Duty—The Duty of Loyalty (Tel Aviv, The Israel Bar, 2010, in Hebrew).

露丝·柏拉图-希纳尔和罗尔夫·H. 韦伯:"全球金融危机时代的软法消费者保护"Plato-Shinar, Ruth & Rolf H. Weber, "Consumer Protection through Soft Law in an Era of Global Financial Crisis," in The Changing Landscape of Global Financial Governance and the Role of Soft Law 233 (Friedl Weiss & Armin J. Kammel eds., Leiden & Boston, Brill, 2015).

迈克尔·鲁宾斯坦和博阿兹·奥康:"银行是一个社会机构"Rubinstein, Michal & Boaz Okon, "The Bank as a Social Agency," in Shamgar Book-Articles Part C, 819 (Aharon Barak ed., Tel Aviv, Israel Bar, 2003, in Hebrew).

斯文·谢洛:《银行恢复与处置》Schelo, Sven, Bank Recovery and Resolution (The Netherlands, Wolters Kluwer, 2015).

德克·舍恩马克尔:"欧盟的金融监管"Schoenmaker, Dirk, "Financial Supervision in the EU," in Handbook of Safeguarding Global Financial Stability: Political, Social, Cultural and Economic Theories and Models 355 (Gerard Caprio ed., London, Waltham & San Diego, Elsevier, 2013).

德克·舍恩马克尔和杰伦·克雷默斯:"金融稳定与适当的商业行为:监管结构能帮助实现这些目标吗?"Schoenmaker, Dirk & Jeroen Kremers, "Financial Stability and Proper Business Conduct: Can Supervisory Structure Help to Achieve These Objectives?" in Institutional Structure of Financial Regulation: Theories and International Experiences 29 (Robin Hui Huang & Dirk Schoenmaker eds., Abingdon & New York, Routledge, 2015).

菲利普·塞尔兹尼克:"专注于监管的组织研究"Selznick, Philip, "Focusing Organizational Research on Regulation," in Regulatory Policy and the Social Sciences (Roger G. Noll ed., Berkeley, University of California Press, 1985).

赫伯特·A.西蒙:《有限理性模型》(第三卷——基于经验的经济理性)Simon, Herbert A., Models of Bounded Rationality, Vol. 3—Empirically Grounded Economic Reason (Cambridge & London, MIT Press, 1997).

亚当·斯密:《国家财富的性质和起因的研究》Smith, Adam, An Inquiry into the Nature and Causes of the Wealth of Nations (originally published in New York, The Modern Library, 1776).

菲利普·E.斯特拉罕:"21世纪银行业的流动性生产"Strahan, Philip E., "Liquidity Production in Twenty-First-Century Banking," in The Oxford Handbook of Banking

112 (Allen N. Berger, Philip Molyneux & John O. S. Wilson eds., Oxford, Oxford University Press, 2010).

亚瑟·J. 泰勒:《19世纪英国的自由放任和国家干预》Taylor, Arthur J., Laissez-Faire and State Intervention in Nineteenth Century Britain (London, Macmillan, 1972).

迈克尔·W. 泰勒:"金融危机后的监管改革——双峰重新审视"Taylor, Michael W., "Regulatory Reform after the Financial Crisis, Twin Peaks Revisited," in Institutional Structure of Financial Regulation: Theories and International Experiences 9 (Robin Hui Huang & Dirk Schoenmaker eds., Abingdon & New York, Routledge, 2015).

雅各布·维纳:《自由放任思想史》Viner, Jacob, The Intellectual History of Laissez Faire (Chicago, University of Chicago Law School, 1961).

琼·沃兹利和格雷厄姆·佩恩:《与国内银行有关的法律》Wadsley, Joan & Graham Penn, The Law Relating To Domestic Banking (2nd ed., London, Sweet & Maxwell, 2000).

戴维·沃恩和尼古拉斯·埃利奥特编著:《银行诉讼》Warne, David & Nicholas Elliott (eds.), Banking Litigation (2nd ed., London, Sweet & Maxwell, 2005).

英格·沃纳:《欧洲银行业监管的紧张关系与协调》Wörner, Ingo, Europäische Bankenregulierung im Spannungsverhältnis zwischen Regulierungswettbewerb und Harmonisierungsbemühungen (Baden-Baden, Nomos, 2000).

埃迪·威米尔希:"利益冲突——尤其是在资产管理方面"Wymeersch, Eddy, "Conflicts of Interest, Especially in Asset Management," in Conflicts of Interest, Corporate Governance & Financial Markets 261 (Luc Thevenoz & Rashid Bahar eds., the Netherlands, Kluwer, 2007).

沙伦·亚丁:《监管合同时代的行政法》Yadin, Sharon, Regulation: Administrative Law in the Age of Regulatory Contracts(Tel Aviv, Bursi, 2016, in Hebrew).

奥韦德·尤沙、沙伦·布莱和耶谢伊·亚费:"从历史角度看以色列的银行体系:多样化与竞争"Yosha, Oved, Sharon Blei & Yishay Yafeh, "The Israeli Banking System from a Historical Perspective: Diversification versus Competition," in the Bank of Israel, Vol. 2—Selected Topics in Israel's Monetary Policy 171 (Nissan Liviatan & Haim Barkai eds., Oxford, Oxford University Press, 2007).

论文

理查德·K. 艾布拉姆斯和迈克尔·W. 泰勒:"统一金融部门监管的问题"Abrams, Richard K. & Michael W. Taylor, "Issues in the Unification of Financial Sector Supervision," IMF Working Paper 00/213 (2000), available at http://www.imf.org/external/pubs/cat/longres.aspx? sk=3939.

鲁迪格·阿伦德、詹斯·阿诺德和法布里斯·慕廷:"金融市场的审慎监管与竞争"Ahrend, Rudiger, Jens Arnold & Fabrice Murtin, "Prudential Regulation and Competition in Financial Markets," OECD Economic Department Working Paper no. 735 (2009), available at http://dx.doi.org/10.1787/220117664431.

布赖恩·埃金斯等:"银行竞争与金融稳定:金融危机的证据"Akins, Brian, et al., "Bank Competition and Financial Stability: Evidence from the Financial Crisis," 51 Journal of Financial and Quantitative Analysis 1 (2016).

德尼兹·安吉纳·阿斯利·德米尔古克-孔特和朱民:"银行竞争如何影响系统稳定性?" Anginer, Deniz, Asli Demirguc-Kunt & Min Zhu, "How Does Bank Competition Affect Systemic Stability?," The World Bank, Policy Research Working Paper no. 5981 (2012), available at http://papers.ssrn.com/sol3/papers.cfm?abstract_id = 2013865.

德尼兹·安吉纳·阿斯利·德米尔古克-孔特和朱民:"存款保险如何影响银行风险?从最近的危机中得到的证据"Anginer, Deniz, Asli Demirguc-Kunt & Min Zhu, "How Does Deposit Insurance Affect Bank Risk? Evidence from the Recent Crisis," 48 Journal of Banking & Finance (2014).

耶奇尔·巴哈特:"《担保法》——修订修正案"Bahat, Yechiel, "The Guarantee Law—Amending the Amendment," 122 Quarterly Banking Review 77 (1993, in Hebrew).

达芙妮·巴拉克-埃雷兹:"私有化时代的国家行动纲领"Barak-Erez, Daphne, "A State Action Doctrine for an Age of Privatization," 45 Syracuse Law Review 1169 (1995).

达芙妮·巴拉克-埃雷兹:"私人监狱的争议和私有化连续体"Barak-Erez, Daphne, "The Private Prison Controversy and the Privatization Continuum," 5 Law and Ethics of Human Rights 137 (2011).

乔治·O.巴布提斯:"杰弗瑞·博尔基亚亲王诉毕马威案:拒绝'不充分'的中国墙"Barboutis, George O., "Prince Jefri Bolkiah v. KPMG: The Rejection of an 'Inadequate' Chinese Wall," 20 The Company Lawyer 286 (1999).

伊曼纽尔·巴尼亚:"政府所有权对以色列银行业的风险、效率和绩效的影响"Barnea, Emanual, "The Impact of Government Ownership on Risks, Efficiency and PerformanceinIsraeliBankingIndustry," The Van Leer Jerusalem Institute—The Program For Economy and Society, Policy Study no. 16 (2014, in Hebrew).

詹姆斯·R.巴斯等:"对银行监管框架和银行业绩的跨国分析"Barth, James R., et al., "A Cross-Country Analysis of the Bank Supervisory Framework and Bank Performance," Office of the Comptroller of the Currency-US Department of the Treasury, Economic and Policy Analysis Working Paper 2002-2 (2002), available at http://www.occ.treas.gov/publications/publications-bytype/economics-working-papers/2008-2000/working-paper-2002-2.html.

伊恩·巴特尔和皮特·瓦斯:"自律和监管状态:政策与实践的调查"Bartle, Ian & Peter Vass, "Self-Regulation and the Regulatory State: A Survey of Policy and Practice," Research Report 17, Centre for the Studies of Regulated Industries, School of Management, University of Bath (2005).

吉来特·本彻特里特:"没有住房政策的十年:政府从支持住房问题上的退出,以及2011年夏天的抗议"Benchetrit, Gilat, "A Decade without a Housing Policy: The Government's withdrawal from Its Support in Housing Issues, and the Protest of Summer 2011," Taub Center (July 21, 2014), available in Hebrew at http://taubcenter. org. il/wpcontent/files_mf/h2014housing1. pdf.

吉来特·本彻特里特:"对抵押贷款人的保护——国家对社会保障网的责任"Benchetrit, Gilat, "Protection for Mortgagees-The State's Responsibility for Safety Nets," Taub Center (2008), available in Hebrew at http://taubcenter. org. il/wpcontent/files_mf/h2008_mortgages68. pdf.

阿尔伯托·伯纳多、马科·帕格诺和萨尔瓦托雷·皮科洛:"多家银行贷款、债权和信息共享"Bennardo, Alberto, Marco Pagano & Salvatore Piccolo, "Multiple Bank Lending, Creditor Rights, and Information Sharing," 19 Review of Finance 519 (2015).

里卡多·本-奥利尔:"总检察长诉国民银行案:一个以色列法庭对银行账户的长期评估"Ben-Oliel, Ricardo, "The Attorney General v. Bank Leumi: A Lengthy Appraisal by an Israeli Court of a Banking Account," 21 Banking & Finance Law Review 61 (2005).

乔治·J. 本斯顿:"政府对银行的监管是必要的吗?"Benston, George J., "Is Government Regulation of Banks Necessary?," 18 Journal of Financial Services Research 185 (2000).

乔治·J. 本斯顿:"监管金融市场:一种批评和一些建议"Benston, George J., "Regulating Financial Markets: A Critique and Some Proposals," Hobart Paper 135, Institute of Economic Affairs (1998).

埃雅尔·本韦尼斯蒂:"行政法适用于私人机构"Benvenisti, Eyal, "The Applicability of Administrative Law to Private Bodies," 2 Mishpat Umimshal-Law and Government in Israel 11 (1994, in Hebrew).

艾伦·N. 伯杰、利奥拉·F. 克拉珀和里马·特克-阿里斯:"银行竞争与金融稳定"Berger, Allen N., Leora F. Klapper & Rima Turk-Ariss, "Bank Competition and Financial Stability," World Bank Working Paper no. 4696 (2008), 35 Journal of Financial Services Research 99 (2009).

艾伦·N. 伯杰、W. 斯科特·弗雷姆和内森·H. 米勒:"信用评分与小企业贷款的可用性、价格和风险"Berger, Allen N., W. Scott Frame & Nathan H. Miller, "Credit Scoring and the Availability, Price, and Risk of Small Business Credit," FRB of Atlanta Working Paper no. 2002-6, FEDS Working Paper no. 2002-26 (2002), available at http://papers. ssrn. com/sol3/papers. cfm? abstract_id=315044#.

埃坦·伯格拉斯:"银行-客户关系的立法和判例法的经济方面"Berglas, Eitan, "Economic Aspects of Legislation and the Case-Law in Respect of Bank-Customer Relationship," 119 Quarterly Banking Review 102 (1992, in Hebrew).

埃里克·比伯:"有太多事情要做:如何处理多目标机构的功能失调"Biber, Eric, "Too

Many Things to Do: How to Deal with the Dysfunctions of MultipleGoal Agencies," 33 Harvard Environmental Law Review 1 (2009).

朱利娅·布莱克:"法制化自律"Black, Julia, "Constitutionalising Self-Regulation," 59 Modern Law Review 24 (1996).

朱利娅·布莱克:"关于监管的批判性反思"Black, Julia, "Critical Reflections on Regulation," 27 Australian Journal of Legal Philosophy 1 (2002).

朱利娅·布莱克:"管理监管风险和界定责任参数:聚焦于澳大利亚审慎监管局": Black, Julia, "Managing Regulatory Risks and Defining the Parameters of Blame: A Focus on the Australian Prudential Regulation Authority," 28 Law and Policy 1 (2006).

朱利娅·布莱克:"英国风险监管的出现与新的公共风险管理"Black, Julia, "The Emergence of Risk-Based Regulation and the New Public Risk Management in the United Kingdom," Public Law 512 (2005).

朱利娅·布莱克和罗伯特·鲍德温:"真正响应基于风险的监管":Black, Julia, & Robert Baldwin, "Really Responsive Risk-Based Regulation," 32 Law and Policy 181 (2010).

桑德拉·A. 博伊森:"新加坡的存款保险:为什么有,谁得到它,它是怎么运作的?" Booysen, Sandra Annette, "Deposit Insurance in Singapore: Why Have It, Who Gets It, How Does It Work?," Singapore Journal of Legal Studies 76 (2013).

克劳迪奥·博里奥:"朝向金融监督和监管的宏观审慎框架?"Borio, Claudio, "Towards a Macro-Prudential Framework for Financial Supervision and Regulation?", BIS Working Papers no. 128 (2003), available at http://www.bis.org/publ/work128.pdf.

马克·博文思:"分析和评估问责制:一个概念框架"Bovens, Marc, "Analysing and Assessing Accountability: A Conceptual Framework," 13 European Law Journal 447 (2007).

克莱夫·布里奥特:《一个单一国家金融服务监管机构的理据》Briault, Clive, The Rationale for a Single National Financial Services Regulator, Financial Services Authority, Occasional Paper no. 2 (May 1999), available at www.fsa.gov.uk/pubs/occpapers/OP02.Pdf.

彼得·C. 巴克和克丽丝塔·R. 鲍文:"银行内部利益冲突"Buck, Peter C. & Krista R. Bowen, "Intrabank Conflicts of Interest," 3 North Carolina Banking Institute 31 (1999).

戴利安·M. 凯恩、乔治·洛温斯坦和唐·A. 穆尔:"来清除污垢:揭露利益冲突的反常影响"Cain, Daylian M., George Loewenstein & Don A. Moore, "The Dirt of Coming Clean: Perverse Effects of Disclosing Conflicts of Interest," 34 Journal of Legal Studies 1 (2005).

艾琳娜·卡勒迪和菲利普·哈特曼:"竞争与稳定:银行业有什么特别之处?"Carletti, Elena & Philipp Hartmann, "Competition and Stability: What's Special about Banking?," European Central Bank, Working Paper no. 146 (2002), available at http://papers.ssrn.com/sol3/papers.cfm?abstract_id=357880.

马修·卡尔森:"亚当·斯密对货币和银行业监管的支持:一个不一致的例子?"Carlson, Mathieu, "Adam Smith's Support for Money and Banking Regulation: A Case of Inconsistency?," 29 History of Economics Review 1 (1999), available at http://www.hetsa.org.au/pdf-back/29-A-1.pdf.

彼得·卡特赖特和安德鲁·坎贝尔:"共同保险和道德风险:关于美国和英国存款保护的一些反思"Cartwright, Peter & Andrew Campbell, "Co-insurance and Moral Hazard: Some Reflections on Deposit Protection in the UK and USA," 5 Journal of Banking Regulation 9 (2003).

伦纳德·查曾:"强化'中国墙':一种回应"Chazen, Leonard, "Reinforcing the Chinese Wall: A Response," 51 New York University Law Review 552 (1976).

马丁·奇哈克等:"世界银行监管和监督:危机升级"Čihák, Martin, et al., "Bank Regulation and Supervision around the World: A Crisis Update," The World Bank, Policy Research Working Paper 6286 (December 2012).

罗伯特·查尔斯·克拉克:"金融中介机构的稳健性"Clark, Robert Charles, "The Soundness of Financial Intermediaries," 86 Yale Law Journal 1 (1976).

约翰·C.科菲:"内部救助与外部救助:利用应急资本来减轻系统风险"Coffee, John C., "Bail-Ins versus Bail-Outs: Using Contingent Capital to Mitigate Systemic Risk," The Centre for Law and Economic Studies, Columbia University School of Law, Working Paper no. 380 (2010), available at http://papers.ssrn.com/sol3/papers.cfm?abstract_id=1675015.

阿瑟夫·科恩等:"监管:扩大监管工具箱:信任与联合监管的关系"Cohen, Assaf, etal., "Regulation: Expanding the Regulatory Tool box: A Relationship of Trust and Co-Regulation," The Israel Democracy Institute (2014, in Hebrew).

阿哈朗·科恩·莫利维尔和埃亚尔·萨里:"以色列的信贷歧视和建议的解决方案"Cohen Mohliver, Aharon & Eyal Sari, "The Credit Discrimination in Israel and a Suggested Solution," Koret Foundation-Milken Institute (August 2005), available in Hebrew at http://www.mifellows.org/research/HEB_F/4-HB-F.pdf.

齐普拉·科恩和利亚·帕泽曼-约泽福韦:"清算、重组、债权人清理——职员在各种诉讼中责任的研究"Cohen, Zipora & Lea Paserman-Yozefov, "Liquidation, Reorganization, Creditors Settlement-The Exposure of Officeholders to Liability in the Various Proceedings," Gross Book-Research in Companies and Commercial Law 291 (Aharon Barak, Itzhak Zamir & David Libai eds., Srigim, Nevo, 2015, in Hebrew).

尼古拉斯·J.科隆博:"有缺陷的明确的安全网:联邦资助的存款保险是如何导致金融危机的" Colombo, Nicholas J., "The Flawed Explicit Safety Net: How Federally Sponsored Deposit Insurance Contributes to Financial Crisis," 82 Fordham Law Review 1237 (2013).

罗伯特·库特和布拉德利·J. 弗里德曼:"信托关系:它的经济特征和法律后果"Cooter, Robert & Bradley J. Freedman, "The Fiduciary Relationship: Its Economic Character and Legal Consequences," 66 New York University Law Review 1045 (1991).

肯尼思·W. 柯蒂斯:"信托争议:将信托原则注入银行-存款人和银行-借款人关系" Curtis, Kenneth W., "The Fiduciary Controversy: Injection of Fiduciary Principles into the Bank-Depositor and Bank-Borrower Relationships," 20 Loyola of Los Angeles Law Review 795 (1986-1987).

乔斯·德卢纳·马丁内斯和托马斯·A. 罗斯:"金融业综合监管的国际调查" de Luna Martinez, Jose & Thomas A. Rose, "International Survey of Integrated Financial Sector Supervision," World Bank Policy Research Working Paper 3096 (July 2003).

詹尼·德尼科洛和埃莱娜·卢科伊阿诺娃:"银行所有权、市场结构和风险" de Nicolo, Gianni & Elena Loukoianova, "Bank Ownership, Market Structure and Risk," IMF Working Paper 07/215 (2007), available at https://www.imf.org/external/pubs/cat/longres.aspx?sk=21262.0.

乔瓦尼·德拉里恰和罗伯特·马尔克斯:"飞向质量还是被囚禁?信息与信贷分配" Dell'Ariccia, Giovanni & Robert Marquez, "Flight to Quality or to Captivity? Information and Credit Allocation," IMF Working paper 01/20 (2001), available at https://www.imf.org/external/pubs/ft/wp/2001/wp0120.pdf.

阿斯利·德米尔古克-孔特和恩里克·德特拉吉阿什:"存款保险是否增加了银行系统的稳定性?一项实证调查" Demirguc-Kunt, Asli & Enrica Detragiache, "Does Deposit Insurance Increase Banking System Stability? An Empirical Investigation," 49 Journal of Monetary Economics 1373 (2002).

阿斯利·德米尔古克-孔特、爱德华·凯恩和卢克·莱文:"存款保险数据库"Demirguc-Kunt, Asli, Edward Kane & Luc Laeven, "Deposit Insurance Database" (July 2014) IMF Working Paper No. 14/118, available at https://www.imf.org/external/pubs/cat/longres.aspx?sk=41710.0.

詹·德敏:"欧洲银行业整合,十年后" Dermine, Jean, "European Banking Integration, Ten Years After," 2 European Financial Management 331 (1996).

J. R. 德谢佐和乔迪·弗里曼:"作为说客的公共机构"DeShazo, J. R. & Jody Freeman, "Public Agencies as Lobbyists," 105 Columbia Law Review 2217 (2005).

道格拉斯·W. 戴蒙德和菲利普·H. 迪布维克:"银行挤兑、存款保险和流动性"Diamond, Douglas D. & Philip H. Dybvig, "Bank Runs, Deposit Insurance, and Liquidity," 91 Journal of Political Economy 401 (1983).

迪特里希·多曼斯基、里奇希尔德·莫斯纳和威廉·尼尔森:"央行作为最后贷款人:2007—2010年危机经验和未来教训"Domanski, Dietrich, Richhild Moessner & William Nelson, "Central Banks as Lenders of LastResort: Experiences during the 2007-2010 Crisis and Lessons for the Future," Federal Reserve Board, Finance and Economics Discussion Series, Working Paper 2014-110(2014), available at http://www. federalreserve. gov/econresdata /feds/2014/files/2014110pap. pdf.

伊塔玛·德雷克斯勒等:"谁从最后借款人借钱"Drechsler, Itamar, et al., "Who Borrows from the Lender of Last Resort?," The Journal of Finance, Accepted Author Manuscript. doi:10. 1111/jofi. 12421（2016）, available at http://pages. stern. nyu. edu/~pschnabl/public_html/DDMS_nov2014 . pdf.

丽贝卡·N. 达菲:"注意:存款保险增加道德风险:80年代的储蓄和贷款危机能教会我们应对当前的金融危机"Duffy, Rebecca N., "Note: The Moral Hazard of Increased Deposit Insurance: What The 1980s Savings and Loan Crisis Can Teach Us about Responding to the Current Financial Crisis," 59 Drake Law Review 559 (2011).

亚罗恩·伊莱亚斯:"公法原则适用于保险公司"Elias, Yaron, "The Application of Public Law Principles to Insurers," 45 Hapraklit 315（2001, in Hebrew).

道格拉斯·D. 伊万诺夫和黛安娜·福捷:"重新评价银行业的结构-行为-绩效范式" Evanoff, Douglas D. & Diana L. Fortier, "Reevaluation of the Structure-Conduct Performance Paradigm in Banking,"1JournalofFinancialServicesResearch277（1988).

艾利斯·费伦:"英国采用单一金融监管模式的经验"Ferran, Eilis, "Examinnig the United Kingdom's Experience in Adopting the Single Financial Regulator Model," 28 Brooklyn Journal of International Law 257（2003).

塔玛·弗兰克尔:"信托法"Frankel, Tamar, "Fiduciary Law," 71 California Law Review 795（1983).

泽维尔·弗雷克斯、布鲁诺·帕里奇和琼·查理·罗榭:"最后贷款人:一种21世纪的方法"Freixas, Xavier, Bruno M. Parigi & Jean-Charles Rochet, "The Lender of Last Resort: A 21st Century Approach," ECB Working Paper no. 298 (December 2003).

哈维尔·弗雷克斯等人:"最后贷款人:对文献的回顾"Freixas, Xavier, et al., "Lender of Last Resort: A Review of the Literature," Financial Stability Review, Issue 7, 151 (November 1999), available at https://notendur. hi. is/~ajonsson/kennsla2006/ fsr07art6. pdf.

阿维娃·格瓦和露丝·柏拉图-希纳尔:"道德准则——它能给银行业监管增加什么?" Geva, Aviva & Ruth Plato-Shinar, "Ethical Code—Does It Add Anything to Banking Regulation?," 27 Bar-Ilan Law Studies 261 (2011, in Hebrew). An abstract in English is available at ssrn. com/abstract=2481521.

沙伦·吉拉德:"政治压力、组织身份和对任务的关注:从危机前的金融监管中得到的例证"Gilad, Sharon, "Political Pressures, Organizational Identity, and Attention to Tasks: Illustrations from Pre-Crisis Financial Regulation," 93 Public Administration 593（2015).

沙伦·吉拉德、摩西·毛尔和帕齐特·本-纳恩·布卢姆:"组织声誉、公众指控的内容和监管沟通"Gilad, Sharon, Moshe Maor & Pazit Ben-Nun Bloom, "Organizational Reputation, the Content of Public Allegations, and Regulatory Communication," 25

Journal of Public Administration Research and Theory 451（2015）.

克莱顿·P.吉勒特："法律和规范的锁定效应"Gillette, Clayton P., "Lock-in Effects in Law and Norms," 78 Boston University Law Review 813（1998）.

西蒙·格利森："银行内部救助的法律方面"Gleeson, Simon, "Legal Aspects of Bank Bail-Ins," LSE Financial Markets Group Paper Series, Special Paper 205（January 2012）, available at http://www.lse.ac.uk/fmg/workingPapers/specialPapers/PDF/SP205.pdf.

安德鲁·戈德温和安德鲁·D.施穆洛："南非的金融业监管法案：来自澳大利亚的经验教训"Godwin, Andrew & Andrew D. Schmulow, "The Financial Sector Regulatuion Bill in South Africa：Lessons from Australia," Center for International Finance and Regulation, Research Working Paper no. 052/2015（2015）, available at http://papers.ssrn.com/sol3/papers.cfm?abstract_id=2556544.

安德鲁·戈德温和伊恩·拉姆齐："双峰——澳大利亚金融监管体系的法律和监管结构"Godwin, Andrew & Ian Ramsay, "Twin Peaks—The Legal and Regulatory Anatomy of Australia's System of Financial Regulation," Center for International Finance and Regulation, Research Working Paper no. 074/2015（August 2015）, availbale at http://papers.ssrn.com/sol3/papers.cfm?abstract_id=2657355.

卡特·H.戈尔曼："银行监管的长期趋势"Golembe, Carter H., "Long-Term Trends in Bank Regulation," 2 Journal of Financial Services Research 171（September 1989）.

阿萨夫·哈姆达尼："全球危机、机构投资者和以色列资本市场：中期后果"Hamdani, Assaf, "The Global Crisis, Institutional Investors and the Israeli Capital Market：Interim Consequences," 40 Mishpatim-The Hebrew University Law Review 309（2011, in Hebrew）.

阿萨夫·哈姆达尼和埃胡德·卡马尔："隐藏的政府对私有化银行的影响"Hamdani, Assaf & Ehud Kamar, "Hidden Government Influences Over Privatized Banks," 13 Theoretical Inquiries in Law 567（2012）.

扬·韩春和哈尔·G.雷尼："美国联邦机构的目标模糊与组织绩效"Han Chun, Young & Hal G. Rainey, "Goal Ambiguity and Organizational Performance in U.S. Federal Agencies," 15 Journal of Public Administration Research and Theory 529（2005）.

蒂莫西·H.汉南："银行结构-行为-绩效范式的基础"Hannan, Timothy H., "Foundations of the Structure-Conduct-Performance Paradigm in Banking," 23 Journal of Money, Credit and Banking 68（1991）.

阿尔文·C.哈勒尔："银行客户关系：现代形式的进化？"Harrell, Alvin C., "The Bank-Customer Relationship：Evolution of a Modern Form?," 11 Oklahoma City University Law Review 641（1986）.

罗恩·哈里斯与艾因特·阿尔宾："信贷广告操纵的破产政策"Harris, Ron & Einat Albin, "Bankruptcy Policy in Light of Manipulation in Credit Advertising," 7 Theoretical Inquiries in Law 431（2006）.

德博拉·希利和罗布·尼科尔斯:"澳大利亚零售银行业对竞争与稳定的平衡"Healey, Deborah & Rob Nicholls, "Balancing Competition and Stability in Australian Retail Banking," CIFR Research Working Paper Series, Working Paper no. 076/2015 Project no. T020 (November 2015).

丹尼尔·赫默尔:"监管整合和跨境协调:挑战传统智慧"Hemel, Daniel, "Regulatory Consolidation and Cross-Border Coordination: Challenging the Conventional Wisdom," 28 Yale Journal on Regulation 213 (2011).

迈尔·赫思:"金融集团的利益冲突"Heth, Meir, "Conflicts of Interest in the Financial Conglomerate," 48 Hapraklit 401 (2006, in Hebrew).

迈尔·赫思:"银行的证券业务——处理利益冲突的问题"Heth, Meir, "The Banks' Securities Business—Handling the Problem of Conflicts of Interest," 98 Quarterly Banking Review 11 (1987, in Hebrew).

亚罗恩·赫希菲尔德:"银行存款保险的背景文件"Hirshfeld, Yaron, "A Background Document on Bank Deposit Insurance," The Knesset Research and Information Center (June 2002), available in Hebrew at http://www.knesset.gov.il/mmm/data/pdf/m00175.pdf.

戴维·S.霍尔舍、迈克尔·泰勒和乌尔里奇·克卢:"存款保险制度的设计和实施"Hoelscher, David S., Michael Taylor & Ulrich H. Klueh, "The Design and Implementation of Deposit Insurance Systems," IMF Occasional Paper no. 251, (December 2006).

托马斯·M.郝尼希:"金融现代化:安全网的意义" Hoenig, Thomas M., "Financial Modernization: Implications for the Safety Net," 49 Mercer Law Review 787 (1998).

塞西尔·亨特,"信任的代价:对受托责任和贷款人-借款人关系的审查"Hunt, Cecil J., "The Price of Trust: An Examination of Fiduciary Duty and the Lender-Borrower Relationship," 29 Wake Forest Law Review 719 (1994) (supporting this approach).

巴特·P.M.乔森:"在银行恢复和处置指令中的内部救助机制"Joosen, Bart P.M., "Bail in Mechanisms in the Bank Recovery and Resolution Directive," Netherlands Association for Comparative and International Insolvency Law, Working Paper (October 2014), available at http://papers.ssrn.com/sol3/papers.cfm? abstract_id=2511886.

陈苏荣:"将目标模糊理论扩展到项目中:考察目标模糊与绩效之间的关系"Jung, Chan Su, "Extending the Theory of Goal Ambiguity to Programs: Examining the Relationship between Goal Ambiguity and Performance," 74 Public Administration Review 205 (2014).

查尔斯·M.卡恩和乔奥·A.C.桑托斯:"分配银行监管权力:最后贷款人、存款保险和监督"Kahn, Charles M. & Joao A.C. Santos, "Allocating Bank Regulatory Powers: Lender of Last Resort, Deposit Insurance and Supervision," BIS Working Paper no. 102 (August 2001), available at http://www.bis.org/publ/work102.pdf.

乔治·G. 考夫曼:"银行传染:对理论和证据的回顾"Kaufman, George G., "Bank Contagion: A Review of the Theory and Evidence," 8 Journal of Financial Services Research 123 (1994).

彼得·S. 金:"联邦存款保险公司的特别评估:基于资产而不是存款的存款保险"Kim, Peter S., "The FDIC's Special Assessment: Basing Deposit Insurance on Assets Instead of Deposits," 14 North Carolina Banking Institute 381 (2010).

丹尼尔·克林格比尔:"运用资产管理公司解决银行危机的跨国经验"Klingebiel, Daniela, "The Use of Asset Management Companies in the Resolution of Banking Crises, Cross-Country Experiences," World Bank Policy Research Working Paper no. 2284 (2000), available at http://papers.ssrn.com/sol3/papers.cfm?abstract_id=282518.

杰伦·克雷默斯和德克·舍恩马克尔:"双峰:荷兰的经验"Kremers, Jeroen & Dirk Schoenmaker, "Twin Peaks: Experiences in the Netherlands," LSE, Financial Markets Group Paper Series, Special Paper 196 (2010), available at http://www.lse.ac.uk/fmg/workingPapers/specialPapers/PDF/SP196.pdf.

琼·雅克·拉丰和琼·梯若尔:"政府决策的政治:监管俘获理论"Laffont, Jean-Jacques & Jean Tirole, "The Politics of Government Decision-Making: A Theory of Regulatory Capture," 106 The Quarterly Journal of Economics 1089 (1991).

卡雷尔·兰努:"监管欧洲金融体系"Lannoo, Karel, "Supervising the European Financial System," Centre for European Policy Studies, Policy Brief no. 21, (May 2002), available at http://www.ceps.eu/publications/supervising-european-financial-system.

巴勃罗·勒纳:"在被抵押住宅执行情况下的家园权利:'执行法'改革之后"Lerner, Pablo, "The Right to Homestead in the Event of Execution of a Mortgaged Dwelling House: Following the Reform of the Execution Law," 51 Hapraklit Law Review 51 (2011, in Hebrew).

戴维·列维-福尔:"福利国家:监管机构的观点"Levi-Faur, David, "The Welfare State: A Regulator Perspective," 92 Public Administration 599 (2014).

马丁·利普顿和罗伯特·B. 梅热:"中国墙:对查曾的回应"Lipton, Martin & Robert B. Mazur, "The Chinese Wall: A Reply to Chazen," 51 New York University Law Review 578 (1976).

马丁·利普顿和罗伯特·B. 梅热:"'中国墙'解决证券公司的冲突问题"Lipton, Martin & Robert B. Mazur, "The Chinese Wall Solution to the Conflict Problems of Securities Firms," 50 New York University Law Review 459 (1975).

戴维·卢埃林:《金融监管的经济原理》Llewellyn, David, The Economic Rationale for Financial Regulation, FSA Occasional Paper 10 (April 1999).

罗纳德·麦克唐纳:"存款保险"MacDonald, Ronald, "Deposit Insurance," in Handbook of Central Banking no. 9, Centre for Central Banking Studies, Bank of England 8 (1996).

乔纳森·R. 梅西:"公共和私人的命令以及合法和不合法的法律规则的产生"Macey, Jonathan R., "Public and Private Ordering and the Production of Legitimate and Illegitimate Legal Rules," 82 Cornell Law Review 1123 (1997).

乔纳森·R. 梅西和杰弗里·P. 米勒:"银行倒闭、风险监测和银行控制市场"Macey, Jonathan R. & Geoffrey P. Miller, "Bank Failures, Risk Monitoring, and the Market for Bank Control," 88 Columbia Law Review 1153 (1988).

詹多梅尼戈·马琼:"从积极到监管状态:治理模式变化的原因和后果"Majone, Giandomenico, "From the Positive to the Regulatory State: Causes and Consequences of Changes in the Mode of Governance," 17 Journal of Public Policy 139 (1997).

詹多梅尼科·马琼:"战略和结构——机构独立和问责制的政治经济"Majone, Giandomenico, "Strategy and Structure the Political Economy of Agency Independence and Accountability," in Designing Independent and Accountable Regulatory Authorities for High Quality Regulation, OECD Working Party on Regulatory Management and Reform126(January 2005), available at www.oecd.org/gov/regulatory-policy/35028836.pdf.

詹多梅尼科·马琼:"欧洲监管国家的崛起"Majone, Giandomenico, "The Rise of the Regulatory State in Europe," 17 West European Politics 77 (1994).

贝利斯·曼宁:"过度立法:我们国家的疾病"Maning, Bayless, "Hyperlexis: Our National Disease," 71 Northwestern University Law Review 767 (1977).

阿维塔尔·马格利特:"房屋所有权的价值"Margalit, Avital, "The Value of Home Ownership," 7 Theoretical Inquiries in Law 467 (2006).

多纳托·马希安德罗:"政治家和金融监督在央行之外的统一:他们为什么要这么做?" Masciandaro, Donato, "Politicians and Financial Supervision Unification Outside the Central Bank: Why Do They Do It?," 5 Journal of Financial Stability 124 (2009).

帕特里夏·A. 麦科伊:"存款保险的道德风险影响:理论与证据"McCoy, Patricia A., "The Moral Hazard Implications of Deposit Insurance: Theory and Evidence," 5 Current Developments in Monetary and Financial Law 417 (2008).

布里阿尼·迈克尔、沙伊·哈克古和达留什·武伊齐克:"目标导向的金融监管意味着重新考虑立法强制的经济调控?"Michael, Bryane, Say Hak Goo & Dariusz Wojcik, "Does Objectives-Based Financial Regulation Imply a Rethink of Legislatively Mandated Economic Regulation? The Case of Hong-Kong and Twin Peaks Financial Regulation" (2014), available at http://papers.ssrn.com/sol3/papers.cfm?abstract_id=2523346.

伊塔马尔·米拉德:《对发达国家的银行存款保险机制的描述和分析》Milard, Itamar, "Description and Analysis of Mechanisms of Bank Deposit Insurance in Developed Countries," The Knesset Research and Information Center (May 2015), available in Hebrew at https://www.knesset.gov.il/mmm/data/pdf/m03 685.pdf.

肯尼斯·卡奥马·姆文达:"金融服务监管的法律方面以及统一监管机构的概念"Mwenda, Kenneth Kaoma, "Legal Aspects of Financial Services Regulation and the

Concept of a Unified Regulator," The World Bank, Law Justice and Development Series (2006), available at http://sitesources.worldbank.org/INTAFRSUMAFTPS/Resources/Legal_Aspects_of_Financial_Sces_Regulations.pdf.

约瑟夫·J.诺顿:"全球金融部门改革:基于英国FSA经验的单一金融监管模式——一个关键的再评估"Norton, Joseph J., "Global Financial Sector Reform: The Single Financial Regulator Model Based on the United Kingdom FSA Experience—A Critical Reevaluation," 39 International Lawyer 15 (2005).

安东尼·奥格斯:"反思自律"Ogus, Anthony, "Rethinking Self-Regulation," 15 Oxford Journal of Legal Studies 97 (1995).

巴拉克·奥巴赫:"什么是监管?"Orbach, Barak, "What is Regulation?," 30 Yale Journal on Regulation Online 1 (2012).

埃里克·J.潘:"金融监管改革面临的四大挑战"Pan, Eric J., "Four Challenges to Financial Regulatory Reform," 55 Villanova Law Review 743 (2010).

埃里克·J.潘:"金融监管的结构改革"Pan, Eric J., "Structural Reform of Financial Regulation," 19 Transnational Law & Contemporary Problems 796 (2011).

萨姆·佩尔兹曼:"一个更全面的监管理论"Peltzman, Sam, "Toward a More General Theory of Regulation,"19 Journal of Law and Economics 211 (1976).

阿维纳什·佩尔绍德:"将羊群从悬崖边缘送出:羊群与市场敏感风险管理实践之间令人不安的互动"Persaud, Avinash, "Sending the Herd off the Cliff Edge: The Disturbing Interaction between Herding and Market—Sensitive Risk Management Practices," Institute of International Finance (2000), available at http://www.bis.org/publ/bppdf/bispap02l.pdf.

露丝·柏拉图-希纳尔:"一个叫'银行'的天使:银行的受托责任是以色列银行法的基本理论"Plato-Shinar, Ruth, "An Angel Named 'The Bank': The Bank's Fiduciary Duty as the Basic Theory in Israeli Banking Law,"36 Common Law World Review 27 (2007).

露丝·柏拉图-希纳尔:"以色列银行在商业银行案例中提供担保——这并不是故事的结尾"Plato-Shinar, Ruth, "Bank of Israel Guarantee in the Case of the Bank of Commerce—It's Not the End of the Story," 149 Quarterly Banking Review Issue 17 (2002, in Hebrew).

露丝·柏拉图-希纳尔:"以色列的银行保密"Plato-Shinar, Ruth, "Bank Secrecy in Israel," 29 The Comparative Law Yearbook of International Business 269 (2007).

露丝·柏拉图-希纳尔:"《银行(服务客户)法律》(1981):关于受托责任的缺失"Plato-Shinar, Ruth, "Banking (Service to Customer) Law 1981: On the Absence of a Fiduciary Duty," 5 Hukim-Journal on Legislation 179 (2013, in Hebrew).

露丝·柏拉图-希纳尔:"根据以色列新集体诉讼法对银行的集体诉讼"Plato-Shinar, Ruth, "Class Actions against Banks under the New Israeli Law on Class Actions," 26 Annual Review of Banking and Financial Law 255 (2007).

露丝·柏拉图-希纳尔:"以色列的建筑贷款:银行对第三方的责任"Plato-Shinar, Ruth, "Construction Loans in Israel: Bank's Liability towards Third Parties," 23 The International Construction Law Review 187 (2006).

露丝·柏拉图-希纳尔:"以色列:商法与消费者保护之间的个人保证"Plato-Shinar, Ruth, "Israel: Personal Guarantees between Commercial Law and Consumer Protection," Ius Comparatum: Global Studies in Comparative Law (2016, forthcoming).

露丝·柏拉图-希纳尔:"关于银行-担保人关系的转变:自利帕特案至今"Plato-Shinar, Ruth, "On the Transformation of the Bank-Guarantor Relationship: Since the Liepart Case until Today," Eliahu Mazza Book 883 (Aharon Barak et al, eds., Srigim, Nevo, 2015, in Hebrew).

露丝·柏拉图-希纳尔:"银行合同是一种特殊的合同——以色列模式"Plato-Shinar, Ruth, "The Banking Contract as a Special Contract-The Israeli Model," 29 Touro Law Review 721 (2013).

露丝·柏拉图-希纳尔:"银行的受托责任:加拿大-以色列的比较"Plato-Shinar, Ruth, "The Bank's Fiduciary Duty: A Canadian-Israeli Comparison," 22 Banking & Financial Law Review 1 (2006).

露丝·柏拉图-希纳尔:"以色列法律下的银行受托责任:是否有必要将其从公平原则转变为法定职责?"Plato-Shinar, Ruth, "The Bank's Fiduciary Duty under Israeli Law: Is There a Need to Transform It From an Equitable Principle into a Statutory Duty?," 41 Common Law World Review 219 (2012).

露丝·柏拉图-希纳尔和罗尔夫·韦伯:"银行受托责任的三种模式"Plato-Shinar, Ruth & Rolf Weber, "Three Models of the Bank's Fiduciary Duty," 2 Law and Financial Markets Review 422 (2008).

理查德·A. 波斯纳:"经济监管的若干理论"Posner, Richard A., "Theories of Economic Regulation," 5 Bell Journal of Economics and Management Science 335 (1974).

安德鲁·鲍威尔等:"完善信用信息、银行监管与监督:公共征信的作用与设计"Powell, Andrew, et al., "Improving Credit Information, Bank Regulation and Supervision: On the Role and Design of Public Credit Registries," World Bank Policy Research Working Paper 3443 (2004), available at http://www1.worldbank.org/finance/assets/images/39968_wps3443.pdf.

乔纳斯·普拉格:"1983—1994 年以色列的银行私有化:政治经济学的案例研究"Prager, Jonas, "Banking Privatization in Israel, 1983-1994: A Case Study in Political Economy," 197 Banca Nazionale del Lavoro Quarterly Review 209 (1996).

斯坦利·拉加列夫斯基和萨拉·理查迪:"银行破产的剖析"Ragalevsky, Stanley V. & Sarah J. Ricardi, "Anatomy of a Bank Failure," 126 Banking Law Journal 867 (2009).

菲利普·罗林斯、安德洛玛琪·乔治欧索利和科斯坦萨·拉索:"金融服务的监管:目标和方法"Rawlings, Philip, Andromachi Georgosouli & Costanza Russo, "Regulation of Financial Services: Aims and Methods," CCLS Queen Mary University (April 2014), available at http://www.ccls.qmul.ac.uk/docs/research/138683.pdf.

尤里尔·赖克曼:"需要改革:将土地所有权转换成法定租赁的规则"Reichman, Uriel, "In Need of Reform: The Rule Transforming Ownership of Land into a Statutory Lease," 9 Iyunei Mishpat-Tel Aviv University Law Review 121(1983, in Hebrew).

理查德·J.罗森:"三是一群吗？银行业监管机构之间的竞争"Rosen, Richard J., "Is Three a Crowd? Competition among Regulators in Banking," 35 Journal of Money, Credit and Banking 967 (2003).

亨利·罗森斯坦、迈克尔·休伯和乔治·加斯克尔:"风险殖民化理论:社会和制度风险的螺旋式监管逻辑"Rothstein, Henry, Michael Huber & George Gaskell, "A Theory of Risk Colonization: The Spiralling Regulatory Logics of Societal and Institutional Risk," 35 Economy and Society 91 (2006).

安德鲁·D.施穆洛:"金融体系监管的方法:一项国际比较调查"Schmulow, Andrew D., "Approaches to Financial System Regulation: An International Comparative Survey," Center for International Finance and Regulation, Research Working Paper no. 053/2015 (2015), available at http://www.cifr.edu.au/assets/document/WP053-2015%20Godwin%20E018%20Approaches%20to%20 Financial%20System%20Regul.pdf.

安德鲁·D.施穆洛:"双峰:理论分析"Schmulow, Andrew D., "Twin Peaks: A Theoretical Analysis," Center for International Finance and Regulation, Research Working Paper Series Project no. E018 (2015).

L.S.西利:"信托义务的一些原则"Sealy, L. S., "Some Principle's of Fiduciary Obligation," 21 Cambridge Law of Journal 119 (1963).

琳达·森登:"欧洲法中的软法、自律和共调:他们在哪里相遇？"Senden, Linda, "Soft Law, Self-Regulation and Co-Regulation in European Law: Where Do They Meet?," 9.1 Electronic Journal of Comparative Law (2005).

达尔文德·辛格和约翰·雷蒙德·拉布罗斯:"北岩银行、存款人和存款保险:一些批评性反思"Singh, Dalvinder & John Raymond LaBrosse, "Northern Rock, Depositors and Deposit Insurance Coverage: Some Critical Reflections," The Journal of Business Law 55 (2010).

戴维·A.斯基尔:"《公司法》蒙羞"Skeel, David A., "Shaming in Corporate Law," 149 University of Pennsylvania Law Review 1811 (2001).

米拉·索霍尼:"'太多法律'的概念"Sohoni, Mila, "The Idea of 'Too Much Law'," 80 Fordham Law Review 1585 (2012).

达夫·所罗门和奥蒂莉亚·明内丝:"无追索权、无首付与抵押贷款的崩溃:来自于资本不足的教训"Solomon, Dov & Odelia Minnes, "Non-Recourse, No Down Payment and the Mortgage Meltdown: Lessons from Undercapitalization," 16 Fordham Journal of Corporate & Financial Law 529 (2011).

约翰·A. 斯巴诺格尔:"美国对银行-客户关系的监管"Spanogle, John A., "Regulation of the Bank-Customer Relationship in the United States," 4 Journal of Banking and Finance Law and Practice 18 (1993).

乔治·J. 施蒂格勒:"经济监管理论"Stigler, George J., "The Theory of Economic Regulation," 2 Bell Journal of Economics and Management Science 3 (1971).

沃利·苏菲阿普:"有效风险调整后的银行存款保险:一个跨国战略"Suphap, Wally, "Toward Effective Risk-Adjusted Bank Deposit Insurance: A Transnational Strategy," 42 Columbia Journal of Transnational Law 829 (2004).

迈克尔·泰勒:"'双峰':新世纪的监管结构"Taylor, Michael, "'Twin Peaks': A Regulatory Structure for the New Century," Center for the Study of Financial Innovation 1 (1995).

迈克尔·泰勒和亚历克斯·弗莱明:"综合金融监管:北欧经验教训"Taylor, Michael & Alex Fleming, "Integrated Financial Supervision: Lessons from Northern European Experience," World Bank Policy Research Working Paper 2223 (1999), available at http://documents.worldbank.org/curated/en/1999/11/439627/integrated-financial-supervision-lessons-northern-european-experience.

米歇尔·蒂森:"挑战谨慎的监管机构:责任与(监管)豁免"Tison, Michel, "Challenging the Prudential Supervisor: Liability versus (Regulatory) Immunity," Financial Law Institute Working Paper no. 2003-04 (2003).

米歇尔·蒂森:"不要攻击监管机构! 彼得·保罗之后的银行监管责任"Tison, Michel, "Do Not Attack the Watchdog! Banking Supervision's Liability after Peter Paul," 42 Common Market Law Review 639 (2005).

保罗·塔克:"最后贷款者和现代中央银行:原则和重建"Tucker, Paul, "The Lender of Last Resort and Modern Central Banking: Principles and Reconstruction," BIS Papers no. 79b (2014), available at http://papers.ssrn.com/sol3/papers.cfm?abstract_id=2504686.

迈克尔·A. 特纳和罗宾·瓦吉斯:"消费信贷信息共享的经济后果:效率、包容性和隐私"Turner, Michael A. & Robin Varghese, "The Economic Consequences of Consumer Credit Information Sharing: Efficiency, Inclusion, and Privacy," OECD Joint WPISP-WPIE Roundtable, Background Paper no. 2 (2010), available at http://www.oecd.org/sti/ieconomy/46968830.pdf.

埃米·扎迪克:"《执行法》修订对抵押贷款市场的影响"Tzadik, Ami, "The Impact of the Amendment to the Execution Law on the Mortgage Market," The Knesset Information and Research Center 7 (2008), available in Hebrew at http://www.knesset.gov.il/mmm/data/pdf/m02007.pdf.

罗尔夫·H. 韦伯:"国际金融监管的计划与建构———一种理论方法"Weber, Rolf. H., "Mapping and Structuring International Financial Regulation—A Theoretical Approach," 20 European Business Law Review 651 (2009).

阿瓦拉罕·温罗思:"在市场崩溃情况下银行对客户的责任"Weinroth, Avraham, "The

Bank's Duty towards a Customer in a Case of a Market Collapse," 11 Law and Business 357 (2009, in Hebrew).

乔舒亚·韦斯曼:"房屋抵押贷款丧失赎回权"Weisman, Joshua, "Foreclosure of Mortgages over Homes," 9 Land Law 1 (2010, in Hebrew).

埃德温·G. 韦斯特:"亚当·斯密对货币和银行业监管的支持:一个不一致的例子"West, Edwin G., "Adam Smith's Support for Money and Banking Regulation: A Case of Inconsistency," 29 Journal of Money, Credit and Banking 127 (1997).

劳伦斯·J. 怀特:"美国的银行监管:了解上世纪 80 年代和 90 年代的教训"White, Lawrence J., "Bank Regulation in the United States: Understanding the Lessons of the 1980s and 1990s," 14 Japan and the World Economy 137 (2002).

沙伦·亚丁:"以色列金融市场的监管合同"Yadin, Sharon, "Regulatory Contracts in Financial Markets in Israel," 35 Iyunei Mishpat-Tel Aviv University Law Review 447 (2012, in Hebrew).

沙伦·亚丁:"以色列银行业的自律"Yadin, Sharon, "Self-Regulation in the Israeli Banking Industry," 168 Quarterly Banking Review 19 (2010, in Hebrew).

伊扎克·扎米尔:"对私人活动的公共监督"Zamir, Yitzhak, "Public Supervision Over Private Activity," 2 Law and Business 67 (2005, in Hebrew).

亚罗恩·齐利卡和祖-奈伯格·阿耶莱特:"银行股份危机——从国有化直到完成私有化"Zelika, Yaron & Tzur-Neiberg Ayelet, "The Bank Share Crisis—From Nationalization until Completion of Privatization" (2007), available in Hebrew at http://www. ag. mof. gov. il/AccountantGeneral/AccountantGeneral/Publications/Publications_2007/MashberMenayot. htm.

报告

加拿大

《就业增长和长期繁荣——2013 年经济行动计划》Jobs Growth and Long-Term Prosperity-Economic Action Plan 2013 (tabled in the House of Commons by the Minister of Finance on March 21, 2013), available at http://www. budget. gc. ca/2013/doc/plan/budget2013-eng. pdf.

以色列

以色列银行

以色列银行新闻公告:《银行收费改革实施后第一季度的数据》Bank of Israel: Press Release: Data for the First Quarter after the Implementation of the Bank Fees Reform (December 30, 2008), available in Hebrew at http://www. boi. org. il/he/NewsAndPublications/PressReleases/Pages/081230h. aspx.

以色列银行:《2008 年报告》(2009 年 4 月)Bank of Israel: Annual Report-2008 (April 2009), available at http://www. boi. org. il/en/NewsAndPublications/RegularPublications/Pages/eng_doch08e. aspx.

以色列银行:《以色列与2007—2009年全球危机》Bank of Israel: Israel and the Global Crisis 2007-09 (September 2011), available at http://www. bankisrael. gov. il/dept-data/mehkar/crisis/crisis_2007_2009_eng. pdf.

以色列银行:《2014年上半年金融稳定报告》Bank of Israel: Semi-Annual Financial Stability Report for the First Half of 2014 (June 2014), available at http://www. bankisrael. gov. il/en/NewsAndPublications/RegularPublications/Research％20Department％20Publications/Financial％20 Stability％20Report/financial％20stability％20report2014. pdf.

以色列银行:《金融稳定报告》Bank of Israel: Financial Stability Report (December 2014), available at http://www. bankisrael. gov. il/en/NewsAndPublications/RegularPublications/Research％20 Department％20Publications/Financial％20Stability％20Report/Financial％20 Stability％20Report％202e. pdf.

以色列银行:《以色列支付与结算系统》Bank of Israel: Israel's Payment and Settlement Systems ("Red Book") 2014, available in Hebrew at http://www. bankisrael. gov. il/he/PaymentSystem/Reports/Docu ments/redb2014h. pdf.

以色列银行:《关于加强借记卡领域竞争的建议——最终报告》Bank of Israel: Recommendations Regarding the Increase of Competition in the Field of Debit Cards, Final Report (February 2015), available in Hebrew at http://www. boi. org. il/he/BankingSupervision/Survey/DocLib1/report-d. pdf.

以色列银行:《2014年年报》(2015年3月) Bank of Israel: Annual Report-2014 (March 2015), available in Hebrew at http://www. boi. org. il/he/NewsAndPublications/RegularPublications/Pages/DochBank Israel2014. aspx.

以色列银行新闻公告:《"以色列银行——2014年年度报告"摘要即将出版:证券化市场的发展》Bank of Israel: Press Release: Excerpt from the "Bank of Israel—Annual Report for 2014" to be published soon: Development of the Securitization Market (March 24, 2015), available at http://www. boi. org. il/en/NewsAndPublications/Press Releases/Pages/24-03-2015-securitization. aspx.

以色列银行新闻公告:《关于存款保险应用中的若干问题》Bank of Israel: Press Release: Issues in the Application of Deposit Insurance (June 2015), available at http://www. boi. org. il/en/NewsAndPublications/Press Releases/Pages/16-06-2015-ApplicationDepositInsurance. aspx.

以色列银行:《借记卡交易处理链中期报告》Bank of Israel: The Debit Card Transaction Processing Chain, Interim Report (August 2015), available in Hebrew at http://www. boi. org. il/he/NewsAndPublications/PressReleases/Pages/03-08-2015-SwitchReport. aspx.

银行监管局局长/银行监管局

以色列央行银行监管局:《以色列2011年银行系统年度调查》Bank of Israel: Banking Supervision Department: Israel's Banking System—Annual Survey, 2011, (October 2012), available at http://www. boi. org. il/en/NewsAndPublications/RegularPublications/Pages/skira11h. aspx.

以色列央行银行监管局:《2012年银行监管局处理公众查询和投诉活动调查》Bank of Israel：Banking Supervision Department：Survey—The Activity of the Banking Supervision Department in the Handling of Public Enquiries and Complaints in 2012,（April 2013）, available in Hebrew at http://www. boi. org. il/he/NewsAnd Publications/RegularPublications/DocLib2/％202012. pdf.

以色列央行银行监管局:《以色列2012年银行系统年度调查》Bank of Israel：Banking Supervision Department：Israel's Banking System-Annual Survey, 2012（July 2013）, available at http://www. boi. org. il/en/NewsAnd Publications/RegularPublications/Pages/skira12. aspx.

以色列央行银行监管局:《以色列2013年银行系统年度调查》Bank of Israel：Banking Supervision Department：Israel's Banking System-Annual Survey, 2013（July 2014）, available at http://www. boi. org. il/en/NewsAnd Publications/RegularPublications/Pages/skira13. aspx.

以色列央行银行监管局:《2014年银行与客户关系监管指令》Bank of Israel：Banking Supervision Department：Regulatory Directives in the Bank Customer Relations 2014（January 2015）, available at http://www. boi. org. il/en /NewsAndPublications/PressReleases/Pages/01-02-2015-Report. aspx.

银行监管局局长:《根据〈银行业条例〉第8D2款对挪用资金情况的报告》Supervisor of Banks：Report on Embezzlements according to Section 8D2 of the Banking Ordinance（February 10, 2015）, available in Hebrew at http://www. boi. org. il/he/BankingSupervision/LettersAndCircularsSupervisorOfBanks/Lett ersOfTheBankingSupervisionDepartment/201506. pdf.

以色列央行银行监管局:《以色列2014年银行体系年度调查》Bank of Israel：Banking Supervision Department：Israel Banking System—Annual Survey, 2014（June 2015）, available at http://www. boi. org. il/en/NewsAnd Publications/RegularPublications/Pages/skira14. aspx.

以色列银行新闻公告:《关于普通银行服务收费的半年度报告今天向议会经济事务委员会提交》Bank of Israel：Press Release：The Semiannual Report on Common Banking Service Fees was presented today to the Knesset Economic Affairs Committee（July 16, 2015）, available at http://www. boi. org. il/en/NewsAndPublications/PressReleases/Pages/16-07-2015-BankFees. aspx.

银行监管局公众查询处:《公众查询报告——2014年处理公众查询及投诉的报告》Banking Supervision Department：Public Enquiries Unit：Public Enquiries Report—Report on the Handling of Public Enquiries and Complaints in 2014（July 2015）, available at http://www. boi. org. il/en/NewsAndPublications/PressReleases/Documents/2015-7-Public％20Enquiries％20Report. pdf.

以色列银行银行监管局:《银行监管局审计报告中关于跨境银行业务风险敞口的摘录》

Bank of Israel：Banking Supervision Department：Excerpt from the Audit Report of the Banking Supervision Department on the matter of Managing the Exposure to Risks involved in Cross Border Banking（August 26，2015），available in Hebrew at http：//www. leumi. co. il/static-files/10/LeumiHebrew/Press_ Releases/27. 8. 2015．pdf? lang=he.

以色列银行银行监管局：《2015年上半年以色列银行体系：2015年前6个月的银行体系发展》Bank of Israel：Banking Supervision Department：Israel Banking System—First Half of 2015：Developments in the Banking System during the First Six Months of 2015（October 2015），available in Hebrew at http：//www. boi. org. il/he/NewsAndPublications/RegularPublications/Pages/SkiraHalf2015. aspx.

以色列证券管理局

以色列证券管理局：《资本市场的最优监管结构》Israel Securities Authority：The Optimal Regulatory Structure of the Capital Market（January 2015），available in Hebrew at http：//www. isa. gov. il/％D7％94％D7 ％95％D7％93％D7％A2％D7％95％D7％AA％20％D7％95％D7％A4％D7％A8 ％D7％A1％D7％95％D7％9E％D7％99％D7％9D/178/Documents/16022015_0．pdf.

委员会报告（希伯来语）

《资本市场法定安排建议委员会报告》Report of the Committee to Propose Statutory Arrangements in the Capital Market（August 1985）.

《关于银行股份操纵质询委员会的报告》Report of the Inquiry Committee Regarding the Bank Shares Manipulation（April1986）.

《银行控股非金融公司审查委员会报告》Report of the Committee to Examine Bank Holdings in non-Financial Corporations（December 1995）.

《以色列资本市场结构变革调查委员会报告》Report of the Committee to Examine Structural Changes in the Israeli Capital Market（September 1996）.

《关于资本市场改革部际小组报告》Report of the Inter-ministerial Team Regarding Reform in the Capital Market（September 2004），available at http：//ozar. mof. gov. il/bachar/asp/home_he. asp．An Executive Summary is available in English at http：//ozar. mof. gov. il/bachar/asp/bachar_EnglishPdf. asp.

《议会关于银行收费调查委员会最终报告》The Parliamentary Inquiry Committee on Bank Fees：Final Report（June 2007），available at http：//www. knesset. gov. il/committees/heb/docs/bank_inq. pdf.

《审议机构投资者通过购买非政府债券提供信贷确定参数委员会报告》Report of the Committee to Determine Parameters for Consideration by Institutional Investors Providing Credit through Non-Government Debenture Purchases（February 2010），available at http：//www. tavor. biz/files/final_conclusions_ hodak_committee. pdf.

《社会经济变革委员会报告》Report of the Committee for a Social-Economic Change（September 2011），available at http：//hidavrut. gov. il/sites/default/files/％20％

D7％A1％D7％95％D7％A4％D 7％99. pdf？bcsi_scan_99FE300B8A2E1F36＝1. An informal translation into English is available at http：//www. bjpa. org/Publications/details. cfm？ Publi cationID＝13862.

《促进经济竞争委员会：最终建议及对中期报告的补充》The Committee on Increasing Competitiveness in the Economy：Final Recommendations and Supplement to the Interim Report（March 2012），available in English at http：//www. financeisrael. mof. gov. il/FinanceIsrael/Pages/en/Publications/mof. aspx.

《提高银行体系竞争力调查组最后报告》The Team to Examine Increasing Competitiveness in the Banking System，Final Report（March 2013），available at http：//www. boi. org. il/he/NewsAndPublications/PressReleases/Pages/19032012e. aspx. A summary report is available in English at http：//www. boi. org. il/en/BankingSupervision/Survey/Pages/competition . aspx.

《机构投资定制贷款审查委员会最后报告》The Committee to Examine Institutional Investments in Tailor Made Loans：Final Report（April 2014）.

《以色列经济减少现金使用调查委员会报告》The Report of the Committee to Examine Reducing the use of Cash in Israel's Economy（July 2014），available at http：//www. boi. org. il/he/PaymentSystem/Documents/-％2017. 7. 14. pdf. A translation of the report's main sections into English is available at http：//www. boi. org. il/en/PaymentSystem/Documents/The％ 20Committee％ 20to％ 20Examine％ 20Reducing％ 20the％20Use ％20of％20Cash％20in％20Israel％E2％80％99s％20Economy. pdf.

《以色列债务重组事务调查委员会报告》Report of the Committee to Examine Debt Restructuring Proceedings in Israel（November 2014），available at http：//mof. gov. il/Committees/DebtRegularization Committee/DebtRegularizationCommittee_ Makanot_ Report. pdf.

《货币服务提供者监管调查组报告》Report of the Team to Examine Regulation of Currency Service Providers（February 2015），available at http：//index. justice. gov. il/Pubilcations/News/Documents/FINALREPORT. pdf.

《完善信贷数据共享系统委员会最终报告》The Committee to Improve the Credit Data Sharing System：Final Report（August 2015），available at http：//www. pmo. gov. il/SiteCollectionDocuments/klkala/FINAL2. pdf.

《促进以色列证券化联合调查组最终报告》The Joint Team to Promote Securitization in Israel：Final Report（November 2015），available at http：//www. boi. org. il/he/NewsAndPublications/PressReleases/Pages/11-11-2015-SecuritizationReport. aspx.

以色列银行新闻稿（英语摘要）：《以色列促进证券化联合小组公布其最终报告》For a summary in English see：Bank of Israel：Press Release：The Joint Team to Promote Securitization in Israel Publishes its final Report（November 12，2015），available at http：//www. bankisrael. gov. il/en/NewsAndPublications/PressReleases/Pages/11-11-2015SecuritizationReport. aspx.

《提高普通银行与金融服务竞争力委员会中期报告》The Committee to Enhance Competitiveness in Common Banking and Financial Services：Interim Report（December 2015），available at http：//www. mof. gov. il/Committees/competitivenessCommittee2015/MidReport. pdf.

《提高普通银行与金融服务竞争力委员会中期报告的背景调查：目标行业的竞争情况和必要措施》The Committee to Enhance Competitiveness in Common Banking and Financial Services：Back ground Survey for the Interim Report：The Situation of Competition in the Target Sectors and the required Measures（2016），available at http：//mof. gov. il/Committees/competitivenessCommittee2015/MidReport2. pdf.

其他报告

以色列议会研究和信息中心：《关于讨论以色列银行在商业银行崩溃方面发挥机能的背景文件》The Knesset Research and Information Center：A Background Document for Discussion on the Functioning of the Bank of Israel in regard to the Collapse of the Bank of Commerce（May 2002），available in Hebrew at http：//www. knesset. gov. il/mmm /data/pdf/m00257. pdf.

国家审计署：《2002 年年报第 53B 号及 2001 财年账目》Israel State Comptroller：Annual Report no. 53B for the Year 2002 and for the Accounts of the Fiscal Year 2001，Chapter 4—The Supervision of the Supervisor of Banks over the Bank of Commerce（2003），available in Hebrew at http：//old. mevaker. gov. il/serve/contentTree. asp?bookid=376&id=161&contentid=&parentcid=undefined&sw=1366&hw=698.

国家审计署：《2003 年年度报告 54B》Israel State Comptroller：Annual Report 54B for the Year 2003（2004），available in Hebrew at http：//old. mevaker. gov. il/serve/contentTree. asp? bookid=404&id=0&contentid=7469&parentcid=undefined&bctype=7466&sw=1366&hw=698.

以色列消费者委员会：《委员会对银行收费改革后的意见》Israel Consumer Council：The Council's Opinion in respect of the Bank Fees after the Reform（August 20，2008），available in Hebrew at http：//www. consumers. org. il/files/files/odaot/amlotbemda2. doc.

莱克西戴尔：《监督与监管的结构——全球视野及与以色列比较》Lexidale：Structures of Supervision and Regulation—Global View and Comparison to Israel，prepared for the Knesset Research and Information Center（July 2012），available in Hebrew at http：//knesset. gov. il/mmm/data/pdf/m03143. pdf.

国家审计署：《2013 年年度报告 64A》Israel State Comptroller：Annual Report no. 64A for the Year 2013（August 2013），availableinHebrewathttp：//www. mevaker. gov. il/he/Reports/Pages/113. aspx.

以色列议会研究与信息中心：《信用卡市场的描述和对信用卡公司和银行之间接口的分析》The Knesset Research and Information Center：Description of the Credit Card Market and Analysis of the Interfaces between Credit Card Companies and Banks（February 2014），available in Hebrew at http：//www. knesset. gov. il/MMM/data/

pdf/m03356. pdf.

以色列反垄断管理局:《提高支付卡行业的竞争和效率——最终报告》Israel Antitrust Authority: Increasing Competition and Efficiency in the Payment Card Industry, Final Report (September 2014), available in Hebrew at http://www. antitrust. gov. il/subject/195/item/33329. aspx. Excerpt from the Report's first Draft is available in English at http://www. antitrust. gov. il/subject/182/item/33 129. aspx.

经济和工业部:《中小型企业机构定期报告——以色列中小企业的状况》Ministry of Economy and Industry: Small and Medium Businesses Agency: Periodical Report—The State of Small and Medium Businesses in Israel (January 2016), available in Hebrew at http://sba. economy. gov. il/About/Researches/Pages/SBA-israel-2015. aspx.

英国

英国下议院财政委员会:《对北岩银行的挤兑》House of Commons, Treasury Committee: The Run on the Rock (Vol. 1, January 2008), available at https://www. publications. parliament. uk/pa/cm200708/cmselect/cmtreasy/56/56ii. pdf.

英国金融服务管理局(FSA)内部审计处:《北岩银行监管:经验教训审查报告》Financial Services Authority: FSA Internal Audit Division: The Supervision of Northern Rock: A Lessons Learned Review-Report (March 2008), available at www. fsa. gov. uk/pubs/other/nr_report. pdf.

英国上议院经济事务特别委员会:《银行监督与监管第 1 卷:报告》House of Lords: Select Committee on Economic Affairs: Banking Supervision and Regulation, Vol. I: Report (June2009), available at www. publications. parliament. uk/pa/ld200809/ldselect/ldeconaf/101/101i. pdf.

英国财政部:《改革金融市场》HM Treasury: Reforming Financial Markets (July 2009), available at https://www. gov. uk/government/uploads/system/uploads/attachment_data/file/238578/76 67. pdf.

英国金融服务管理局:《审查银行集团的投诉处理》Financial Services Authority: Review of Complaint Handling in Banking Groups (April 2010), available at https://www. fca. org. uk/static/fca/documents/fsa-review-of-complaint-handling-in-banking-groups. pdf.

英国财政部:《金融监管的新方法:改革蓝图》HM Treasury: A new Approach to Financial Regulation: The Blue print for Reform (June 2011) available at https://www. gov. uk/government/uploads/system/uploads/attachment_data/file/81403/consult_finreg__new_approach_blueprint. pdf.

英国财政部:《银行改革:提供稳定性和支持可持续经济》HM Treasury: Banking Reform: Delivering Stability and Supporting a Sustainable Economy (June 2012), available at https://www. gov. uk/government/uploads/system/uploads/attachment_data/file/32556/whitepaper_banking_reform_140 512. pdf.

255 **国际机构**

欧盟委员会研究报告 4/2010:《过度负债——来自欧盟 EU-SILC 特别单元的新证据》European Commission: Research Note 4/2010: Over-Indebtedness—New Evidence from the EU-SILC Special Module (November 2010), available at http://ec. europa. eu/social/BlobServlet? docId=6708&langId=en. 4.

三十国集团:《全球市场的金融监管结构、方法和挑战》Group of Thirty (G30): The Structure of Financial Supervision, Approaches and Challenges in a Global Marketplace (2008), available at http://group30. org/images/uploads/publications/G30_StructureFinancialSupervision2008. pdf.

《二十国集团金融消费者保护高级原则》(2011 年 10 月)Group of Twenty (G20) High-Level Principles on Financial Consumer Protection (October 2011), available at http://www. oecd. org/daf/fin/financial-markets/48 892010. pdf.

国际货币基金组织报告第 04/311 号:《荷兰王国——荷兰技术提示:荷兰金融监管模式》IMF Country Report no. 04/311: Kingdom of the Netherlands—Netherlands: Technical Note:The Netherlands Model of Financial Sector Supervision (September 2004), available at http://www. imf. org/external/pubs/cat/longres. aspx? sk=17755.0.

国际货币基金组织国家报告第 06/121 号:《以色列:精选的若干问题》IMF Country Report no. 06/121: Israel: Selected Issues (March 2006), available at https://www. imf. org/external/pubs/ft/scr/2006/cr06121. pdf.

国际货币基金组织国家报告第 11/208 号:《荷兰王国——荷兰金融部门评估项目更新:金融行业监管双峰模型技术说明》IMF Country Report no. 11/208: Kingdom of the Netherlands—Netherlands: Financial Sector Assessment Program Update: Financial Sector Supervision: The Twin Peaks Model, Technical Note (June 2011), available at www. imf. org/external/pubs/ft/scr/2011/cr11208. pdf.

国际货币基金组织国际报告第 12/69 号:《以色列:金融系统稳定性评估》IMF Country Report no. 12/69: Israel: Financial System Stability Assessment (April 2012), available at http://www. imf. org/external/pubs/ft/scr/2012/cr1269. pdf.

国际货币基金组织报告第 12/70 号:《以色列 2012 年第 4 条咨询》IMF Country Report no. 12/70: Israel: 2012 Article IV Consultation—Staff Report; Informational Annex; Public Information Notice on the Executive Board Discussion; and Statement by the Executive Director for Israel (April 2012), available at http://www. imf. org/external/pubs/ft/scr/2012/cr1270. pdf.

经济合作与发展组织:"零售银行的竞争与监管"OECD: Competition and Regulation in Retail Banking, 11 OECD Journal: Competition Law and Policy (2011), available at http://www. oecd-ilibrary. org/governance/competition-and-regulation-in-retail-banking_clp-11-5kg9q0zk2wq2.

世界银行:《金融消费者保护的良好实践》World Bank: Good Practices for Financial Consumer Protection (June 2012), available at http://siteresources. worldbank. org/

EXTFINANCIALSECTOR/Resources/Good_Practices_for_Financial_CP. pdf.

世界经济论坛:《2012 年金融发展报告》World Economic Forum: The Financial Development Report 2012 (2012), available at http://www3. weforum. org/docs/WEF_FinancialDevelopmentReport_2012. pdf.

其他报告

公民咨询:《欧洲家庭的过度负债:现状、性质、原因、影响的最新图景,以及减轻其冲击的措施》Civic Consulting: Over-Indebtedness of European Households: Updated Mapping of the Situation, Nature and Causes, Effects and Initiatives for Alleviating its Impact (December 2013), available at http://www. civic-consulting. de/project_55. html.

报纸文章

以色列(希伯来语)

西旺·艾泽斯库:"凯彻朗:三家银行控制行业 70%是不合理的" Aizescu, Sivan, "Kachlon: It Is Unreasonable that Three Banks Control 70% of the Sector," The Marker, June 3, 2015, available at http://www. themarker. com/markets/1. 2650768.

西旺·艾泽斯库:"竞争委员会向公众展示的就好像银行系统被处理了一样" Aizescu, Sivan, "The Competition Committee Is a Display to the Public as if the Banking System Is handled," The Marker, June 13, 2012, available at http://www. themarker. com/markets/1. 1730298.

西旺·艾泽斯库和兹维·兹拉哈亚:"以色列央行引人注目的警告:消费者信贷的竞争可能危及经济的稳定" Aizescu, Sivan, & Zvi Zrahiya, "The Dramatic Warning of the Bank of Israel: Competition in Consumer Credit May Endanger the Stability of the Economy," The Marker, August 4, 2015, available at http://www. themarker. com/news/1. 2700 126.

匿名:"斯坦利·费希尔论工人银行董事长的解雇:'如果我们犯了错误,我们就会恐吓公众'" Anonymous, "Stanley Fisher on the Dismissal of Bank Hapoalim's Chairman: 'If We Had Made Mistakes We Would Have Intimidated the Public'," Calcalist, March 25, 2010, available at http://www. calcalist. co. il/local/articles/0,7340,L-339986 0,00. html.

梅拉夫·阿洛佐罗夫:"在以色列建立三家新银行的路上——这是自上世纪 70 年代以来的第一次" Arlozorov, Meirav, "On the Road to Establishing Three New Banks in Israel—For the First Time Since the 1970s," The Marker, December 17, 2015, available at http://www. themarker. com/markets/1. 2800434.

梅拉夫·阿洛佐罗夫:"海德瓦酒吧的测试:她能成功地得到对信用卡公司的监督吗?" Arlozorov, Meirav, "The Test of Hedva Bar: Will She Succeed to Receive the Supervision Over the Credit Card Companies?," The Marker, November 18, 2015, available at http://www.themarker.com/news/1.2778778.

艾里特·阿维萨:"四年内家庭银行费用下降17%"Avisar, Irit, "A Decrease of 17% in Four Years in Household Bank Fees," Globes, July 16, 2015, available at http://www.globes.co.il/news/article.aspx? did=1001053777.

艾里特·阿维萨:"从2015年起,你将能够知道你的银行评级是什么"Avisar, Irit, "From 2015 You Will be Able to Know What Is Your Bank Rating," Globes, November 4, 2013, available at http://www.globes.co.il/news/article.aspx? did=1000891140.

艾里特·阿维萨:"稳定高于一切"Avisar, Irit, "Stability is above Everything," Globes, July 16, 2012, available at http://www.globes.co.il/news/article.aspx? did=1000766233.

艾里特·阿维萨:"以色列银行将允许机构投资者获得信用卡清算许可证"Avisar, Irit, "The Bank of Israel Will Enable the Institutional Investors to Receive Credit Card Clearing License," Globes, January 1, 2014, availableathttp://www.globes.co.il/news/article.aspx? did=1000906276.

艾里特·阿维萨:"国家审计署将对以色列银行在国民银行事件中发挥机能情况进行审查" Avisar, Irit, "The State Comptroller Will Examine the Functioning of the Bank of Israel in the Bank Leumi Affair," Globes, January 5, 2015, available at http://www.globes.co.il/news/article.aspx? did=1000998396.

艾里特·阿维萨:"我无意冒犯吉洛,球在费希尔手中"Avisar, Irit, "With All Due Respect to Gilo, the Ball Is in the Hands of Fisher," Globes, July 18, 2012, available at http://www.globes.co.il/news/article.aspx? did=1000766963.

艾里特·阿维萨:"一年之内银行增加了数十亿家庭贷款"Avisar, Irit, "Within a Year: The Banks Increased Credit to Households by Billions," Globes, August22, 2014, availableathttp://www.globes.co.il/news/article.aspx? did=1000965626.

艾里特·阿维萨和斯特拉·科林-利伯:"财政部审查:宣布金融机构为'公共机构'"Avisr, Irit & Stela Korin-Lieber, "The Ministry of Finance Examines: To Declare Financial Institutions as 'Public Bodies'," Globes, June 22, 2014, available at http://www.globes.co.il/news/article.aspx? did=1000948156.

埃米拉姆·巴尔卡特:"凯彻朗对弗拉格:最简单的方法就是回家"Barkat, Amiram, "Kachlon to Flug: The Easiest Way Is to Come Back Home," Globes, August 5, 2015, available at http://www.globes.co.il/news/article.aspx? did=1001058486.

埃米拉姆·巴尔卡特:"阿维·本-巴萨特教授解释了凯彻朗面临的头号挑战是什么"Barkat, Amiram, "Prof. Avi Ben-Bassat Explains What Is the No. 1 Challenge of Kachlon," Globes, March 27, 2015, available at http://www.globes.co.il/news/article.aspx? did=1001022711.

埃米拉姆·巴尔卡特:"改善信用数据共享系统委员会的最终报告:以色列银行将建立一个公共数据库"Barkat, Amiram, "The Final Report of the Committee for Credit Data Sharing: The Bank of Israel Will Establish a Public Database," Globes, August 5, 2015, available at http://www.globes.co.il/news/article.aspx? did=1001058452.

罗伊·伯格曼:"关于短期存款的斗争(PKM)"Bergman, Roy, "The Fight about Short Term Deposit (PKM)," Globes, January 15, 2008, available at http://www.globes.co.il/news/article.aspx? did=1000298495.

罗伊·伯格曼:"短期存款(PKM)与货币市场基金"Bergman, Roy, "The Short Term Deposit (PKM) vs. Money-Market Funds," Globes, January 17, 2008, available at http://www.globes.co.il/news/article.aspx? did= 1000298886&fid=585.

奥拉·科伦:"以色列的消费者保护管理局终于实至名归"Coren, Ora, "Israel's Consumer Protection Authority Finally Lives Up to Its Good Name," Haaretz, April 27, 2015, available at http://www.haaretz.com/business /.premium-1.653672.

施洛米·唐纳:"公平贸易管理局:受监督的机构反对它"Donner, Shlomi, "Fair Trading Authority: The Supervised Bodies Object to it," Ynet, October 12, 2004, available at http://www.ynet.co.il/articles/0,7340,L-2988938 ,00.html.

莫舍·戈拉利:"反垄断局局长关于《集中法》的工具不适用该法律"Gorali, Moshe, "The Tools of the Antitrust Authority's Director Regarding the Concentration Law Are Not Suitable to the Law," Calcalist, December 29, 2013, available at http://www.calcalist.co.il/local/articles/0,7340,L-3620449,00.html.

斯特拉·科林-利伯:"对国家造成直接损失410亿新谢克尔"Korin-Lieber, Stela, "Direct Damage to the Country: ILS 41 Billion," Globes, November 13, 2005, available at http://www.globes.co.il/news/docview.aspx? did=10000 28459.

斯特拉·科林-利伯和艾里特·阿维萨:"弗拉格废除了凯彻朗的方案"Korin-Lieber, Stela &. Irit Avisar, "Flug Dissolves Kachlon's Programs," Globes, May 5, 2015, availableathttp://www.globes.co.il/news/article.aspx? did=1001033804.

加德·利奥,"丹克纳任期终止的另一个原因:从其他银行贷款"Lior, Gad, "Another Reason for the Termination of Dankner's Tenure: Loans Taken from other Banks," Calcalist, March 5, 2010, available at http://www.calcalist.co.il/articles/1,7340, L-3394626,00.html.

陈·马尼特和 艾里特·阿维萨:"银行因为收费串通将向公众支付3,500万新谢克尔"Maanit, Chen &. Irit Avisar, "The Banks will Pay to the Public ILS 35 Million in Respect of Fee Collusion," Globes, November 16, 2014, available at http://www.globes.co.il/news/article.aspx? did=1000986537.

哈达斯·梅根:"在银行收费串通案件中卡恩向银行要求2.9亿新谢克尔"Magen, Hadas, "Kan Demands from the Banks a Fine of ILS 290 Million in the Bank Fees Collusion Case," Globes, January 13, 2009, available at http://www.globes.co.il/news/article.aspx? did=1000416374.

迈克尔·罗奇沃杰:"布朗夫曼找到了成功的秘诀:零售企业而不是银行业"Rochwerger, Michael, "Bronfman Found the Recipe for Success: Retail Businesses Instead of Banking," The Marker, October 30, 2011, available at http://www.themarker.com/markets/1.1535456.

伯利兹潘·罗森堡:"银行身份卡:他们没有告诉你的"Rosenberg, Elizpan, "Bank Identity Card: What They Don't Tell You," Ynet, November 19, 2013, available at http://www.ynet.co.il/articles/0,7340,L-4454970,00.html.

埃利兹潘·罗森堡:"外围的抵押贷款需要多少钱? 肯定比中心多"Rosenberg, Elizpan, "How Much Does a Mortgage in the Periphery Cost? Definitely More than in the Center," Ynet, February 12, 2014, available at http://www.ynet.co.il/articles/0,7340,L-4486796,00.html.

埃利兹潘·罗森堡:"价格和服务:我们什么时候能看到网上银行?"Rosenberg, Elitzpan, "Price as Well as Service: When Will We See Here an Internet Bank?," Ynet, June 7, 2013, available at http://www.ynet.co.il/articles/0,7340,L-4389573,00.html.

耶胡达·沙罗尼:"布朗夫曼寻找一个贴现银行的投资者"Sharoni, Yehuda, "Bronfman Looks for an Investor for Discount Bank," Maariv, June 30, 2010, available at http://www.nrg.co.il/online/16/ART1/910/079.html.

耶胡达·沙罗尼:"银行的钱袋在哪里?"Sharoni, Yehuda, "Where is the Deep Pocket of the Banks?," Maariv, June 30, 2009, available at http://www.nrg.co.il/online/16/ART1/910/082.html.

克伦·哈拉里·楚里埃勒和尤里·帕索夫斯基:"一个被埋在贷款中的国家"Tsuriel Harari, Keren & Uri Pasovsky, "A State Buried in Loans," Calcalist, February 3, 2013, available at http://www.calcalist.co.il/local/articles/0,7340,L-3594323,00.html.

托马尔·瓦伦:"凯彻朗:'我支持将信用卡公司与银行分开'"Varon, Tomer, "Kachlon: 'I Support Separating the Credit Card Companies from the Banks'," Calcalist, September 1, 2015, available at http://www.ynet.co.il/articles/0,7340,L-4696574,00.html.

兹韦·兹拉哈亚:"行长推动——经济事务委员会将重新审议《集中集团法》"Zrahiya, Zvi, "The Governor Pushed-and the Concentration Groups Law Will Be Reconsidered in the Economic Affairs Committee," Haaretz, March 2, 2011, available at http://www.haaretz.co.il/misc/1.1164787.

国际

保罗·卡利罗和威尔逊·欧文:"从外部救助到内部救助"Calello, Paul & Wilson Ervin, "From Bail-Out to Bail-In," The Economist, January 28, 2010, available at http://www.economist.com/node/15392186.

丹妮丝·罗兰:"塞浦路斯银行执行存款人内部救助"Roland, Denise, "Bank of Cyprus Executes Depositor Bail-In," The Telegraph (April 28, 2013), available at http://www.telegraph.co.uk/finance/financialcrisis/10024209/Bank-of-Cyprus-executes-depositor-bail-in.html.

杂项

以色列

以色列信息自由运动:"公布工人银行董事长丹克纳的解雇理由"The Israeli Movement for Freedom of Information:"To Publish the Reasons for the Dismissal of Bank Hapoalim's Chairman Dani Dankner"(July 19, 2009), available in Hebrew at http://www.meida.org.il/? p=315.

奥菲克资本合作协会:《关于"以色列建立信用合作社的许可程序"草案的立场文件》Ofek Capital Cooperative Association: Position Paper on the Draft "Licensing Process for the Establishment of Credit Unions in Israel"(July 2014, in Hebrew), available at https://www.ofek.coop/news/ofek-response.

希拉努合作社:《对"以色列建立信用合作社的许可程序"草案的意见》Shelanu Cooperative: Opinion on the Draft "Licensing Process for the Establishment of Credit Unions in Israel"(August 2014, in Hebrew), available at http://shelanoo.co.il/reply-bank-of-israel.

委任函——提高普通银行及金融服务竞争力委员会 Letter of Appointment—The Committee to Enhance Competitiveness in Common Banking and Financial Services(June 3, 2015), available in Hebrew at http://mof.gov.il/Committees/Pages/competitivenessCommittee.aspx.

国际

世界银行集团:《如何改革业务检查——设计、实施和挑战》World Bank Group: How to Reform Business Inspections—Design, Implementation, Challenges(January 2011), available at https://www.wbginvestmentclimate.org/uploads/How%20to%20Reform%20Business%20Inspections%20WEB.pdf.

经济合作与发展组织关于执法和检查的研讨班议程 OECD Workshop on Regulatory Enforcement and Inspections-Agenda(October 2012), available at http://www.oecd.org/gov/regulatorypolicy/Workshop%20Agenda_Jerusalem.pdf.

经济合作与发展组织:《检查改革——为什么、如何、什么结果?》OECD: Inspections Reforms—Why? How? What Results?(October 2012), available at http://www.oecd.org/gov/regulatorypolicy/S0_Overall%20report%20presentation_FB_final%20edit.pdf.

案例表[*]

以色列

最高法院和高等法院

以色列国家诉本-蔡恩案　CA 173/75 The State of Israel v. Ben-Zion, 30(1) PD 119 (1975), **104**

伊尔蒂特诉以色列国民银行有限公司案　CA 323/80 Iltit Ltd. v. Bank Leumi Le-Israel Ltd., 37(2) PD 673 (1983), **133**

科苏诉福依希特万格银行有限公司案　CA 817/79 Kosoi v. Feuchtwanger Bank Ltd., 38(3) PD 253 (1984), **133**

曼茨厄诉以色列国家案　CA 122/84 Mantzur v. The State of Israel, 38(4) PD 94 (1984), **41**, **43**

米克罗达芙诉以色列电力有限公司案　HCJ 731/86 Microdaf v. Israel Electricity Company Ltd., 41(2) PD 449(1987), **42**

以色列联合银行诉拉·库迪尔案　CA 168/86 Union Bank of Israel v. La Kudiar, 42(3) PD 77 (1988), **44**

加诺诉总检察长案　HCJ 935/89 Ganor v. The Attorney General, 44(2) PD 485 (1990), **38**

巴泽尔诉以色列国家案　CA 752/90 Barzel v. The State of Israel, 46(2) PD 539 (1992), **104**

凯斯坦鲍姆诉耶路撒冷社区埋葬协会案　CA 294/91 Kestenbaum v. Jerusalem Community Burial Society, 46(2) PD 464 (1992), **42**

以色列特和抵押银行有限公司诉利帕特案　CA 1304/91 Tefahot Israel Mortgage Bank Ltd. v. Liepart, 47(3) PD 309 (1993), **32**, **88**, **128**

伊利达诉以色列银行行长案　HCJ 2952/91 Eldad v. The Governor of the Bank of Israel, 48(4) PD 51 (1994), **204**

---

[*] 为便于使用,本索引全部采用中英文对照,并以英文原文首字母排序,页码标号为原书页码,即本书边码。——译者注

以色列国家诉利维案　CA 915/91 The State of Israel v. Levy, 48(3) PD 45 (1994), **70**

特和抵押银行有限公司诉扎巴赫案　CA 5893/91 Tefahot Israel Mortgage Bank Ltd. v. Tzabach, 48(2) PD 573 (1994), **41**

联合密兹拉银行诉齐格勒案　CA 1570/92 Mizrachi United Bank v. Zigler, 49(1) PD 3694 (1995), **41**

安诉钻石交易所企业(1965)有限公司案　CA3414/93 On v. The Diamond Exchange Enterprises (1965) Ltd., 49(3)PD196(1995), **44**

联合银行有限公司诉阿苏莱案　CA 6546/94 Union Bank Ltd. v. Azulay, 49(4) PD 54 (1995), **88**

耶费特诉以色列国家案　CA 2910/94 Yefet v. The State of Israel, 50(2) PD 221 (1996), **38**, **56**

普雷明格诉莫尔案　CA 3295/94 Preminger v. Mor, 50(5) PD 111 (1997), **162**

萨哈尔诉以色列贴现银行有限公司案　CA 5379/95 Sahar v. Israel Discount Bank Ltd., 51(4) PD 464 (1997), **44**

博奈·哈蒂奇有限公司诉工人银行有限公司案　CA 6505/97 Bonei Hatichon Ltd. v. Hapoalim Bank Ltd., 53(1) PD 577 (1999), **130**, **133**

卡拉廷诉阿忒莱特证券(2000)有限公司案　CA 3654/97 Karatin v. Ateret Securities (2000) Ltd., 53(3) PD 385 (1999), **133**

罗森鲍姆诉银行监管局局长案　HCJ 5659/99 Rosenbaum v. The Supervisor of Banks (1999, Nevo Database), **204**

联合密兹拉银行有限公司诉埃利阿胡·加齐亚尼公司案　CA 7424/96 Mizrahi United Bank Ltd. v. Eliahu Garziani Company (1988) Ltd., 54(2) PD 145 (2000), **130**

以色列保险估价师协会诉保险专员案　HCJ 7721/96 Association of Insurance Appraisers in Israel v. The Commissioner of Insurance, 55(3) PD 630 (2001), **2**, **87**, **187**

Sh. A. P.有限公司诉以色列国民银行有限公司案　CA 6234/00 Sh. A. P. Ltd. v. Bank Leumi Le-Israel Ltd., 57(6) PD 769 (2003), **132**

梅西格基金会诉银行监管局局长案　HCJ 3359/03 Meseg Foundation v. the Supervisor of Banks (Nevo Database, 2003), **204**

米什坎工人抵押银行有限公司诉斯派斯曼案　CA1679/01 Mishkan Hapoalim Mortgage Bank Ltd. v. Speizman, 57(2) PD145(2003), **162**

阿亚朗保险有限公司诉奥珀尔加房地产经理案　CA8068/01 Ayalon Insurance Company Ltd. v. Opalgar's Estate Manager, 49(2) PD349 (2004), **41**

E. & G.先进驾驶教练系统有限公司诉以色列国民银行有限公司案　ACA 9374/04 E. & G. Advanced Systems for Driving Instructors Ltd. v. Bank Leumi Le-Israel Ltd. (Nevo Database, 2004), **41**, **87**

以色列农业银行诉以色列银行案　HCJ 3690/05 Israel Agriculture Bank Ltd. v. Bank of Israel (Nevo Database, 2005), **204**

阿龙诉以色列国家案　CA 7075/03 Alon v. The State of Israel (Nevo Database,

2006),**104**

国民抵押银行有限公司诉匿名案　　ACA 11152/05 Leumi Mortgage Bank Ltd. v. Anonymous (Nevo Database, 2006),**179**

凯塞尔曼和凯塞尔曼诉官方破产接管人案　　ACA 3443/06 Kesselman & Kesselman v. The Official Receiver (Nevo Database, 2006),**70**

阿贝尔诉以色列银行—银行监管局局长案　　HCJ 5048/07 Arbel v. Bank of Israel-The Supervisor of Banks (Nevo Database, 2007),**69**

格赞泰特诉以色列银行—银行监管局局长案　　HCJ 10788/06 Gezuntheit v. Bank of Israel-The Supervisor of Banks (Nevo Database, 2007),**69**

以色列国家—保险事务专员诉库斯库西案　　CA 9300/05 The State of Israel-The Commissioner of Insurance v. Kuskusi (Nevo Database, 2007),**18**

齐格诉韦伯案　　CA 10927/02 Zeig v. Weber (Nevo Database, 2007),**71**

卡普兰斯基诉梅诺拉保险公司案　　CA 4849/06 Kaplanski v. Menora Insurance Company Ltd. (Nevo Database, 2008),**41**

萨尔坦尼诉以色列国民银行有限公司案　　CA 8564/06 Sultani v. Bank Leumi Le-Isreal Ltd. (Nevo Database, 2008),**87**

本-肖尚诉以色列第一国际银行有限公司案　　CA 645/04 Ben-Shoshan v. First International Bank of Israel Ltd. (Nevo Database, 2009),**211**

以利沙约维诉以色列银行监管局局长案　　HCJ 2472/09 Elishayov v. The Supervisor of Banks (Nevo database, 2009),**69**

电子仓库有限公司(停业清算中)诉联合密兹拉银行有限公司案　　CF 1320/99 Electrical Warehouses Ltd. (in Liquidation) v. United Mizrahi Bank Ltd. (Nevo Database, 2009),**103**

西姆乔尼诉工人银行有限公司案　　CA 11120/07 Simchoni v. Hapoalim Bank Ltd. (Nevo Database, 2009),**87**

以色列国民银行有限公司诉总检察长案　　CA 6916/04 Bank Leumi Le-Israel Ltd. v. The Attorney General (Nevo Database, 2010),**87**,**133**

工人银行有限公司诉马丁案　　CA 8611/06 Hapoalim Bank Ltd. v. Martin (Nevo Database, 2011),**87**

阿尔特诉国民抵押贷款银行有限公司案　　ACA 7096/12 Alt v. Bank Leumi Mortgage Bank Ltd. (Nevo Database, 2012),**87**

以色列国民银行有限公司诉特拉维夫沙诺瓦电脑机器有限公司案　　ACA 3313/08 Bank Leumi Le-Israel Ltd. v. Sharnoa Computerized Machines Tel Aviv Ltd, Opinion of the Attorney General (December 30, 2012),**50**

以色第一国际银行有限公司诉银行监管局长案　　CA 232/10 The First International Bank of Israel Ltd. v. The Supervisor of Banks (Nevo Database, 2012),**133**

特拉维夫沙诺瓦电脑机器有限公司诉工人银行有限公司案　　CA 3259/08 Sharnoa Computerized Machines Tel Aviv Ltd. v. Hapoalim Bank Ltd. (Nevo Database,

2013),**50**

以色列政府质量运动组织诉银行监管局长案　HCJ4586/14 The Movement for Quality Government in Israel v. The Supervisor of Banks (Nevo Database, 2014),**204**

伊马尔经济发展协会诉邮政银行案　ACA6582/15 Eamaar Association for Economic Development v. The Postal Bank (Nevo Database, 2015),**147**

工人银行有限公司诉哈帕兹案　ACA 8410/14 Hapoalim Bank Ltd. v. Harpaz (Nevo Database, 2015),**88**

亚辛帝国投资与金融有限公司诉工人银行有限公司案　CA 3497/13 Yasin Empire for Investments and Finance Ltd. v. Hapoalim Bank Ltd. (Nevo Database, 2015),**147**

地区法院

拉尔诉联合银行有限公司案　CF (Tel Aviv District Court) 2861/82 Laor v. Union Bank Ltd., 5743(2) PM 371 (1983),**166**

以色列银行协会诉以色列证券管理局案　OM (Tel Aviv District Court) 431/01 The Association of Banks in Israel v. Israel Securities Authority, 5762(2) PM 529 (2002),**55**,**133**

特罗伊姆诉以色列国民银行有限公司案　MCA (Tel Aviv District Court) 17027/01 Troim v. Bank Leumi Le-Israel Ltd., 5762(2) PM 654 (2003),**197**

以色列国家诉拉比尼恩案　MCA (Tel Aviv District Court) 20211/01 The State of Israel v. Rabinian (Nevo Database, 2003),**70**

特拉维夫沙诺瓦电脑机器有限公司诉工人银行有限公司案　C (Tel Aviv District Court) 2133/06 Sharnoa Computerized Machines Tel Aviv Ltd. v. Hapoalim Bank Ltd. (Nevo Database, 2008),**50**

以色列国家诉丹克纳案　CF (Tel Aviv District Court) 47038-10-12 The State of Israel v. Dankner (Nevo Database, 2013),**78**

埃文·哈伊姆诉米拉特和银行有限公司案　CA (Jerusalem District Court) 57448-05-11 Even Haim v. Mizrachi Tefahot Bank Ltd. (Nevo Database, 2013),**199**

阿夫达特诉国民抵押贷款银行有限公司案　CA (Jerusalem District Court) 30919-04-10 Ovdat v. Leumi Mortgage Bank Ltd. (decision of November 24, 2013),**199**

阿兰诉工人银行有限公司案　CA 30919-04-10 (Jerusalem District Court) Aran v. Hapoalim Bank Ltd. (decision of July 25, 2014),**200**

亚历克斯诉以色列第一国际银行有限公司案　CA (Center Lod District Court) 4737-03-14 Alex v. First International Bank of Israel Ltd. (decision of November 23, 2014),**199**

罗森布什资产有限公司诉以色列国民银行有限公司案　CA (Center Lod District Court) 4552-12-13 Rosenbuch Assets Ltd. v. Bank Leumi Le-Israel Ltd. (decision of October 25, 2015),**199**

肖尔诉米拉特和银行有限公司案 CA（Center Lod District Court）14631-09-11 Shor v. Mizrahi Tefahot Bank（Nevo Database，2015），**199-200**

利瓦伊诉米拉特和银行有限公司案 MCA（Tel Aviv District Court）6472/08 Levi v. Mizrahi Tefahot Bank Ltd.（still pending，Nevo Database），**49**

伊沙皮诉以色列第一国际银行有限公司案 MCA 6473/08（Tel Aviv District Court）Yishpe v. The First International Bank of Israel Ltd.（still pending，Nevo Database），**49**

科斯特英斯基诉以色列国民银行有限公司案 MCA（Tel Aviv District Court）8700/09 Kosterinsky v. Bank Leumi Le-Israel Ltd.（still pending，Nevo Database），**49**

治安法院（Magistrate Courts）

斯蒂勒诉以色列国民银行有限公司案 CF（Tel Aviv Magistrate Court）786/93 Stiller v. Bank Leumi Le-Israel Ltd.（Nevo Database，1996），**43**

标准合同法庭（The Standard Contracts Tribunal）

总检察长诉以色列国民银行有限公司案 MA（Standard Contracts Tribunal）195/97 The Attorney General v. Bank Leumi Le-Israel Ltd.，5763(1) PM 481（2004），**167**

银行监管局局长诉工人银行有限公司案 SC（Standard Contracts Tribunal）8010/02 The Supervisor of Banks v. Hapoalim Bank Ltd.（Nevo Database，2006），**167**

银行监管局局长诉以色列特和抵押银行有限公司案 SC（Standard Contract Tribunal）8011/02 The Supervisor of Banks v. Tefahot Israel Mortgage Bank Ltd.（Nevo Database，2007），**166**

银行监管局局长诉以色列第一国际抵押贷款银行有限公司案 SC（Standard Contracts Tribunal）8002/02 The Supervisor of Banks v. First International Mortgage Bank Ltd.（Nevo Database 2009），**168**

反垄断法庭（The Antitrust Tribunal）

工人银行有限公司诉以色列反垄断管理局局长案 AT（Antitrust Tribunal Jerusalem）43129-03-10 Hapoalim Bank Ltd. v. The Director General of the Israel Antitrust Authority（Nevo Database，2014），**49**

美国

商业棉花有限公司诉加州联合银行案 Commercial Cotton Co. v. United California Bank，163 Cal. App. 3d 511（1985），**41**

肖诉联合银行与信托公司案　Shaw v. Union Bank and Trust, 640 P. 2d 953 (1981), **41**

英国

杰弗瑞·博尔基亚亲王诉毕马威案　Prince Jefri Bolkiah v. KPMG [1999] 1 All E. R. 517, 63

监管工具一览表[*]

以色列

以色列银行/银行监管局的工具

《正确开展银行业务指令》

银行监管局:《正确开展银行业务指令》第 201 号令,关于"测量和资本充足率——介绍、应用范围和需求计算"Supervisor of Banks: Proper Conduct of Banking Business Directives: Directive no. 201 on "Measurement and Capital Adequacy-Introduction, Scope of Application and Calculation of Requirements," available at http://www.boi.org.il/en/BankingSupervision/SupervisorsDirectives/ProperConductOfBankingBusinessRegulations/201_et.pdf,93

银行监管局:《正确开展银行业务指令》第 203 号令,关于"测量和资本充足率——信用风险——标准方法"Supervisor of Banks: Proper Conduct of Banking Business Directives: Directive no. 203 on "Measurement and Capital Adequacy-Credit Risk-the Standardized Approach," available at http://www.boi.org.il/en/BankingSupervision/SupervisorsDirectives/ProperConductOfBankingBusinessRegulations/203_et.pdf,94

银行监管局:《正确开展银行业务指令》第 204 号令,关于"测量和资本充足率——信用风险的内部评级方法" Supervisor of Banks: Proper Conduct of Banking Business Directives: Directive no. 204 on "Measurement and Capital Adequacy-the IRB Approach to Credit Risk," available at http://www.boi.org.il/en/BankingSupervision/SupervisorsDirectives/ProperConductOfBankingBusinessRegulations/204_et.pdf,94

银行监管局:《正确开展银行业务指令》第 218 号令,关于"杠杆率"Supervisor of Banks: Proper Conduct of Banking Business Directives: Directive no. 218 on "Leverage Ratio," available in Hebrew at http://www.boi.org.il/he/BankingSupervision/Supervisors-

---

[*] 为便于查阅,本索引全部采用中英文对照,并以英文原文首字母排序,页码标号为原书页码,也即本书边码。——译者注

Directives/DocLib/218. pdf,**97**

银行监管局:《正确开展银行业务指令》第 221 号令,关于"流动性覆盖比率"Supervisor of Banks: Proper Conduct of Banking Business Directives: Directive no. 221 on "Liquidity Coverage Ratio," available at http://www. boi. org. il/en/BankingSupervision/SupervisorsDirectives/ProperConductOfBankingBusinessRegulations/221_et. pdf,**96**

银行监管局:《正确开展银行业务指令》第 308 号令,关于"合规官"(撤销)Supervisor of Banks: Proper Conduct of Banking Business Directives: Directive no. 308 on "Compliance Officer" (revoked),**79**

银行监管局:《正确开展银行业务指令》第 308A 号令,关于"处理公众投诉"Supervisor of Banks: Proper Conduct of Banking Business Directives: Directive no. 308A on "Handling of Public Complaints," available at http://www. bankisrael. gov. il/en/BankingSupervision/SupervisorsDirectives/ProperConductOfBankingBusinessRegulations/308A_et. pdf,**80,81,156**

银行监管局:《正确开展银行业务指令》第 310 号令,关于"风险管理"Supervisor of Banks: Proper Conduct of Banking Business Directives: Directive no. 310 on "Risk Management," available at http://www. boi. org. il/en/BankingSupervision/SupervisorsDirectives/ProperConductOfBankingBusinessRegulations/31 0_et. pdf,**97**

银行监管局:《正确开展银行业务指令》第 311 号令,关于"信用风险管理"Supervisor of Banks: Proper Conduct of Banking Business Directive: Directive no. 311 on "Credit Risk Management," available at http://www. boi. org. il/en/BankingSupervision/SupervisorsDirectives/ProperConductOfBankingBusinessRegulations/311_et. pdf,**99,101**

银行监管局:《正确开展银行业务指令》第 312 号令,关于"银行公司与关联方的业务"Supervisor of Banks: Proper Conduct of Banking Business Directives: Directive no. 312 on "Banking Corporation Business with Related Parties," available at http://www. boi. org. il/en/BankingSupervision/SupervisorsDirectives/ProperConductOfBankingBusinessRegulations/312_et. pdf,**100**

银行监管局:《正确开展银行业务指令》第 313 号令,关于"对一个借款人和一组借款人的债务限制"Supervisor of Banks: Proper Conduct of Banking Business Directives: Directive no. 313 on"Limitations on the Indebtedness of a Borrower and of a Group of Borrowers," available at http://www. boi. org. il/en/BankingSupervision/SupervisorsDirectives/ProperConductOfBankingBusinessRegulations/313_et. pdf,**100**

银行监管局:《正确开展银行业务指令》第 314 号令,关于"稳健信用风险评估与贷款定价"Supervisor of Banks: Proper Conduct of Banking Business Directives: Directive no. 314 on "Sound Credit Risk Assessment and Valuation for Loans," available at http://www. boi. org. il/en/BankingSupervision/SupervisorsDirectives/ProperConductOfBankingBusinessRegulations/314_et. pdf,**99**

银行监管局:《正确开展银行业务指令》第 322 号令,关于"银行系统的资本市场活动"Supervisor of Banks: Proper Conduct of Banking Business Directives: Directive no.

322 on "Capital Market Activity of the Banking System," available at http://www. boi. org. il/en/BankingSupervision/SupervisorsDirectives/ProperConductOfBanking-BusinessRegulations/322_et. pdf,53,58,60

银行监管局:《正确开展银行业务指令》第 323 号令,关于"对融资资本交易的限制"Supervisor of Banks: Proper Conduct of Banking Business Directives: Directive no. 323 on "Limitations on Financing Capital Transactions," available at http://www. bankisrael. gov. il/en/BankingSupervision/SupervisorsDirectives/ProperConductOfBankingBusinessRegulations/323_et. pdf,102

银行监管局:《正确开展银行业务指令》第 325 号令,关于"对活期账户信用便利的管理"Supervisor of Banks: Proper Conduct of Banking Business Directives: Directive no. 325 on "Management of Credit Facilities in Current Accounts," available at http://www. boi. org. il/en/BankingSupervision/SupervisorsDirectives/ProperConductOfBankingBusinessRegulations/325_et. pdf,103,195

银行监管局:《正确开展银行业务指令》第 326 号令,关于"项目融资"Supervisor of Banks: Proper Conduct of Banking Business Directives: Directive no. 326 on "Project Finance," available at http://www. boi. org. il/en/BankingSupervision/SupervisorsDirectives/ProperConductOfBankingBusinessRegulations/326_et. pdf,165,166

银行监管局:《正确开展银行业务指令》第 327 号令,关于"杠杆贷款管理"Supervisor of Banks: Proper Conduct of Banking Business Directives: Directive no. 327 on "Leveraged Lending Management," available at http://www. bankisrael. gov. il/en/BankingSupervision/SupervisorsDirectives/ProperConductOfBankingBusinessRegulations/327_et. pdf,101,102

银行监管局:《正确开展银行业务指令》第 329 号令,关于"对发放住房贷款的限制"。Supervisor of Banks: Proper Conduct of Banking Business Directives: Directive no. 329 on "Limitations on Issuing Housing Loans," available at http://www. boi. org. il/en/BankingSupervision/SupervisorsDirectives/ProperConductOfBankingBusinessRegulations/329_et. pdf,104,163,194-195

银行监管局:《正确开展银行业务指令》第 360 号令,关于"轮换与不间断休假"Supervisor of Banks: Proper Conduct of Banking Business Directives: Directive no. 360 on "Rotation and Uninterrupted Vacation," available at http://www. bankisrael. gov. il/en/BankingSupervision/SupervisorsDirectives/ProperConductOfBankingBusinessRegulations/360_et. pdf,106

银行监管局:《正确开展银行业务指令》第 411 号令,关于"预防洗钱和恐怖主义融资,以及客户识别"Supervisor of Banks: Proper Conduct of Banking Business Directives: Directive no. 411 on "Prevention of Money Laundering and Terrorism Financing, and Customer Identification," available at http://www. boi. org. il/en/BankingSupervision/SupervisorsDirectives/ProperConductOfBankingBusinessRegulations/411_et. pdf,79,147

银行监管局:《正确开展银行业务指令》第 418 号令,关于"通过互联网开设银行账户"Supervisor of Banks: Proper Conduct of Banking Business Directives: Directive no. 418 on "Opening Bank Accounts via the Internet," available at http://www. boi. org. il/en/BankingSupervision/SupervisorsDirectives/ProperConductOfBankingBusinessRegulations/418 _ et. pdf,**48**,**150**

银行监管局:《正确开展银行业务指令》第 422 号令,关于"开设和管理一个无信贷便利的活期账户" Supervisor of Banks: Proper Conduct of Banking Business Directives: Directive no. 422 on "Opening and Managing a Current Account with no Credit Facility," available at http://www. boi. org. il/en/BankingSupervision/SupervisorsDirectives/ProperConductOfBankingBusinessRegulations/422_et. pdf,**148**,**158**

银行监管局:《正确开展银行业务指令》第 423 号令,关于"跟踪服务" Supervisor of Banks: Proper Conduct of Banking Business Directives: Directive no. 423 on "The Tracks Service," available at http://www. boi. org. il/en/BankingSupervision/SupervisorsDirectives/ProperConductOfBankingBusinessRegulations /423_et. pdf,**146**

银行监管局:《正确开展银行业务指令》第 425 号令,关于"向银行客户的年度报告" Supervisor of Banks: Proper Conduct of Banking Business Directives: Directive no. 425 on "Annual Reports to Customers of the Banking Corporations," available at http://www. boi. org. il/en/BankingSupervision/SupervisorsDirectives/ProperConductOfBankingBusinessRegulations/425_et. pdf,**151**

银行监管局:《正确开展银行业务指令》第 432 号令,关于"转移业务和关闭客户账户" Supervisor of Banks: Proper Conduct of Banking Business Directives: Directive no. 432 on "Transferring Activity and Closing a Customer's Account," available at http://www. boi. org. il/en/BankingSupervision/SupervisorsDirectives/ProperConductOfBankingBusinessRegulations/432_et. pdf,**47**,**132**,**148**

银行监管局:《正确开展银行业务指令》第 439 号令,关于"借记授权" Supervisor of Banks: Proper Conduct of Banking Business Directives: Directive no. 439 on "Debits by Authorization," available at http://www. boi. org. il/en/BankingSupervision/SupervisorsDirectives/ProperConductOfBankingBusinessRegulations/439_et. pdf,**149**

银行监管局:《正确开展银行业务指令》第 453 号令,关于"有利于银行的第三方担保"(1992 年生效) Supervisor of Banks: Proper Conduct of Banking Business Directives: Directive no. 453 on "Third Party Guarantees in favor of a Banking Corporation" (as was in effect in 1992),**211**

银行监管局:《正确开展银行业务指令》第 456 号令,关于"根据《销售(公寓)(公寓购买者投资担保)法》银行担保的措辞"(撤销) Supervisor of Banks: Proper Conduct of Banking Business Directives: Directive no. 456 on "The Wording of Bank Guarantees pursuant to the Sale (Apartments) (Assurance of Investments of Purchasers of Apartments) Law, 5735-1974" (revoked),**166**

银行监管局:《正确开展银行业务指令》第 470 号令,关于"借记卡" Supervisor of Banks: Proper Conduct of Banking Business Directives: Directive no. 470 on "Debit Cards," available at http://www.boi.org.il/en/BankingSupervision/SupervisorsDirectives/ProperConductOfBankingBusinessRegulations/470_et.pdf,**159**

268 《正确开展银行业务指令草案》

银行监管局：《正确开展银行业务指令草案》，关于"清算公司和电子支付卡交易清算"（2015年12月20日）Supervisor of Banks: Proper Conduct of Banking Business Directives: Draft Directive on "Clearing Companies and Clearing of Electronic Payment Card Transactions"(December 20, 2015), available in Hebrew at http://www.boi.org.il/he/BankingSupervision/DraftsFromTheSupervisorOfBanks/DocLib/10963.pdf,**224-225**

《向公众报告指令》

银行监管局：《向公众报告指令》第651令，关于"巴塞尔协议第三支柱中所包含的信息披露要求以及关于风险的附加信息"Supervisor of Banks: Proper Conduct of Banking Business Directive no. 651 on "The Disclosure Requisites Contained in Pillar 3 of Basel and Additional Information on Risks," available in Hebrew at http://www.boi.org.il/he/BankingSupervision/SupervisorsDirectives/2015/651.pdf,**97**

《向银行监管局报告指令》

银行监管局：《向银行监管局报告指令》第808号令，关于"报告雇员和官员挪用资金情况"Supervisor of Banks: Reporting to the Banking Supervision Department Directives: Directive no. 808 on "Reporting on Embezzlements by Employees and Officeholders," available in Hebrew at http://www.bankisrael.gov.il/en/BankingSupervision/SupervisorsDirectives/Lists/BoiRegulationReportOrders/808.pdf,**105**

银行监管局：《向银行监管局报告指令》第811号令，关于"问题债务重组的报告（季报）"Supervisor of Banks: Reporting to the Banking Supervision Department Directives: Directive no. 811 on "Report on a Restructuring of a Problematic Debt (Quarterly)," available in Hebrew at http://www.boi.org.il/he/BankingSupervision/SupervisorsDirectives/Lists/BoiRegulationReportOrders/811.pdf,**100**

《通告》

银行监管局：《通告》第C-2187-06号，关于"通过互联网提供银行服务的合同修改"问题（2006年5月29日）Supervisor of Banks: Circular no. C-2187-06 on the matter of "Amending the Contract for Providing Bank Services via the Internet" (May 29, 2006), available in http://www.boi.org.il/he/BankingSupervision/LettersAndCircularsSupervisorOfBanks/HozSup/h2187.pdf,**168**

银行监管局：《通告》第C-2225-06号，关于"项目融资"（2008年2月4日）Supervisor of Banks: Circular no. C-2225-06 on "Project Finance" (February 4, 2008), available in Hebrew at http://www.bankisrael.gov.il/deptdata/pikuah/nihul_takin/h2 225.

pdf,**165**

银行监管局:《通告》第 C-2460-06 号,关于"杠杆率"(2015 年 4 月 28 日)Supervisor of Banks: Circular no. C-2460-06 on "Leverage Ratio," (April 28, 2015), available in Hebrew at http://www. boi. org. il/he/BankingSupervision/LettersAndCircularsSupervisorOfBanks/HozSup/h2460. pdf,**97**

银行监管局:《通告》第 C-2461-06 号,关于"对信贷风险的指示"(2015 年 4 月 28 日)Supervisor of Banks: Circular no. C-2461-06 on "Instruction Regarding Credit Risk" (April 28, 2015), available in Hebrew at http://www. boi. org. il/he/BankingSupervision/LettersAndCircularsSupervisorOfBanks/HozSup/h2461. pdf,**27**

银行监管局:《通告》第 C-2463-06 号,关于"债务重组报告(季报)"(2015 年 4 月 28 日)Supervisor of Banks: Circular no. C-2463-06 on "Report on a Debt Restructuring (Quarterly)" (April 28, 2015), available in Hebrew at http://www. boi. org. il/he/BankingSupervision/LettersAndCircularsSupervisorOfBanks/HozSup/h2463. pdf,**27**

信函

银行监管局:《关于"在貌似提供非法赌博活动网站上出现涉及银行账户资金转账的固有风险"致银行公司和信用卡公司的信》(2012 年 2 月 29 日)Supervisor of Banks: Letter to the Banking Corporations and Credit Card Companies on "Risks Inherent in Money Transfers which Involve Bank Accounts Appearing on Websites which Ostensibly Provide Illegal Gaming Activities" (February 29, 2012), available in Hebrew at http://www. boi. org. il/he/BankingSupervision/LettersAndCircularsSupervisorOfBanks/LettersOfTheBankingSupervisionDepartment/201201. pdf,**147-148**

银行监管局:《关于"为实施 FATCA 条款的准备工作"致银行公司的信》(2014 年 4 月 6 日)。Supervisor of Banks: Letter to the Banking Corporations on "Preparedness for Implementation of the FATCA Provisions" (April 6, 2014), available in Hebrew at http://www. boi. org. il/he/BankingSupervision/LettersAndCircularsSupervisorOfBanks/LettersOfTheBankingSupervisionDepartment/201403. pdf,**79,147**

银行监管局:《关于"跟踪服务"致银行公司的信》(2014 年 5 月 7 日)Supervisor of Banks: Letter to the Banking Corporations on "The Tracks Service" (May 7, 2014), available in Hebrew at http://www. boi. org. il/en/BankingSupervision/LettersAndCircularsSupervisorOfBanks/LettersOfTheBankingSupervisionDepartment/201405. pdf,**146**

银行监管局:《关于"跟踪服务"致银行公司的信》(2015 年 6 月 21 日)Supervisor of Banks: Letter to the Banking Corporations on" The Tracks Service"(June 21, 2015) available in Hebrew at http://www. boi. org. il/he/BankingSupervision/LettersAndCircularsSupervisorOfBanks/LettersOfTheBankingSupervisionDepartment/201512. pdf,**146**

银行监管局:《关于"来自客户跨境业务活动的风险管理"致银行公司的信》(2015 年 3 月 16 日) Supervisor of Banks: Letter to the Banking Corporations on "Management of Risks that Derive from Cross-Border Activity of Customers" (March 16, 2015), available in Hebrew at http://www.boi.org.il/he/BankingSupervision/LettersAndCircularsSupervisorOfBanks/LettersOfTheBankingSupervisionDepartment/201508.pdf,147

银行监管局:《关于"扩大借记卡的发行范围"致银行公司和信用卡公司的信》(2015 年 6 月 29 日) Supervisor of Banks: Letter to the Banking Corporations and Credit Card Companies on "Expanding the Distribution of Debit Cards" (June 29, 2015), available in Hebrew at http://www.boi.org.il/he/BankingSupervision/LettersAndCircularsSupervisorOfBanks/LettersOfTheBankingSupervisionDepartment/201516.pdf,159

银行监管局:《关于"启动零售贷款营销"致银行公司和信用卡公司的信》(2015 年 11 月 17 日) Supervisor of Banks: Letter to the Banking Corporations and Credit Card Companies on "Initiated Marketing of Retail Loans" (November 17, 2015), available in Hebrew at http://www.boi.org.il/he/BankingSupervision/LettersAndCircularsSupervisorOfBanks/LettersOfTheBankingSupervisionDepartment/201522.pdf,155

银行监管局:《关于"关闭分行和减少银行出纳员——为客户的多样性提供解决方案"致银行公司的信》(2015 年 12 月 6 日) Supervisor of Banks: Letter to the Banking Corporations on "Closing Branches and Reducing Tellers in the Banks-Providing Solutions to the Diversity of Customers" (December 6, 2015), available in Hebrew at http://www.boi.org.il/he/BankingSupervision/LettersAndCircularsSupervisorOfBanks/LettersOfTheBankingSupervisionDepartment/201525.pdf,33

银行监管局:《关于"以色列银行系统的运营效率"致银行公司的信》(2016 年 1 月 22 日) Supervisor of Banks: Letter to the Banking Corporations on the matter of "Operational Efficiency of the Banking System in Israel" (January 22, 2016), available in Hebrew at http://www.boi.org.il/he/BankingSupervision/LettersAndCircularsSupervisorOfBanks/LettersOfTheBankingSupervisionDepartment/201602.pdf,33

新闻公报

以色列银行新闻公报:《对银行监管局公众查询处 2004 年业务工作进行的调查》(2005 年 1 月 25 日) Bank of Israel: Press Release: Survey of the Activities of the Public Enquiries Unit at the Banking Supervision Department in 2004 (January 25, 2005), available in Hebrew at http://www.boi.org.il/he/NewsAndPublications/PressReleases/Pages/050125a.aspx,197

以色列银行新闻公报:《银行监管局长在海夫兹巴问题上的行为》(2009 年 3 月 1 日) Bank of Israel: Press Release: The Supervisor of Banks' Activity in the Matter of Hefziba (March 1, 2009), available in Hebrew at http://www.boi.org.il/he/NewsAndPublications/PressReleases/Pages/090301p.aspx,196

以色列银行新闻公报:《对银行公司实施经济处罚》(2012 年 3 月 13 日)Bank of Israel: Press Release: Imposing Financial Sanctions on Banking Corporations (March 13, 2012), available at http://www. boi. org. il/en/NewsAndPublications /PressReleases/Pages/120313f. aspx,**142,199**

以色列银行新闻公报:《基本和统一的活期账户管理服务价格将受到监督且不会超过每月 10 新谢克尔》(2014 年 3 月 5 日)Bank of Israel: Press Release: The Price of the Basic and Uniform Basket of Current Account Management Services will be under Supervision and will not Exceed ILS 10 a Month (March 5, 2014), available at http://www. boi. org. il/en/NewsAndPublications/PressReleases/Pages/05-03-2014-BankSupervi. aspx,**146**

以色列银行新闻公报:《建设与住房部跟以色列央行的银行监管局合作,正在采取措施鼓励合格房主对抵押贷款再融资》(2014 年 12 月 30 日)Bank of Israel: Press Release: The Ministry of Construction and Housing, in conjunction with the Bank of Israel Banking Supervision Department, is Promoting Measures to Encourage the Refinancing of Mortgage Loans by Eligible Homeowners (December 30, 2014), available at http://www. boi. org. il/en/NewsAndPublications/PressReleases/Pages/30-12-2014-RefinancingMortgage. aspx,**164**

以色列银行新闻公报:《银行监管局根据以色列债务重组事务调查委员会的建议发布新准则》(2015 年 5 月 3 日)Bank of Israel: Press Release: The Supervisor of Banks Publishes New Guidelines Based on the Recommendations of the Committee to Examine Debt Restructuring Proceedings in Israel (May 3, 2015), available at http://www. boi. org. il/en/NewsAndPublications/PressReleases/Pages/29-04-2015-NewDebt-Guidelines. aspx,**27,99**

以色列银行新闻公报:《银行监管局和执法与收债管理局正在提高银行债务催收的公平性》(2015 年 5 月 4 日)Bank of Israel: Press Release: The Banking Supervision Department and the Enforcement and Collections Authority are increasing Fairness in Debt Collections at the Banking Corporations (May 4, 2015), available at http://www. boi. org. il/en/NewsAndPublications/PressReleases/Pages/04-05-2015-FairnessInDebtCollecti ons. aspx,**153**

以色列银行新闻公报:《以色列银行发布在以色列设立信用合作社大纲》(2015 年 5 月 5 日)Bank of Israel: Press Release: The Bank of Israel Publishes the Outline for the Establishment of Credit Unions in Israel (May 5, 2015), available at http://www. boi. org. il/en/NewsAndPublications/PressReleases/Pages/050515-CreditUnion. aspx,**18**

以色列银行新闻公报:《以色列银行对经济安排法中提出的改革方案的反应》(2015 年 8 月 4 日)Bank of Israel: Press Release: Bank of Israel's Reaction to the Reforms proposed in the Economic Arrangements Law (August 4, 2015), available at http://www. boi. org. il/en/NewsAndPublications/PressReleases/Pages/04-08-2015-ArrangementsLaw . aspx,**203**

以色列银行新闻公报:《以色列银行信息技术局局长在今天金融科技会议上关于国家信

用数据库的讲话》(2015年11月25日)Bank of Israel: Press Release: Remarks by the Director of the Bank of Israel's Information Technology Department Regarding the National Credit Database at Today's Fintech Conference (November 25, 2015), available at http://www.boi.org.il/en/NewsAndPublications/PressReleases/Pages/251115-ZivCredit.aspx,232

以色列银行新闻公报:《银行监管局长指示银行向银行监管局提交一项提高运营效率的多年计划》T(2015年12月28日)Bank of Israel: Press Release: The Supervisor of Banks will Instruct Banking Corporations to Submit a Multiyear Plan for Increasing Operational Efficiency to the Banking Supervision Department (December 28, 2015), available at http://www.bankisrael.gov.il/en/NewsAndPublications/PressReleases/Pages/28-12-2015EfficiencyBanking.aspx,33

颁发执照方法

以色列央行银行监管局:《章程——以色列设立虚拟银行的许可程序》(2013)Bank of Israel: Banking Supervision Department: Charter—The Licensing Process for the Establishment of a Virtual Bank in Israel (2013), available in Hebrew at http://www.bankisrael.gov.il/he/BankingSupervision/SupervisorMethod/Documents/Charter.pdf,18,45,46

以色列央行银行监管局:《一方要求控制和持有银行法人控制权的许可标准和一般条款》(2013年7月11日)Bank of Israel: Banking Supervision Department: Criteria and General Terms for a Party Requesting a Permit to Control and to Hold the Means of Control of a Banking Corporation (July 11, 2013), available in Hebrew at http://www.boi.org.il/he/BankingSupervision/SupervisorMethod/Documents/r1310106.pdf,45

以色列央行银行监管局:《对控制并持有控股权实体要求清算许可证的标准和一般条款》(2013年12月31日)Bank of Israel: Banking Supervision Department: Criteria and General Terms for Controlling and for Holding Means of Control over an Entity Requesting a Clearing License (December 31, 2013), available in Hebrew at http://www.boi.org.il/he/BankingSupervision/SupervisorMethod/Documents/ pdf,36,37,224

以色列央行银行监管局:《获得清算许可证的程序》(2013年12月31日)Bank of Israel: Banking Supervision Department: The Process for Obtaining a Clearing License (December 31, 2013), available in Hebrew at http://www.boi.org.il/he/BankingSupervision/SupervisorMethod/Documents/ pdf,36,37,224

以色列央行银行监管局:《以色列设立信用合作社大纲》(2015年5月5日)Bank of Israel: Banking Supervision Department: Outline for the Establishment of Credit Unions in Israel (May 5, 2015), available in Hebrew at http://www.boi.org.il/he/BankingSupervision/SupervisorMethod/Documents/201511.pdf,18

以色列央行银行监管局:《实体请求控制或持有一家清算公司的许可标准和一般条款——征求公众意见草案》(2015 年 11 月 17 日)Bank of Israel: Banking Supervision Department: Criteria and General Terms for Entities Requesting a Permit to Control or to hold Means of Control in a Clearing Company—Draft for Public Comments (November 17, 2015), available in Hebrew at http://www.boi.org.il/he/BankingSupervision/SupervisorMethod/Documents/solek1.pdf, **224**

以色列央行银行监管局:《获得清算许可证的程序——征求公众意见草案》(2015 年 11 月 17 日)Bank of Israel: Banking Supervision Department: The Process for Obtaining a Clearing License—Draft for Public Comments (November 17, 2015), available in Hebrew at http://www.boi.org.il/he/BankingSupervision/SupervisorMethod/Documents/solek2.pdf, **224, 225**

问与答

银行监管局:《关于限制住房贷款(抵押贷款)大纲草案的问答》,回答 2、4、11(2013 年 8 月 21 日)Supervisor of Banks: Questions and Answers Regarding the Draft Guidelines on Limitations on Housing Loans (Mortgages), answers no. 2, 4, 11 (August 21, 2013), **195**

杂项

以色列银行:《一封写给特别委员会成员的信》Bank of Israel: A letter to the Members of the Special Committee discussing the Economic Arrangements Law: "Variations to the Bill to Amend Section 21 of the Banking (Licensing) Law, 5741-1981-The Opinion of the Bank of Israel" (October 27, 2015), available in Hebrew at http://main.knesset.gov.il/Activity/committees/Urban/OpinionPapers/bankofisrael271015.pdf, **227**

资本市场、保险与储蓄专员的工具

资本市场、保险和储蓄专员:《机构投资者通告》第 2010-9-3 号,关于"非政府债券的机构投资"(2010 年 7 月 14 日)Commissioner of the Capital Market, Insurance and Savings: Institutional Investors Circularno. 2010-9-3 on "Institutional Investments in Non-Governmental Bonds" (July 14, 2010), available in Hebrew at http://www.mof.gov.il/hon/documents/%D7%94%D7%A1%D7%93%D7%A8%D7%94-%D7%95%D7%97%D7%A 7%D7%99%D7%A7%D7%94/mosdiym/memos/2010-9-03.pdf, **26**

资本市场、保险和储蓄专员:《机构投资者通告》第 2010-9-4 号,关于"非政府债券的机构投资说明"(2011 年 3 月 23 日)Commissioner of the Capital Market, Insurance and Savings: Institutional Investors Circular no. 2011-9-4 on "Institutional Investments in Non-Governmental Bonds-Clarification" (March 23, 2011), available in Hebrew at http://www.mof.gov.il/hon/documents/％D7％94％D7％A1％D7％93％D7％A8％D7％94-％D7％95 ％D7％97％D7％A7％D7％99％D7％A7％D7％94/mosdiym/memos/2011-9-04.pdf，26

资本市场、保险和储蓄专员：《机构投资者通告》第 2013-9-13 号，关于"适用于机构投资者的投资规则"（2013 年 8 月 14 日）Commissioner of the Capital Market，Insurance and Savings：Institutional Investors Circular no. 2013-9-13 on "Investment Rules applicable to Institutional Investors" (August 14, 2013), available in Hebrew at http://www.mof.gov.il/hon/documents/％D7％94％D7％A1％D7％93％D7％A8％D7％94-％D7％95％D7％97％D7％A7％D7％99％D7％A7％D7％94/mosdiym/memos/2013-9-13.pdf，30

资本市场、保险和储蓄专员：《机构投资者通告》第 2015-9-20 号，关于"投资资产管理：机构投资者提供信贷规则"（2015 年 5 月 10 日）Commissioner of the Capital Market, Insurance and Savings：Institutional Investors Circular no. 2015-9-20 on "Management of Investment Assets: Rules for Credit Provision by Institutional Investors" (May 10, 2015), available in Hebrew at http://mof.gov.il/hon/documents/％D7％94％D7％A1％D7％93％D7％A8％D7 ％94-％D7％95％D7％97％D7％A7％D7％99％D7％A7％D7％94/mosdiym/me mos/h_2015-9-20.pdf，29

财政部新闻公报：《资本市场、保险和储蓄委员会采纳了安多恩委员会关于债务解决方案的建议》（2015 年 5 月 10 日）The Ministry of Finance：Press Release："The Commissioner of the Capital Market, Insurance and Savings adopted the Andorn's Committee Recommendations on Debt Settlements" (May 10, 2015), available in Hebrew at http://mof.gov.il/Releases/Pages/Vaadat_Anduren.aspx，27

反垄断管理局

以色列反垄断管理局：《关于以色列银行间银行收费信息传递限制性安排的裁断》（2009 年 4 月 26 日）The Israel Antitrust Authority：A Ruling Regarding Restrictive Arrangements between Israeli Banks Regarding the Transfer of Information about the Banking Fees（April 26, 2009），available in Hebrew at http://www.antitrust.gov.il/subject/12 0/item/25879.aspx，49

以色列证券管理局

以色列证券管理局：《证券业内部强制执行计划识别标准》（2011 年 8 月）Israel Securities Authority：Criteria for Recognition of an Internal Enforcement Program in the Securities Field (August 2011), available at http://www.isa.gov.il/Download/IsaFile_6054.pdf，76

以色列证券管理局：《关于投资顾问和投资组合经理参加金融资产经理会议和接受广告产品的指示》（新版本 2013）Israel Securities Authority：Instructions to Investment

监管工具一览表　　325

Advisors and Portfolio Managers Regarding Participation in Conferences and Acceptance of Advertising Products from Financial Assets Managers（New Version 2013），available in Hebrew at http：//www.isa.gov.il/Download/IsaFile_7790.pdf，56

以色列证券管理局法规司：《本局制定规例的内部程序》Israel Securities Authority：Legislation Department：Internal Procedure for Initiating Regulation by the Authority，available in Hebrew at http：//www.isa.gov.il/ Download/IsaFile_7067.pdf，218

政府决定

政府决定第1551号，关于"提高借记卡的效率和竞争"（2014年4月2日）Government Decision no. 1551 on "Increasing Efficiency and Competition in Debit Cards"（April 2，2014），available in Hebrew at http：//www.pmo.gov.il/Secretary /GovDecisions/2014/Pages/govdec1551.aspx，158

政府决定第2215号，关于"采纳以色列经济减少现金使用调查委员会的建议"（2014年10月22日）Government Decision no. 2215 on "Adoption of the Recommendations of the Committee to Examine Reducing the Use of Cash in Israel's Economy"（October 22，2014），available in Hebrew at http：//www.pmo.gov.il/Secretary/GovDecisions/2014/Pages/govdec2115.aspx，34

新西兰

新西兰财政部：《零售存款担保计划》New Zealand Treasury：Retail Deposit Guarantee Scheme，available at http：//www. treasury.govt.nz/economy/guarantee/retail，122

英国

金融市场行为监管局：《FCA手册：争议解决（投诉）》Financial Conduct Authority：FCA Handbook：Dispute Resolution（Complaints）（DISP），available at https：//fshandbook.info/FS/html/FCA/DISP/2/8，156

美国

联邦存款保险公司：《处置手册》（2014年12月）FDIC Resolution Handbook（December 2014），available at https：//www.fdic.gov/about/freedom/drr_handbook.pdf♯page=21，112，115

联邦储备系统理事会：《处置计划》Board of Governors of the Federal Reserve System：Resolution Plans，available at http：//www.federalreserve.gov/bankinforeg/resolution-plans.htm，115

国际机构

国际清算银行-巴塞尔银行监管委员会
BIS-BCBS

国际清算银行-巴塞尔银行监管委员会:《资本计量与资本标准的国际趋同》(1988年7月)BIS-BCBS:International Convergence of Capital Measurement and Capital Standards (July 1988), available at http://www.bis.org/publ/bcbs04a.pdf ("Basel I"),92

国际清算银行-巴塞尔银行监管委员会:《资本计量与资本标准的国际趋同》(2004年6月,2006年6月修订)BIS-BCBS:International Convergence of Capital Measurement and Capital Standards (June 2004, revised June 2006), available at http://www.bis.org/publ/bcbs128.pdf ("Basel II"),92

国际清算银行-巴塞尔银行监管委员会:《银行合规及合规职能》(2005年4月)BIS-BCBS:Compliance and the Compliance Function in Banks(April2005),available at http://www.bis.org/press/p050429.htm,79

国际清算银行-巴塞尔银行监管委员会:《稳健信用风险评估与贷款估值》(2006年6月)BIS-BCBS:Sound Credit Risk Assessment and Valuation for Loans (June 2006), available at http://www.bis.org/publ/bcbs126.htm,99

国际清算银行-巴塞尔银行监管委员会:《执行合规性原则的一项调查》(2008年8月)BIS-BCBS:Implementation of the Compliance Principles, a Survey (August 2008), available at http://www.bis.org/publ/bcbs142.htm,79

国际清算银行-巴塞尔银行监管委员会和国际存款保险机构协会:《有效存款保险制度的核心原则》(2009年6月)BIS-BCBS and International Association of Deposit Insurers:Core Principles for Effective Deposit Insurance Systems (June 2009), available at https://www.bis.org/publ/bcbs156.pdf,122

国际清算银行-巴塞尔银行监管委员会:《改进巴塞尔协议II框架》(2009年7月)BIS-BCBS:Enhancements to the Basel II Framework (July 2009), available at http://www.bis.org/publ/bcbs157.pdf,98

国际清算银行-巴塞尔银行监管委员会:《加强公司治理的原则》(2010年10月)BIS-BCBS:Principles for Enhancing Corporate Governance (October 2010), available at http://www.bis.org/publ/bcbs176.pdf,98

国际清算银行-巴塞尔银行监管委员会:《为更有弹性的银行和银行系统提供全球监管框架》(2010年12月,2011年6月修订)BIS-BCBS:Basel III:A Global Regulatory Framework for More Resilient Banks and Banking Systems (December 2010, revised June 2011), available at http://www.bis.org/publ/bcbs189.pdf ("Basel III"),92

国际清算银行-巴塞尔银行监管委员会:《流动性覆盖比率和流动性风险监测工具》BIS-

BCBS：Basel III：The Liquidity Coverage Ratio and Liquidity Risk Monitoring Tools (January 2013)，available at http://www.bis.org/publ/bcbs238.htm,**96**

国际清算银行-巴塞尔银行监管委员会:《巴塞尔协议 III 杠杆比率框架和披露要求》BIS-BCBS：Basel III Leverage Ratio Framework and Disclosure Requirements(January 2014)，available at http://www.bis.org/publ/bcbs270.pdf,**97**

国际清算银行-巴塞尔银行监管委员会:《净稳定融资比率》BIS-BCBS：Basel III：The Net Stable Funding Ratio（October 2014），available at http://www.bis.org/bcbs/publ/d295.pdf,**96**

国际清算银行-巴塞尔银行监管委员会:《巴塞尔协议 III:净稳定融资比率》(2014 年 10 月)http://www.bis.org/bcbs/publ/d328.htm,**98**

国际清算银行-巴塞尔银行监管委员会:《对信用风险标准化方法的标准修订》,第二份咨询文件(2015 年 12 月)BIS-BCBS：Standards-Revision to the Standardised Approach for Credit Risk，Second Consultative Document（December 2015），available at http://www.bis.org/bcbs/publ/d347.htm,**92**,**94**

金融稳定委员会
FSB

金融稳定委员会:《系统重要性金融机构的恢复和处置计划:关于恢复触发和压力情景的指导》(2013 年 7 月)FSB：Recovery and Resolution Planning for Systemically Important Financial Institutions：Guidance on Recovery Triggers and Stress Scenarios（July 2013），available at http://www.financialstabilityboard.org/wp-content/uploads/r_130716c.pdf,**116**

金融稳定委员会:《系统重要性金融机构恢复与处置计划:制定有效处置战略的指导方针》(2013 年 7 月)FSB：Recovery and Resolution Planning for Systemically Important Financial Institutions：Guidance on Developing Effective Resolution Strategies（July 2013），available at http://www.financialstabilityboard.org/wp-content/uploads/r_130716b.pdf?page_moved=1,**115**

金融稳定委员会:《系统重要性金融机构恢复与处置计划:关于关键功能和关键共享服务的识别指南》(2013 年 7 月)FSB：Recovery and Resolution Planning for Systemically Important Financial Institutions：Guidance on Identification of Critical Functions and Critical Shared Services（July 2013），available at http://www.financialstabilityboard.org/wpcontent/uploads/r_130716a.pdf?page_moved=1,**116**

金融稳定委员会:《特别关注信贷的消费者金融保护》(2011 年 10 月)FSB：Consumer Finance Protection with Particular Focus on Credit（October 2011），available at http://www.financialstabilityboard.org/wp-content/uploads/r_111026a.pdf,**155**

金融稳定委员会:《金融机构有效处置机制的关键属性》(2011 年 10 月更新)FSB：Key

Attributes of Effective Resolution Regimes for Financial Institutions (2011, updated October 2014), available at http://www.financialstabilityboard.org/2014/10/r_141015, **115, 118**

金融稳定委员会:《关于存款保险制度的专题审查》,同行审查报告(2012年2月)FSB: Thematic Review on Deposit Insurance Systems, Peer Review Report (February 2012), available at http://www.financialstabilityboard.org/publications/r_120208.pdf, **122**

制定法文件一览表[*]

以色列

法律 Laws

《以色列银行法》Bank of Israel Law，5770-2010
  第 3 条 Section 3，**85，135，214，220**
  第 36(4)条 Section 36(4)，120
  第 38 条 Section 38，**95**
  第 58 条 Section 58，**73**
  第 70 条 Section 70，**73**

《银行股份安排（暂行规定）法》The Bank Shares in the Arrangement (Temporary Provision) Law，5754-1993，**38**

《银行（执照）法》Banking (Licensing) Law，5741-1981
  第 B 章 Chapter B，**68**
  第 D2 章 Chapter D2，**16，34，36**
  第 1 条 Section 1，**15，16，34，225**
  第 2 条 Section 2，**18，60，68**
  第 3 条 Section 3，**36，45，88**
  第 4 条 Section 4，**37，45**
  第 5 条 Section 5，**15，45**
  第 6 条 Section 6，**18，45，136**
  第 7 条 Section 7，**45，136**
  第 8 条 Section 8，**68**
  第 10 条 Section 10，**16，32，53，206**
  第 10(11a)条 Section 10(11a)，**54**

---

  [*] 为便于查阅，本索引全部采用中英文对照，并以英文原文首字母排序，页码标号为原书页码，也即本书边码。——译者注

第 11 条 Section 11,**32,53,207**

　　第 13 条 Section 13,**32,128**

　　第 21 条 Section 21,**32,128,226,227**

　　第 23A 条 Section 23A,**53**

　　第 24A 条 Section 24A,**53**

　　第 24B 条 Section 24B,**53**

　　第 28 条 Section 28,**68**

　　第 29 条 Section 29,**18**

　　第 30 条 Section 30,**68**

278　第 31 条 Section 31,**18,68**

　　第 33 条 Section 33,**68**

　　第 34 条 Section 34,**68**

　　第 34A 条 Section 34A,**68**

　　第 36K 条 Section 36K,**36,68**

　　第 36J 条 Section 36J,**36**

　　第 50B 条 Section 50B,**73**,

　　第一修正案 The first Addendum,**45**

《银行(执照)法(第 11 修正案)》Banking (Licensing) (Amendment no. 11) Law, 5756-1996,**53**

《银行业条例》Banking Ordinance, 1941

　　第 5(a)条 Section 5(a),**69**

　　第 5(c)条 Section 5(c),**69**

　　第 5(c1)条 Section 5(c1),**67,92,136,141,146**

　　第 5(d)条 Section 5(d),**15**

　　第 6 条 Section 6,**15**

　　第 8 条 Section 8,**119**

　　第 8A 条 Section 8A,**67,69,109**

　　第 8C 条 Section 8C,**72,109**

　　第 8D 条 Section 8D,**72,110**

　　第 8D1 条 Section 8D1,**104,105**

　　第 8D2 条 Section 8D2,**105,106,205**

　　第 8E 条 Section 8E,**72,110**

　　第 8E1 条 Section 8E1,**105**

　　第 8F 条 Section 8F,**111,112**

　　第 8G 条 Section 8G,**111**

　　第 8H 条 Section 8H,**112,113**

　　第 8I 条 Section 8I,**110**

　　第 8J 条 Section 8J,**113**

第 8K 条 Section 8K,**124-126**

第 8L 条 Section 8L,**111**,**114**

第 14H 条 Section 14H,**72**

第 14H(a)(1) 条 Section 14H(a)(1),**67**

第 15C(a) 条 Section 15C(a),**34**

第 15C(b) 条 Section 15C(b),**34**

《银行(服务客户)法》Banking (Service to Customer) Law, 5741-1981

第 1 条 Section 1,**156**

第 2 条 Section 2,**139**,**141**

第 3 条 Section 3,**139**

第 4 条 Section 4,**139**

第 5 条 Section 5,**139**

第 5A 条 Section 5A,**139**

第 5A1 条 Section 5A1,**139**,**154**,**198**

第 5B 条 Section 5B,**132**,**139**

第 6 条 Section 6,**139**

第 6A 条 Section 6A,**139**

第 7 条 Section 7,**130**,**139**,**141**

第 8 条 Section 8,**139**,

第 9A 条 Section 9A,**140**

第 9A1 条 Section 9A1,**140**

第 9I 条 Section 9I,**141**,**144**

第 9J 条 Section 9J,**144**

第 9K 条 Section 9K,**144**

第 9O 条 Section 9O,**141**

第 9N 条 Section 9N,**144**

第 9R 条 Section 9R,**142**,**145**,**205**

第 10 条 Section 10,**54**,**61**,**140**,**206**

第 2 条 Section 11,**100**,**140**,**142**,**207**

第 2 条 Section 11A,**54**,**72**,**140**,**142**

第 12 条 Section 12,**73**,**77**,**142**,**227**

第 13 条 Section 13,**32**,**142**

第 15 条 Section 15,**140**

第 16 条 Section 16,**69**,**80**,**142**,**156**,**167**

第 16K 条 Section 16K,**142**,**145**

第 17 条 Section 17,**140**

第 17A 条 Section 17A,**141**

第 B1 章 Chapter B1,**140**

第 B2 章 Chapter B2,**140**

《银行(服务客户)(第 17 修正案)法》Banking (Service to Customer) (Amendment no. 17) Law, 5772-2011,**198**

《银行(服务客户)(第 19 修正案)法》Banking (Service to Customer) (Amendment no. 19) Law, 5774-2014,**198**

《支票不足支付法》Checks without Cover Law, 5741-1981

 第 2 条 Section 2,**148**

《支票不足支付法(第 9 修正案)》Checks without Cover (Amendment no. 9) Law, 5772-2012,**198**

《集体诉讼法》Class Actions Law, 2006-5766,**197**

 第 8(b)(2)条 Section 8(b)(2),**86**

 第 20(d)(2)条 Section 20(d)(2),**86**

《公司法》Companies Law, 5759-1999

 第 350 条 Section 350,**108**

 第 350A 条及以下 Section 350A et seq,**108**

 第 350B 条 Section 350B,**114**

 第 350Q 条及以下 Section 350Q et seq**108**

《公司法(第 17 修正案)》Companies (Amendment no. 17) Law, 5771-2011,**26**

《公司法(第 18 修正案)》Companies (Amendment no. 18) Law, 5772-2012,**26**

《公司条例》[新版本] Companies Ordinance [New Version], 5743-1983

 第 244 条及以下 Sections 244 et seq,**108**

 第 267 条 Section 267,**114**

《消费者保护法》Consumer Protection Law, 5741-1981

 第 E 章 Chapter E,**135**

 第 39 条 Section 39,**135**

《经济计划法(2015—2016 财年经济政策实施修正案)》The Economic Program (Amendments for the Implementation of the Economic Policy for the Fiscal Years 2015-2016) Law, 5776-2015

 第 12 条 Section 12,**227**

《执行法》Execution Law, 5727-1967

 第 38 条 Section 38,**162,212**

 第 81B1 条 Section 81B1,**161**

《执行法(第 29 号修正案)》Execution Law (Amendment no. 29), 5769-2008 Section 56 (d),**163**

《担保法》The Guarantee Law, 5727-1967

 第 B 章 Chapter B,**126,130,211**

 第 19 条 Section 19,**211**

 第 20 条 Section 20,**211**

制定法文件一览表　333

第 27 条 Section 27,**211**

《住房贷款法》Housing Loans Law, 5752-1992,**161**

《利息法》Interest Law, 5717-1957,**229**

《联合投资信托法》Joint Investment Trust Law, 5754-1994

 第 82(c)条 Section 82(c),**55**

《以色列资本市场鼓励竞争、减少集中和利益冲突法(立法修正案)》Law to Encourage Competition and Reduce Concentration and Conflicts of Interest in Israel's Capital Market (Legislative Amendments), 5765-2005,**59**

《促进竞争和减少集中法》Law to Promote Competition and Reduce Concentration, 5774-2013 第 D 章 Chapter D,**225**

《禁止洗钱法》Prohibition on Money Laundering Law, 5760-2000,**147**,**149**

 第 D1 章 Chapter D1,**228**

 第 E 章 Chapter E,**73**

 第 7(a)条 Section 7(a),**68**

 第 8 条 Section 8,**79**

《禁止恐怖融资法》Prohibition on Terror Financing Law, 5765-2005

 第 48(e)条 Section 48(e),**73**

《投资咨询、投资营销和投资组合管理法》Regulation of Investment Advice, Investment Marketing and Investment Portfolio Management Law, 5765-1995

 第 C 章 Chapter C,**56**

 第 G1 章 Chapter G1,**72**

 第 17(a)条 Sections 17(a),**55**

 第 17(b)(4)条 Section 17(b)(4),**55**

 第 17(b)(5)条 Section 17(b)(5),**55**

 第 38H 条 Section 38H,**72**

 第 43 条 Section 43,**53**

《非银行贷款监管法》Regulation of Non-Banks Loans Law, 5753-1993

 第 1 条 Section 1,**229**,**230**

 第 2 条 Section 2,**228**

 第 3 条 Section 3,**228**

 第 4 条 Section 4,**228**

 第 5 条 Section 5,**228**

 第 7 条 Section 7,**229**

 第 9 条 Section 9,**229**

 第 10 条 Section 10,**229**

 第 11 条 Section 11,**229**

 第 15(b)(2)条 Section 15(b)(2),**230**

《限制性贸易惯例法》Restrictive Trade Practices Law, 5748-1988,**85**,**204**,**219**

第G1章 Chapter G1，72

第31B条 Section 31B，85

第31B(a)条 Section 31B(a)，85

第31C条 Section 31C，85

第31D(a)条 Section 31D(a)，85

第31D(c)条 Section 31D(c)，86

第50B条 Section 50B，77

《限制性贸易惯例（第12号修订案）法》Restrictive Trade Practices (Amendment no. 12) Law，5771-2011

第9条 Section 9，86

《销售（公寓）（购买公寓投资保证）法》Sale (Apartments) (Assurance of Investments of Purchasers of Apartments) Law，5735-1974

第2条 Section 2，165

第3B条 Section 3B，165，166

第4B(b)条 Section 4B(b)，72

《证券法》The Securities Law，5728-1967

第H3章 Chapter H3，72

第I1章 Chapter I1，77

第2条 Section 2，135，203

《标准合同法》Standard Contracts Law，5743-1982

第1条 Section 1，166

第3条 Section 3，166

第16条 Section 16，167

第18条 Section 18，167

第19条 Section 19，166，167

《标准合同法（第4修正案）》Standard Contracts (Amendment no. 4) Law，5772-2012，198

《金融服务（养老金咨询、营销和结算）监管法》，Supervision of Financial Services (Pensions Advice, Marketing and Clearing) Law，5775-2005 Section 19(a)，55

第28(c)条 Section 28(c)，55

《金融服务（公积金）监管法》Supervision of Financial Services (Provident Funds) Law，5765-2005

第32(e)条 Section 32(e)，55

规定 Regulations

《（律师和接管人费用）实施规定》The Execution (Lawyers' and Receivers' Fees) Regulations，5762-2002，161

Joint Investment Trust (Distribution Fee) Regulations，5766-2006，55

制定法文件一览表　335

《销售（公寓）（购买公寓投资保证）（银行担保）规定》Sale（Apartments）（Assurance of Investments of Purchasers of Apartments）（Bank Guarantee）Regulations，5771-2010，**166**

《证券（承销）规定》Securities（Underwriting）Regulations，5767-2007，**32，53**

《标准合同条例》Standard Contracts Regulations，5743-1983，**167**

《金融服务（公积金）（配送费用）监管规定》Supervision on Financial Services（Provident Funds）（Distribution Fees）Regulations，5766-2006，**55**

命令 Orders

《银行（提前偿还住房贷款）令》Banking（Early Repayment of Housing Loans）Order，5762-2002，**164**

《银行（客户服务）（由发卡行对借记卡交易中的交换费进行更明确监督）（临时规定）令》Banking（Service to Customer）（Supervision of Service given by an Issuer to a Clearer regarding Interchange Fee in Debit Card Transactions）（Temporary Provision）Order，5775-2015，**159**

《银行（服务客户）（基本跟踪服务监督）令》Banking（Service to Customer）（Supervision on Basic Track Service）Order，5774-2014，**146**

《根据集体协议法扩大以色列经济综合养老保险令（整合版）》Extension Order（Consolidated Version）for Comprehensive Pension Insurance in the Economy pursuant to the Collective Agreements Act，5717-1957（January 1，2008），**28**

《根据集体协议法延迟、扩大强制养老金令（整合版）》Extension Order（Consolidated Version）for Mandatory Pension pursuant to the Collective Agreements Act，5717-1957（September 27，2011），**28**

《利率令（最高利率的确定）》Interest Rate（Determination of the Maximum Interest Rate）Order，5730-1970，**229**

《禁止洗钱令（银行公司要求为防止洗钱和恐怖主义融资而进行的身份识别、报告和记录保存）》Prohibition on Money Laundering（The Banking Corporations' Requirements Regarding Identification，Reporting，and Record-Keeping for the Prevention of Money Laundering and the Financing of Terrorism）Order，5761-2001，**47，68**

规则 Rules

《银行（服务客户）（借记与贷记支票日期）》规则 Banking（Service to Customer）（Dates for Debiting and Crediting Checks）Rules，5752-1992，**141**

《银行（服务客户）（提前偿还住房贷款收费）规则》Banking（Service to Customer）（Early Repayment of Housing Loan Fees）Rules，5772-2012，**140**

《银行（服务客户）（收费）规则》Banking（Service to Customer）（Fees）Rules，5768-2008，**68，141，144，159**

《银行（服务客户）（收费）规则（第 2 修正案）》Banking（Service to Customer）（Fees）（Amendment no. 2) Rules, 5768-2008, **145**

《银行(服务客户)(收费)规则(修正案)》Banking (Service to Customer) (Fees) (Amendment) Rules, 5774-2013, **146**

《银行(客户服务)(投资咨询)规则》Banking (Service to Customer) (Investment Advice) Rules, 5746-1986, **65**

《银行(客户服务)(适当披露和提供文件)规则》Banking (Service to Customer) (Proper Disclosure and Delivery of Documents) Rules, 5752-1992, **140**

《银行(服务客户)(计算利息的方法)规则》Banking (Service to Customer) (Ways of Calculating Interest) Rules, 5751-1990, **141**

指令 Directives

《以色列银行(流动性赤字的利息)指令》Bank of Israel (Interest on Liquidity Deficits) Directives, 5740-1980, **95**

《以色列银行(流动资产)指令》Bank of Israel (Liquid Assets) Directives, 5731-1971, **95**

官方公报 The Official Gazette (Yalkut Hapirsumim)

《根据〈银行(服务客户)法(第12修订案)〉而受监督的服务》Services subject to Supervision according to the Banking (Service to Customer) (Amendment 12) Law, 5767-2007, 5799 Official Gazette 2927, **144**

议案和草案 Bills and Draft Bills

《以色列银行议案》Bank of Israel Bill, 5770-2010, Bills 374, **120**

《银行(客户服务)(第19修订案)(对贷款提起诉讼前的客户忠告)议案》Banking (Service to Customer) (Amendment no. 19) (Customer Advisement before Instituting Action Regarding a Loan) Bill, 5772-2012, Bills 242, **154**

《银行(客户服务)(修订)草案》Banking (Service to Customer) (Amendment) Draft Bill, 5772-2012, 希伯来语网上可查:http://www.boi.org.il/he/BankingSupervision/DraftsFromTheSupervisorOfBanks/DocLib/10711.pdf, **199**

《〈银行业条例〉修订议案(第22号)(关于银行挪用公款行为的报告)》Bill to Amend the Banking Ordinance (No. 22) (Reporting on an Embezzlement in a Banking Corporation), 5764-2004, Bills 66, **105**

《以色列资本市场鼓励竞争和减少集中与利益冲突议案(立法修正案)》Bill to Encourage Competition and to Reduce Concentration and Conflicts of Interest in Israel's Capital Market (Legislative Amendments) 5765-2005, Bills 572, **73**

《信用数据议案》Credit Data Bill, 5776-2015, Bills 2, **231**

《社会经济变革(立法修订案)草案(加强竞争力和提高消费者福利)》Draft Bill for Socio-economic Change (Legislative Amendments) (Enhancing Competition and Consumer Welfare), 5772-2012, 希伯来语网上可查:http://www.shituf.gov.il/discussion/

制定法文件一览表   337

681,**136**

《减少现金使用草案》Draft Bill to Reduce the Use of Cash, 5775-2015,希伯来语网上可查:https:// shituf.gov.il/discussion/837,**35**

《经济计划议案(实施 2015—2016 财年经济政策修正案)》The Economic Program (Amendments for the Implementation of the Economic Policy for the Fiscal Years 2015-2016) Bill, 5776-2015, Bills 1352, **227**

《无追索权贷款议案》,2006 年 11 月 13 日提交议会。P/17/1700 Loans without Recourse Bill, 5767-2006, submitted to the Knesset on November 13, 2006 希伯来语网上可查:www.knesset.gov.il/privatelaw/data/17/1700.rtf,**160**

《以色列银行议案(修正案——以色列银行加强银行间竞争的责任)》,2011 年 8 月 3 日提交议会。P/18/3489 Bank of Israel (Amendment—the Bank of Israel's Responsibility for Enhancing Competition between the Banks) Bill, 5771-2011, submitted to the Knesset on August 3, 2011 希伯来语网上可查:http://www.knesset.gov.il/privatelaw/data/18/3489.rtf,**214**

《银行(执照)议案(控股信用卡发行人修正案)》,2013 年 4 月 22 日提交议会。P/19/1066 Banking (Licensing) (Amendment-Holdings in Credit Card Issuers) Bill, 5773-2013, submitted to the Knesset on April 22, 2013 希伯来语网上可查:https://www.knesset.gov.il/privatelaw/data/19/1066.rtf,**35-36**

《加强信贷领域竞争的议案(信用卡公司与银行的所有权分离)》,2014 年 2 月 10 日提交议会。P/19/2180 Enhancing Competition in the Field of Credit (Separating the Ownership of Credit Card Companies from the Banks) Bill, 5774-2014, submitted to the Knesset on February 10, 2014 希伯来语网上可查:https://www.knesset.gov.il/privatelaw/data/19/2180.rtf,**35-36**

《消费者保护议案(修正案——公平贸易管理局)》,2004 年 5 月 3 日提交议会。P/2250 Consumer Protection (Amendment—the Fair Trading Authority) Bill, 5764-2004, submitted to the Knesset on May 3, 2004 希伯来语网上可查:www.knesset.gov.il/privatelaw/data/16/2250.rtf,**201**

《非银行贷款监管议案(第 3 修正案)》Regulation of Non-Banks Loans (Amendment no. 3) Bill, 5775-2015, Bills 812,**228**

《金融服务监管(非机构金融服务)议案》The Supervision of Financial Services (Non-Institutional Financial Services) Bill, 5776-2015, Bills 202, **228**

议会(以色列议会)辩论 Parliamentary (Knesset) Debates

议会宪法、法律和司法委员会:议定书第 333 号(2007 年 11 月 6 日)Knesset Constitution, Law and Justice Committee:Protocol no. 333 (November 6, 2007),希伯来语网上可查:www.knesset.gov.il/protocols/data/rtf/huka/2007-11-06.rtf,**161**

议会财政委员会保险小组委员会:议定书第 9 号(2010 年 11 月 23 日),希伯来语网上可查:The Insurance Subcommittee of the Knesset Finance Committee:Protocol no. 9

(November 23,2010),available in Hebrew at www. knesset. gov. il/protocols/data/rtf/ksafim/2010-11-23. rtf,**84**

议会经济事务委员会:议定书第 344 号(2014 年 8 月 12 日),希伯来语网上可查:The Knesset Economic Affairs Committee:Protocol no. 344 (August 12,2014),available in Hebrew at https://knesset. gov. il/protocols/data/rtf/kalkala/2014-08-12-05. rtf,**152**

议会经济事务委员会:议定书第 144 号(2013 年 11 月 18 日),希伯来语网上可查:The Knesset Economic Affairs Committee:Protocol no. 144 (November 18,2013),available in Hebrew at http://www. knesset. gov. il/protocols/data/rtf/kalkala/2 013-11-18-01. rtf,152

议会财政委员会中小企业小组委员会:议定书第 9 号(2010 年 11 月 23 日),希伯来语网上可查:The Knesset Finance Committee,the Sub-Committee for Small and Medium Businesses:Protocol no. 1 (February 4,2014),available in Hebrew at http://www. knesset. gov. il/protocols/data/rtf/ksafim/2014-02-04-02. rtf,**171**

议会经济事务委员会:议定书第 199 号(2014 年 2 月 5 日),希伯来语网上可查:The Knesset Economic Affairs Committee:Protocol no. 199 (February 5,2014),available in Hebrew at http://webcache. googleusercontent. com/search? q = cache:RdTNF9bqaEMJ:www. knesset. gov. il/protocols/data/rtf/kalkala/2014-02-05. rtf + &cd=1&hl=en&ct=clnk&gl=il&lr=lang_en％7Clang_iw,**36**

议会财政委员会:议定书(2009 年 5 月 6 日),希伯来语网上可查:The Knesset Finance Committee:Protocol (May 6,2009),available in Hebrew at http://knesset. gov. il/protocols/data/rtf/ksafim/2009-05-06. rtf,**78**

议会经济事务委员会:议定书第 921 号(2012 年 7 月 17 日),希伯来语网上可查:The Knesset Economic Affairs Committee:Protocol no. 921 (July 17,2012),available in Hebrew at http://main. knesset. gov. il/Activity/Committees/Economics/Pages/CommitteeAgenda. aspx? tab = 3&AgendaDate = 17％2f07％2f2012 + 12％3a00 ％3a00,**175**

美国

法案 Acts

《社区再投资法》(1977 年),《美国法典》第 12 主题第 2901 条及以下 The Community Reinvestment Act of 1977,12 U. S. C. § 2901et seq,**171**

《多德-弗兰克华尔街改革和消费者保护法》(2010 年)
Dodd-Frank Wall Street Reform and Consumer Protection Act of 2010

《美国法典》第 12 主题第 5365(d)条 12 U. S. C. §,5365(d)**115**

《美国法典》第 12 主题第 5384 条 12 U. S. C. § 5384,**119**

《美国法典》第 12 主题第 5394 条 12 U.S.C. § 5394,**119**
《联邦信用社法》(1934 年) Federal Credit Union Act of 1934
　《美国法典》第 12 主题第 1790d(b)(2)(B)(ii) 条 12 U.S.C. § 1790d(b)(2)(B)(ii),**46**
　《美国法典》第 12 主题第 1790d(b)(2)(B)(iii) 条 12 U.S.C. § 1790d(b)(2)(B)(iii),**46**

法规 Regulations

《美国联邦法规》第 12 主题第 243 部分 12 C.F.R. Part 243,**115**
《美国联邦法规》第 12 主题第 381 部分 12 C.F.R. Part 381,**115**

欧盟指令 European Directives

《欧洲议会和理事会关于投资公司的组织要求和经营条件指令》Commission Directive 2006/73/EC of August 10, 2006, implementing Directive 2004/39/EC of the European Parliament and of the Council, as regards organizational requirements and operating conditions for investment firms and defined terms for the purposes of that directive, OJL 241, available at http://eur-lex.europa.eu/legal-content/CS/TXT/? uri=celex:32006L0073,**62**;**64**

《欧洲议会和理事会关于金融工具市场指令》Directive 2004/39/EC of the European Parliament and of the Council of April 21, 2004, on Markets in Financial Instruments, amending Council Directives 85/611/EEC and 93/6/EEC and Directive 2000/12/EC of the European Parliament and of the Council and repealing Council Directive 93/22/EEC, OJL 145, available at http://eur-lex.europa.eu/legal-content/RO/ALL/? uri=CELEX:32004L0039,**64**,**65**

《欧洲议会和理事会关于信贷机构和投资公司建立恢复与处置框架指令》Directive 2014/59/EU of the European Parliament and of the Council of May 15, 2014, Establishing a Framework for the Recovery and Resolution of Credit Institutions and Investment Firms and Amending Council Directive 82/891/EEC, and Directives 2001/24/EC, 2002/47/EC, 2004/25/EC, 2005/56/EC, 2007/36/EC, 2011/35/EU, 2012/30/EU and 2013/36/EU, and Regulations (EU) no. 1093/2010 and (EU) no. 648/2012, of the European Parliament and of the Council, OJL 173, available at http://eur-lex.europa.eu/legal-content/EN/TXT/HTML/? uri=CELEX:32014L0059&from=EN,**115**

《欧洲议会和理事会关于存款担保计划的指令》Directive 2014/49/EU of the European Parliament and of the Council of April 16, 2014 on Deposit Guarantee Schemes, OJL 173, available at http://eur-lex.europa.eu/legal-content/EN/TXT/? uri=CELEX:32014L0049,**122**

《欧共体欧洲议会和理事会关于内部市场的支付服务指令》Directive 2007/64/EC of the European Parliament and of the Council of November 13, 2007 on payment services in the internal market amending Directives 97/7/EC, 2002/65/EC, 2005/60/EC and 2006/48/EC and repealing Directive 97/5/EC, OJL 319, available at http://eur-lex. europa. eu/legal-content/EN/ALL/? uri＝CELEX:32007L0064,**225**

287《欧共体欧洲议会和理事会关于接管和追求信贷机构业务(重组)指令》Directive 2006/48/EC of the European Parliament and of the Council of June 14, 2006 relating to the taking up and pursuit of the business of credit institutions (recast), OJL 177, available at http://eur-lex. europa. eu/legal-content/EN/TXT/ ? uri＝CELEX％3A32006L0048,**227**

索 引*

A

（债务）加速 Acceleration (of debt)，133，140，161，229

问责 Accountability，189，205

管理人 Administrator，27，72，110-114

顾问委员会 Advisory Committee，15

安多恩委员会 Andorn Committee，参见 Committee to Examine Debt Restructuring Proceedings in Israel

反垄断管理局 Antitrust Authority，15，40，49-50，72 n237，85，135，157 n150，158，175 n24，202-205，217，219，220

资产管理公司 Asset management company，112 n134

以色列银行协会 Association of Banks in Israel，75

信息不对称 Asymmetry of information，参见 Information asymmetries

总检察长 Attorney General，50，73，114，142，152，167

澳大利亚银行家协会 Australian Bankers' Association，75 n252

辅助公司 Auxiliary corporation，16 n78，34 n50

B

巴卡尔委员会 Bachar Committee，参见 Committee. See Inter-ministerial Team Regarding Reform in the Israeli Capital Market

内部救助 Bail-in，118，119

外部救助 Bail-out，118，119，123

银行崩溃，倒闭 Bank collapse，4，5，7，8，39，41，42，69，70，84，88，104，107，108，117，122，124，129，165，170，172，173，181，196，197，205，207. 另见 Bank failure

银行-客户关系 Bank-customer relationship，67，88，174，216

银行控制 bank's control，133-134

银行的自由裁量权 bank's discretion，133-134

bank's fiduciary duty（参见 Fiduciary duty）

银行的义务 bank's obligations，139-140

"被俘客户"，随和客户 captive customer，133，223

客户对银行的信心 customer's confidence in the bank，134

---

* 为便于查阅，本索引全部采用中英文对照，并以英文原文首字母排序，页码标号为原书页码，也即本书边码。——译者注

客户的依赖性 customer's dependency, 130-133

不平等 inequality, 128-129

银行倒闭 Bank failure, 5 n18, 6, 7, 90, 107-115, 123, 172. 另见 Bank collapse

银行身份卡 Bank identity card, 149-152, 221

银行法人,银行公司 Banking corporation, 16, 32, 33, 34 n50, 40, 42, 45, 67, 68, 79, 92-95, 97, 99, 100, 105, 106, 108, 109, 111-113, 115, 119, 124, 125, 128, 202 n149, 208, 215, 226

银行业监管,银行监管 Banking regulation, 1-19, 40, 45, 66-81, 128, 178, 209-234. 另见 Conduct of business regulation; Prudential regulation

(银行业监管)的领域 areas of, 10-14

(银行业监管)的主要职能 main functions of, 67-73

(银行业监管)的新模式 new models of, 73-78

(银行业监管)的理据 rationales for, 4-10

银行监管局 Banking Supervision Department, 15, 33, 34, 46 n114, 67-69, 71 n233, 80, 88 n24, 90, 94 n44, 97 n62, 100, 107, 135, 138, 139, 145, 156, 172, 174, 194, 196, 198, 199 n132, 199 n133, 200, 215-216, 220, 224

国民银行 Bank Leumi, 37, 38, 40, 45, 71, 205

商业银行 Bank of Commerce, 70, 104, 106, 107, 122, 124, 205

以色列银行,以色列央行 Bank of Israel, 14, 44, 77-78, 84, 91, 92, 95, 105, 107, 109, 111, 123, 156-157, 163, 196, 200, 223, 225, 230

方法 Approach, 45, 48 n124, 68, 203, 228

审计报告 audit report, 88

银行监管局 banking Supervision Department, 参见 Banking Supervision Department

批评 critique against, 37, 175, 204, 217, 224

数据库 database, 152, 232-233

和借记卡 and debit cards, 158, 159

央行行长 governor, 参见 Governor of the Bank of Israel

隐含存款保险 implicit deposit insurance, 参见 Implicit Deposit Insurance

执照 licenses, 45

最后贷款人 LOLR 参见 Lender of Last Resort (LOLR)

货币委员会 Monetary Committee, 参见 Monetary Committee

货币政策 monetary policy, 90

目标 objectives, 85, 135, 136, 174, 202, 220

结构 structure, 15, 66, 178, 233

银行监管局局长 Supervisor of Banks, 参见 Supervisor of Banks

对银行收费的监管 supervision over bank fees, 参见 Fees

破产 Bankruptcy, 116, 120. 另见 Insolvency

银行 Banks

权力的集中 concentration of power, 10

信贷提供者 credit providers, 4, 52, 53, 99

定义 definition, 16

金融中介机构,金融媒介 financial intermediaries, 5, 23, 226

在以色列的外国银行 foreign banks in Israel, 31, 32

以色列的银行 Israeli banks, 16, 31-34, 37-45, 50, 54, 66, 78, 80, 84, 89-91, 94, 108, 115, 129, 132, 143, 227, 233

(银行的)双寡头垄断,双头垄断 duopoly of, 48, 85, 129, 150

索引 343

以色列的银行所有权 ownership of Israeli banks, 37-40
流动性提供者 liquidity providers, 4-7, 92, 94-96, 108, 120
狭窄股本基础 narrow equity base, 5, 6
对冲击敏感 sensitivity to shocks, 5-6
冒险倾向 tendency to take risks, 8-9
它们在经济中的作用 their role in the economy, 4-5, 88
银行保密 Bank secrecy, 15 n74
银行服务 Bank services, 143-145, 174. 另见 Bank-customer relationship
 提供（银行服务）的义务 duty to provide, 131, 139, 147-148
 履行（银行服务）的方式 manner of performance, 131-132
 （银行服务）的价格 price of（参见 Fees）
 服务条件 service conditioning, 130, 139
《银行（服务客户）法》 Bank (Service to Customer) Law, 参见 Table of Statutory Instruments
银行股票操纵事件 Bank share manipulation affair, 37-39, 43, 54, 55, 57, 122 n187, 129, 181
竞争障碍，竞争壁垒 Barriers to competition, 50, 137
 进入壁垒 entry barriers, 45-46
 信息壁垒 information barriers, 48
 转换壁垒 switching barriers, 参见 Switching banks
巴塞尔协议 Basel Accords, 84, 91-93, 98, 224, 225
 巴塞尔一 Basel I, 92
 巴塞尔二 Basel II, 27, 90, 92, 98
 巴塞尔三 Basel III, 27, 92-97
巴塞尔银行监管委员会 Basel Committee on Banking Supervision (BCBS), 79, 84, 91, 94 n45, 97
巴塞尔银行监管委员会 BCBS, 参见 Basel Committee on Banking Supervision (BCBS)
贝杰斯凯委员会 Bejsky Committee, 参见 Inquiry Committee Regarding the Bank Shares Manipulation
董事会 Board of directors, 26, 62, 63, 76, 77, 79-81, 98, 99, 101, 106, 111-113, 153, 156
债券 Bonds, 23-26, 28, 29, 90, 203, 226-228. 另见 Corporate bonds
借款人 Borrowers, 4, 29, 31, 48, 90, 91, 99-102, 104, 153, 160-164, 171, 181, 195, 212, 228-232
 合格借款人 eligible borrowers, 163-164
有限理性 Bounded rationality, 8
过桥银行 Bridge bank, 115 n142
布罗德特委员会 Brodett Committee, 参见 Committee to Examine Banks' Holdings in Non-Financial Companies
经纪 Brokerage, 32, 57, 206
商业信用，商业信贷 Business credit, 参见 Credit
与关联方业务 Business with related parties, 100-101

291

C

资本充足率 Capital adequacy, 33, 36, 39 n83, 46, 84, 89, 90, 92-94, 97, 104, 173, 197
资本市场改革 Capital market reform, 18, 23-24, 32, 53-55, 59, 60
资本市场、保险和储蓄部 Capital Market, Insurance and Savings Department, 参见 资本市场、保险及储蓄专员 Commissioner of the Capital Market, Insurance and Savings

344　以色列银行业监管——审慎监管与消费者保护

资本交易　Capital transactions，101，102

囚徒监管　Captive regulation，参见 Regulatory capture

现金　Cash，4，29，35，43，94，95，102，131，148，157，158，223

　　减少（现金）的使用　reducing the use of，34-35，158，200，222-223

担保债务凭证　CDO，31

中央银行　Central bank，4，92，117，178 n33，208

支票　Checks，35，52，59，87，131，141，148，167，187，199，201，228

支票不敷支付　Checks without cover，87，148，198 n129，199

"中国墙"　Chinese Wall，57，60-63

民事罚金　Civil fine，17，73

集体诉讼　Class action，49，50，86，197，199，204

（电子支付卡交易的）结算　Clearing（of electronic payment card transactions），36-37，159-160，224-225

清算公司　Clearing companies，16，36-37，159，224-225

清算许可证　Clearing license，36-37，68，224-225

道德准则　Code of ethics，75

串通，共谋　Collusion，49 n127，50 n130

命令和控制　Command and control，73-75

资本市场、保险及储蓄专员　Commissioner of the Capital Market，Insurance and Savings，15，26，27，78，177，217，223，226

社会经济变革委员会（又称"特拉亨伯格委员会"）　Committee for a Social-Economic Change（"Trachtenberg Committee"），50，174，213，214

促进经济竞争委员会　Committee on Increasing Competitiveness in the Economy，40 n86，200

机构投资者通过购买非政府债券提供信贷的报酬参数确定委员会（又称"霍达克委员会"）　Committee to Determine Parameters for Consideration by Institutional Investors Providing Credit through Non-Government Debenture Purchases（"Hodak Committee"），25-26，134

普通银行与金融服务加强竞争委员会（又称"斯特鲁姆委员会"）　Committee to Enhance Competitiveness in Common Banking and Financial Services（"Strum Committee"），36，123，175，200，222，225，226

银行持股非金融公司调查委员会（又称"布罗德特委员会"）　Committee to Examine Banks' Holdings in Non-Financial Companies（"Brodett Committee"），53

以色列债务重组事务调查委员会（又称"安多恩委员会"）　Committee to Examine Debt Restructuring Proceedings in Israel（"Andorn Committee"），26，99，101，200

机构投资定制贷款审查委员会（又称"戈尔德施密特委员会"）　Committee to Examine Institutional Investments in Tailor Made Loans（"Goldschmidt Committee"），28

以色列经济减少现金使用调查委员会（又称"洛克委员"）　Committee to Examine Reducing the Use of Cash in Israel's Economy（"Locker Committee"），34，158，200

改善信用数据共享系统委员会　Committee to Improve the Credit Data Sharing System，152

资本市场法定安排建议委员会（又称"格贝委员会"）　Committee to Propose Statutory Arrangements in the Capital Market（"Gabai Committee"），57

索引 345

普通股一级资本 Common equity tier 1, 93
普通股一级资本比率 Common equity tier 1 capital ratio, 36, 93, 94
赔偿金, 补偿 Compensation, 17, 86, 122, 123, 140, 162, 196, 197, 204
竞争 Competition, 2, 5, 9, 14, 15, 23, 36, 37, 47, 54, 58-60, 63, 85, 121, 135-138, 144, 147, 158, 170-171, 175, 180, 188, 200, 202-204, 207, 208, 210, 214, 215, 218-222, 233-234
 和银行的盈利能力 and banks' profitability, 170-171
 壁垒, 障碍 barriers to (参见 Barriers to competition)
 关于清算 re clearing, 36-37, 224-225
 关于贷款 re credit, 29, 35, 226-229, 231-234
 和信用卡公司 and credit card companies, 35, 36, 151, 219, 222-223
 和存款保险 and deposit insurance, 121
 在以色列银行体系, 缺乏…… lack of, in the Israeli banking system, 45, 54, 123, 129, 135, 137, 143, 150, 174, 214, 219, 221
 促进(竞争的)方式 means to promote, 14, 137-138, 147-150, 152, 158-160, 171, 174, 175, 219-221
 由非银行机构 by non-bank institutions, 29, 30, 51, 226-229, 231-234
 价格竞争 price competition, 48-51, 145
 监管机构之间 between regulators, 180, 185, 217
 作为监管目标 as a regulatory goal, 13, 214, 219
投诉处理 Complaint handling, 17, 69-70, 80-81, 107, 142-143, 156-157, 196, 198, 201, 215
合规, 遵守 Compliance, 17, 42, 62, 65, 76-80, 97, 191, 199, 201, 215, 216
集中 Concentration, 10, 23, 24, 40, 45-51, 53, 54, 59, 68, 85, 100, 135 n29, 137, 164, 187, 196, 200, 202-204, 220 n40, 222, 227
集中集团 Concentration group, 85, 204
商业行为监管 Conduct of business regulation, 13-14, 128-134, 170-175, 210-214
保密 Confidentiality, 88, 89
冲突 Conflict, 另见 Conflict of interest
 between prudential regulation and competition, 14, 170-171, 175, 203, 204, 233-234
 审慎监管与消费者保护之间 between prudential regulation and consumer protection, 14, 170-174, 184, 196-197, 210
 监管目标之间 between regulatory goals, 173-174, 179-182, 196-197, 212-213
 透明度和稳定性之间 between transparency and stability, 170-171
利益冲突 Conflict of interest, 13, 23, 24, 26, 35, 51-66, 130
 "中国墙" Chinese Wall (参见 Chinese Wall)
 在投资咨询方面 in investment counseling, 54-56, 61
 在以色列的银行体系中 in the Israeli banking system, 23, 35, 51-54, 66
 对……的解决方案 solutions to, 57-66
集团 Conglomerates, 51, 53, 60, 63, 206
Construction loans, 参见 Project finance
消费者保护 Consumer protection, 13, 14, 67, 79, 86, 135-139, 141, 142, 146-166, 168, 170, 172, 175-179, 181, 184-186, 189, 190, 195, 196, 198, 200-205, 207, 208, 210, 213-219
消费者保护与公平交易管理局 Consumer Protection and Fair Trade Authority, 135, 201, 202

消费者,客户 Consumers,2,3,6 n23,11,14,85,136,145,146,170 n1,174,181,194,202,203,207,212,214,215,219.另见 Bank-customer relationship; Retail sector

传染 Contagion,5,6,7 n33,117,172

冲突,矛盾 Contradiction,参见 Conflict

公司债券 Corporate bonds,See Bonds

公司治理 Corporate governance,11,26,90,98,223

信用,贷款,信贷 Credit,24,27-36,48,101-103,129,130,150-152

 borrowers(参见 Borrowers)

 工商信贷(企业贷款) business credit (business lending),27-29

 建筑贷款 construction loans(参见 Project finance)

 消费者信贷 consumer credit(参见 retail credit)

 信用卡公司贷款 by credit card companies,34-36,222-223

 以另一种服务为条件的信贷 credit conditioned upon another service,130

 信贷歧视 credit discrimination,171 n5,231

 活期账户的信贷便利 credit facilities in current accounts,87,102-103

 信贷营销 credit marketing,154-155

 信用风险 credit risk (see Risk)

 公平信贷 fair credit,228-230

 住房贷款 housing loans(参见 Housing loan)

 非银行信贷 non-bank credit,23,24,35-36,89,134,150,151,154-155,226-230

 project finance(参见 Project finance)

 为购买证券 for purchase of securities,129

 零售信贷(零售贷款) retail credit (retail lending),29-30,35-36,48,150,152,154-155,222-223,226,227,229,232

 重大贷款 significant loans,99

 为小企业 for small businesses,171

信用卡 Credit card,32,34-36,47,157,159,222-225.参见 also Debit card; Electronic payment card; Clearing; Credit card companies

信用卡公司 Credit card companies,16,34-36,151,154-155,207,215,219,222-225,229,230,232

信用数据 Credit data,48,150-152,203,231-233.参见 also Bank identity card

信用记录,信用历史 Credit history.参见 Credit data

信用评级 Credit rating,48,100,129,150,152

信用社 Credit union,18 n86,45,46,137,221

犯罪的 Criminal

 银行的犯罪 offense of bank,41 n90,49,72,73,105,110,140,142,229,233

 客户的犯罪 offense of customer,147

 提起诉讼 proceedings,17,72-73,76,78

跨境银行业务 Cross-border banking,15 n74,71 n233,188 n45

活期账户 Current accounts,16,32,87,102-103,128,131,133,141,146-149,153,158,159,167,195

客户同意 Customer's consent,57,63-66,150,197

 有利益冲突 to a conflict of interest,61,63-66

D

丹克纳事件 Dankner affair,77,78 n260,170

借记卡　Debit card, 34 n50, 35, 131, 148, 157-160, 222, 224, 225. 另见 Credit card; Electronic payment card

债务, 负债　Debt, 8, 25, 70, 88, 101, 102, 112, 114, 130, 134, 136 n39, 141, 148, 153-154, 160, 161, 198 n126, 204 n161, 211, 228

债务重组　Debt restructuring, 25-27, 99-101, 108, 134

存款, 4-9, 12, 14, 16, 27, 32, 41, 51, 55 n151, 92, 95, 113, 116-124, 128, 130, 131, 134, 137, 141, 164, 170, 225, 226, 227 n76

存款保险　Deposit insurance, 7-9, 12, 41, 113, 116, 118, 120-124

披露　Disclosure, 11, 13, 14, 63-66, 88-90, 92, 159, 170, 211, 228

分销费　Distribution fee, 参见 Fees

分红, 股利, 股息　Dividends, 9, 39, 52, 71-72, 93 n41, 95, 109

《多德-弗兰克法》Dodd-Frank Act. 参见制定法工具表 Table of Statutory Instruments

多米诺骨牌效应　Domino effect, 6

E

效率, 有效性　Efficiency, 13, 138-139, 157 n150, 158, 214-215, 231 n107, 233
　以色列的银行的（效率）of Israeli banks, 33-34, 38-39
　监管模式的（效率）of regulatory models (参见 Regulatory efficiency)

ELA, 参见 Liquidity, emergency liquidity assistance (ELA)

电子支付卡　Electronic payment card, 35-37, 157-160, 224. 另见 Credit card; Debit card

挪用资金　Embezzlement, 70-71, 104-108, 204 n161, 205

强制执行　Enforcement, 17-19, 56, 62, 63, 66, 71-73, 75-77, 137, 138, 153, 172, 191, 199, 201, 202, 203 n154, 212, 216, 217. 另见 Financial sanction

股本　Equity, 5, 6, 35, 36, 39, 45, 46, 93, 94, 99, 100, 104, 112, 116, 163, 188, 223, 224

欧陆卡、万事达卡和维萨卡标准　EuroPay, MasterCard and Visa (EMV) standard, 159

F

FATCA, 参见 Foreign Account Tax Compliance Act (FATCA)

FCA, 参见 Financial Conduct Authority, United Kingdom (FCA)

FDIC, 参见 Federal Deposit Insurance Corporation, United States (FDIC)

联邦存款保险公司　Federal Deposit Insurance Corporation, United States (FDIC), 115, 121 n179

联邦储备银行　Federal Reserve Bank, United States (FRB), 115, 231 n107

费　Fees
　银行收费　bank fees, 35, 49, 50, 68, 84, 132, 138-146, 159, 161, 164, 171, 174, 181, 198 n129, 199, 205, 213-215
　结算费用　clearing fee, 36
　信用卡收费　credit card fee, 157
　分销费　distribution fee, 55
　交换费　interchange fee, 159
　管理费　management fee, 24, 56, 60

诚信义务, 信托责任, 受托责任　Fiduciary duty, 15 n75, 41, 44, 63, 64 n188, 132 n15, 133 n20, 134 n26, 137

英国金融市场行为监管局　Financial Conduct Authority, United Kingdom (FCA), 156 n145, 207

金融教育　Financial education,199,215

英国金融政策委员会　Financial Policy Committee, United Kingdom (FPC), 207-208

经济处罚　Financial sanction,17,49,67, 72-73,142,199,217,229,233

英国金融服务管理局　Financial Services Authority, United Kingdom (FSA),157 n149,172 n7,192 n98,207,213 n14

金融稳定委员会　Financial Stability Board (FSB),115,118,122,155 n138

止赎　Foreclosure,136 n39,140,160-163, 198 n129,212. 另见 Housing loan; Mortgage

《美国海外账户纳税合规法》　Foreign Account Tax Compliance Act (FATCA), 79 n266,147

FPC, 参见 Financial Policy Committee, United Kingdom (FPC)

FRB, 参见 Federal Reserve Bank, United States (FRB)

FSA, 参见 Financial Services Authority, United Kingdom (FSA)

FSB, 参见 Financial Stability Board (FSB)

G

Gabai Committee, 参见 Committee to Propose Statutory Arrangements in the Capital Market

国际金融危机　Global financial crisis,23-25,27,39 n83,78,84,89-92,101,108, 121,155,170,181,183,188,193,197, 207,208,213

　　在以色列　in Israel,23,25,84,89-91, 108,197

全球化　Globalization,80,118

Goldschmidt Committee. 参见 Committee to Examine Institutional Investments in Tailor Made Loans

以色列银行行长　Governor of the Bank of Israel,15,16,19,34,36,51,66,68,72, 73,78,85,95,109-111,113,114,119, 124-125,136,139-141,143,144,146, 152,170,198,201,203,204

保证,担保,保障　Guarantee,95,99,116, 130,161 n175,211

特别担保　ad hoc guarantee,116,124-126

银行担保,银行保函　bank guarantee, 43,131,165,166,168

对濒临倒闭的银行　for a failed bank, 123-126

保证人,担保人　Guarantors,13,86,88, 125,130,136 n39,141,166,211-212

H

工人银行　Hapoalim Bank,49 n130,50 n131,50 n133,87 n17,88 n24,147 n109, 167 n210,200 n136

从众行为,羊群行为　Herding behavior, 9 n48

隐蔽行为　Hidden action,9

高等法院　High Court of Justice,44,69, 109,201,204-205

Hodak Committee. 参见 Committee to Determine Parameters for Consideration by Institutional Investors Providing Credit through Non-Government Debenture Purchases

控股公司　Holding companies,32,51

购房者　Homebuyers,163-165,166 n199, 168,196. 另见 Housing loan; Mortgage

房屋贷款,住房贷款　Housing loan,32,91, 103-104,140,160-164,195,198 n129,207 n172. 另见 Foreclosure; Mortgage early repayment of,140-141,164,198 n129

HQLA. 参见 Liquidity, high-quality liquid assets (HQLA)
过度立法 Hyperlexis, 191

I

ILITA, 参见 Israeli Law, Information and Technology Authority (ILITA)
IMF, 参见 International Monetary Fund (IMF)
隐性保险 Implicit insurance, 116, 124-126
（借款人的）负债 Indebtedness (of borrowers), 52, 100, 101
  过度负债 over-indebtedness, 155, 231
信息不对称 Information asymmetries, 8, 9, 11, 128, 183
  银行与客户之间 between bank and customer, 8, 11, 131
  金融机构之间 between financial institutions, 9, 232
  监管机构之间 between regulators, 183
银行股票操纵调查委员会（"贝杰斯凯委员会"） Inquiry Committee Regarding the Bank Shares Manipulation ("Bejsky Committee"), 54, 57
资不抵债, 破产 Insolvency, 5, 116, 231. 另见 Bankruptcy balance sheet insolvency, 116
  商业破产 commercial insolvency, 116
机构投资者 Institutional investors, 23-31, 35, 37 n71, 58 n168, 59, 137, 226
保险 Insurance, 6-9, 12, 23, 24, 32, 40, 41, 51, 59, 87 n18, 113, 116, 118, 120-124, 137, 151, 177, 206-207
利息 Interest, 35, 71, 101-104, 107, 130, 139, 141, 153, 164, 174
  （利）率 rate of, 48, 50, 118, 119, 137-138, 143, 150, 153, 154, 163, 195, 208, 227-230, 232

以色列资本市场改革部际小组（"巴卡尔委员会"） Inter-ministerial Team Regarding Reform in the Israeli Capital Market ("Bachar Committee"), 23-24, 53, 54 n146, 58-59, 61
内部强制执行计划 Internal enforcement program, 76
内部评级（IRB）方法 Internal Ratings-Based (IRB) approach, 94
国际货币基金组织 International Monetary Fund (IMF), 112, 115, 120, 125, 157, 200, 217 n32
互联网 Internet
  互联网银行 internet bank, 18 n86, 45-47, 137, 221
  通过……提供服务 services via, 33-34, 47-48, 148-150, 167, 168 n211, 221
Investment advice, 参见 Investment counseling
投资公司 Investment companies, 51
投资咨询 Investment counseling, 15, 16, 32, 52, 54-58, 61, 64, 129, 131, 135, 181, 206, 211
投资营销 Investment marketing, 53 n139, 55 n154, 56, 58, 64-65, 72 n237, 135, 211
投资者 Investors, 11, 12, 23-31, 35, 37, 39 n84, 52, 56, 58 n168, 59, 84, 107, 118, 134, 137, 170 n1, 172, 182, 196, 226
IRB approach, 参见 Internal Ratings-Based (IRB) approach
以色列消费者委员会 Israel Consumer Council, 144, 175
以色列法律、信息与科技管理局 Israeli Law, Information and Technology Authority (ILITA), 15
以色列禁止洗钱与恐怖融资管理局 Israel Money Laundering and Terror Financing Prohibition Authority, 15

以色列证券管理局 Israel Securities Authority,15,56 n155,72 n237,76,170 n1,177,190,203,217,218

K

(以色列)议会 Knesset,27,35,78 n262,84 n5,105,136,141,143,145,152 n126,153 n126,160 n171,171 n4,174,175 n24,205,210-213,214 n21

L

自由放任 Laissez-faire,2-3
LCR,参见 Liquidity,liquidity coverage ratio(LCR)
最后借款人 Lender of Last Resort (LOLR),9,12,116-117,119-120
杠杆 Leverage,11,25,27,89,92,96-97,100-102,154,173
 杠杆贷款 leveraged lending,100-102
 杠杆率 leverage ratio,96,97,101-102,173
 对……限制 limitations on,96-97
执照委员会 Licensing Committee,15,68
颁发执照/执照,牌照,许可证 Licensing/license,17-19,32,36,37,45,46,53,66,68,78,113,136,150,204 n161,223-225,227,228,231,232
清算,清盘 Liquidation,12,27,104,108,111,114,115
流动性 Liquidity,4,7,88-90,92,94-96,108,116,117,120,173
 银行作为……的提供者 banks as providers of,4-6
 紧急流动性援助 emergency liquidity assistance (ELA),120
 高流动资产 high quality liquid assets (HQLA),95
 注入…… injection of,90,116-120

流动性覆盖比率 liquidity coverage ratio (LCR),95-97
 净稳定资金比率 net stable funding ratio (NSFR),95-96
 要求 requirements,94-96
 ……的短缺 shortage of,116,117
将贷款限制在房产价值的一定比例,贷款成数,贷款房价比 Loan to value (LTV) ratio,104,195
Locker Committee,参见 Committee to Examine Reducing the Use of Cash in Israel's Economy Lock-in,173,184
LOLR. 参见 Lender of Last Resort (LOLR)
LTV ratio. 参见 Loan to value (LTV) ratio

M

管理委员会 Management committee,72,112-113
Mega regulator,参见 Models (of financial regulation)
欧盟金融工具市场指令 MiFID,64 n189,65 n193
(金融监管)模式 Models (of financial regulation),177,193-194
 功能模式 functional model,176,177
 超级监管机构 mega regulator,176
 合并权力模式 model of consolidated/integrated powers,178,181-186,188-192
 在以色列 in Israel,177,178,194-197,208,210
 分离权力模式 model of fragmented/separated powers,178-180,183,185,187,190,191
 行业模式 sectoral model,176,177,206
 单一监管模式 single regulator model,176-178,189,206,207

索引　351

双峰模式　twin peaks model, 176, 177, 185-186, 190, 206, 207
货币委员会　Monetary Committee, 110, 119, 120
货币政策　Monetary policy, 4, 90, 91, 208
洗钱　Money laundering, 35, 47 n120, 67, 68, 72, 79 n266, 142, 147, 150, 158, 217
监控　Monitoring, 3, 17, 18, 62, 63, 66, 68-71, 101, 128, 213, 216, 219
道德风险　Moral hazard, 4 n15, 9, 117, 118, 121
抵押贷款　Mortgage, 43, 89, 103, 131, 136 n39, 140, 160-164, 168, 195, 198 n129, 212, 228, 229. 另见 Foreclosure; Housing loan
抵押贷款银行　Mortgage banks, 16, 51, 181
共同基金　Mutual funds, 17-18, 23, 24, 32, 40, 51-53, 55, 57-60, 129, 130, 177, 206

N

国有化　Nationalization (of Israeli banks), 37-40, 181
Non-bank credit, 参见 Credit Non-recourse, 160 n171, 160 n172
不推荐政策　No recommendation policy, 62 n183
NSFR. 参见 Liquidity, net stable funding ratio (NSFR)

O

现场审计处　On-Site Audit Division, 215-216
过度负债　Over-indebtedness, 155, 231

P

议会银行收费调查委员会　Parliamentary Inquiry Committee on Bank Fees, 84, 143, 174
支出收入比, 还贷收入比　Payment to income (PI) ratio, 104, 195
退休金咨询, 养老金咨询　Pension advice, 15, 16, 32, 54, 55 n153, 65, 177
养老基金　Pension funds, 23, 58 n168, 60, 137, 177, 206, 226
许可证, 许可　Permits, 18, 40, 46, 58, 68, 78, 89, 120, 128, 136, 137, 141, 144, 162, 186, 222, 223, 225, 226, 230
PI ratio, 参见 Payment to income (PI) ratio
投资组合管理　Portfolio management, 32, 51, 58, 98
PRA, 参见 Prudential Regulation Authority (PRA)
价格结盟　Price aligning, 49, 50
价格串通　Price collusion, 49 n127, 49 n130
(监管目标的)优先顺序　Prioritization (of regulatory goals), 173, 179, 180, 182, 212-213, 216. 另见 Stability, the supervisor of banks' approach
优先目标模糊　Priority goal ambiguity, 179
私有化　Privatization
　以色列的银行……　of Israeli banks, 37-40, 43
　监管权力的……　of regulatory powers, 81, 157
(银行的)盈利能力　Profitability (of banks), 14, 39, 60, 87, 89, 152, 170, 171, 203, 210, 220
项目融资　Project finance, 164-166. 另见 Construction loans
《正确开展银行业务指令》　Proper Conduct of Banking Business Directives, 67, 77, 136, 141, 146, 147, 151, 198, 201, 215
保护性监管　Protective regulation, 12, 107-108
公积金　Provident funds, 17-18, 23-24, 32, 51-53, 55 n154, 57-60, 130, 177, 206, 226

审慎监管 Prudential regulation,10-14,
67,83-126,128,170-179,181,182,186,
195,207,208,210-214
    在以色列 in Israel,91-107
    宏观审慎监管 macro-prudential regulation,11,91
    微观审慎监管 micro-prudential regulation,11,91
审慎监管局 Prudential Regulation Authority(PRA),207
公众信心 Public confidence,7-8,14,117,138,139,156,170
公众批评 Public criticism,66,123,152,172,174,189,200,204,220
购买与承接 Purchase and assumption,112 n134

Q

量化宽松政策 Quantitative easing,90,208
准垄断权 Quasi monopolistic power,32,128,232
准公共机构 Quasi public bodies,40-45,131 n12

R

恢复 Recovery,12-13,89,90,107-126
恢复与处置 Recovery and resolution,12-13,107-126,183
纠正 Redress,17,142,156-157
监管 Regulation
    囚徒监管 captive regulation,74
    合同性监管 contractual regulation,17,18 n84,77-78
    共同监管 co-regulation,77 n257
    监管定义 definition,2
    混合监管 hybrid regulation,75 n253

监管的主要职能 main functions of,16-19
理据 rationales for,4-10,179
自律 self-regulation,17,66,75-77,80,81,155
    强制自律 enforced self-regulation,77 n257
    强制性自律 mandatory self-regulation,17,76-77,80,81,155
    志愿自律 voluntary self-regulation,75-76
监管俘获 Regulatory capture,74 n246,187 n70,188 n73,192
监管一致性 Regulatory coherence,182
监管合同 Regulatory contract,参见 Contractual regulation
监管合作 Regulatory cooperation,17,73-75,183,217-218
监管效果 Regulatory effectiveness,178-184,188,193
监管效率 Regulatory efficiency,178,189-190
监管专长 Regulatory expertise,178,185-186,197-200
监管灵活性 Regulatory flexibility,184
监管对被监管者的影响 Regulatory impact on supervisees,178,191-192
监管权力 Regulatory power,15,81,136,178,181 n50,187-189,201-205
监管改革 Regulatory reform,176 n29,178,192-193,205-208
监管型国家 Regulatory State,3
《向银行监管局报告指令》 Reporting to the Banking Supervision Department Directives,67
《向公众报告指令》 Reporting to the Public Directives,67
限制清单政策 Restricted list policy,62 n183

索引 353

Restructuring,参见 Debt restructuring Retail credit. See Credit,retail credit
Retail lending,参见 Credit,retail credit
零售部门,零售行业 Retail sector,13,29,51,102,132,137,141,143,151,213. 另见 Consumers
风险 Risk,3,7-9,25-26,29-31,33,37-40,48,53,54 n146,56,57,59,64 n189,70,85,89,120,123,129,130,155,163,166,183-185,192-193,195,223-226,230-232,234
 偏好 appetite,9,98,117
 银行风险 bank risks,6,8,11,71,84,85,88,92-104,107,117,121,150,154,155,163,194-195,205,207,215
 传染性风险 contagion risk,5-6,117（另见 Contagion）
 信用风险 credit risk,71,89,92,94,98-104,107,120,171,195,197,224
 挪用资金风险 embezzlement risk（参见 embezzlement）
 内生性风险 endogenous risk,11
 外生性风险 exogenous risk,11
 制度性风险 institutional risk,173
 立法风险 legislative risk,192
 政治风险 political risk,192
 基于风险的监管 risk-based regulation,172
 风险管理 risk management,6,24,29,67,77,79,84,90,92,97-101,195,215,216,223
 风险权重资产 risk weighted assets,92,93
 社会风险 social risk,172-173
 冒(险)倾向 tendency to take,8-9
制定规则 Rule making,17,18,63
挤兑银行 Run on the bank,7,14,92,120,121,123,125,170

S

安全网,社会保障网 Safety nets,7-9,11,12,42,116-126,234. 另见 Deposit insurance; Guarantee, ad hoc guarantee; Implicit insurance; LOLR
处罚 Sanctions,17,18,62,63,67,71-74,77,140,142,199,201,217,229,233
证券 Securities,6,16,38,51-53,56,61,62 n183,65 n192,67,70,76,129,135,145,170 n1,177,203,206,226,227 n76 299
证券化 Securitization,30-31
Self-regulation,参见 Regulation
老年顾客 Senior customers,33-34
对冲击的敏感性 Sensitivity to shocks,5-6 Shaming,17
SIFI,参见 Systemically Important Financial Institution（SIFI）
社会抗议 Social protest,50,135,174,220,221
特别审查员 Special examiner,72,110,111,124
稳定,稳定性 Stability,23,123,177,184,188,203,206-207,227,231,233-234
 银行的…… of banks,5-7,10-12,14,38-39,45,60,71,78,92,94,96,104,106,107,110,116-120,123,128,136,138-139,163,170-172,174-175,177,194-197,203,204,208,210,212-215,220,233-234
 立法机关的方法 the legislator's approach,204
 作为一个监管目标 as a regulatory goal,214-215,220
 银行监管机构的方法 the supervisor of banks' approach,84-86,91,170-175,194,195,210,213,220

最高法院的方法 the Supreme Court's approach, 86-89
标准合同 Standard contract, 87, 88, 132, 140, 166-168
标准化方法 Standardized approach, 92 n39, 94
标准设置 Standard setting, 17, 67-68, 140, 141, 198
国家审计署 State Comptroller, 44, 61, 71, 104 n101, 107, 202 n150, 205
诉讼的中止 Stay of proceedings, 114
结构-行为绩效 Structure Conduct Performance (SCP), 48 n124
Strum Committee, 参见 Committee to Enhance Competitiveness in Common Banking and Financial Services
次贷危机 Subprime crisis, 155, 181
银行监管机构 Supervisor of Banks, 14-16, 33, 46, 88, 105, 146, 172, 177, 178, 208, 210-211, 217, 219, 223, 224. 另见 Banking Supervision Department
银行监管机构的业务活动 activities, 27, 37, 47, 48, 51, 53, 58, 60, 62, 78-79, 89-94, 96, 97, 99, 101, 103, 104, 106, 107, 132, 136, 138, 143, 146-151, 153, 155, 163, 165, 167-168, 194-201, 220-221 approach, 31, 34, 36, 37, 46, 84-86, 91, 135-139, 155, 172, 213-214, 220-222, 225, 233-234
complaint handling (参见 Complaint handling)
对银行监管机构的批评 critique against, 13, 45-46, 63, 143-144, 174, 175, 178, 200
银行监管机构职责 duties, 105, 135-136, 141-142, 145
enforcement (参见 Enforcement)
银行监管机构对消费者的责任 liability to customers, 70-71
银行监管机构的使命 mission of, 174
monitoring (参见 Monitoring)
银行监管机构的目标/角色,作用 objectives/roles, 14, 91, 135-136, 163, 170, 172, 174, 175, 194, 205, 210, 214-215, 228
银行监管机构的权力 powers, 34, 36, 66-73, 77, 81, 85-86, 88-89, 92, 96, 97, 100, 103, 109-111, 140-143, 146, 167, 170, 175, 178, 201, 203-205, 208, 211, 217, 220
standard setting (参见 Standard setting)
瑞士银行家协会 Swiss Bankers' Association, 75 n252
转换银行 Switching banks, 14, 46-47, 54, 132-133, 148-149, 171, 221
银团 Syndication, 27-29, 99
系统重要性金融机构 Systemically Important Financial Institution (SIFI), 90, 115, 207

T

提高银行体系竞争力调查组 Team to Examine Increasing Competitiveness in the Banking System, 29, 51, 137, 145, 151, 174, 200, 213, 221
对货币服务提供者的监管审查小组 Team to Examine Regulation of Currency Service Providers, 228 n83
以色列促进证券化小组 Team to Promote Securitization in Israel, 30
一级资本 Tier 1 capital, 93 n41, 94, 96
二级资本 Tier 2 capital, 93 n41
太大不能倒 Too big to fail, 224, 234
总资本比率 Total capital ratio, 93, 94
Trachtenberg Committee, 参见 Committee

for a Social-Economic Change

透明　Transparency, **28**, **59**, **65**, **78**, **90**, **105**, **137**, **145**, **153**, **170**, **180**, **189**, **219**, **221**

信托服务　Trust services, 32

U

承销/承销商　Underwriting/underwriters, 29, 31, 32, 51, 52, 53 n144, 56, 59 n172, 101, 102

全能银行　Universal banking, 51-54

V

虚拟银行　Virtual bank, 参见 Internet, Internet bank

W

福利　Welfare

公共福利　public welfare, 18 n88, 41 n90, 136, 144, 219

译后记

说起以色列，令人浮想联翩。公元70年，因为犹太人反抗征收行省税，罗马提图斯（Titus Flavius Vespasianus）时代爆发犹太战争，耶路撒冷遭到血洗[1]；公元130年，罗马五贤帝之一的哈德良皇帝推行犹太人"散居"政策，致使犹太人失去家园[2]；圣城耶路撒冷三千年辉煌历史[3]，充满腥风血雨，迄今不得安宁[4]……。犹太人，一个不屈不挠的优秀民族；耶路撒冷，一座人类精神世界的圣城；以色列，一方令人肃然起敬的热土。

2017年12月31日，《以色列银行业监管——审慎监管与消费者保护》翻译完毕，即将清稿交付出版社。稍释重负之际，总感觉有些话如鲠在喉，遂附庸补缀于此。

一、本书及其作者概要

在发达国家中，独特的以色列银行业相当好地经受住了2008年全球金融危机的考验。然而，关于以色列银行业监管之道的解读还付诸阙如。《以色列银行监管》一书，不仅对以色列银行业监管进行了系统阐释，可以为从事金融监管、金融法、银行实践、金融研究者等方面人士借鉴和补白，还为参与我国"一带一路"大业的各方各界人士知己知彼提供参考，是不可多得的一本案头必读书。

本书作者露丝·柏拉图-希纳尔[5]是金融法教授，特拉维夫大学法学学

---

[1] 盐井七生：《罗马人的故事》（Ⅷ 危机与克服），葛奇蹊译，中信出版社2012年版。
[2] 盐井七生：《罗马人的故事》（Ⅸ 贤君的世纪），葛奇蹊译，中信出版社2012年版。
[3] 西蒙·蒙蒂菲奥里著，张倩红、马丹静译，《耶路撒冷三千年》，民主与建设出版社2016年版。
[4] 新华网2018年1月7日消息：《阿拉伯国家将继续抵制美国承认耶路撒冷为以色列首都的决定》，参见 http://www.xinhuanet.com/photo/2018-01/07/c_1122220771.htm。
[5] 参见 https://en.wikipedia.org/wiki/Ruth_Plato-Shinar。

士、法学硕士,巴伊兰大学(Bar-Ilan University)法学博士。1991—1997年,任职以色列最大银行即工人银行的法律部门律师。1997年之后专注于学术活动,任教内坦亚学院(Netanya Academic College)的法学院和商学院,并于2004年创办内坦亚学院银行法中心。她还在瑞士比较法研究所(洛桑,2006年)、马克斯-普朗克比较法与国际私法研究所(德国汉堡,2007年)、卢森堡大学经济法实验室(2008年)、哈佛法学院(2009年)、香港大学(2012年)、伦敦大学学院(2013年)和国王学院(伦敦,2013年)担任研究员。她被邀请在世界各地的高校法学院举行讲座,包括巴黎第四大学(2008年)、伦敦经济学院(2009、2013年)、意大利帕多瓦大学(2009年)、美国托罗学院(纽约,2011年)、香港大学(2012年)、加拿大达尔豪西大学(哈利法克斯,2012年)、玛丽女王大学(伦敦,2013年)、叶史瓦大学卡多佐法学院(纽约,2014年)、锡耶纳大学(意大利,2014年)和清华大学(2014年)等。露丝·柏拉图-希纳尔教授关于金融与金融监管的研究涉及多个方面,有关研究成果丰硕,有多项获奖。从本书看,她特别感兴趣的是金融监管的两个不同领域,即维持金融机构的稳定(审慎监管)和金融消费者保护(商业行为监管),以及二者之间的紧张关系。

  作者所受的本土教育和银行工作经历,遍及世界各地的活跃学术活动和一系列研究成果,以及与以色列央行的密切关系,都足以表明,本书站点高、视野开阔,从全世界着眼看待以色列银行业及其监管问题,观点明确、脉络清晰、论述细腻、资料详实,具有相当高的学术价值。本书系统考察了以色列的银行体系、审慎监管与消费者保护、银行监管模式及其改革路径。虽然本书主题是以色列银行业监管,但正如作者所言,它向读者提供了关于以色列银行体系及其监管的广泛而全面的信息,而对该领域感兴趣的人们来说,它成为一个重要而独一无二的信息之源,尤其对中国金融界和法学界了解以色列的金融监管实践,对企业界参与"一带一路"建设,都具有弥足珍贵的实用价值。

二、以色列银行业的审慎监管与消费者保护

首先,了解以色列法律及其司法体系的特点,有助于理解以色列银行业监管体系及其特点。

以色列法律[1]基于其独特文化。以色列地处中东,实际控制面积约2.5万平方公里,截至2016年12月,以色列人口863.08万[2],犹太人约占人口总数的75.2%,阿拉伯人占20.6%,其余为德鲁兹人、贝都因人和切尔克斯人。官方语言希伯来语和阿拉伯语,通用英语,居民多信奉犹太教。18世纪之前,遵循《摩西五经》,并将《塔木德》作为主要法律渊源,之后经过近代哈斯卡运动、锡安运动,至1948年以色列建国,继承奥斯曼帝国及英国法律,并陆续颁布一系列制定法,世俗法律与犹太教律法并存。时至今日,以色列法的特点是:其一,它既不属于英美法系,也不属于大陆法系。[3] 在法律渊源上,既引入了英国的"遵循先例"原则,又因为通过立法出台大量制定法而逐渐向大陆法系国家转变。其二,受外来法律影响巨大。建国前长期受英国托管统治,深受英国法律影响,建国后有意识地比较各国法律,择优吸收,结合自身实际制定出了具有以色列特色的混合法律体系,但总体上属于西方法律制度。其三,世俗与宗教双重法律体系并存。宗教律法规制着世俗世界,在婚姻、身份等方面居于绝对适用地位,形成宗教法与世俗法并存的局面。

以色列的立法权、行政权、司法权分别由议会、政府和法院实行。其立法机关是以色列议会(Knesset)[4],主要职能涉及立法和行政监督,一些重要职权还通过财经委员会、经济事务委员会等十余个常设委员会行使。总

---

[1] 何勤华主编、杨翠柏、夏秀渊等:《法律文明史 第12卷 近代亚非拉地区法 上卷 亚洲法分册》,商务印书馆2017年版,第598—648页。

[2] 中华人民共和国驻以色列国大使馆经济商务参赞处:《以色列概况》,参见:http://il.mofcom.gov.cn/article/ddgk/zwrenkou/201702/20170202517290.shtml。

[3] 关于英美法系与大陆法系的互相渗透和融合问题,参见高华军:"译者序",《美国金融机构法》(上册),商务印书馆2016年版。

[4] 参见本书边码第27、35、78、105、136、145、153、175、205、210—213页等。

统是一个象征性职位,以色列政府由总理和其他部长组成,总理和部长执行议会的决议,并对议会负责,政府依法享有相关行政权,有些职权被赋予或转授部长个人实行。司法机构行使审判与监督职能,法院系统独具特色。

以色列法院系统包括两大类,一类是普通法院(general courts of law)系统,分为三个审级:治安法院(Magistrate's Courts)①、地区法院(District Court)②和最高法院③(Supreme Court/High Court of Justice);另一类是专门法院(special tribunals)系统,包括宗教法院、军事法院、劳工法院,以及标准合同法庭(Standard Contracts Tribunal)④、反垄断法庭(Antitrust Tribunal)⑤等,而宗教法院又包括犹太教宗教法院(Rabbinical Religious Court)、伊斯兰教宗教法院(Muslim Religious Court)、基督教宗教法院(Christian Religious Court)和德鲁兹族宗教法院(Druze Religious Court)。普通法院享有广泛的管辖权,有权审理民事、刑事及行政案件。其中,治安法院享有一般初审案件的管辖权,还兼有小额索赔法院、租金裁判庭以及执行办公室⑥等职能;地区法院既作为初审法院,又作为治安法院的上诉法院;最高法院既作为地区法院的上诉法院,也作为高等法院审理初审案件,并享有行政法院职能,审查监督政府各部门的行政行为,近年开始有权监督专门法院,甚至有权将议会通过的立法宣布不成立或无效。专门法院仅对特殊事项或者特定身份的主体享有管辖权,如各宗教法院针对各自宗教人群有管辖权;标准合同法庭,审理涉及标准合同事项的诉讼。

上述以色列法律与司法体系是以色列银行业监管的基础背景。本书主要讨论银行业监管,基本不涉及保险、证券等其他非银行业监管。概括而言,以色列银行业监管原则上与多数国家一样,就是监管机构根据法律法规

---

① 参见本书边码第43页,脚注95。
② 参见本书边码第49、50、55、70、78、133、166、197、199、200页。
③ 参见本书边码第2、18、38、41、44、50、56、69、70、71、87、88、104、133、147、204页等。
④ 参见本书边码第166页脚注199,第167页脚注207、208、210,第168页脚注214,第199页。
⑤ 参见本书边码第49页,脚注130。
⑥ 参见本书边码第153、162页。

对被监管机构履行监管职能,以达至监管目标。以色列银行业监管机构[1]主要是以色列银行及其属下的银行监管局,监管权力属于以色列银行行长及授权的银行监管局局长。相关监管机构还包括:以色列证券管理局,财政部资本市场、保险及储蓄专员,反垄断管理局,法律、信息与技术管理局,禁止洗钱与恐怖融资管理局等。被监管机构[2]就是以色列的银行业体系[3],主要是银行公司[4]、信用卡公司,以及清算银行卡交易的公司。以色列的银行公司虽然种类很多,但主要是工人银行、以色列国民银行、以色列贴现银行、联合东方银行、以色列第一国际银行[5]为首组成的五大银行集团[6],五大银行集团控制了以色列商业银行资产的大约94％。监管机构的监管职能主要是创建约束规则,监控约束规则遵守情况,以及在违反约束规则情况下予以强制执行。[7]

以色列银行监管有两个主要目标[8]:保持银行体系稳定,为追求这一目标而实行的监管是审慎监管;银行对待客户公平及行为适当,为追求这一目标而实行的监管是商业行为监管,也称消费者保护。需要着重说明两点:

其一,关于监管模式。将审慎监管和商业行为监管两个领域结合在一个机构还是分开在两个机构,各有利弊,这在以色列还存在争议,但以色列央行等业界人士倾向于一个机构统一监管。顺便提及,美国金融碎片化监管模式[9]也受到非议,但小布什政府认为,美国碎片化的金融监管模式是利大于弊的,所以美国金融监管模式迄今未变。

---

[1] 参见边码第14—16页。
[2] 参见边码第16页。
[3] 参见第二章第二节,边码第31—37页。
[4] 参见边码第16页。
[5] 姜建清:《以色列银行体系中的"工农中建"》,网上可查:http://www.360doc.com/content/17/1113/17/49247701_703494021.shtml。
[6] 中华人民共和国驻以色列国大使馆经济商务参赞处:《以色列银行系统简介》,参见:http://il.mofcom.gov.cn/article/jmjg/zwjrjg/201506/20150601004386.shtml。
[7] 参见边码第16—19页。
[8] 参见边码第10页。
[9] 关于美国金融机构监管体制及其利弊问题的分析,参见高华军:"译者序",《美国金融机构法》(下册),商务印书馆2016年版;《美国金融机构法》(上册),第63—69页。

统一监管问题,在我国也备受重视。2017年全国金融工作会议宣布,设立国务院金融稳定发展委员会①,统筹协调金融稳定和改革发展重大问题,健全金融监管体系,守住不发生系统性金融风险的底线;2018年3月17日十三届全国人大一次会议表决通过了关于国务院机构改革方案的决定,在批准这个方案中,包括"一行三会"变成了"一行两会"——银监会和保监会合并②。

其二,在2000年开始推行新巴塞尔协议③之后,尤其是在2008年金融危机之后,以色列银行业监管发生显著变化,监管重点从保持银行体系稳定转上开始重视对消费者保护方面,其消费者保护工作得到进一步强化。

我国在消费者保护方面相对薄弱。针对我国金融业日益严重的侵害消费者事件的多发状况,中国人民银行在2016年12月印发了《中国人民银行金融消费者权益保护实施办法》④,这对于减少侵害金融消费者权益事件是极其必要的。

其三,审慎监管与消费者保护,虽然彼此之间存在冲突,但二者良好的结合,都有利于防范和化解重大金融风险。以色列已经在平衡这两方面做出了实践探索,并在继续努力,积极加以改善。

相对而言,我国在审慎监管与消费者保护两方面都比较薄弱。2018年3月25日,中国人民银行行长易纲履新后首次出席"中国发展高层论坛2018年年会"并演讲,指出部分领域和地区"金融三乱"仍然突出。不规范的"影子银行"快速上升的势头虽然得到了遏制,但是存量仍然比较大。一些机构在没有取得金融牌照的情况下非法从事金融业务,部分非法金融活动,借助金融创新和互联网之名迅速地扩张。"少数野蛮生长的金融控股集团存在着风险,抽逃资本、循环注资、虚假注资,以及通过不正当的关联交易

---

① 参见财新网 http://finance.caixin.com/2017-07-15/101116386.html。
② 参见 http://finance.jrj.com.cn/2018/03/17092524255066.shtml。
③ 关于新巴塞尔协议及其在我国实施的概要介绍,参见高华军:"风险管理",《简明中国法制文化词典》,商务印书馆2016年版,第317—319页。
④ 参见中华人民共和国中央政府网站 http://www.gov.cn/gongbao/content/2017/content_5213211.htm。

进行利益输送等问题比较突出,带来跨机构、跨市场、跨业态的传染风险。"①

但是,这种状况正在发生积极变化。从今年"两会"后总理答记者问,到易纲在履新后首次演讲所透露的信息,可以看出,中央和金融监管部门对金融"三乱"现象的重视和整治决心。②

在中国,为了坚决守住不发生系统性风险的底线,必须深化金融监管体制改革,加快补齐监管的短板,优化监管力量,严格执行监管法律,抓紧出台金融机构资产管理业务的指导意见,非金融机构投资金融机构的指导意见,金融控股公司监管办法等审慎监管的基本制度。③

三、译文说明与致谢

在翻译本书过程中,对原文有一些特别处理,兹向读者说明。

首先,原文存在一些不当之处或个别错误。比如第 28 页第 18 行"the total nonfinancial bank credit",似有误;第 34 页脚注 52、第 36 页脚注 67 及 68、第 224 页脚注 61,第 251 页第 4 行,以及第 271 页第 23、24 行等多处,存在乱码;第 101 页倒数第 8 行"such asa"应为"such as a";第 184 页倒数第 2 行"in practice"缺句点,而第 268 页倒数第 3 行、倒数第 12 行缺少引号。第 225 页第 15 行"the committee",其中的"committee"首字母应大写;第 244 页第 12 行"availble at"应为"available at";第 257 页第 1 行"Avisr"应为"Avisar"等。凡原书此类编辑错误,只要是译者能够确认的,一律在译文中予以改正。

第二,原书中涉及的大量人名,按《英语姓名译名手册》④和《世界人名大辞典》⑤翻译。地名翻译参照《外国地名译名手册》⑥。

---

① 参见 http://finance.ifeng.com/a/20180325/16044833_0.shtml。
② 参见 http://www.sohu.com/a/226548990_100109411。
③ 同上。
④ 新华社译名室编:《英语姓名译名手册》(第四版),商务印书馆 2009 年版。
⑤ 新华通讯社译名室编:《世界人名大辞典》,中国对外翻译出版公司 1993 年版。
⑥ 中国地名委员会编:《外国地名译名手册》,商务印书馆 2001 年版。

第三,译文增加个别译者注。原文脚注都是每章单独连续排序,为避免混乱,译者注虽也作为脚注,但加星号,以与阿拉伯数字顺序的作者原脚注相区别。

第四,法律专业名词翻译参考了《英汉法律大词典》[①],以及《拉丁法律词典》[②]等工具文献。

第五,为方便读者理解,译文中有些词语保留中英文对照形式,原文加括号标出。原则上,选取中英文对照的词语,主要是易于产生歧义或难于理解的个别词语。

第六,脚注的文字内容全部予以翻译,其中,人名首次出现时有中英文对照括注;涉及著作的,保留著作名称、页码、作者、出版社及出版时间等信息,一般省略出版社所在城市、国家等信息。

第七,参考文献,仅翻译作者和论文或著作名称,保留参考文献的全部原文,中英文对照,并按英文字母顺序排列。其他各个附录,也均为中英文对照,以方便读者查阅。

大约在 2017 年 4 月,由于本书涉及以色列银行业监管法,商务印书馆希望我承担翻译本书,这大概是因为我在 2014—2016 年翻译了《美国金融机构法》[③]。或许是这 100 万字篇幅的翻译劳苦,在挥汗爬梳文字过程中,我身体不适。所以,在接到翻译本书邀请时,我就建议请更适合的人士来翻译它。几个月之后,出版社方面坚持认为我具有翻译基础,是翻译本书的适合人选。承蒙信任,所以我不再推辞。之后,又开始咬文嚼字的翻译劳作。本书翻译的难点,其中印象最为深刻的有两点:一是以色列几个主要银行名称的翻译,一开始是按照五大银行名称的发音翻译的,后来发现有我国驻以色列大使馆网站和业界权威人士"约定俗成"的意译之名,因此需要将这些

---

① 李宗锷、潘惠仪主编:《英汉法律大词典》,商务印书馆(香港)有限公司、法律出版社 1999 年版。

② 〔美〕拉扎尔·伊曼纽尔:《拉丁法律词典》,魏玉娃译,商务印书馆 2012 年版。

③ 理查德·斯考特·卡内尔、乔纳森·R.梅西和杰弗里·P.米勒:《美国金融机构法》(上下册),高华军译,商务印书馆 2016 年版。

银行的译名从音译之名到意译之名的一一订正,因而造成全书范围从正文、脚注直到所有附录的返工;二是脚注和附录不仅数量多,而且繁杂,尤其是众多具有中东特点的人名、文件名,经常是前面翻译了,后面又遇到同一人名、文件名时,一般都要再翻查前面的翻译,以避免前后不统一,因此颇为费时费力。凡此种种,尽管辛苦,但本书的出版,如能有助于增进各方读者对以色列银行业监管和银行法的了解,也便心甘如饴,不枉书斋劳苦。

衷心感谢商务印书馆,特别感谢编辑金莹莹和高媛的大力支持,感谢她们以及其他人士在申请选题、联系外方版权、翻译规范指导、译稿"三审三校"、印刷等环节的倾力支持和帮助。感谢摩根士丹利的高深,他帮助我解决了翻译过程中遇到的若干疑难问题。

尽管本人尽心努力,但译文仍可能存在谬误与不当之处,期待各方读者和大家不吝赐教。

高华军

2018 年 2 月 1 日初稿

2018 年 4 月 6 日修改稿

2018 年 8 月 8 日定稿于北京

图书在版编目(CIP)数据

以色列银行业监管:审慎监管与消费者保护/(以)露丝·柏拉图-希纳尔著;高华军译.—北京:商务印书馆,2019
(威科法律译丛)
ISBN 978-7-100-17079-6

Ⅰ.①以… Ⅱ.①露… ②高… Ⅲ.①银行监管—研究—以色列 Ⅳ.①F833.821

中国版本图书馆 CIP 数据核字(2019)第 024766 号

权利保留,侵权必究。

威科法律译丛
以色列银行业监管
——审慎监管与消费者保护
〔以色列〕露丝·柏拉图-希纳尔 著
高华军 译

商 务 印 书 馆 出 版
(北京王府井大街 36 号 邮政编码 100710)
商 务 印 书 馆 发 行
北京冠中印刷厂印刷
ISBN 978-7-100-17079-6

2019 年 4 月第 1 版　　开本 710×1000　1/16
2019 年 4 月北京第 1 次印刷　印张 24½
定价:85.00 元